国际经济行政法系列丛书

The Legitimacy of Administrative Actions in Extraterritorial Application of Financial Law

金融法域外适用中的行政行为合法性

朱淑娣　谭艺渊　著

复旦大学出版社

本书由复旦大学国际经济行政法研究基金支持

国际经济行政法系列丛书

编委会

编委会主任 程天权 朱淑娣
编委会执行主任 谭艺渊 栗春坤 万 玲
编委会副主任 商建刚 连晏杰 宋晓阳 秦 亮 张 翔
编委会成员（以姓氏笔画为序）
　　　　　　　万 玲 孙秀丽 朱淑娣 江国强 李冠龙
　　　　　　　张 华 张圣翠 张 翔 连晏杰 陈文清
　　　　　　　宋晓阳 罗 佳 祝 高 秦 亮 栗春坤
　　　　　　　商建刚 程天权 路平新 谭艺渊
学术顾问 周洪钧 张圣翠 潘伟杰
法律政策与实务顾问 王 骞 宋晓阳 邢芝凡 裴长利

总序

应时而生、与时俱进的国际经济行政法学

在经济全球化程度日益加深,中国实施并推进改革开放,加入世界贸易组织的时代背景下,中国国际经济行政法学应时而生。1978年党的十一届三中全会开启了改革开放,以及以经济建设为中心的社会主义现代化建设历史新时期,打开了中国与世界交流对话、交汇融合的大门。1995年1月,世界贸易组织成立。2001年12月,中国正式加入世界贸易组织,这是中国适应和参与经济全球化的重大举措,并给中国法治国际化带来了重要机遇。世界贸易组织改造并创设了比关税及贸易总协定(GATT)更加健全有效的国际经济治理机制,在国际层面发挥着重要的治理作用,并深入影响各成员方政府的涉外经济行政活动。此类公权力运作的社会机制,已经自成体系,孕育出需要专门研究它的学科。基于这样的时代背景,复旦大学法学院朱淑娣教授率先提出国际经济行政法学,并带领团队开展前沿研究。

朱淑娣教授团队在2002年至2008年先后出版专著《运行中的国际经济行政法》《中国经济行政法治与国际化》《国际经济行政法》,以及公开发表《国际经济行政法的理论界定》等建构性论文,系统性地阐释国际经济行政法,为国际经济行政法学这门新兴分支学科在中国的建立作出贡献。2012年至2021年,朱教授团队相继出版《全球化与金融消费者权益行政法保护》《道器兼具:全球化与经济规制行政法前沿研究》《道器兼具:全球化与金融信息披露行政规制研究》《涉华国际贸易行政诉讼案例精析》,以及多篇高质量论文,推动国际经济行政法学研究纵深化发展。

在面对世界百年未有之大变局,中国进一步全面深化改革,推进中国式现代化的新阶段,国际经济行政法学研究与时俱进、奋力作为。当下,国际

体系和国际秩序正面临深刻调整,全球经济的发展形势严峻,其治理格局深刻演变,经济全球化在形式和内容上面临着新的调整。面对纷繁复杂的国际国内形势,2024年党的二十届三中全会对进一步全面深化改革、推进中国式现代化作出部署。其中,在经济建设方面,要求推进高水平对外开放,打造现代化经济体系,建设更高水平开放型经济新体制,积极参与全球经济治理体系改革;在法治建设方面,要求加强涉外法治建设,完善涉外法律法规体系和法治实施体系,深化执法司法国际合作,积极参与国际规则制定。这对国际经济行政法学研究提出了新的更高要求。在党中央战略布局的指引下,国际经济行政法学者们秉持"道器兼修"的学术品格,围绕时代新问题打造新的理论增长点,更加侧重涉外经济行政法、国际经贸规制法改革等方面的研究,并形成"国际经济行政法系列丛书",以新的体系化理论成果回应时代之需。

"国际经济行政法系列丛书"由我和朱淑娣教授共同担任编委会主任,推出三本专著。其中,《涉外经济行政法体系建构与实践展开》由朱淑娣教授、蔡从燕教授、张圣翠教授、谭艺渊博士后研究员、万玲副教授等合著,《金融法域外适用中的行政行为合法性》由朱淑娣教授和谭艺渊博士后研究员合著,《国际贸易行政诉讼中的原告权益保障》由朱淑娣教授和罗佳博士合著。三本专著的研究各有侧重,同时相互融会贯通,呈现出三个方面的共通点。

一是研究站位上,注重中国主体性。在全球化视角下的法律现象观察,既包括空间维度,也包括时间维度,它们的互动演变与具体的时空相勾连。随着时空的演进,在当代全球经济治理格局中,中国已从以往的跟跑者向并行者乃至领跑者转变,更加主动、更加深入地参与全球经济治理。因而,中国在全球经济治理格局中的主体性更加突出。本系列丛书研究所凸显的中国主体性,是立基于中国在涉外经济行政和参与全球经济治理方面的实践,找出法律制度及其施行过程中的问题"靶点",提出彰显中国主体、中国作为的制度改革方案。同时,这种方案并非仅限于在中国的时空中发挥效用,而是尝试为全球经济治理制度体系完善提供助力,促进不同时空下法治体系之间的互动,以法治方式强化中国在全球经济治理格局中的主体作用。

二是理念导向上,追求法治现代性。法治区别于传统社会的人治,是现代人类为实现自我驾驭而发明的制度,彰显了现代人类的理性意识。因而,法治被称为一项现代性事业,法治现代化的过程就是一个不断获得现代性的动态过程。对公权力的控制和规范,对人权的尊重和保护,是法治现代性的根本体现。本系列丛书在经济规制国际化的语境下强调控权和人权保护,防范公权力跨国"作恶",维护具有涉外因素的行政相对人的合法权益。面向复杂的跨国经济行政,主张通过形式与实质相统一的双层法治化架构对其进行约束,促进该行政领域中的良法善治。同时,值得注意的是,法治现代性并非一种单一的现代性,而是多样化的。本系列丛书在开展比较法研究的过程中,在根植于中国制度环境的基础上,对相关域外法进行批判性借鉴,以提升中国涉外经济行政法在国际社会上的可接受性,增强中国在全球经济治理规则建构中的话语权。

三是价值取向上,强调利益平衡性。透过"法学的显微镜","每一个法律命令都决定着一种利益冲突"。国际经济行政法是对跨国经济治理、国际经济治理进行调整的法,聚焦于全球化时代政府经济规制法的国际协调,其本身实质上就是一个巨大的利益平衡机制,具有利益平衡的显著功能。通过强化国际协调性,调解跨国利益冲突,促进各元素之间的利益均衡状态,推动形成和谐有序的涉外或国际经济市场秩序。其中,既涉及两国经济市场之间的公共利益平衡,也涉及两国经济行政主体之间的部门利益平衡,还涉及本国经济市场公共利益与涉外私人主体利益之间的平衡。

本系列丛书是国际经济行政法学发展过程中所结出的一枚"果实",其背后离不开多元主体长期以来的"栽培"。中国法学会副会长、华东政法大学校长叶青教授,复旦大学上海医学院党委副书记、法学院原党委书记胡华忠研究员,复旦大学文科科研处处长顾东辉教授,复旦大学出版社有限公司党委书记、董事长严峰先生,对系列丛书的整体策划、宏观统筹进行深入指导,为横向协同、纵向互动提供有力的支撑。复旦大学法学院打造本土化与国际化相结合的学术生态,为国际经济行政法学落地生根供给良好的土壤。法学院院长杜宇教授、党委书记赵文斌先生及其团队,持续推动国际经济行政法学发展,为跨学科合作、丛书编著提供坚实的组织载体。复旦大学出版社是业界重镇,在原创性学术著作出版方面具有重要的影响力和引领力。出版社社科编辑部刘月主任、张鑫编辑、朱枫编辑及其团队专业高效,对丛书产品的质量进行细致打磨,促进著者们对自身作品的省思和完善,合力提升丛书产品质量。复旦大学对外联络与发展处、复旦大学校友会,整合资源、汇聚力量,推动设立国际经济行政法研究基金,予以长期助力。此外,感谢丁震宇、李洁、林志松、唐志华、王海等校友的支持和帮助。

我相信,在国际经济行政法学者的精耕细作之下,在多元主体无私帮助、大力支持和深度参与之下,应时而生、与时俱进的国际经济行政法学,一定能因势而谋、应势而动、顺势而为,在"专精特新"的道路上阔步前行,为中国在国际经济形势应对、国家经济治理、人权保障等方面提供更加深入的智识支持,为全球经济治理变革贡献更多的理论智慧。

程天权　教授

复旦大学原党委书记

中国人民大学原党委书记

国际经济行政法圆桌论坛理事长

2025 年 2 月于北京

序　言

涉外法治是中国特色社会主义法治体系的重要组成部分，是推进中国式现代化的重要保障。习近平总书记强调，加强涉外法治建设既是以中国式现代化全面推进强国建设、民族复兴伟业的长远所需，也是推进高水平对外开放、应对外部风险挑战的当务之急。2024年7月18日，党的二十届三中全会通过《中共中央关于进一步全面深化改革、推进中国式现代化的决定》，明确了关于加强涉外法治建设的任务要求。当今，在中国法学界，研究涉外行政法学的学者较少。长期以来，复旦大学法学院朱淑娣教授及其研究团队从行政法学的角度一直深耕于涉外经济法治领域，积极开展前沿性、探索性研究，先后出版了《中国经济行政法治与国际化》《国际经济行政法》《道器兼修：全球化与经济规制行政法前沿研究》《道器兼修：全球化与金融信息披露行政规制研究》等专著，发表了《论WTO法国内转化过程中凸显的行政立法新类型——涉外经济行政立法》《国际经济行政法基本原则：平等保护与正当程序》《跨国并购行政程序的法治化》《海关行政执法"不当"的界定、溯因与规制》《论金融领域行政执法的国际合规性》等多篇高质量论文，形成了较为系统化的涉外行政法治研究体系。

涉外金融法治是新时代建设金融强国的内在要求与鲜明特征，也是国家安全法治的重要领域。2023年10月底召开的中央金融工作会议，首次明确提出"以加快建设金融强国为目标"。党的二十届三中全会指出，要强化开放条件下金融安全机制。由此，在建设金融强国的目标导向之下，应当统筹开放格局中的金融发展和金融安全。要以推进金融高质量发展为主题，以全面加强监管、防范化解风险为重点，坚持稳中求进工作总基调，牢牢守住不发生系统性金融风险的底线。要着力推进金融高水平开放，确保国家金融和经济安全,在稳步扩大金融领域制度型开放的同时,维护金融市场稳健运行,规范金融市场发行和交易行为,合理引导预期,防范风险跨区域、跨市场、跨境传递共振。朱淑娣教授、谭艺渊博士后研究员合著的《金融法域外适用中的行政行为合法性》一书,以习近平法治思想为指导,贯彻总体国家安全观,聚焦制度型开放下的涉外金融法治建设的诸多现实问题,对国家关于建设金融强国、加强国家安全法治之战略部署所涉重大课题作出了较为深刻的理论回应,提出了不少颇具创新的论断。

综观之,朱淑娣教授、谭艺渊博士后研究员合著的这本《金融法域外适用中的行政行为合法性》具有以下四方面显著的特点。

第一,在研究的选题上,具有较为强烈的问题意识。"科学本质上是一种解题活动。"公法理论"必须直面现代生活的理性化",必须直面现实问题并进行"解题活动"。在实践中,缺乏控制的金融行政域外管辖权经常导致跨国冲突,如何规范金融法域外适用中的行政权运行成为一个显著的问题。该研究的选题来自金融领域的涉外法治实践问题,进而有针对性地提出了"金融行政域外管辖的控权论"这一理论范式。在此基础上,该研究确立了基本命题,即:金融法域外适用中的行政行为,应当受到系统化的合法性控制,进而推动金融行政域外管辖权法治化运行。这一基本命题,较好地切中金融法域外适用中的核心问题,展现了著者良好的问题意识。

第二,在研究方法上,具有突出的跨学科研究特色。涉外金融行政法治的理论与实践,既是行政法学的研究对象,也与国际法学、金融法学等方面的研究密切相关,因此需要跨学科的研究与合作。该研究在以行政法学为主的同时,契合金融行政域外管辖这一研究主题的特点和需要,融合了法学、金融学、国际经济学、行政管理学等领域的理论资源,开展跨学科研究,丰富了研究视角,推动研究走向科学化、纵深化。这种跨学科的研究视角,在一定程度上积极探索了涉外行政法学的发展导向,进一步梳理多元学术脉络,并尝试构建交叉学科型逻辑框架,推进涉外行政法学的可持续发展。

第三,在研究对象上,注重案例与制度相结合。金融行政域外管辖的研究具有较强的实践性导向,同时对合法性的探讨往往具有情景性,需要结合具体的事实来展开。聚焦于金融行政域外管辖的新问题,著者广泛集纳案例素材,选取了瑞幸咖啡案、中美跨境审计监管最新动向等近年涌现的典型案例,让行政行为的合法性研究情景化、具象化。案例是法与事实的交互载体,并最终汇入法律制度的分析之中。金融行政域外管辖是金融规制法的跨国运行,横跨了国内法、外国法、国际法三重法律空间。因而在法规范方面,该研究具有国内法与国际法交融、国内法与外国法交融、外国法与国际法交融的三重面向,并重点关注了中国、美国等国家最新的金融法域外适用制度安排。

第四,在研究内容上,具有较强的体系性和创新性。本书立足于"一核双层三重四维"的合法性控制系统,即以控权为核心逻辑,以实现形式与实质相统一的双层合法化状态为目标,以国内、外国、国际三重空间中规范金融行政域外管辖的法律体系为合法性约束依据,深入研究金融法域外适用中的行政行为在主体、权限、内容、程序四个维度上的合法性问题,以多维的分析论证探寻该类行政行为的合法性实现路径。可以说,该研究初步搭建起一个相对完整的金融行政域外管辖合法性研究理论体系。同时,该研究考察了行政法基本原理在金融行政域外管辖领域的适用程度,并结合金融行政法、涉外行政法、国际行政法的知识资源,对行政法基本原理在该特定领域中的适用进行调适,在一定程度上以涉外金融行政法治的理论和实践反哺了行政法的原理发展。

当然,鉴于金融行政域外管辖这一选题的前沿性和探索性特点,本书的个别理论表达仍可以进一步完善,个别观点也有商榷之处,部分论证的展开以及对部分问题的阐释还可以进一步深入。同时,本书虽然选取的案例比较典型,但在分析上或可进一步深入拓展。此外,由于中国法、美国法和加拿大法分属不同法律体系,在比较法的运用上还有进一步提升的空间。

"形而上者谓之道,形而下者谓之器。"当前,世界百年未有之大变局加速演变,中国发展进入战略机遇和风险挑战并存、不确定难预料因素增多的时期,安全问题的联动性、跨国性、多样性更加突出,涉外安全在国家安全全局中居于特殊重要地位。二十届中央国家安全委员会第一次会议强调,要以新安全格局保障新发展格局,主动塑造于我有利的外部安全环境,更好维护开放安全,推动发展和安全深度融合。党的二十届三中全会进一步提出"完善涉外国家安全机制"的改革任务。在这样的时代背景下,有必要深入开展涉外法治研究,服务涉外国家安全法治建设,呼应国家战略布局。朱淑娣教授、谭艺渊博士后研究员以行政法学为主视角,对涉外法治中的一些重大问题展开了体系化研究,展现出了道器兼修的学术品格。同时,我也祝愿学术界同人们在涉外行政法方面的研究有更多的佳作面世,以回应时代之需!

是为序。

叶　青

华东政法大学校长,教授、博士生导师

中国法学会副会长、上海金融法制研究会会长

2025年2月于沪上鑫康苑

目　录

导论 ··· 001
　一、问题提出与研究意义 ··· 001
　二、文献综述及关联性分析 ·· 014
　三、研究思路与研究方法 ··· 039
　四、主要创新与未尽问题 ··· 043

第一章　金融法域外适用中行政行为合法性的理论阐释 ·· 046

　第一节　金融法域外适用的制度及其行政行为的特殊性 ·· 046
　　一、制度的涌现及其成因分析 ·· 047
　　二、跨境规制性 ·· 056
　　三、影响广泛性 ·· 060

　第二节　金融法域外适用中行政行为合法性的核心范畴阐释 ····································· 065
　　一、金融法域外适用 ··· 065
　　二、行政行为 ··· 068
　　三、合法性控制系统 ··· 070

　第三节　合法性分析的法理依据与体系构造 ·· 077
　　一、一般行政法视角：域外管辖的授权与控权相结合 ·· 078
　　二、金融行政法视角：国家干预的能动性与谦抑性相结合 ······································ 081
　　三、涉外行政法视角：维护本国金融主权与尊重他国主权相
　　　　结合 ·· 085
　　四、国际行政法视角：单边域外管辖与多双边合作协调

　　　　　相结合 ·· 090
　　　　五、多视角整合下的合法性评价框架及其基准体系 ············· 094

第二章　金融法域外适用中行政行为的主体和权限合法性分析 ······· 097
　　第一节　主体设置模式及其合法性问题 ···························· 097
　　　　一、中国：中央金融行政主体的一元模式 ···················· 097
　　　　二、加拿大：省区＋自律组织的二元模式 ···················· 105
　　　　三、美国：联邦＋州＋自律组织的三元模式 ················· 110
　　　　四、比较视角下的总结与主体合法性问题的呈现 ············ 117
　　第二节　属地和属人限制下的域外管辖权合法性问题 ············ 122
　　　　一、行政管辖权的属地性和属人性 ···························· 122
　　　　二、属地限制下金融域外管辖权的合法性问题 ·············· 125
　　　　三、属人限制下金融域外管辖权的合法性问题 ·············· 128
　　第三节　规则模糊下的域外管辖权合法性问题 ···················· 134
　　　　一、瑞幸咖啡案件与域外管辖权行使条件的争论 ·········· 134
　　　　二、金融域外管辖权行使条件的模糊性 ······················ 140
　　　　三、规则模糊下域外管辖权的滥用与息用 ··················· 146

第三章　金融法域外适用中行政行为的内容合法性分析 ············· 152
　　第一节　跨境金融行政调查内容的合法性意涵及其问题 ········ 153
　　　　一、跨境金融行政调查内容的合法性意涵 ··················· 153
　　　　二、调查内容涉及政治的合法性问题 ························· 157
　　　　三、调查内容涉及秘密的合法性问题 ························· 165
　　第二节　跨境金融行政处罚内容的裁量性及其合法性问题 ······ 169
　　　　一、跨境金融行政处罚内容的裁量性 ························· 169
　　　　二、合法性困境：裁量下的积极与消极跨境规制冲突 ····· 172
　　　　三、合法化机制问题：跨境金融行政处罚裁量基准的缺失 ····· 179

第三节 跨境金融行政和解协议的内涵及其内容合法性问题 184
 一、跨境金融行政和解协议的内涵阐释 184
 二、权利内容的合法性风险：跨境下的失衡与失能 188
 三、义务内容的合法性风险：跨境下的合谋与胁迫 192

第四章 金融法域外适用中行政行为的程序合法性分析 199

第一节 程序合法性内涵及其价值 199
 一、程序合法性内涵 199
 二、程序合法性的工具价值 202
 三、程序合法性的独立价值 206

第二节 中美跨境审计监管行政程序的合法性分析 209
 一、静态视角：中美跨境审计监管行政程序的国内法依据 210
 二、动态视角：中美跨境审计监管行政程序的合法性困局 214
 三、实证样本的启示 221

第三节 金融法域外适用中行政行为的程序合法性问题 222
 一、单边层面：域外管辖权扩张下的程序法滞后问题 222
 二、双边层面：两国法规范冲突下的程序非理性问题 226
 三、多边层面：全球金融治理碎片化下程序脱节问题 229

第五章 金融法域外适用中行政行为的合法性实现路径 233

第一节 主体和权限合法性实现路径 233
 一、以组织法完善强化域外管辖多元主体的合法性 234
 二、以属事管辖为连接点强化域外管辖权的合法性 240
 三、以限缩解释强化域外管辖权行使条件的合法性 248

第二节 内容合法性实现路径 257
 一、以跨境规制相关性实现行政调查内容的合法性 257
 二、以跨境规制协调性实现行政处罚内容的合法性 260
 三、以跨境规制合规性实现和解协议内容的合法性 265

第三节　程序合法性实现路径 ·················· 268
　　一、以程序法定实现在内国法秩序上的程序合法性 ········ 268
　　二、以双边合作实现在跨国法秩序上的程序合法性 ········ 274
　　三、以多边合作实现在国际法秩序上的程序合法性 ········ 281

结语　以法治现代化理念推动金融法域外适用行政行为合法化 ········ 287

附录　本书主要相关法规范及其简要特点 ·················· 292

参考文献 ·················· 294

导　论

金融法域外适用是指一国公权力主体将具有域外效力的金融法适用于该国领域之外的人、物和行为的过程。① 近年来,中国加强涉外法治和金融强国建设,推进金融法域外适用制度建设,如何规范金融法域外适用中的行政权运行成为一个日益突出的问题。在实践中,缺乏控制的金融域外管辖权经常导致跨国法律冲突,其恣意行使甚至会带来法律霸权问题。金融法域外适用制度所调整的跨境金融市场运行活动,涉及政府对跨境金融市场的监督、干预等活动,属于行政法律关系的范畴。行政法的本质是控制与规范行政权的法。行政法视角有助于全面强化对金融域外管辖权的控制,降低跨国冲突风险,遏制金融领域的法律凌霸行为。

法对金融域外管辖权的运行进行控制,关键在于对相关行政行为进行系统化的合法性控制。对金融法域外适用中的行政行为合法性展开研究,厘清和定位该类行政行为在主体、权限、内容、程序四个维度上的形式和实质合法性问题,找出系统解决合法性问题的对策,有助于促进金融域外管辖权的法治化运行,助力中国涉外法治和金融强国建设。

一、问题提出与研究意义

(一) 问题提出:实践维度与理论维度

1. 问题提出之实践维度

金融法域外适用问题是中国加强涉外法治建设,推进金融高水平对外开放中的重要实践问题。2019 年 10 月 31 日,党的十九届四中全会通过

---

① 参见廖诗评:《中国法域外适用法律体系:现状、问题与完善》,《中国法学》2019 年第 6 期,第 21 页。

《中共中央关于坚持和完善中国特色社会主义制度、推进国家治理体系和治理能力现代化若干重大问题的决定》，首次提出了关于加强涉外法治工作，加快中国法域外适用的法律体系建设，完善涉外经贸法律和规则体系等方面的任务。2024年7月18日，党的二十届三中全会通过《中共中央关于进一步全面深化改革、推进中国式现代化的决定》，再次明确了关于加强涉外法治建设的要求，并对推动金融高水平对外开放，强化开放条件下金融安全机制，以及积极参与国际金融治理等方面作出部署。党和国家关于涉外法治工作和金融高水平对外开放的顶层设计，为中国金融法域外适用的制度体系建设提供了指引。2019年以来，证券、期货和衍生品、银行业监管等金融领域的法律陆续推进设置域外适用条款，赋予金融法域外效力。例如，2019年12月28日修订的《中华人民共和国证券法》（以下称《证券法》，下文其他法律文本亦如此简称）第2条第4款新增规定："在中华人民共和国境外的证券发行和交易活动，扰乱中华人民共和国境内市场秩序，损害境内投资者合法权益的，依照本法有关规定处理并追究法律责任。"中国证券行政主体可依据该规定，对相关发生在中国域外的证券欺诈等违法行为进行跨境监管。① 域外适用制度的确立是中国涉外金融法治化的重要表征，有助于跨境金融监管的法治化发展。

金融法域外适用中的行政行为合法性问题，是金融法域外适用实践中的核心问题。"涉外法治的核心内容是涉外行政法治"②，即涉外法治以涉外行政的法治化为核心。在涉外金融规制过程中，首先且主要涉及的是国家涉外金融行政权的运用，金融法域外适用中公权力法治化的核心在于金融行政域外管辖权的法治化。从规范的角度看，金融法具有较为突出的公法性，其以行政法性质的规则为主体内容，因而其域外适用的重点在于基于行政权的金融法域外适用，并以相应的金融法域外适用之行政行为表现出来。

---

① 中国行政法学者一般将regulation翻译成"规制"，但由于中国金融实务领域惯用"监管"一词，因此本书中关于中国金融行政的地方一般使用"监管"，而非特指中国金融行政的地方则一般使用"规制"。
② 李策：《行政法治的新发展与行政法法典化——中国法学会行政法学研究会2021年年会综述》，《行政法学研究》2022年第3期，第32页。

在实践中,合法性问题是法律适用的核心问题。① 行政行为合法性问题则是行政主体执行金融法域外适用制度过程中的核心问题。鉴于行政权的金融法域外适用活动是中国行政法的新兴实践领域,目前处于起步阶段,如何在合法性的框架内实现良好运行,是其必须回答的实践命题。因而,中国金融法域外适用的行政行为未来可能面临的合法性挑战,值得关注。同时,可从美国等先发国家或地区的经验教训中预见潜在的合法性问题。实践中,对金融法域外适用的行政行为合法性问题进行审视,可以从主体、权限、内容、程序四种合法性维度具体展开。

(1) 主体和权限合法性问题:特殊主体的合法性存疑和域外管辖权的竞争

随着金融行政监管体制改革的深化,中央金融监管部门的派出机构以及各类金融产品交易场所承担了越来越多的一线监管职能。② 这两类主体是否是金融法域外适用的合法主体呢?《证券法》未对中国证券监督管理委员会(以下简称中国证监会)的派出机构,即各省市证监局的监管职能作出具体规定。2022 年《中国证监会派出机构监管职责规定》亦未明确赋予其金融法域外适用的主体地位。同时,证券交易所、期货交易所作为实行自律管理的法人,除了为证券、期货集中交易提供场所和设施外,还承担着对证券、期货交易进行监管的职能。在中国金融市场对外开放加快的进程中,交易所将面临对境外金融违法行为的监管问题。因此,应当对中央金融监管部门的派出机构以及金融产品交易所两类特殊主体进行审视,考察其可否成为金融法域外适用中行政行为的合法主体。

行政权的运用一般受到地域限制,但是金融法域外适用实践中存在突破行政地域管辖权限制的特殊情形。例如,根据中国证监会、财政部与美国公众公司会计监督委员会(Public Company Accounting Oversight Board)于 2022 年 8 月签署的审计监管合作协议,中国证监会安排在美上市的中国公司及其会计师事务所将审计底稿和其他数据从内地转移到香港,美国公众公司会计监督委员会的工作人员于 2022 年 9 月中旬赴香港对阿里巴巴、

---

① 参见胡建淼主编:《法律适用学》,浙江大学出版社 2010 年版,第 17 页。
② 参见 2019 年《证券法》第 112 条、113 条和 115 条的规定。

网易、百度、京东等中概股公司的审计底稿进行检查。① 该类行政行为活动在权限上是否具有合法性？若答案是肯定的，那么在逻辑上，中国金融法域外适用在未来也可通过监管合作，为中国行政主体的工作人员赴境外开展监管活动提供合法化机制。

行政职权的运用还受到法定条件的限制，但金融法域外适用的条件具有较强模糊性，若两国行政主体滥用域外管辖权，则可能导致两国金融行政执法权的竞争乃至对抗。2020年4月，在美国纳斯达克上市的中概股公司瑞幸咖啡，由于财务造假而遭到美国证券交易委员会（United States Securities and Exchange Commission）的调查，并最终以逾1.8亿美元的代价与美国证券交易委员会达成和解。② 中国《证券法》第2条第4款所规定的域外适用条件是"扰乱境内市场秩序"，"损害境内投资者合法权益"，这是一种较为概括性、原则性的立法语言。何种程度的"扰乱"，何种程度的"损害"，中国金融行政主体才应启动域外管辖？两项条件需同时满足，抑或仅满足其中一项即可触发域外管辖？这些问题需要在实践中解决。若仅因瑞幸咖啡在美国的违法行为对中国境内市场秩序造成微小的冲击，或给境内投资者带来间接性损害，中国证监会即行使域外管辖权，可能会对美国执法机构的属地管辖权产生冲击，进而在一定程度上引发规制竞争或冲突。

（2）内容合法性问题：跨境规制不足或跨境规制过度

在金融法域外适用情景中，同一金融违法行为可能同时受到两个国家的法律规制，即面临着双重行政规制，这可能会引发消极的跨境规制冲突或积极的跨境规制冲突，前者将导致规制不足，而后者则带来规制过度。③ 例如，甲国的金融市场公私主体利益受到发生在乙国的违法行为的侵害，但

---

① 倪浩：《美方将审计中概股，互联网巨头将首批接受审计底稿检查》，载环球网2022年9月19日，https://world.huanqiu.com/article/49i8v7xFMNd。

② Securities and Exchange Commission v. Luckin Coffee Inc., No.1:20-cv-10631 (S.D.N.Y. filed Dec. 16, 2020). See *Luckin Coffee Agrees to Pay $180 Million Penalty to Settle Accounting Fraud Charges*, U.S. Securities and Exchange Commission (December 16, 2020), https://www.sec.gov/enforcement-litigation/litigation-releases/lr-24987。

③ See Francisco J. Garcimartin Alférze, *Cross-Border Listed Companies*, 327 Recueil des Cours 9(2007), p.81-82.

甲国金融行政执法机构由于跨境执法能力或资源不足等方面的原因，对之给予畸轻的处罚或未作处理。同时，由于该违法行为未侵犯乙国的利益或所造成的损害较轻，乙国执法机构未对其采取执法行动。此时，跨境金融违法主体未能得到应有的惩处，两国执法出现了消极的跨境规制冲突问题，进而产生规制不足问题。反之，由于两国法律累加适用，两国公法制裁叠加，形成积极的跨境规制冲突，同一违法行为则可能会遭受到过度的规制。

美国证券交易委员会2013年的一项域外管辖执法活动，可以为理解跨境规制冲突提供素材。在该案中，一家在纽约证券交易所上市的公司对另一家同在该交易所上市的公司开展收购，而位于西班牙的违法人利用所掌握的非公开信息，在收购要约发出之前，从卢森堡的经纪商处购进差价合约，非法获利近100万美元。他们并未直接购买这两家在纽约交易所上市的公司的股票，差价合约也不在美国交易。但是，差价合约是基于其中一家公司的估价而创造出来的新证券，购买差价合约可以影响标的公司的股价。两名违法人虽然受到西班牙执法机构的调查，但最终未被处罚。合约差价交易所在地卢森堡的执法机构未对他们采取行动。美国证券交易委员会启动域外管辖权，通过诉讼收回违法人的非法获利，科以罚金。① 在该案件中，违法行为人的所在地（西班牙）、违法交易的发生地（卢森堡）均未对违法活动采取规制措施，如果美国证券交易委员会亦未通过金融法域外适用进行跨境规制，则违法行为人将逃脱法律责任，引致规制不足的问题，这不利于打击跨境证券违法行为。

2020年的瑞幸咖啡案亦涉及两国规制重叠的问题。在美国证券交易委员会的规制下，瑞幸咖啡案的违法主体付出了1.8亿美元的代价。如果中国证监会在美国证券交易委员会采取行动之后，仍主张中国证券法的域外适用，对同一违法行为再度科以重罚，双重规制累加，可能会使得违法主体受到畸重的处罚。此时，跨境行政处罚的内容适当性即存在疑虑。

---

① Securities and Exchange Commission v. Cedric Ca±as Maillard and Julio Mar-n Ugedo, Civil Action No.13 - CV - 5299 (SDNY). See *SEC Charges Two Traders in Spain With Insider Trading Ahead of BHP Acquisition Bid*, U. S. Securities and Exchange Commission (July 30, 2013), https://www.sec.gov/newsroom/press-releases/2013-138.

投资基金公司老虎亚洲基金(Tiger Asia Management LLC)的案件,为讨论跨境规制的积极冲突提供了视角。老虎亚洲基金的基金经理操纵在香港联合交易所上市的两只中资银行股票的价格。中国香港证券及期货事务监察委员会(以下简称中国香港证监会)对此采取执法行动,对内幕交易行为进行指控。2013年12月,中国香港终审法院同意老虎亚洲基金支付4 526万港元赔偿款。① 该案件中的违法行为对美国市场几无影响,但美国证券交易委员会也展开了调查,其于2012年12月与不法行为人达成6 000余万美元的和解协议。② 对于发生在中国香港地区且主要影响香港市场秩序的违法行为,美国证券交易委员会通过域外管辖实施规制,可能带来了规制过度的问题。

(3) 程序合法性问题:空间阻隔下的程序合法性困境

一是跨境调查取证程序中的法律冲突问题。2012年,美国证券交易委员会起诉上海德勤华永会计师事务所(以下简称德勤上海),称其未按照美国法律递交在美上市的中国东南融通公司涉嫌财务造假案件相关的审计工作底稿。德勤上海辩称,按照中国《保守国家秘密法》等规定,未经批准其不得向外国监管机构提供任何文件。2年后,由中国证监会向美国证券交易委员会转交相关底稿,后者撤销对德勤上海的起诉。③ 金融行政域外管辖中的跨境调查取证程序,应当考虑相对人所在国的相关法律规定,避免相对人陷入两难困境。

二是跨境送达程序中的合法性问题。美国证券交易委员会在1984年的行为弃权建议规则中试图规定,外国投资者在美国市场实施证券交易行为,便视为默认执行交易指令的美国经纪人为法律文书送达程序中的指定代理

---

① 《二零零八年十二月十九日至二零零九年一月十三日中国银行股份有限公司及中国建设银行股份有限公司股份交易市场失当行为审裁处报告书》,香港特别行政区政府市场失当行为审裁处,https://www.mmt.gov.hk/files/BOC&CCB_Report_c.pdf。

② Securities and Exchange Commission v. Tiger Asia Management, LLC, et al., Civil Action No. 12 - cv - 7601 (DMC). See U. S. Securities and Exchange Commission Litigation Release No. 22569 (December 13, 2012), https://www.sec.gov/enforcement-litigation/litigation-releases/lr-22569.

③ Securities and Exchange Commission v. Deloitte Touche Tohmatsu CPA Ltd., Civil Action No. 1:11 - MC - 00512 (D. D. C. filed September 8, 2011). See U. S. Securities and Exchange Commission Litigation Release No.22911 (January 27, 2014), https://www.sec.gov/enforcement-litigation/litigation-releases/lr-22911.

人。然而,同美国经纪人存在直接关系的是外国银行,而不是向该银行发出交易指令的外国投资者本人,这层微妙的关系使得这种程序设计不能满足正当程序的要求。①

三是跨境财产冻结程序的合法性问题。财产冻结既是金融行政域外管辖执法过程的需要,也是保障后续行政处罚得到执行的措施。如果域外涉嫌违法行为人在境内没有财产,则需要实施跨境财产冻结。此时,如果内国金融执法机构以单边强制的方式实施跨境财产冻结,而没有与外国执法机构进行双边协作,则会引发跨境行政程序的合法性危机。

四是跨境行政过程中的程序公开性、参与性问题。针对跨境证券交易行为,美国证券交易委员会更多是通过非公开的稽查手段来进行规制,执法手段和执法标准的公开性不足,进而容易引发对程序公正性的疑问。② 同时,被规制的相对人身处他国,对相关域外管辖行政过程之知情权、参与权的保障,比金融行政域内执法的场景更为复杂。

实践中所呈现的问题,是金融法域外适用中行政行为合法性研究的现实基础,同时也表明该项研究具有较强的现实导向性和可行性。

2. 问题提出之理论维度

涉外行政法治是行政法学研究中一个重要且亟待加强的研究领域。罗豪才教授③、应松年教授④、姜明安教授⑤等学者分别从行政法学研究国际化、涉外行政法、全球化与新行政法等视角强调了行政法之国际化维度研究的重要性。德国行政法学者施托贝尔认为,随着国际合作快速发展,行政法的国际性特征日益增强,一个国家的行政法也可能在另一个国家适用。⑥

---

① 参见李国清:《美国证券法域外管辖权问题研究》,厦门大学出版社 2008 年版,第 196—197 页。
② 参见刘远志:《跨境证券交易法律监管研究》,法律出版社 2019 版,第 106 页。
③ 参见罗豪才、姜明安等:《行政法学研究现状与发展趋势》,《中国法学》1996 年第 1 期,第 41—45 页。
④ 参见应松年、蔺耀昌:《中国入世与涉外行政法》,《江苏社会科学》2004 年第 6 期,第 39—40 页。
⑤ 参见姜明安:《全球化时代的"新行政法"》,《法学杂志》2009 年第 10 期,第 8—11 页。
⑥ 参见[德]汉斯·J.沃尔夫等:《行政法》(第一卷),高家伟译,商务印书馆 2002 年版,第 2 页。

施托贝尔已经敏锐地觉察到行政法域外适用的问题，这个问题是涉外行政法治的一个子域。而涉外行政法治亟待行政法学界对之加强研究，尚待从理论视角上更加完整地审视行政法的作用场域。中国法学会行政法学研究会 2021 年年会指出，涉外行政法治是当前涉外法治研究中的薄弱环节，亟待学界更多的关注。[1] 在"坚持统筹推进国内法治和涉外法治"的背景下，行政法学应破除"跛足"的顽疾，整体性看待行政法作用的场域。但在当下，涉外行政法实践时常游离于中国行政法学者的视域之外，进而难以回答行政法基本原理在多大程度上适用于涉外行政法实践的问题，涉外行政法实践也难以反哺行政法原理的发展。[2]

金融行政法域外适用是涉外行政法治的新议题，但当前从行政法学角度对之展开体系性研究的文献较为缺乏。当前对于金融法域外适用的研究，主要关注司法行为和立法行为。美国是金融法域外适用的肇始国，美国司法审查特别是在私人争讼的审查中所塑造的金融法域外适用标准体系，吸引了经济法学、国际法等领域学者的关注。[3] 学界对金融法域外适用规则制定的立法行为的研究，或是关注美国方面的立法活动及其与司法行为之间的关系问题，[4]或是基于美国法的经验提出中国金融法域外适用制度的立法对策，[5]或是对 2019 年设立的中国证券法域外适用制度进行法教义学解释，[6]

---

[1] 参见李策：《行政法治的新发展与行政法法典化——中国法学会行政法学研究会 2021 年年会综述》，《行政法学研究》2022 年第 3 期，第 32 页。

[2] 参见刘连泰、孙悦：《改革开放以来中国行政法学的理论谱系》，《厦门大学学报（哲学社会科学版）》2021 年第 4 期，第 28 页。

[3] 参见李国清：《美国证券法域外管辖权问题研究》，厦门大学出版社 2008 年版，第 40—165 页；郭华春：《美国金融法规域外管辖：法理、制度与实践》，北京大学出版社 2021 年版，第 57—192 页。

[4] 参见张忠军：《美国证券法的域外适用及启示》，《外国法译评》1994 年第 1 期，第 54—58 页；彭岳：《美国证券法域外管辖的最新发展及其启示》，《现代法学》2011 年第 6 期，第 139—147 页。

[5] 参见石佳友：《我国证券法的域外效力研究》，《法律科学（西北政法大学学报）》2014 年第 5 期，第 129—137 页；杨峰：《我国证券法域外适用制度的构建》，《法商研究》2016 年第 1 期，第 166—176 页。

[6] 参见郭金良：《我国〈证券法〉域外适用规则的解释论》，《现代法学》2021 年第 5 期，第 174—186 页；王洋：《我国证券法域外适用性改革研究》，《金融监管研究》2021 年第 6 期，第 70—83 页。

但较少从行政执法层面对中国金融法域外适用制度展开体系性研究。

传统的例外论和现有的国际法控制论两种理论范式未能有效解决金融法域外适用中的行政权力控制问题。在传统理论中,英美等国关于对外事务的例外论(foreign affairs exceptionalism)认为,对外事务有别于对内事务,政府的对外权相较于对内权而言,所受到的限制较弱,即主张赋予行政权力主体在处理对外事务上更广泛的裁量空间,弱化法律控制。① 例外论让行政域外管辖在具有灵活性的同时易于滥权扩张,这让域外管辖权逃逸于公法规范之外,进而在恣意扩张域外管辖权的过程中不断造成跨国性冲突。② 对于金融行政域外管辖而言,恣意扩张域外管辖权,不仅缺乏合法性,而且徒增跨国冲突,给国际金融市场秩序带来不稳定性和阻碍性因素。③ 国际法控制论则主张通过国际法对金融行政域外管辖进行控制,试图以国际法规范为域外管辖划出限度性的边界。④ 然而,国际社会是一个横向的"平行式"社会,国际法作为国际社会的法,是一种较弱的法(weak law),其大多是劝导性、协作性的规范,在强制执行上缺乏如国内法那样的最高权威基础,因而其在常态下的约束力往往较弱。⑤ 由此,对主权性质的金融域外管辖权而言,国际法在控权方面存在先天性不足。同时,国际法的实施在较大程度上依赖于国家本身的力量,金融大国往往更具扩张域外管辖权的动力和实力,而国际法则难以对金融大国的域外管辖行为进行有效控制。

---

① See Curtis A. Bradley, *The Oxford Handbook of Comparative Foreign Relations Law*, Oxford University Press, 2019, p.13.
② See Campbell McLachlan, *The Allocative Function of Foreign Relations Law*, 82 The British Yearbook of International Law 349(2012), p.355-360.
③ 参见李国清:《美国证券法域外管辖权问题研究》,厦门大学出版社2008年版,第285页。
④ 参见陈竹华:《证券法域外管辖权的合理限度:以美国法为例的研究》,中国政法大学2006年博士学位论文,第7—172页;张利民:《经济行政法的域外效力》,法律出版社2008年版,第71—141页;彭岳:《美国金融监管法律域外管辖的扩张及其国际法限度》,《环球法律评论》2015年第6期,第172—186页;郭华春:《美国金融法规域外管辖:法理、制度与实践》,北京大学出版社2021年版,第21—39页。
⑤ 参见梁西原著主编、曾令良修订主编:《国际法》(第3版),武汉大学出版社2011年版,第11—12页。

以行政法学视角构建金融域外管辖的控权论这一新理论范式,将有助于强化对该类域外管辖权的全面控制。一方面,金融法主要是关于金融行政规制的法律,其域外适用必然会进入行政法学的研究视域。现代金融法是金融规制之法,规制是其基石和支柱,规制性规定在金融法的规则体系中占据着压倒性的地位。① 金融法以行政法性质的规则为主体内容,主要是关于金融行政规制的法律。进而,金融法的域外适用,必然以其中的行政法规则域外适用为重点,即其核心是基于行政权的金融法域外适用。因此,在中国金融法整体迈入域外适用的新发展阶段,金融法域外适用已成为涉外行政法治建设进程中的新课题,行政法学不应缺席。另一方面,"行政法是有关控制政府权力的法"②,以行政法的控权理论为导向,可以为金融行政域外管辖中的行政权运行提供综合化的控制框架,强化金融域外管辖中行政行为的法治化。

在控权理念的导向下,合法性问题是金融法域外适用中行政行为的一个基本问题。其一,合法性问题是法律适用的首要问题,对金融行政域外管辖权的运行进行法律控制,重点在于对其在适用法律过程中进行合法性控制。"合法,是法的适用的本质要求。"③法律适用的目的是实现法律,"法定性是法律适用的首要特征",通过对金融规制主体在实施域外管辖相关法律的行政行为合法性进行判断和约束,可以推动跨境金融规制法所预设的法治样态走入现实。④ 其二,行政行为合法性问题是行政法治建构中的一个基本问题,是控制行政权的核心问题。⑤ "行政法的全部辩证法就是,在必须承认政府部门拥有某些公权力特权与必须尽可能最好地保护被治理者在政府面前的权利之间,寻求平衡点。"⑥行政权必须依法行使,不具备合法性的

---

① 参见韩龙:《现代金融法品性的历史考察》,《江淮论坛》2010年第4期,第93—100页。
② 参见[英]威廉·韦德、克里斯托弗·福赛:《行政法》(第10版),骆梅英等译,中国人民大学出版社2018年版,第4页。
③ 卓泽渊:《法理学》(第2版),法律出版社2016年版,第253页。
④ 参见曾令健、朱福勇主编:《法律适用学讲义》,法律出版社2020年版,第1—17页。
⑤ 参见何海波:《实质法治:寻求行政判决的合法性》(第2版),法律出版社2020年版,第7—8页。
⑥ [法]让·里韦罗、让·瓦利纳:《法国行政法》,鲁仁译,商务印书馆2008年版,第325—326页。

行政行为将破坏行政法所寻求的"平衡点",乃至危及行政法治的发展。其三,行政行为合法性的"一核双层四维"意涵,为金融法域外适用中行政行为合法性的研究提供了基础框架。对行政行为的合法性进行控制是基于控权这一核心逻辑。同时,20世纪后期,第三波民主化浪潮席卷世界各国,公众对行政过程的民主参与程度不断加深,对行政合理性的诉求日益渗入各个公共行政活动领域,实质合法性逐渐成为现代行政合法性的评价指标,进而形成形式与实质相统一的合法化要求。① 此外,对行政行为合法性的具体约束机制主要从主体合法性、权限合法性、内容合法性、程序合法性四个维度展开。② 由此,在现代行政法治的语境下,应当基于控权理念,形式合法性与实质合法性并举,并结合实践问题,具体从主体、权限、内容、程序四个维度探究金融法域外适用中的行政行为合法性,全面强化对金融域外管辖权运行的法律控制。

(二) 研究意义

研究金融法域外适用中的行政行为合法性,能够厘清和定位该类行政行为的多维度合法性问题,并找出系统解决问题的对策,促进金融域外管辖权的法治化运行,这对于涉外法治和金融强国建设,以及行政法学研究而言均具有一定的意义。

1. 现实意义

一是助力中国涉外法治建设。涉外法治制度的建立健全,在一定程度上呈现了"当代中国立法制度在全球结构深化过程中的规范建构能力与制度本身的变革水平"③。金融法域外适用制度的完善与发展,在近年中国涉外法治建设中具有较为突出的代表性和先行性。由此,对金融法域外适用制度及其运行展开深入研究,有助于"从局部到整体"地为中国法域外适用法律体系的建设提供新鲜的理论支持,也有助于实现涉外法治中维护国家利益的政策目标。加强涉外法治建设的核心价值在于如何在全球化进程中

---

① 参见江国华:《行政转型与行政法学的回应型变迁》,《中国社会科学》2016年第11期,第130页。
② 参见姜明安:《行政法》(第5版),法律出版社2022年版,第280—284页。
③ 参见潘伟杰:《嬗变诉求与锐变依据:论全球化对当代中国立法制度的意义》,《复旦学报(社会科学版)》2013年第2期,第122页。

有效维护国家利益,尤其是有效维护日益庞大的海外利益。在国家利益的视域下,金融是国家重要的核心竞争力,金融安全是国家安全的重要组成部分。中国金融法近年来已逐步熨平了域外效力条款缺位这一"法律织物上的皱褶"①。这些新型制度承载着涉外法治在金融对外开放领域的政策目标,对之展开研究、提出完善建议,有助于促进涉外法治政策目标的实现。同时,以控权为导向的金融域外管辖合法性控制研究,可以为中国应对美国等个别国家过度扩张金融域外管辖权,遏制金融领域的法律霸权主义,维护中国金融市场对外开放中的利益,提供一定的理论支持。

二是助力制度型开放的金融强国建设。2023 年 10 月底召开的中央金融工作会议首次提及"金融强国"建设。金融制度是经济社会发展中的重要基础性制度,以制度型开放为重点推进金融高水平对外开放是建设金融强国的时代要求和鲜明特征。金融法域外适用制度及其运行是中国在金融领域推进规则、规制等制度型开放的具体呈现。带着问题意识对金融法域外适用制度及其运行展开研究,有助于为金融强国建设进程中推动制度型开放提供理论参考。

三是助力中国金融法域外适用的行政行为在法治轨道上运行,全面提升其合法化水平,进而促进其在国际社会中的可接受性和有效性。基于依法行政的基本原理,如何在合法性框架内施行金融法域外适用制度,将是金融行政部门不可回避的问题,这也是对之展开研究的现实紧迫性所在。金融法域外适用的行政行为在主体、权限、内容、程序维度上的合法性问题,若得不到妥善的解决,将危及中国金融法域外适用制度体系的建设,延宕中国涉外金融法治建设的进程。

2. 理论意义

一是完善金融法域外适用研究领域的行政法学视角。此前,由于美国是金融法域外适用的肇始国,且判例法在该领域具有特殊的重要性,学者们关注的重点在于金融法域外适用的司法行为和规则制定的立法行为。在域外效力条款写入中国金融法之后,鉴于金融法主要是金融行政规制之法,有必要更多地关注金融法域外适用的行政行为,因而需要行政法学界跟进

---

① 参见[英]丹宁勋爵:《法律的训诫》,杨百揆等译,法律出版社 1999 年版,第 13 页。

研究。另外，当前研究主要从国际法角度探索金融法域外适用的合法性控制问题，这固然是重要的，但还不完整。金融法域外适用首先是一国公权力依据本国法律而非国际法来运行域外管辖权。因此，还应从行政法角度探讨金融法域外适用中的合法性约束问题。

二是尝试为行政法学挖掘具有一定代表性的新生长点，特别是推动国际经济行政法学发展。当前中国行政法学关于涉外行政法治的研究较少，金融法域外适用是涉外行政法治的新课题，对之展开系统化研究有助于补强涉外行政法治中具体领域的研究，推动涉外行政法治研究走向纵深。运用行政行为合法性理论探究金融法域外适用问题，有助于促进行政法学更加完整地看待行政法的作用场域，考察行政法基本原理在具体涉外行政法领域的适用程度，进而推动涉外行政法实践反哺行政法原理的发展。更进一步地，公法性的金融法域外适用制度所调整的是内国政府与具有域外因素的金融市场主体之间的规制关系，体现了跨境规制意义上的行政法国际化面向，因而可以纳入行政法学分支之国际经济行政法学的研究范畴。2008年出版的《国际经济行政法》首次系统阐释了这一分支研究领域，迄今已逾16年。此间中国经济行政法的国际面向已发生深刻，尤其是近5年来中国经济行政法的国际化经由域外适用制度的完善而迈入新的发展阶段。国际经济行政法学的核心理念是跨国经济规制的国际协调，即注重从国际协调的角度审视跨国经济规制的合法性问题。① 本研究对金融行政域外管辖中的合法性问题予以追问，是国际经济行政法学核心理念的一种具体呈现，也是在制度变迁的背景下深化国际经济行政法学研究的一种尝试。

三是以金融行政域外管辖中的合法性研究为"小切口"，为其他领域的行政域外管辖合法性问题研究提供一定的参考。本书提出金融行政域外管辖的控权论这一理论范式，构建金融法域外适用中行政行为合法性研究的理论体系。在研究过程中，以行政法上的控权论为导向，在行政行为合法性理论的基础之上，整合一般行政法、金融行政法、涉外行政法、国际行政法等行政法体系内部的理论视角，在金融行政域外管辖这一特定场域中，搭建起

---

① 参见朱淑娣主著：《国际经济行政法》，学林出版社2008年版，第1—3页。

兼具一般性和特殊性的金融法域外适用中的行政行为合法性研究框架。该研究理路或可为其他领域的行政域外管辖合法性问题研究提供一定的参考。

概言之,从回应涉外法治和金融强国建设的实践角度,以及推进行涉外政法学研究的理论角度来看,金融法域外适用中的行政行为合法性这一新兴议题,在一定程度上具有作为独立论题的价值性,具有开展系统研究的紧迫性。

二、文献综述及关联性分析

首先,本部分将综述行政行为合法性的文献,形成理论基础。其次,紧密围绕本书的篇章结构,本部分将分别从主体、权限、内容、程序维度对金融法域外适用中行政行为合法性的相关文献进行综述,并梳理代表性文献。最后,本部分将讨论现有文献与本书之间的关联性,阐明相关文献对本研究的支撑,以及本研究对现有文献的拓展。

(一)国内相关研究综述

1. 行政行为合法性的国内相关研究

关于行政法的控权核心功能,中国学界有较强的共识。行政法的实质是"规范和控制行政权的法"[①]。同时,控权是法律对行政权的积极驾驭和支配,并在客观实证上承认行政法的"保权"功能,而不是在限权意义上对行政权进行消极的限制。[②] 换言之,控权论并不排斥法律授予行政权,也不排斥法律对行政权力的效能保障。在中国颇具影响力的平衡论,其揭示了行政法关系主体在理性与非理性上的双向扩张性,主张对相对人的理性扩张进行激励和维护,对行政主体的非理性扩张进行制约限制和惩罚,进而促进双方主体的平衡关系。[③] 可见,平衡论所否弃的是对行政权进行过度控制约束

---

① 参见姜明安主编:《行政法与行政诉讼法》(第7版),北京大学出版社2019年版,第19页。
② 参见孙笑侠:《法律对行政的控制——现代行政法的法理解释》,山东人民出版社1999年版,第2页。
③ 参见成协中:《行政法平衡理论:功能、挑战与超越》,《清华法学》2015年第1期,第41—42页。

的理论取向,并支持对行政权的非理性扩张进行法律控制。① 有学者在中国行政法法典化的语境下提出了授权论,主张将授权作为制定行政法总则的逻辑起点,进而强化行政法对现代社会治理复杂性的回应,其所强调的是基于充分授权之后的控权,而并未否弃控权。②

现代行政法对行政权的控制,注重从动态化的行政行为的合法性控制展开。历史地看,"行政法治的生发都根植于对公权力规范运作的内在需求"③。行政行为合法是行政法治主义的要求。法治要求行政行为受法的支配。在法治的发展演变中,传统法治着重控制静态行政权,新型法治则更加注重对行政权运行过程中所产生的动态行政行为进行规范和控制。④

法治对行政行为合法性的控制,涵盖形式与实质的双层次合法性要求。在形式层面上,行政行为应当具有合法律性;在实质层面上,行政行为应当具有正当性。⑤ 如果行政能完全被形式上的法律吸收,则行政只需对法律进行机械的执行,反之则必须考虑法律以外的其他因素,即合理性问题,合理性仍属于合法性的范畴,并与合法律性相区分。⑥ 从中国行政诉讼法的发展来看,1989年《行政诉讼法》设立的"滥用职权""显失公正"审查标准,以及2014年修法时增列的"明显不当"审查标准所构建的合理性审查,属于实质合法性的审查范畴。⑦ 可以说,将明显不当行为审查纳入合法性审查中,

---

① 控权论和平衡论本身在不断发展演进,同时除了这两种理论之外,中国行政法理论基础还有管理论、政府法治论、公共利益本位论、服务论等学说,参见沈岿:《行政法理论基础:传统与革新》,清华大学出版社2022年版,第13—43页。
② 参见谭宗泽:《构建面向行政的行政法体系》,《法学评论》2023年第1期,第78—79页。
③ 郑春燕:《转型政府与行政法治》,《浙江大学学报(人文社会科学版)》2021年第1期,第53页。
④ 参见姜明安:《行政法》(第5版),法律出版社2022年版,第18—19页。
⑤ 参见高家伟主编:《行政行为合法性审查类型化研究》,中国政法大学出版社2019年版,第140—142页。
⑥ 参见毛玮:《论行政合法性》,法律出版社2009年版,第1页。
⑦ 参见何海波:《论行政行为"明显不当"》,《法学研究》2016年第3期,第70页;余凌云:《论行政诉讼上的合理性审查》,《比较法研究》2022年第1期,第145—148页;黄学贤:《行政诉讼中的行政行为明显不当——合法性审查还是合理性审查以及如何审查》,《苏州大学学报(哲学社会科学版)》2023年第2期,第101页。

促使"合法性"的内涵由形式合法性拓展至实质合法性。① 同时也使得行政行为合理性有限审查制度得以法制化。② 两个层次的审查相较而言,形式合法性审查是对行政行为在广度上进行的初次审查,实质合法性审查是对行政行为在深度上进行的二次审查。③

基于行政行为合法性的双层内涵,有学者将行政行为合法性要件直接区分为形式合法性要件和实质合法性要件两大类型:行政行为的形式合法性要件,即行政行为外在的合法律性要求;行政行为的实质合法性要求,即行政行为内在的正当性要求。④

也有学者从合法要素的角度对行政行为合法性要件进行归纳。具体而言,有观点认为,行政行为合法性要件包括"主体合格、条件符合、事实有据、程序正当和处理得当"⑤。也有观点认为,行政行为合法性要件包括"主体(或职权/权限)要件、事实要件、依据要件、程序要件"⑥。

更多的中国学者是按照"平面板块"的角度梳理行政行为合法性要件。部分权威教材以及诸多学者,采用"四要件说",即"主体要件、权限要件、

---

① 参见应松年主编:《〈中华人民共和国行政诉讼法〉修改条文释义与点评》,人民法院出版社2015年版,第226页;林莉红、任沫蓉:《平等原则在行政审判中的适用偏差与应对——基于对行政行为实质合法性审查的提倡》,《北京行政学院学报》2022年第1期,第32页。
② 参见江必新、梁凤云:《行政诉讼法理论与实务》,法律出版社2016年版,第1612页。
③ 参见程琥:《行政诉讼合法性审查原则新探》,《法律适用》2019年第19期,第75页。
④ 参见李建良:《行政法基本十讲》,元照出版有限公司2020年版,第7—10页;高家伟主编:《行政行为合法性审查类型化研究》,中国政法大学出版社2019年版,第140—143页;陈敏:《行政法总论》(第8版上),新学林出版社2013年版,第381—389页;翁岳生编:《行政法》(上册),中国法制出版社2009年版,第663—667页;陈新民:《中国行政法学原理》,中国政法大学出版社2002年版,第157—163页;孙笑侠:《法律对行政的控制——现代行政法的法理解释》,山东人民出版社1999年版,第220页。
⑤ 参见何海波:《行政行为的合法要件——兼议行政行为司法审查根据的重构》,《中国法学》2009年第4期,第59页。
⑥ 参见胡建淼:《行政法学》(第5版上册),法律出版社2023年版,第216—218页;章剑生:《现代行政法总论》,法律出版社2019年版,第148—152页;莫于川主编:《行政法与行政诉讼法》(第2版),中国人民大学出版社2015年版,第129—130页;章剑生:《现代行政法基本理论》(第2版上卷),法律出版社2014年版,第283页;朱维究:《行政行为的司法监督》,山西教育出版社1997年版,第22—23页。

内容要件、程序要件"①。同时还存在将要件区分为"权限(或职权)要件、内容要件、程序和形式(或方式)要件"②,"主体要件、内容要件、程序要件"③,"主体(或权限)要件、内容要件、程序要件、形式要件"④,"主体要件、权限要件、内容要件、程序要件、形式要件"⑤,"主体要件、内容要件、程序要件、形式要件、时间要件"⑥,"主体要件、权限要件、依据要件、内容要件、程序要件、

---

① 参见罗豪才、湛中乐主编:《行政法学》(第 4 版),北京大学出版社 2016 年版,第 136—140 页;《行政法与行政诉讼法学》编写组:《行政法与行政诉讼法学》,高等教育出版社 2017 年版,第 113—119 页;姜明安:《行政法》(第 5 版),法律出版社 2022 年版,第 280—284 页;石佑启主编:《行政法与行政诉讼法》,高等教育出版社 2023 年版,第 76—77 页;沈福俊、邹荣主编:《行政法与行政诉讼法学》(第 3 版),北京大学出版社 2019 年版,第 124—125 页;王敬波:《行政法学》,中国政法大学出版社 2018 年版,第 55—57 页;章志远:《行政法学总论》,北京大学出版社 2014 年版,第 185 页;柳砚涛:《行政行为新理念》,山东人民出版社 2008 年版,第 174—175 页;杨海坤、章志远:《中国行政法原论》,中国人民大学出版社 2007 年版,第 207 页;杨解君、肖泽晟:《行政法学》,法律出版社 2000 年版,第 155—156 页。
② 参见叶必丰:《行政行为原理》,商务印书馆 2022 年版,第 118—129 页;叶必丰主编:《行政法与行政诉讼法》(第 6 版),中国人民大学出版社 2022 年版,第 54 页;张树义、罗智敏主编:《行政法学》(第 3 版),北京大学出版社 2021 年版,第 142—143 页;姜明安主编:《行政法与行政诉讼法》(第 7 版),北京大学出版社 2019 年版,第 167—168 页。
③ 参见杨海坤:《行政行为》,载应松年主编:《当代中国行政法》(第三卷),人民出版社 2018 年版,第 765—767 页;胡锦光编著:《行政法学概论》(第 3 版),中国人民大学出版社 2014 年版,第 43 页;皮纯协主编:《行政法与行政诉讼法教程》(第 3 版),中央广播电视大学出版社 2005 年版,第 75 页;姜明安:《论行政行为合法的标准与无效的标准》,《政府法制》2001 年第 11 期,第 5—6 页。
④ 参见胡建淼、江利红:《行政法学》(第 5 版),中国人民大学出版社 2022 年版,第 150—151 页;余凌云:《行政法讲义》(第 3 版),清华大学出版社 2019 年版,第 253—254 页;马生安:《行政行为研究——宪政下的行政行为基本理论》,山东人民出版社 2008 年版,第 317—318 页。
⑤ 参见周佑勇:《行政法原论》(第 3 版),北京大学出版社 2018 年版,第 213—214 页;王景斌、蔡敏峰:《行政法原理》,北京大学出版社 2016 年版,第 145—146 页;方世荣、石佑启主编:《行政法与行政诉讼法》(第 3 版),北京大学出版社 2015 年版,第 123—124 页;王学辉主编:《行政法与行政诉讼法学》(第 2 版),法律出版社 2015 年版,第 133—134 页;张兆成:《行政法律行为论纲》,人民出版社 2013 年版,第 209—210 页;董茂云等:《行政法学》,上海人民出版社 2005 年版,第 130—132 页;王连昌、马怀德主编:《行政法学》,中国政法大学出版社 1997 年版,第 140—141 页。
⑥ 参见杨建顺:《行政规制与权利保障》,中国人民大学出版社 2007 年版,第 322—330 页。

形式要件"①等多种学说样态。

综观之,中国学者比较熟悉和偏好的是"平面板块"的梳理模式。② 而且,中国行政法学界对于行政行为合法性"四要件说"具有较强共识性,即包括主体要件、权限要件、内容要件、程序要件。一方面,四个要件之间的内涵具有相互独立性;另一方面,四个要件之间的内涵具有相互关联性,共同构成行政行为合法性要件的内容体系。③

从现有文献来看,行政行为合法性理论框架研究较为成熟,且学界中具有较强共识的相关理论观点可以概括为:一是行政法的核心功能是控权,现代行政法对行政权运行的控制主要从行政行为合法性控制的角度展开;二是行政行为合法性包括形式与实质双层内涵;三是行政行为合法性包括"四要件",即主体要件、权限要件、内容要件和程序要件。可以说,行政行为合法性理论体系层面的研究已然成形,为金融法域外适用场景中的行政行为合法性研究提供了较为成熟的理论框架。由此,对金融法域外适用行政行为合法性的考察,既要考察其在形式上的合法性,也要考察其在实质上的合法性。具体而言,可从行政行为合法性"四要件"所确立的四个维度展开,并在各要件中整合形式上及实质上的合法性要求,分别研究金融法域外适用的行政行为在主体、权限、内容、程序四个维度上的合法性问题。下面沿着这一框架对与本论题直接相关的国内文献进行梳理。

2. 金融法域外适用中行政行为合法性

代表性文献主要包括三本专著。《美国金融法规域外管辖:法理、制度与实践》是晚近对美国金融规制域外管辖进行系统研究的代表性文献,其主要是从国际法和金融法的视角分析了金融行政域外管辖的合法性问题。其一,域外管辖权存在国际法上的空间,国际法上的各类管辖依据对域外管辖具有包容性;其二,金融行政域外管辖的重要合法性来源是对全球化背景下金融系统性风险的防治;其三,在操作层面上,一国通过"真实联系"要素建立域外管辖利益关系,证成域外管辖权的合法性;其四,"真实联系"的存在

---

① 参见王周户等:《行政法》,法律出版社2007年版,第182—183页;杨临宏:《行政法:原理与制度》,云南大学出版社2010年版,第315—316页。
② 参见余凌云:《行政法讲义》(第3版),清华大学出版社2019年版,第253页。
③ 参见章志远:《行政法学总论》,北京大学出版社2014年版,第185页。

主要论证了一国享有域外管辖权,并不代表其域外管辖实体内容的合法性、程序的合法性;其五,在"真实联系"的基础上,域外管辖应当遵循不干涉他国内政原则、礼让与合理性原则、利益平衡原则、正当程序原则,进而实现域外管辖的合法性。① 《美国证券法域外管辖权问题研究》是对美国证券规制域外管辖进行系统研究的代表性文献。根据该文献的论述,美国证券行政域外管辖权的合法性涉及国内法和国际法上两个层次上的合法性:行政机构根据美国证券法的授权行使域外管辖权,这是国内法上的合法性要求;在国际法上,美国证券行政域外管辖权需要在属人管辖、属地管辖、保护性管辖、普遍性管辖方面寻求合法性依据,其本质在于有关域外问题与美国之间的密切联系程度,而美国证券交易委员会早期"侵略性"地扩张域外管辖权的做法引起了其他国家的排斥和反感。② 《经济行政法的域外效力》是行政法学者研究经济(包括金融)规制法域外效力问题的代表性文献。该文献对行政域外管辖的合法性论述,主要是从国际法的角度切入。其认为:行政域外管辖的国际法依据包括属人管辖、属地管辖、保护性管辖、普遍性管辖,以及国际经济社会实践及其理论研究所形成的影响(效果)原则、行为归属原则、实施检验原则等。同时,在"冲突法"理论架构下,为避免国家间的冲突对抗,强化行政域外管辖的合法性,应通过国际法上的基本原则和义务进行限制和协调,即行政域外管辖应当遵循礼让原则、合理原则、国家行为原则、外国主权强制法则、不与东道国法律冲突原则、从严认定公共秩序原则等。③

这些代表性文献主要是从国际法、金融法的角度论述金融行政域外管辖的合法性问题。这为本书的展开提供了坚实的跨学科基础,也为本书主要从行政法学角度展开研究预留了"作业空间"。基于行政法学的角度和本书的整体框架,下面从主体和权限、内容、程序维度分别梳理金融法域外适用中行政行为合法性的国内相关文献。

---

① 参见郭华春:《美国金融法规域外管辖:法理、制度与实践》,北京大学出版社 2021 年版,第 14—40 页。
② 参见李国清:《美国证券法域外管辖权问题研究》,厦门大学出版社 2008 年版,第 1—20 页。关于国内法律域外管辖在属地管辖、属人管辖、保护性管辖和普遍性管辖等方面的国际法依据,可进一步参见马忠法、龚文娜:《法律域外适用的国际法依据及中国实践》,《武陵学刊》2020 年第 5 期,第 77—78 页。
③ 参见张利民:《经济行政法的域外效力》,法律出版社 2008 年版,第 48—354 页。

(1) 行政行为主体和权限合法性

主体合法性方面，中国学者基于美国的经验，认为应当通过立法明确金融域外管辖的实施主体。美国国会热衷于通过制定法规定金融域外管辖的主体，明确该类主体作为实施金融域外管辖行为的合法地位。① 在联邦立法的支撑下，美国为实施金融法域外适用而建立了一个庞大的执法体系，诸多行政主体根据法律制度安排而获得作为金融域外管辖主体的合法地位。其中，美国证券交易委员会是对外国上市公司进行域外管辖的行政主体，具体内容包括保护投资者利益、财务合规、反对造假和欺诈；美国公众公司会计监督委员会是对外国上市公司会计合规进行域外管辖的主体；美国财政部下设的海外资产控制办公室是直接管理对外金融制裁的主体；美国财政部及其下设的货币监理署、美国消费者金融保护局、美联储等是反洗钱域外管辖的主体；纽约州金融服务局等地方金融规制部门也会作为联合执法主体，与联邦执法机构联合实施域外管辖活动。②

有学者认为，对于中国而言，应当通过证券法律上的明示规定，为中国证券行政执法机关作为域外管辖主体提供法律依据。③ 当前，中国推进证券、期货和衍生品、银行业、反洗钱等监管法律的域外管辖效力条款设置。有学者进一步认为，近年来保险、信托行业不断扩大对外开放，《保险法》《信托法》等基础性、公法性的金融法，也应推进设立域外适用规则，明确域外管辖主体。④ 在立法依据上，2023年7月颁布的《对外关系法》是中国涉外领域的基本法，属于宪法相关法，可以为全面完善中国金融法域外适用制度、明确实施域外管辖的公权力主体提供立法依据和指引。⑤

金融域外管辖权的确立，在全球化背景下具有一定的现实合法性基础。

---

① 参见戚凯：《霸权羁缚：美国在国际经济领域的"长臂管辖"》，中国社会科学出版社2021年版，第61—64页。
② 参见高伟：《美国"长臂管辖"》，中国财政经济出版社2021年版，第166—210页。
③ 参见杨峰：《我国证券法域外适用制度的构建》，《法商研究》2016年第1期，第175—176页。
④ 参见漆彤：《加强国内法域外适用法律体系建设和法理研究》，《人民法院报》2021年2月22日，第2版。
⑤ 参见黄进：《论〈对外关系法〉在中国涉外法治体系中的地位》，《国际法研究》2023年第4期，第8页。

行政域外管辖权是行政执法机关将国内行政法规范适用于境外的人、行为和财产的权力。行政法规范是一种公法,在全球化演进推动下,那些一概否定公法域外适用的极端属地主义思想,以及认为公法域外适用不受国际法限制的观点,都应否弃。① 例如,有学者指出,跨国银行破产域外效力的普遍性原则是过度理想化的,因为其宣称母国当局对跨国银行的整个破产程序享有完全的管辖权,由母国当局对境内和境外的破产银行财产进行统一管理和分配,进而忽视了国家主权在解决跨国破产问题上的重要性及限度;而与普遍性原则相反的地域性原则是具有封闭性的,因为其宣称跨国破产管辖权作为公法上的行为,涉及一国主权的行使,母国当局对跨国银行破产的管辖权不能超越其主权管辖范围,不能及于境外的财产,这种观点背离了经济全球化、一体化的趋势。②

在功能上,建立适度的国内法域外适用制度,支持公权力主体行使域外管辖权,既有助于维护国家的主权、安全和发展利益,保护本国企业和国民的利益,也是一国影响国际法治秩序的有力工具。③ 全球金融危机背景下的金融系统性风险防治,为域外管辖权提供了功能层面的合法性支持。欧美国家在2008年全球金融危机后全面扩张金融行政域外管辖权,其原因主要包括:其一,金融全球化使得单纯的境内监管难以防范全球金融危机的发生和跨境传导;其二,域外管辖可以防止跨境金融市场主体利用各国监管制度的差异而获取跨境监管套利;其三,全球金融治理组织尚不能有效化解金融危机及各类新问题。④

金融行政域外管辖权受到属地性和属人性的限制。传统的属地管辖原则实际上是一种反对金融行政域外管辖的管辖标准,属地管辖经过扩张解释后所衍生出来的主观属地管辖和客观属地管辖,分别为金融行

---

① 参见宋晓:《域外管辖的体系构造:立法管辖与司法管辖之界分》,《法学研究》2021年第3期,第171—187页。
② 参见季立刚:《跨国银行破产域外效力的冲突与协调》,《上海金融》2006年第5期,第66页。
③ 参见廖诗评:《中国法域外适用法律体系:现状、问题与完善》,《中国法学》2019年第6期,第20页。
④ 参见"金融监管域外管辖权"课题组:《欧美元融监管域外管辖权扩张影响几何?》,《金融市场研究》2013年第1期,第124—127页。

政主体对开始或结束环节发生在内国的跨境金融违法行为实施域外管辖提供依据,进而在一定程度上允许金融行政域外管辖;属人管辖权则与域外管辖权联系密切,可以为金融行政主体基于国民身份联系而行使域外管辖权提供一定的合法性依据,属人管辖经过扩张解释后所衍生出来的积极属人管辖和消极属人管辖,分别为金融行政主体对境外本国人和境外侵害本国人的行为人主张域外管辖提供依据。① 但从整体上看,对属地管辖和属人管辖的扩张解释仍未能为金融行政域外管辖权提供完整的合法性支持。例如,对于完全发生在境外的,但旨在扰乱境内金融市场秩序的违法行为,且行为人为外国人,此时金融行政主体无论是依据主观或客观的属地管辖,还是依据积极或消极的属人管辖,均难以主张域外管辖权。

  实践中,金融行政域外管辖权的合法化着力点往往在于管辖国与域外被管辖对象之间的"真实联系"性。随着金融全球化的深化,金融规制法域外适用不可避免,但其适用需把握基于国家主权和国际礼让原则基础上的适度性,避免过度的域外适用带来国际社会新的冲突。② "真实联系"性标准是衡量金融行政域外管辖权是否具有适度性的重要标准。在实践层面,"真实联系"的要素成分,往往通过域外管辖权的法定行使条件来呈现。美国证券域外管辖权的行使条件主要包括:一是效果标准,境外证券交易行为对美国投资者产生可预见的、实质性的影响;二是行为标准,在美国境内的行为对于其在境外所实施的欺诈行为而言起到关键作用,即前者对于后者而言并非纯粹预备性的。③ 实践中,美国证券法域外适用沿着联邦法院和美国证券交易委员会两条路径展开:前者主要把精力放在域外事项管辖权确立与否的分析上;后者对于在国际上行使域外管辖权具有一定的扩张性,而无原

---

① 参见张利民:《经济行政法的域外效力》,法律出版社2008年版,第17—96页。
② 参见朱淑娣、孙秀丽:《论金融领域行政执法的国际合规性》,《首都师范大学学报(社会科学版)》2020年第2期,第52页。
③ 参见杜涛:《美国证券法域外管辖权:终结还是复活?——评美国联邦最高法院Morrison案及〈多德-弗兰克法〉第929P(b)条》,《国际经济法学刊》2012年第4期,第191—192页。

则地单边扩张域外管辖具有一定的危害性。① 美国法确立了各类域外管辖权，在应然层面上域外管辖权的行使应当遵守国内法规定和国际法规则，在实然层面上则由于各类域外管辖权行使的条件均具有较强的模糊性，因而美国的域外管辖权呈现出明显的扩张性和不确定性。②

中国金融行政域外管辖权的行使应当以正当管辖连接点为依据。在中国涉外法制完善的语境下，涉外法制构建应当具有"攻防兼备"的功能。其中，在防御侧注重阻断和反制外国法的不当域外适用，在进攻侧注重推动中国法适当的域外适用，从立法、执法和司法立体化地推进中国法域外适用体系建设。③ 在法律上确立中国金融行政域外管辖权，属于完善涉外法制中的"进攻侧"，但这种"进攻"应当注重适度性，避免过度以致"攻入"他国管辖领域。因而，中国金融行政域外管辖权的行使应当以正当的管辖连接点为依据，建立在中国与域外主体、财产和行为之间具有真实有效联系性的基础上。④

中国金融域外管辖权行使的法定条件存在一定的模糊性，这为域外管辖权的行使带来了合法性风险。如果域外管辖权法定行使条件的模糊性较强，则可能会带来法律"落地"的困难，同时在规则模糊的情况下，行使域外管辖权应当注意到其他相关国家公权力主体的回应，注重通过合作的方式间接进行域外管辖，避免单方面强行行使域外管辖，造成两国管辖权的冲突。⑤ 中国 2019 年修订的《证券法》所增设的域外适用条款，对域外管辖权行使条件作出了较为模糊的规定，这容易造成管辖权滥用或空置，因而在具体适用过程中可借鉴美国的效果标准，即只有当境外证券发行和交易

---

① 参见李国清：《美国证券法域外管辖权问题研究》，厦门大学出版社 2008 年版，第 1—5 页。
② 参见肖永平：《"长臂管辖"的法理分析与对策研究》，《中国法学》2019 年第 6 期，第 64—65 页。
③ 参见霍政欣：《我国法域外适用体系之构建——以统筹推进国内法治和涉外法治为视域》，《中国法律评论》2022 年第 1 期，第 41—51 页。
④ 参见张鹏：《中国法域外适用的理论构造》，中国社会科学出版社 2022 年版，第 232—233 页。
⑤ 参见王洋：《我国证券法域外适用性改革研究》，《金融监管研究》2021 年第 6 期，第 70—80 页。

行为对中国境内产生实质性、直接性和可预见性的影响时,才可行使域外管辖权。① 此外,域外管辖权行使的各类法定条件之间的关系存在模糊性。例如《证券法》上所规定的关于域外管辖权行使的两个触发条件,有学者主张,只要满足其中一个就可以启动域外管辖权。② 也有学者认为,应当满足所有列出的条件才能行使域外管辖权。③ 这种规则模糊性不利于域外管辖权的适当行使。

(2) 行政行为内容合法性

实体内容上是否具有合法性,是金融行政域外管辖权是否合法行使的重要判断指标之一。金融行政域外管辖权应当在合理、适当的限度内行使。④ 跨境金融行政行为的实体内容作为金融行政域外管辖权行使的结果呈现,其合法性反映了该项域外管辖权行使的合法性。从立法的应然导向上看,各国推行经济(包括金融)规制立法域外效力应当以其适用结果"合理"为条件,即应当符合"合理原则"。⑤ 从规范运行的应然角度看,金融域外管辖往往是基于金融规制法所保护的实体事项利益而施行的,一国在依法享有域外管辖权的基础上,还应当进一步考虑其所管辖特定实体内容的合法性问题,从利益平衡的角度出发,应当避免在实体上不当冒犯其他国家的利益,或给身处外国的被规制对象造成过高的负担或不便。⑥ 在现实中,美国金融制裁法律的域外适用,往往是将金融制裁单方面地施加于其他国家,引发国际社会的反感,构成对不干涉内政这一国际法原则的公然违反,而被制裁国家由于在国际经贸活动中对美元的依赖,使其难以摆脱美国金融制裁的阴影,从而可以说美国在实体上不当增加了相关外国及其被规制对象

---

① 参见张迈:《中国〈证券法〉的域外管辖标准及其适用条件》,《金融法苑》2020 年第 4 期,第 53—57 页。
② 参见郭金良:《我国〈证券法〉域外适用规则的解释论》,《现代法学》2021 年第 5 期,第 180 页。
③ 参见朱冲:《从瑞幸案看我国证券案件"长臂管辖"为何知易行难》,《证券法苑》2020 年第 3 期,第 426 页。
④ 参见李国清:《美国证券法域外管辖权问题研究》,厦门大学出版社 2008 年版,第 4 页。
⑤ 参见徐崇利:《美国及其他西方国家经济立法域外适用的理论与实践评判》,《厦门大学法律评论》2001 年第 1 期,第 262—263 页。
⑥ 参见郭华春:《美国金融法规域外管辖:法理、制度与实践》,北京大学出版社 2021 年版,第 24—28 页。

的负担。①

在跨境金融行政调查的内容合法性方面,有学者认为,美国 2020 年《外国公司问责法案》所设置的针对中概股的跨境行政检查内容,出现了诸多针对中国的泛政治化的内容,超出了跨境证券市场的正常信息披露范畴,缺乏合法性。在形式意义上,美国的做法表面上是以法律理性的形式加强跨境证券市场规制,强化外国发行人的信息披露,但其中针对中国的泛政治化行政调查内容,超越了美国证券市场的正常信息披露范畴,显现出背离法治化的明显不当政治目的。② 同时,跨境金融行政调查的内容不当涉及他国的秘密,也会带来合法性问题。例如,在证券领域的跨境审计监管中,一国各行业的大型企业的审计工作底稿一旦被外国行政机关通过域外管辖中的跨境调查所掌握,纵横交错的信息网所蕴含的该国各个领域相对完整的经济技术结构乃至全国整体经济技术走向,都可能被外国当局知悉,且具体的证据亦会被外国当局握在手中,这不利于国家经济、技术安全。③

在跨境金融行政处罚的内容合法性方面,美国金融域外管辖执法机关倾向于对外国企业实施更加严苛的,乃至是顶格式的处罚,在一定程度上存在区别对待的问题,引致外国主体对行政处罚内容合法性的质疑。④ 可以借助基于行政自制的裁量基准来规范金融行政处罚权,通过裁量基准明确罚金裁量过程中所应当考量的相关因素,以及结合现实需要对特定类型违法行为的基准数额作出规定,促进处罚内容的合法化。⑤ 当前关于金融领域行政处罚裁量的研究,主要是在金融法域内适用的语境下展开的⑥,基本未涉

---

① 参见沈伟:《金融制裁和反制裁法理研究》,上海交通大学出版社 2022 年版,第 1—5 页。
② 参见谢海霞、陈春晖:《跨境审计监管:后美国〈外国公司问责法〉时代的选择》,《中国注册会计师》2021 年第 12 期,第 115—116 页。
③ 参见张崇胜:《新中概股危机:审计底稿、证券监管与国家主权》,《中国注册会计师》2022 年第 2 期,第 112 页。
④ 参见尚微、蔡宁伟:《美国巨额监管处罚的主体、对象、内容及趋势——基于 2007~2017 年处罚金额过亿美元的典型案例分析》,《西南金融》2018 年第 5 期,第 5—8 页。
⑤ 参见刘宏光:《证券监管机构如何罚款?——基于行政裁量基准视角的研究》,《财经法学》2020 年第 4 期,第 79 页。
⑥ 参见吕成龙:《中国证监会内幕交易处罚的裁量之治》,《法学评论》2021 年第 5 期,第 87—100 页;彭俊英等:《新证券法背景下审计行政处罚自由裁量权问题研究》,(转下页)

及金融法域外适用下的跨境行政处罚裁量问题。在美国,《1990年证券执法救济和小额证券改革法案》实际上具有作为处罚裁量基准的规范功能,该法案设置了三个等级的罚款限额结构,规范美国证券交易委员会的处罚裁量空间。① 这种对裁量空间进行类型化、分层化的做法,在某种意义上可以约束美国证券交易委员会的处罚裁量权,促进跨境行政处罚内容的合法化。

(3) 行政行为程序合法性

程序合法性对金融行政域外管辖的合法性而言具有特殊的意涵。从民主的角度看,域外管辖实际上是将管辖国的法律适用于没有参加立法过程的外国被管辖对象,没有从民主机制上为外国的被管辖对象提供可问责机制,降低了域外管辖所适用法律的合法性;此时,正当程序可以成为塑造域外管辖合法性的重要措施,通过适当的程序机制,增加域外管辖公权力行为的透明度、参与度,进而缓解民主正当性不足的张力。②

金融行政域外管辖权力的具体运行,需要遵循一定的程序要求,保护境外当事人程序权利,并通过跨境监管合作的方式实施相关程序。③ 在证券行政调查程序的跨境运行中,可以通过三种方式实施:一是单边的方式,由内国行政主体单方面向当事人调取证据;二是双边合作的方式,请求他国证券行政主体给予协助;三是多边合作的方式,利用多边协作机制调查和取得证据。④ 从涉外法治的角度看,行政域外管辖程序的跨国运行,应当塑造一种国际合作思维。一方面,涉外法治作为一国开放发展的规范导向,其以维护本国的主权安全和发展利益为目标,因而在逻辑上强调国家起点和单国

(接上页)《财会通讯》2022年第17期,第132—135页;孙海涛、周奇锜:《证券处罚的裁量困境与解决路径——兼论裁量基准的构建》,《南方金融》2022年第8期,第78—89页。

① 参见颜欣:《证券法中的罚款制度:中美比较研究》,《金融法苑》2016年第1期,第50—51页。
② 参见郭华春:《美国金融法规域外管辖:法理、制度与实践》,北京大学出版社2021年版,第5—29页。
③ 参见郭金良:《我国〈证券法〉域外适用规则的解释论》,《现代法学》2021年第5期,第184—185页。
④ 参见刘远志:《跨境证券交易法律监管研究》,法律出版社2019版,第188—204页。

视角,与国内法治存在交织;另一方面,当单边行为超越单国关切范畴时,则还与国际法治交织,需要秉持国际合作思维。①

金融域外管辖权的运行应当遵循正当程序原则的要求。金融域外管辖的程序是一种涉外的行政程序。在涉外行政程序方面,行政主体应当遵循正当程序原则,公开、公正地实施涉外行政程序活动。② 美国金融行政域外管辖权的行使受到宪法上正当程序条款的约束,避免出现独断专行和最根本的不公正,应当考虑到境外当事人为履行美方的程序要求而在外国法律体系中所承受的负担,同时应当考虑到与其他相关国家程序法规范的关系。③ 然而,在实然层面上,美国金融域外管辖执法中存在不符合正当程序原则的问题。例如,美国利用美元地位及市场优势,为中断其他国家与伊朗的金融合作、技术产品贸易等而实施域外管辖执法,其中对中国中兴通讯股份有限公司进行经济制裁所采取的具体措施,包括调查取证程序、强迫公司更换董事会成员、向中兴通讯派驻美方执行小组等做法,在一定程度上违背了正当程序原则的要求。④

在美国的实践中,会借助司法程序强化金融域外管辖中调查取证单边程序的强制性。美国证券交易委员会在域外管辖的跨境行政调查过程中,在没有谅解备忘录等双边协定的辅助之前,主要是通过联邦法院的域外证据开示程序来实现。⑤ 根据《美国对外关系法重述(第三版)》(1987年)的规定,美国证券交易委员会可请求法院发布命令,要求位于国外的证人接受美国证券交易委员会的调查。⑥ 由此,当美国证券交易委员会跨境调查取证程序受到阻碍时,可向美国法院请求强制位于外国的当事人作证或提供其他

---

① 参见何志鹏:《涉外法治:开放发展的规范导向》,《政法论坛》2021年第5期,第177—191页。
② 参见刘云甫、朱最新编著:《涉外行政法理论与实务》,华南理工大学出版社2010年版,第28—30页。
③ 参见郭玉军、王岩:《美国域外管辖权限制因素研究——以第三和第四版〈美国对外关系法重述〉为中心》,《国际法研究》2021年第6期,第85—90页。
④ 参见肖永平:《"长臂管辖"的法理分析与对策研究》,《中国法学》2019年第6期,第53页。
⑤ 参见李国清:《美国证券法域外管辖权问题研究》,厦门大学出版社2008年版,第12页。
⑥ See Restatement (Third) of Foreign Relations Law, §442(1987).

证据材料,进而借助司法程序提升域外管辖行政程序的强制性及规范性。外国当事人很难拒绝美方关于取证的司法要求,因为如果不按照要求执行将很可能受到美国司法制裁。2011 年 9 月,美国证券交易委员会向哥伦比亚地区法院申请,强制总部位于上海的德勤华永会计师事务所提供相关审计工作底稿,后者表示如果将这些文件运出中国就会违反中国的法律规定;两国程序法上的冲突使该当事人陷入了"要么违反中国法律,要么违反美方规则"的困境。① 因而,在借助司法程序赋予行政域外管辖调查程序强制性的同时,还应当考虑当事人在外国法律体系中履行该程序义务所承受的负担,以及该司法程序对外国的程序性规则的影响,避免出现单边性程序跨境运作的非理性问题,让外国当事人在两国程序的冲突之中"进退维艰"。

概观之,当前中国法学界对金融法域外适用行政行为合法性的研究主要存在如下三个特点。其一,研究对象的国别上,主要聚焦于美国金融法域外适用的行政行为合法性问题,并主要通过借鉴美国的制度提出面向中国的改进方案。这些研究经验为本论题的比较研究,以及观照中国现实提供了良好的理论基础。其二,研究重点上,主要侧重于对金融法域外适用行政行为的权限合法性研究,特别是对美国和中国证券域外管辖权行使条件上的合法性约束展开讨论。这为本论题对该领域的研究提供了较为充足的文献资料。其三,研究体系上,当前学界尚未对金融法域外适用的行政行为合法性展开系统性研究,现有内容主要是散见于以国际法和金融法为主要理论视角的论述中。这为本论题基于行政行为合法性理论展开系统化的研究留下了足够的作业空间。

(二) 国外相关研究综述

1. 行政行为合法性的国外相关研究

在英美法中,控权是行政法的核心面向,并主要通过法院对行政行为的合法性控制展开。"行政法是有关控制政府权力的法",且在控权运行上,是以法院为中心对行政权的行为进行合法性控制。② 美国联邦法院在合法性

---

① 参见朱绵茂:《论美国金融监管法律的域外适用——从 SEC 起诉德勤上海谈起》,《浙江金融》2012 年第 8 期,第 36—39 页。
② 参见[英]威廉·韦德、克里斯托弗·福赛:《行政法》(第 10 版),骆梅英等译,中国人民大学出版社 2018 年版,第 4—5 页。

审查中重点关注行政机构的规制权边界,注重通过控制行政权来保障个人自由,维护宪制中的权力分立结构。① 在德国行政法上,法治国要求任何行政行为都应当合法。② 换言之,行政受到法的拘束,这种拘束性表现在行政行为的合法性控制上。

各国学界对行政行为的形式与实质双层合法性内涵具有一定共识,即在一般意义上重视行政行为形式合法性要求的同时,还注重考察行政行为的实质合法性问题。晚近的美国行政法上,"关系公平"成了新的合法性来源,即所有可能受到行政行为影响的私主体,都须公平地与行政机构进行协商,进而让行政行为获得合法性。③ 这种基于民主性的行政行为合法性,是实质层面的合法性要求。此外,法国行政法官对规范性行政行为的适当性审查④,德国行政法上要求行政行为的内容符合法律原则、符合比例原则⑤,英国行政法上要求行政行为具备程序正当性、合比例性⑥,美国司法审查中对行政机关非正式裁决适用武断和恣意标准⑦,日本行政法上要求行政行为具有目的适当性⑧,均着眼于从实质合法的层面对行政行为的合法性问题展开考察。

"违法性是合法性的反光镜"⑨,在英美法加四个国家中,行政行为合法

---

① See John O. McGinnis & Xiaorui Yang, *The Counter-Reformation of American Administrative Law*, 58 Wake Forest Law Review 387(2023), p.460-462.
② 参见[德]汉斯·J.沃尔夫等:《行政法》(第一卷),高家伟译,商务印书馆2002年版,第192页。
③ See Christopher S. Havasy, *Relational Fairness in the Administrative State*, 109 Virginia Law Review 749(2023), p.750-753.
④ 参见[法]让·里韦罗、让·瓦利纳:《法国行政法》,鲁仁译,商务印书馆2008年版,第814—817页。
⑤ 参见[德]哈特穆特·毛雷尔:《行政法学总论》,高家伟译,法律出版社2000年版,第237—238页。
⑥ 参见[英]A.W.布拉德利、K.D.尤因:《宪法与行政法》(第14版下册),程洁译,商务印书馆2008年版,第676页。
⑦ 参见[美]理查德·J.皮尔斯:《行政法》(第5版第二卷),苏苗罕译,中国人民大学出版社2016年版,第785—786页。
⑧ 参见[日]市桥克哉等:《日本现行行政法》,田林等译,法律出版社2017年版,第133页。
⑨ 参见[德]哈特穆特·毛雷尔:《行政法学总论》,高家伟译,法律出版社2000年版,第232—239页。

性要件主要内含于司法审查中的违法性审查标准中。在英国,根据越权无效原则,行政行为的违法情形包括:程序上的越权、实体上的越权、违反自然公正原则。① 随着判例的发展,行政行为违法事由被进一步规整为违反合法律性、内容合理性、程序正当性。② 在美国,根据联邦行政程序法第 706 节的规定,行政行为合法性的审查依据包括:一是专断、反复无常、裁量滥用或其他违法行为;二是违反宪法上的权利、权力、特权或者豁免;三是超越法定的管辖权限、授权、限制性规定或者没有法定权利;四是违反法定程序;五是缺乏实质性证据支持;六是没有事实根据。③ 在法国,抽象行政行为合法性审查通过越权之诉进行,其撤销事由包括无权能、形式瑕疵、滥用职权、违反法律四种样态,前两项指向外部合法性问题,后两项则涉及内部合法性问题。④ 在加拿大,司法审查中对行政行为违法性的认定主要从四个方面展开:一是程序不当,即违反程序公平义务或法定程序要求;二是权限违法,即超越法律授权;三是不合理地行使权力,如作出决定所依据的材料缺乏证据支持;四是违反宪法。⑤

德国和日本有学者将行政行为合法性要件划分为形式要件和实体要件。德国学者毛雷尔将行政行为合法性要件类型化为适法性要件(行政机关以行政行为作出处理的权能)、形式合法性要件(包括行政机关的管辖权、行政行为的程序和方式)、实体合法性要件(针对行政行为内容的合法律性、合理性)。同时,他进一步指出,由于法理上广泛承认行政机关具有行政行为的权能,没必要再作特别授权,因而一般无须专门审查行政行为的适法性。⑥ 日本行政法学界深受德国学说影响,也有学者将行政行为合法性要件

---

① 参见王名扬:《英国行政法》,北京大学出版社 2007 年版,第 116—137 页。
② 参见[英]A. W. 布拉德利、K. D. 尤因:《宪法与行政法》(第 14 版下册),程洁译,商务印书馆 2008 年版,第 676 页。
③ 参见[美]皮特·L. 施特劳斯:《美国的行政司法》,徐晨译,商务印书馆 2021 年版,第 424—425 页。
④ 参见[法]让·里韦罗、让·瓦利纳:《法国行政法》,鲁仁译,商务印书馆 2008 年版,第 802—803 页。
⑤ See Gerald Heckman et al., *Administrative Law: Cases, Text, and Materials*, Emond Montgomery Publications Limited, 2022, p. 21 - 22.
⑥ 参见[德]哈特穆特·毛雷尔:《行政法学总论》,高家伟译,法律出版社 2000 年版,第 232—239 页。

区分为形式要件和实体要件两类。①

根据上述文献,域外学者对行政行为合法性的研究与中国学者的研究具有一定的共通性,可以共同为相关国家特别是中国的金融法域外适用行政行为合法性研究,提供基础理论框架和具体的行进路径。

首先,中外学者对行政法的控权这一核心功能,以及行政行为合法性的形式与实质双层内涵具有一定的共识,这可为金融法域外适用中的行政行为合法性研究提供控权理念和立场,以及宏观上的"双层"框架,有助于更加完整地考察该领域的行政行为合法性问题。

其次,域外学者对判断行政行为合法性的具体指标之认识虽然存在较大差别,但也可以从中提取若干"公约数":其一,都强调行政主体行使权限需有法律根据;其二,行政程序合法是各国共同的行政行为合法性要求;其三,对行政行为内容具有较为一致的合法性要求,即既要符合法律规定,又要具有合理性。这些域外经验与中国学者的行政行为合法性"四要件"说具有较强的连通性,可以共同为金融法域外适用中行政行为合法性的研究提供具体的视维。

2. 金融法域外适用中行政行为合法性

有关金融法域外适用行政行为合法性的基础性研究。有德国学者指出,由于全球化的推进,行政法的属地性日益减弱,区域性和国际性日益增强,一个国家的行政法可能在另一个国家适用,因而行政行为跨国实施的现象越来越多。② 立足于合法性角度,有美国学者认为,各金融发达国家在2008年全球金融危机后变革法律,强化金融行政规制的域外适用,主要存在四方面的合法性基础。首先,那些在市场上占据主要地位的金融机构,通常在多个国家(地区)开展业务,除非金融行政规制具有域外效力,否则这些强势金融机构轻而易举地将风险高的业务放到境外,进而逃脱本国的规制。其次,全球化时代的金融风险易于跨境传导,一国不仅要对境内的金融机构进行规制,往往还要对这些金融机构的境外交易对手进行规制,才能有效地

---

① 参见[日]市桥克哉等:《日本现行行政法》,田林等译,法律出版社2017年版,第130—133页。
② 参见[德]汉斯·J. 沃尔夫等:《行政法》(第一卷),高家伟译,商务印书馆2002年版,第2—17页。

规制系统性金融风险。再次,一些国家为了自身的利益,抵制全球金融治理"软法"规范,成为金融机构逃避监管的庇护所,让金融机构获得监管套利。最后,金融发达国家主张行政规制的域外效力,可被视为是全球金融规制体系达至完备、有效之前的一种过渡,有助于推动国际金融组织完善"软法"规范体系。①

有加拿大学者认为,全球化所引致的日渐增加的域外管辖行为给"合法性"这个老话题带来挑战性,为了全面考察该特殊场景中的合法性问题,对域外管辖行为合法性的分析应当从行为主体权限的合法性、行为过程的合法性和行为结果的合法性等维度系统地展开。② 其中,该观点中的行为主体权限合法性与行政行为的部分合法性要件相重合。同时,该观点中关于行为过程的合法性、行为结果的合法性,从行政行为合法性理论来看,则分别与行政行为程序合法性、行政行为内容合法性之要件相契合。由此,基于行政行为合法性理论与该加拿大学者所提出的域外管辖行为合法性分析框架,可以从以下三个方面对金融法域外适用中行政行为合法性的相关外国文献进行归整。

(1) 行政行为主体和权限合法性

金融市场是全球化最新阶段的缩影,美国作为迄今为止全球跨境资金流动最多的国家,在金融规制领域普遍推行域外管辖,进而以跨管辖区的规制权适应资金快速跨境流通的全球化进程。③ 实际上,在20世纪初期,美国法上存在"反域外适用推定",即除非国会对制定法的域外效力具有明确的强制性指示,否则该法律无域外效力;到了20世纪中后期,联邦法院通过解读国会意图,在判例法上发展出域外管辖权行使的效果标准、行为标准等。④ 法院在判断国会意图之时,并不局限于制定法的文本,还可以结合其他证据

---

① See John C. Coffee, *Extraterritorial Financial Regulation: Why E. T. Can't Come Home*, 6 Cornell Law Review 1259(2014), p.1259-1261.

② See Steve Coughlan et al., *Law Beyond Borders: Extraterritorial Jurisdiction in an Age of Globalization*, Irwin Law Inc, 2014, p.21-22.

③ See Nico Krisch, *Jurisdiction Unbound: (Extra)territorial Regulation as Global Governance*, 33 European Journal of International Law 481(2022), p.489-490.

④ See William S. Dodge, *Understanding the Presumption against Extraterritoriality*, 1 Berkeley Journal of International Law 85(1998), p.88.

进行综合判断,因而其在塑造域外管辖标准的过程中具有灵活空间。①

美国联邦最高法院在 2010 年莫里森案中确立了交易标准,有美国学者将该案中限制证券域外管辖权的原理称为"新反域外适用推定"。据此,不是单纯以制定法的明示规定为依据,而是要分析立法条文规制的焦点所在,进而判断其是否具有域外适用性。②

美国判例法上的交易标准与 2010 年《多德-弗兰克法案》所规定的效果标准、行为标准之间存在一定张力。美国法院在 2019 年斯科维尔案解决了这个问题,明确公共执法中适用法案所规定的域外管辖权行使条件,明确了由行政权而非私人诉讼来主导具有威慑性的美国跨境证券规制制度。③ 实际上,在斯科维尔案之前,美国证券交易委员会的域外管辖权亦没有受到判例法上交易标准的过多限制,其依然通过跨境行政执法将美国证券规制法的效力扩至域外市场中,继续对全球证券市场的秩序构建产生重要影响。④ 而且,美国证券行政域外管辖权的拓展契合了美国在证券领域的霸权利益需求,证券行政域外管辖权的扩张趋势在未来较长一段时间内是不会减弱的。⑤

在加拿大,证券行政域外管辖权的行使受到普通法上"真实和实质性联系"原则的约束。⑥ 关于证券行政域外管辖权的跨国协调,有韩国学者主张,

---

① See Joel Slawotsky, *The Long-Arm of U. S. Justice: Scoville's Restoration of 'Conduct and Effects' in Securities Enforcement and Implications for Chinese Corporations*, 2 Tsinghua Law Review 262(2022), p.265 – 269.

② See William S. Dodge, *The New Presumption Against Extraterritoriality*, 5 Harvard Law Review 1582(2020), p.1606.

③ See Chase J. Shelton, *Fraud Abroad: Proposing a Workable Model of Extraterritorial Securities Fraud Enforcement*, 5 Boston University Law Review 1957 (2020), p.1982 – 1984.

④ See Austen L. Parrish, *Fading Extraterritoriality and Isolationism? Developments in the United States*, 24 Indiana Journal of Global Legal Studies 207(2017), p.219 – 225.

⑤ See Alina Veneziano, *Studying the Hegemony of the Extraterritoriality of U. S. Securities Laws: What It Means for Foreign Investors, Foreign Markets, and Efforts at Harmonization*, 17 The Georgetown Journal of Law & Public Policy 343(2019), p.369 – 372.

⑥ See Peter W. Hogg, *Constitutional Law of Canada*, Thomson Reuters, 2007, p.13 – 18~13 – 21.

应当兼顾域外管辖权的有效性和合理性,防止过于宽泛的域外管辖浪费有限的跨境执法资源。① 一方面,证券行政域外管辖权的滥用容易导致与其他国家的管辖权冲突;另一方面,过度限制域外管辖权的行使又会导致跨境规制不足,降低投资者对内国市场的信心。对此,有美国学者提出,在理想情况下,应协商一个多边解决方案,鼓励各国在证券反欺诈规则的执行方面达成一定的最低标准共识,同时提供一项管辖权或法律选择协议,以确定一个达成共识的执行管辖权。②

(2) 行政行为内容合法性

有美国学者指出,对于同一个跨境金融行为而言,其受到域外管辖的规制,也受到行为地的属地管辖规制,处于一种双重规制的框架之中,在这种情况下,可能会出现积极和消极两种不同向度的跨境规制冲突,前者带来规制过度问题,后者则带来规制不足的问题。③

在英国学者的眼中,从更深层次上来看,跨境金融市场双重规制架构下的规制过度和规制不足问题,源于国家之间法律与规制竞争的两极分化趋势:一方面,为了严格维护各自的规制权和市场秩序,行使域外管辖权的国家与行为地属地管辖的国家,二者出现了"逐顶竞争",从而导致双重规制严苛化,给同一当事人带来过度的规制负担;另一方面,一些金融市场较弱的国家,有动力通过宽松的规制环境吸引金融资本流入,形成一种螺旋下降式的"逐底竞争",并有意阻止域外管辖触角的"伸入",使得跨境金融违法行为逃逸于规制网络之外,进而导致规制不足的问题。④

有澳大利亚学者主张,基于法治原则,在域外管辖规制中,作用于被规

---

① See Kun Young Chang, *Extraterritorial Application of the Korean Capital Markets Act: Lessons from Securities Regulations in the United States*, 23 Asia Pacific Law Review 67(2015), p.89 - 90.
② See Genevieve Beyea, *Transnational Securities Fraud and The Extraterritorial Application of U. S. Securities Laws: Challenges and Opportunities*, 1 Global Business Law Review 1(2011), p.44 - 45.
③ See John C. Coffee, *Competition Versus Consolidation: The Significance of Organizational Structure in Financial and Securities Regulation*, 2 The Business lawyer 447(1995), p.466 - 467.
④ See Robert Baldwin et al., *The Oxford Handbook of Regulation*, Oxford University Press, 2010, p.413 - 415.

制对象实体性权利和义务的规则,应当是明确和清晰的,且在适用的过程中应当具有平等性,在案情没有重大差别的情况下应当保持适用的一致性。①

在美国,法律域外适用作为一种扩张海外权力的工具,带有较强的政治目的性,因而其域外管辖中所适用的行政规制法律以及所开展的行政行为活动,在内容上表现出一定政治性,呈现了美国权力向海外扩张的意图,例如意图改变他国的政治或法律制度的内容。②

(3) 行政行为程序合法性

有德国学者揭示,经济行政法的全球化演进,带来了越来越多的跨国性规制任务,经济行政行为的效力不再局限在内国领域。③ 然而,即使内国行政法可以适用于行政"国外犯",在具有的程序运作上,一国行政主体原则上不能在外国直接施行强制调查等程序活动。④

在欧盟法域中,金融行政程序的跨国运行在欧盟层面的集中化金融监管实体(如欧洲银行业监管局、欧洲证券与市场监管局等)的统筹协调下,在一定程度上实现了超国家金融监管合作与协调过程的"内化",增强了金融行政程序跨国实施的正当性与有效性。⑤

在全球层面,则缺乏一个超国家的强力监管实体对各国金融行政域外管辖程序进行协调。由此,金融行政域外管辖程序的运作有必要通过跨国合作进行,在理念上,内国金融行政主体应当对跨国程序所面临的文化差异、国家主权问题以及相关国家的程序规则差异保持敏感。⑥

由美国相关领域权威学者撰写的《对外关系法重述(第四版)》(2018

---

① See Danielle Ireland-Piper, *Accountability in Extraterritoriality*, Edward Elgar Publishing Limited, 2017, p.103 – 105.
② See Tonya L. Putnam, *Courts Without Borders: Law, Politics, and US Extraterritoriality*, Cambridge University Press, 2016, p.76 – 80, 255 – 257.
③ 参见[德]施密特·阿斯曼:《秩序理念下的行政法体系建构》,林明锵等译,北京大学出版社 2012 年版,第 129—137 页。
④ 参见[日]盐野宏:《行政法》,杨建顺译,法律出版社 1999 年版,第 47 页。
⑤ See Pablo Iglesias-Rodriguez, *Supervisory Cooperation in the Single Market for Financial Services: United in Diversity*, 3 Fordham International Law Journal 589 (2018), p.616 – 621.
⑥ See Louis Loss et al., *Fundamentals of Securities Regulation*, Wolters Kluwer Law & Business, 2011, p.2045 – 2046.

年),强调了美国宪法上正当程序条款对域外管辖的限制,金融行政域外管辖的程序亦应遵循正当程序原则的要求。① 有意大利学者指出,内国当局实施域外管辖行为可以通过两条路径实现合法化:一是纵向整合国际组织对成员方的民主代表性资源,借助国际组织的机制实施域外管辖活动;二是横向整合受域外管辖影响的国家的内在合法性资源,在充分考虑属地国利益和观点的基础上施行域外管辖活动。②

关于域外管辖程序跨国实施的具体方式,有加拿大学者对德国、英国、澳大利亚、美国和加拿大等国家关于跨境证券调查程序方面的经验进行梳理,认为主要通过双边的合作机制,以及基于国际证监会组织的多边合作机制展开。国际证监会组织制定的《关于磋商、合作和信息交流多边谅解备忘录》,为跨国证券行政执法程序合作提供了多边性的程序框架,其作为一种软法规范,通过特定的签署方筛选程序和执行备忘录的合规性程序,塑造了一种具有较强规制力度的多边程序机制。同时,该学者指出,对于自律组织而言,它们目前难以直接加入国际证监会组织的多边程序合作网络中。以加拿大投资行业管理组织等自律性监管组织为例,当其需要从外国证券监管机构获取所需的信息时,须通过国际证监会组织多边合作谅解备忘录的签署方,如安大略省证券委员会传达对应请求,然后再由安大略省证券委员会将外国监管机构提供的信息传回给加拿大投资行业管理组织。③

总体而言,当前外国学者对金融法域外适用中行政行为合法性问题的研究,大体亦可以分别归整为主体合法性、权限合法性、内容合法性、程序合法性四个方面。这种理论的共通性,可以为中国语境下的金融法域外适用中的行政行为合法性研究提供较为丰富的知识资源和理论支持。尤其是,外国学者从正当程序、双边性程序合作、多边性程序合作的角度,对域外管辖行政程序跨国运行的合法性问题进行探讨,对本研究关于金融行政域外

---

① See Restatement (Fourth) of Foreign Relations Law, §403(2018).
② See Stefano Battini, *Globalisation and Extraterritorial Regulation*, in Gordon Anthony et al., *Values in Global Administrative Law*, Hart Publishing, 2011, p.75 - 79.
③ See Janet Austin, *Insider Trading and Market Manipulation: Investigating and Prosecuting Across Borders*, Edward Elgar Publishing Limited, 2017, p.132 - 216.

管辖中程序合法性的探讨具有较强的启发性。

（三）文献与本研究之间的关联性

行政行为合法性理论呈现出"一核双层四维"架构，该架构对于本论题而言具有适用性。从行政行为合法性的文献来看，行政行为的合法性控制系统呈现出"一核双层四维"架构。"一核"，即以控权为核心逻辑，这体现了行政法对行政权的控制这一核心功能。行政法对行政权的控制，主要在于对其运行过程中所产生的行政行为的合法性进行控制。"双层"，即行政行为的在形式与实质上的双层合法性内涵，前者侧重于对行政行为的合法律性要求，后者侧重于对行政行为的合理性要求。"四维"，即行政行为的合法性"四要件"，包括主体要件、权限要件、内容要件和程序要件。根据国内外相关文献，学界对金融行政域外管辖中的权力控制具有较强共识，防范域外管辖权过度扩张，即秉持了"控权"这一核心逻辑。同时，对金融行政域外管辖中的法治化要求，学界既关注其是否符合实在法的要求，又关注其是否具有合理性，即秉持了形式与实质相统一的双层法治化导向。此外，该领域中的现有相关研究，大体上可以分别被归入主体、权限、内容和程序四个维度上的合法性考察，即可分别归入行政行为合法性的"四要件"框架中。具体到本研究中，本书针对金融域外管辖这一特定场域，强调控权，并以实现形式与实质相统一的双层法治化为导向。同时，本书第二章至第四章围绕行政行为合法性的四维度要件，分别从主体和权限、内容、程序展开，全方位探究金融法域外适用中行政行为的合法性问题。针对上述四个维度上的合法性问题，第五章提出相应的对策建议。对于金融法域外适用这一新兴议题而言，依托成熟的行政行为合法性理论资源展开研究，有助于保障研究的科学性和规范性。

金融域外管辖横跨"三重"法律空间，结合行政行为合法性理论，可以形成"一核双层三重四维"的合法性控制系统。现有研究一般认为，对金融行政域外管辖的行为进行合法性分析，不仅要考虑内国法上的合法性问题，还要考虑受到域外管辖影响的外国的法律问题，以及国际法上的合法性问题。可见，应当以"三重"空间中的相关法律为依据，对金融法域外适用中的行政行为进行全方位的合法性考察。本书第一章第二节中，对该特定领域的合法性控制系统进行内涵阐释，即阐释其"一核双层三重四维"要义。第一章

第三节基于该系统架构,进一步地整合行政法学体系内的多重理论视角,构建该特定领域的合法性评价框架,以及具体的合法性评价基准体系。

现有研究为本书开展跨学科研究和比较研究提供了基础。首先,主要代表性文献方面,从国际法、金融法的角度较为全面地论述了金融行政域外管辖中的合法性问题,这为本书提供了跨学科研究的视角和理论资源。同时,这也为本书以行政法学为主展开体系化研究预留了足够的作业空间。本书可以站在现有文献的"肩膀"上,进一步地从行政法学的角度展开合法性问题研究。其次,现有文献主要聚焦于美国金融域外管辖中的相关合法性问题,并主要通过借鉴美国的制度提出面向中国的改进方案。这些理论观点为本论题的比较研究,以及构思问题的解决方案提供了帮助,特别是有助于本书第二章第一节关于各国的比较研究,以及第五章关于对策建议的相关论述。最后,现有文献从正当程序、双边性程序合作、多边性程序合作的角度,对域外管辖中行政程序的跨国运行合法性问题进行了探讨,这对本书第四章和第五章第三节关于程序合法性的讨论,具有较强的启发性。

现有文献对金融法域外适用中行政行为合法性的研究较为零散,尚未形成体系,本书将体系性地对该论题展开研究。目前,学界对金融法域外适用中行政行为合法性的论述,主要是在以私法和国际公法为核心视角的研究过程中,初步地提及,尚缺乏深入、系统性的研究。可以说,目前尚未发现学者基于体系化的行政行为合法性理论,系统地研究该领域中的合法性问题。从行政法学的角度看,系统运用行政行为合法性理论,可以揭示金融域外管辖这一特定新型公共行政活动中的合法性评价方法。① 本书主要从主体、权限、程序、内容四个维度具体展开,系统研究金融法域外适用的行政行为合法性。同时,在内容合法性维度中,鉴于现有文献对该领域的研究较少,本书第三章以行政行为类型化理论为基础,围绕金融行政域外管辖中典型的行政行为展开,分别对跨境金融行政调查、跨境金融行政处罚、跨境金融行政和解协议的内容合法性展开分析,较为全面地呈现该领域中各类典型行政行为的内容合法性问题。

---

① 参见周海源:《行政行为理论顺应新形势的改造路径》,《法学》2022 年第 11 期,第 42—43 页。

现有文献对中国金融法域外适用中行政行为合法性的关照较少,尚待跟上中国金融涉外法治制度建设的步伐。中国学者当前主要的研究焦点在于美国金融法域外适用的制度经验,特别是主要代表性文献,即《美国金融法规域外管辖:法理、制度与实践》《美国证券法域外管辖权问题研究》《经济行政法域外效力》这三本专著,均以美国相关金融规制法的域外管辖为研究对象。因而,在中国加强涉外法治和金融强国建设的新阶段,尚待将更多的研究目光回投至中国,直面中国金融涉外法治的变革潮流。2019年以来,中国金融领域的系列法律陆续设立域外适用条款,这将对金融行政主体的跨境执法产生重要影响。如何以行政法学理论为指导,促进中国金融法域外适用的行政行为合法化,无疑是一项具有现实紧迫性的理论研究课题。本书关注中国金融法域外适用的行政行为在合法性上的挑战与风险,并在第五章尝试提出其实现合法性的整体路径。

三、研究思路与研究方法

(一)研究思路

基于以上论述,本研究将理论范式确立为:金融行政域外管辖的控权论。法对金融域外管辖权的运行进行控制,关键在于对其行政行为进行系统化的合法性控制。在金融行政域外管辖的控权论这一理论范式之下,本研究所确立的基本命题为:金融法域外适用中的行政行为,应当受到系统化的合法性控制,进而推动金融行政域外管辖权法治化运行。

基于上述理论范式和基本命题,本研究围绕"一核双层三重四维"的合法性控制系统展开。下面从宏观、中观和微观三个层面阐释研究思路。

宏观上,本研究以"一核双层"驾驭整体研究思路。其一,以控权为核心逻辑,指引金融法域外适用中的行政行为合法性控制,为研究的展开提供底层逻辑。一方面,对金融法域外适用中的行政权进行法律控制,关键在于对其动态化的行政行为进行合法性控制。另一方面,对金融法域外适用中的行政行为进行合法性控制,是法对该领域行政权进行控制的内在要求和实现载体。其二,以形式与实质相统一的双层法治化为目标导向。现代行政法治对行政行为合法性的要求,既立足于合法律性,又超越于合法律性,即进入实质合法性层次。① 经济全球化加快了各国法治现代化的进程,一国金融法域外适用制度是该国在经济全球化背景下推进法治现代化的产物。立足于现代行政法治对形式法治与实质法治的共同追求,应当全面探讨金融法域外适用中行政行为在形式与实质两个层次上的合法性问题。换言之,既要考察该类行政行为在形式上的法律依据问题,也要进一步追问其在实体上的合理性,以及程序上的正当性问题。通过形式与实质的双层合法化,促进金融行政域外管辖权法治化运行。

中观上,本研究围绕"三重四维"具体展开。首先,以"三重"空间的相关法律体系为依据,对域外管辖中的金融行政行为合法性进行分析:一是在内国法秩序上,关于规范金融行政域外管辖的法律体系;二是在跨国法秩序上,受到域外管辖影响的外国中,关于应对该金融行政域外管辖的相关法律体系;三是国际法秩序上,关于规范金融行政域外管辖的相关法律体系。其次,在行文框架上,以"四要件"为主要行文框架,即分别从主体、权限、内容、程序四个维度展开,全面分析金融法域外适用中的行政行为合法性问题,并提出相应对策。在篇章布局中,采用总—分—总的结构,在导论和结语之外,分设五章。第一章,对论域和论题进行理论阐释,并推导出金融法域外适用中行政行为的合法性评价框架和基准体系,为第二章至第五章提供"路线图"。第二章至第四章,分别从主体和权限、内容、程序合法性要件维度展开,全方位地呈现该领域中行政行为的合法性问题,并探寻问题背后的成因。针对第二章至第四章各分论部分所揭示的问题,第五章提出金融法域外适用中行政行为合法性的整体实现路径。

微观上,将问题意识落实到研究的全过程之中。"科学本质上是一种解题活动。"② 行政法学作为一门科学,应当以问题为导向,以问题为理论发展的活力源头。本书第二章、第三章和第四章主要是对合法性问题展开分析,即对金融法域外适用中行政行为在主体和权限、内容、程序四个维度上的合法性问题进行分析。一方面,注重选取具有代表性的金融域外管辖案例作为研究素材,由点及面地剖析实践性问题。另一方面,注重结合案例和实践

---

① 参见韩春晖:《行政法治与天下归心》,中国法制出版社2017年版,第22—23页。
② [美]拉瑞·劳丹:《进步及其问题》,刘新民译,华夏出版社1999年版,第13页。

素材,通过金融行政域外管辖的现实问题链接理论问题,尝试借助行政法学的理论资源透视相关现实问题,并通过现实问题反思现有理论的解释力问题,尝试促进相关行政法学理论的更新与发展。

(二) 研究方法

围绕"金融法域外适用中的行政行为合法性"这一论题,选取多元研究方法。首先,合法性评价是法律制度在具体情境中的适用,因此应当运用规范与案例的研究方法。其次,制度本身的合法性蕴含于其生成演进的过程中,这涉及历史研究方法。最后,本论题属于涉外金融行政法治的范畴,以行政法学为主,同时涉及金融法、国际法等学科资源,这需要跨学科研究方法。

1. 规范研究方法

法学的对象是法律,法学的方法主要是围绕法律而展开的解释和论证。[①] 规范研究方法在本研究中是基础性的,全面贯穿于各章节之中。金融法域外适用中行政行为的主体合法性、权限合法性、内容合法性、程序合法性方面分析,需要围绕金融域外管辖相关的组织法、行为法等规范展开。其中,金融法中的域外适用条款是规范研究中的重点。例如,中国《证券法》(2019年)、《期货和衍生品法》(2022年),以及美国《2010年多德-弗兰克华尔街改革和消费者保护法》(Dodd-Frank Wall Street Reform and Consumer Protection Act,以下简称《多德-弗兰克法案》)、《2002年萨班斯-奥克斯利法案》(Sarbanes-Oxley Act of 2002,以下简称《索克斯法案》)等法规范中的域外适用条款,为相应的金融域外管辖行为合法性分析提供了直接的规范基础。同时,金融法域外适用具有国际化面向,常常涉及不同国家(地区)相关法律规范之间的比较分析。本研究主要涉及中国、美国和加拿大的制度比较。比较法扩充并充实了"解决办法的仓库"[②],先发国家的金融法域外适用制度安排,以及在金融域外管辖执法实践中的经验与教训,可以为中国金融法域外适用的行政行为合法化提供一定的解题思路和启发。但亦应注意到,比较研究不能脱离本国制度环境的规定性,不能放弃或否定本国法的

---

① 参见[德]N. 霍恩:《法律科学与法哲学导论》,罗莉译,法律出版社2005年版,第34页。
② 参见[德]K. 茨威格特、H. 克茨:《比较法总论》,潘汉典等译,法律出版社2003年版,第22页。

特性和特色,这也是比较行政法的根基所在。① 作为"驯服金融全球化",矫正金融全球化弊端的金融行政域外管辖制度,是全球化与本土化复杂交互下的产物,而并非对某些金融占据优势地位国家的制度的简单复刻。② 因此,应当在中国法律体系的框架之下,展开金融域外管辖方面的法律制度比较与借鉴,避免对外国相关法律制度的盲目照搬。

2. 案例研究方法

金融法域外适用的行政行为合法性研究这一选题具有较强的实践性导向,需要通过案例分析呈现具体的合法性问题,并对这些散点式的具体问题进行归纳,凝练出本研究的核心问题。一方面,金融域外管辖权的行使频率相对于域内管辖权而言较低,在面上的执法规模与域内执法相比而言较小,所涌现的案例相对而言较少,抓住其中的典型案例深入剖析,有助于以点带面,探寻该领域中具有典型性和重要性的合法性问题。另一方面,案例是法与事实的交互载体,对合法性的探讨往往具有情景性,需要结合具体的事实展开。本书所选取的案例,既包括由金融行政主体直接面向当事人实施的执法案例,也包括由金融行政主体通过诉讼进行执法的司法案例,以及当事人向法院寻求救济的司法案例。通过对典型案例的分析,呈现金融法域外适用行政行为存在的突出合法性问题和现实困境,提升问题研究的深度和情境性。

3. 历史研究方法

公法研究"应当保持一定程度的历史敏感性,并且应当能够感受到随时间流逝而不断变化的社会需求"③。全球化视角下的法律现象观察,除了空间维度外,还包括时间维度,它们在变化、扩散、互动等方面有着复杂的历史。④ 公法的变迁是社会需求和历史实践的产物,金融法域外适用制度的产生与金融全球化时代的跨境金融市场规制需求,以及跨境金融行政执法实践密切

---

① 参见[德]汉斯·J. 沃尔夫等:《行政法》(第一卷),高家伟译,商务印书馆2002年版,第16—18页。
② 参见姚金菊:《全球化的公法之维》,《浙江学刊》2010年第6期,第137—138页。
③ 参见[英]马丁·洛克林:《公法与政治理论》,郑戈译,商务印书馆2013年版,第53页。
④ 参见[英]威廉·退宁:《全球化与法律理论》,钱向阳译,中国大百科全书出版社2009年版,第324页。

相关。运用历史研究方法分析金融法域外适用规则的产生、形成、发展等演变过程,有助于在制度的变迁中探寻合法性依据。例如,美国等先发国家对金融法域外适用制度的系统性完善,需要放在2008年国际金融危机的历史进程中去理解。对于中国近年来整体推进金融法域外适用制度建设而言,需要放在中国改革开放以来金融开放发展,以及涉外法治完善的历史进程中去理解。

4. 跨学科研究方法

本研究在以行政法学为主的同时,契合研究主题的特点和需要,基于问题导向,以及行政法学内在的开放性和跨学科综合性,从宪法学、国际法学、金融法学、法律适用学等领域开展跨学科研究,丰富研究视角。首先,对金融法域外适用行政行为合法性的讨论,离不开特定的宪制框架,也无法避免对相关合宪性问题的探讨,因为合宪性本身就是合法性的重要内涵之一。其次,从特别行政法的角度看,本论题涉及金融行政法、涉外行政法、国际行政法三类特别行政法。其中,金融行政法与金融法具有密切联系,通过金融行政法的研究而融入金融法学的知识渊源。对于涉外行政法而言,"由于涉外行政法的理论与实践,既是行政法的研究对象,也与国际法密切相关,因此需要跨学科的研究与合作"[①]。对于国际行政法而言,其既与国际法存在本质区别,又有着密切的关联性,亦需对之展开跨学科研究。最后,本论题涉及金融行政主体对于域外效力法律的适用问题,因而还需要法律适用学方面的理论资源支持。

四、主要创新与未尽问题

(一) 主要创新

第一,提出"金融行政域外管辖的控权论"这一理论范式。传统的例外论主张对域外管辖弱化法律控制,其在过去的实践中弊端明显,已被学界基本摒弃。现有理论主要从国际法的角度主张对金融行政域外管辖权进行控制,可以称为国际法控制论。但国际法在常态下的刚性约束力有限,仅靠

[①] 马怀德、李策:《关照时代命题的行政法学》,《湖南科技大学学报(社会科学版)》2022年第4期,第108页。

国际法难以实现对金融域外管辖权的有效控制。可以说,传统的例外论和现有的国际法控制论这两种研究范式,未能有效解决金融域外管辖的权力控制问题。鉴于此,本书从行政法角度提出了金融域外管辖的控权论。金融法域外适用制度所调整的跨境金融市场运行活动,涉及政府对跨境金融市场的监督、干预等活动,属于行政法律关系的范畴。行政法的本质是控制与规范行政权的法,引入行政法视角,有助于全面强化对金融行政域外管辖权的控制,降低跨国冲突风险,遏制金融领域的法律凌霸行为。

第二,契合金融域外管辖的场景,搭建"一核双层三重四维"的行政行为合法性控制系统。面对行政的多重形态和多层次问题,行政行为释义学研究可以导入过程与结构的观念,开展建设性研究,进而承载行政行为的合法性控制功能。[①] 本书在行政行为合法性理论的基础上,整合金融行政法、涉外行政法、国际行政法的理论视角,搭建起与金融行政域外管辖相适配的行政行为合法性控制系统结构。本书探索了行政行为合法性理论在金融行政域外管辖中的适用程度,深化了该理论在金融行政域外管辖中的具体内涵,以涉外行政法学研究反哺行政法理论的发展。

第三,提出中国金融法域外适用中行政行为的合法性实现路径。在主体合法性维度,通过金融行政组织法规范的完善,为中央金融行政部门及其地方派出机构、金融行业自律组织作为域外管辖主体提供规范依据,进一步强化或明确相关组织作为域外管辖的合法主体地位,推动形成域外管辖的多元主体架构。在权限合法性维度,以属事管辖为连接点,为金融域外管辖权突破属地和属人限制提供合法性支持。同时,对模糊性较强的金融域外管辖权行使条件,作限缩性解释,强化域外管辖权及其行使条件的合法性。在内容合法性维度,保障行政调查的内容与跨境金融市场规制的高度相关性,强化行政处罚内容的跨境协调性,强化行政和解协议内容的跨境合规性。在程序合法性维度,在单边意义上促进行政程序法定化,为金融行政域外管辖程序提供内国法秩序上的合法性依据;加强双边合作,尊重他国的金融行政程序法,合理运用域外管辖中的程序裁量权,强化域外管辖程序在

---

① 参见陈越峰:《中国行政法(释义)学的本土生成——以"行政行为"概念为中心的考察》,《清华法学》2015年第1期,第34—35页。

跨国法秩序上的合法性;加强多边合作,让分节性的金融行政域外管辖程序有序衔接,强化域外管辖程序在国际法秩序上的合法性。

第四,采用多元研究方法,促进涉外法治领域的跨学科研究。金融域外管辖具有复杂专业性,不仅涉及行政法专业性,还涉及金融法、国际法、宪法等方面的专业性。面对该领域实践所提出的新型复杂问题,仅运用行政法学上的方法予以"解题",恐力有不逮。基于问题导向拓展行政法学的开放性、兼容性,以问题为"链接点",从整体上把握行政法与宪法、金融法、国际法等其他部门法之间的内在关联性。由此,紧密围绕金融法域外适用中行政行为合法性问题的阐释及其解决,发掘行政法学与相关部门法学之间的"亲缘关系",整合多学科的方法,推动研究迈向科学化、纵深化。

(二) 未尽问题

第一,由于中国金融法域外适用制度是新生事物,目前行政执法领域的实践样本较少,特别是典型性的案例较为缺乏,因而研究的针对性、深入性尚待随着实践的推进与发展而进一步优化。

第二,金融法域外适用中行政行为合法性所关涉的问题是广泛的,有部分问题尚待予以进一步关注和讨论。例如,行政行为的内容合法性方面,本研究以金融法域外适用中的跨境行政调查、跨境行政处罚、跨境行政和解协议为例展开。这虽然考虑到了金融域外管辖的实践特点,但该领域的行政行为类型远不止于此。具有域外效力的金融抽象行政行为,以及行政命令等具体行政行为的内容合法性,亦需要跟进研究。又如,行政程序合法性方面,内国金融行政主体通过双边或多边合作机制,商请违法行为地所在国的行政主体开展调查等程序活动,若后者出现了程序违法问题,那么是否会影响到内国行政主体相关程序的合法性呢?换言之,在金融行政域外管辖的特殊场合中,程序违法性的"跨国继承"问题尚待予以跟进研究。

第三,研究虽以行政法学为主要视角,但也涉及金融法学、国际法学等理论领域,且涉及中国、美国、加拿大等国家(地区)的比较研究,需要汇集大量的文献资料。然而,个人的学术视野及研究时间终究是具有局限性的,难以穷尽所有文献资料,难免会遗漏一些重要的文献成果。加之,行政系统内部相关资料具有一定的不可获得性,因此相关研究难免挂一漏万,后续有待跟进完善。

第一章

金融法域外适用中行政行为合法性的理论阐释

本章为总论,为全书提供理论基础。第一节阐释金融法域外适用及其行政行为,明晰论域的特殊性。第二节阐释合法性论题涉及的核心概念范畴,特别是呈现合法性控制系统的"一核双层三重四维"要义。第三节立足于合法性控制系统的框架,在学理上借助一般行政法、金融行政法、涉外行政法和国际行政法的综合理论视角,塑造金融域外管辖的控权论,构建金融法域外适用中行政行为合法性的评价框架,以及具体的合法性评价基准体系,为后续章节提供"路线图"。

第一节 金融法域外适用的制度及其行政行为的特殊性

美国作为先发国家的典型代表,在2008年国际金融危机之后,以成文法全面明确金融法域外适用制度。中国作为后发国家,自2019年以来持续推进金融法域外适用制度建设。该类制度的涌现,在外因上主要表现为国际金融硬法规则的缺失,以及国内政策的推动;在内因上主要表现为涉外金融行政疆域的拓展。在制度实施过程中,行政权执行金融法域外适用制度所产生的行政行为,具有跨境规制性和影响广泛性等特征。

一、制度的涌现及其成因分析

(一) 金融法域外适用制度的涌现

美国普通法上对证券法反欺诈规则域外适用效力的确立始于20世纪60年代，但联邦成文法上关于金融规制域外管辖长期缺乏明文规定。为了应对2008年肇始于美国并席卷全球的金融危机，美国制定《多德-弗兰克法案》，全面加强金融规制，并成为金融法域外适用制度集中涌现的代表性立法。

《多德-弗兰克法案》多处规定了美国金融规制法的域外效力，从成文法上拓展了美国金融规制法的域外适用面向。其第929P(b)条"联邦证券法反欺诈条款的域外管辖权"规定，在1933年《证券法》第22条、1934年《证券交易法》第27条和1940年《投资顾问法》第214条各增加域外管辖权的新条款。新条款规定，美国证券交易委员会或联邦政府针对涉嫌违反证券反欺诈规定的涉案人提起诉讼或程序，如果涉及以下事项，则美国的地区法院和任何准州的联邦法院均有管辖权：(1)在美国境内发生的行为，且该行为属于促成上述违法行为发生的关键因素，即使证券交易发生在美国境外且仅涉境外投资者；或(2)在美国境外发生的对美国境内产生可预见重大影响的行为。第929J条对2002年《索克斯法案》第106条进行修正，新增规定：如果注册会计师事务所①进行审计或开展中期审查时利用外国公共会计师事务所提供的重要服务，或者外国公共会计师事务所发布审计报告、开展审计工作或进行中期审查，则该外国公共会计师事务所应按照证券交易委员会或公众公司会计监督委员会的要求，提供任何该等审计工作底稿，以及与任何上述审计工作或中期审查相关的所有其他文件；并接受联邦法院为强制执行获取上述文件的任何请求而对其实施的管辖。此外，第722条对《商品交易法》第2条进行修正，新增互换交易方面的域外适用制度规定；第619条在《1956年银行控股公司法》中对自营交易方面新增域外适用制度的规定。

---

① 在美国法语境下的，注册会计师事务所一般是指在美国公众公司会计监督委员会 (PCAOB)注册的会计师事务所，包括在该委员会注册的美国会计师事务所和非美国会计师事务所。

2019年以来,中国金融法体系呈现出拓展域外效力的整体性态势。其中,2019年修订的《证券法》最先设立域外适用条款。2022年制定的《期货和衍生品法》、2024年修订的《反洗钱法》也设立了该类条款。正处于修改过程中的《商业银行法》《银行业监督管理法》,均出现了增设域外适用条款的"动作"。其一,《证券法》(2019年)第2条第4款新增规定,在中国境外的证券发行和交易活动,扰乱中国境内市场秩序,损害境内投资者合法权益的,依照本法有关规定处理并追究法律责任。其二,《期货和衍生品法》(2022年)第2条第2款规定,在中国境外的期货交易和衍生品交易及相关活动,扰乱中国境内市场秩序,损害境内交易者合法权益的,依照本法有关规定处理并追究法律责任。其三,《商业银行法》(2020年征求意见稿)第2条第3款新增规定,中国境外设立的机构向境内个人或者机构提供商业银行服务,损害境内个人或者机构合法权益的,依照本法有关规定处理。其四,《银行业监督管理法》(2022年征求意见稿)第47条新增规定,中国境外的银行业金融活动,危害中国国家主权、安全、发展利益,扰乱境内市场秩序,损害我国公民、组织合法权益的,依法追究法律责任。其五,《反洗钱法》(2024年)第12条新增规定,中国境外发生的洗钱和恐怖主义融资活动危害中国主权和安全,侵犯中国公民、法人和其他组织合法权益,或者扰乱中国境内金融秩序的,依照本法以及相关法律规定处理并追究法律责任。

(二)制度涌现的外因:国际金融硬法规则缺失及国内政策推动

一方面,尽管国际层面对跨国经贸等活动已经制定了不少规则,但在反洗钱等跨境金融规制方面,尚缺乏统一的国际法规则,而这些领域对跨国经济安全和各国海外利益保护而言具有突出重要性,国家势必会更多地利用国内法实施域外管辖措施,对跨境金融活动进行规制。[1] 同时,从合法性的角度看,当国际法规则存在空白或不足而难以为跨境金融规制提供充分的合法性依据之时,国家就需要依赖国内法来提供域外管辖规制行为的合法依据。[2]

另一方面,全球金融治理制度体系以"软法"为主,难以为跨境金融规制

---

[1] 参见廖诗评:《域外管辖论纲》,《武大国际法评论》2024年第2期,第33页。
[2] 参见宋杰、郑和英:《主权形象视域下的法律域外适用体系构建问题》,《浙江工商大学学报》2023年第6期,第73页。

提供"硬法"支撑，这为各国金融法域外适用留下了制度空间。"一种法律如果具有统一性，必须以相应统一的政治、经济环境为基础"。① 目前尚不存在一个统一的世界政府，也不存在全球统一的经济体，因而难以形成统一的法律制度对全球金融进行规制。跨境金融规制是公权力介入跨境金融市场领域的体现，规制机构应当拥有采取措施处理违法行为的权力，在国内层面这种执法权威通过法律进行制度化。但国际层面的决策具有突出的非正式性，往往产生的是约束力有限的软法。② "软法之治"是当前全球金融治理的主要样貌，这些"软法"大多是原则性、指南性的规范，而非针对跨境金融违法行为的"硬约束"。例如，国际证监会组织所设立的证券监管规则包含了大量的原则、建议、指南以及标准等，但这些规则的制定未采用国际条约与协议签订的程序，不具备正式国际法律文件的地位，没有强制性法律效力，不具有针对跨境违法证券行为的制裁性。例如，1988年至2010年，巴塞尔银行监管委员会先后制定的三个版本的《巴塞尔协议》，以及2012年制定的《有效银行监管的核心原则》等一系列文件，是国际金融"软法"而非国际"强行法"，不具有明示的法律约束力，依赖于各个国家和地区将之转化为域内法才能发挥实质性规制作用。而且全球金融规制存在"泛美国化"的担忧，全球金融规制的制度体系主要由美国等发达国家主导，这些制度在一定程度上可以说是金融发达国家国内法的国际化，将国内的规制模式推广至其他国家或国外机构。③ 这也影响了全球金融治理制度的正当性。由此，总体而言，受制于当前的国际政治体制，全球金融治理的"软法"体系难以为跨境金融规制供给法律权威，跨境金融的规制权仍然主要由各国通过施行域内的"硬法"来行使。④ 跨境金融活动超越了一国领土范围，在缺乏国际金融"硬法"规则对金融进行跨境规制的情况下，各国需要通过确立跨境金融

---

① 赵立行：《论中世纪商法的效力基础和范围》，《外国法制史研究》2011年第1期，第385页。
② 参见［美］丹尼尔·埃斯蒂：《超国家空间中的善治：全球行政法》，林泰译，法律出版社2018年版，第63—64页。
③ ［美］乔治·尤盖斯：《全球金融监管：如何寻求金融稳定》，尹振涛译，经济管理出版社2019年版，第9—10页。
④ See Angelos S. Gerontas, *Deterritorialization in Administrative Law: Exploring Transnational Administrative Decisions*, 19 Columbia Journal of European Law 423 (2013), p.468.

规制的制度进行应对,进而推动金融法域外适用制度的形成。

国内层面,政治上的政策选择推动金融法域外适用制度的设立。美国成文法上的金融法域外适用制度,是在金融危机之下,由政治层面的政策抉择推动所形成的制度变迁。金融危机发生后,政府一般围绕弥补监管漏洞、处理问题金融机构和振兴经济三个政策方向变革金融法。① 金融法域外适用制度有助于弥补金融危机所揭示的金融市场跨境规制漏洞,解决金融市场全球化与金融规制国别化之间的矛盾。《多德-弗兰克法案》是美国联邦立法,但本质上是美国民主党占多数席位的第 111 届美国国会和奥巴马政府针对 2008 年金融危机暴露的风险问题,对金融规制进行改革的政策产物。②
2009 年 6 月,奥巴马政府推出一项旨在"全面整饬"金融市场的《金融监管改革方案》。该议案于当年 12 月在众议院获得通过,但由于共和党对分拆金融机构等议案内容有异议而未获参议院的通过。后经多方协商,该议案经修订后于 2010 年 5 月获得参议院通过。随后,美国参众两院对议案的最终版本达成协议,形成《多德-弗兰克法案》。奥巴马总统于 2010 年 7 月 21 日正式签署该法案。法案的出台过程实际是一个政治博弈的过程,是在危机应对背景下由政治力量主导的一个政策抉择的过程。③

在中国,金融法域外适用制度之涌现,离不开党和国家近年来对涉外法治政策的强力推动。2019 年以来,党和国家通过多个重要文件对加强涉外法治工作、加快推进中国法域外适用的法律体系建设作出战略安排。其中,中共中央 2021 年 1 月印发的《法治中国建设规划(2020—2025 年)》再次强调,要加强涉外法治工作,完善涉外法律和规则体系,加快推进中国法域外

---

① 参见邢会强:《金融危机与法律变革》,《首都师范大学学报(社会科学版)》2010 年第 3 期,第 36—37 页。
② 参见张路:《从金融危机审视华尔街改革与消费者保护法》,法律出版社 2011 年版,第 27 页。
③ 《多德-弗兰克法案》的出台过程不仅是美国政府与华尔街的博弈过程,也是总统与国会、执政党与在野党以及美国现有不同监管机构之间的博弈过程。美国参众两院的法案经过多次的讨论、修改、再讨论、再修改之后,于 2010 年 6 月 25 日就法案最终文本达成一致,随后送至参众两院投票。2010 年 6 月 30 日,美国众议院对法案的投票结果为 237 票赞成、192 票反对。2010 年 7 月 15 日,参议院的投票结果为 60 票赞成、39 票反对。参见伍巧芳:《〈2010 年华尔街改革和消费者保护法〉述评》,《法学》2010 年第 8 期,第 110—117 页。

适用的法律体系建设。2024年7月18日,党的二十届三中全会通过《中共中央关于进一步全面深化改革、推进中国式现代化的决定》,再次明确加强涉外法治建设的任务,具体包括建立一体推进涉外立法、执法、司法、守法和法律服务、法治人才培养的工作机制,以及完善涉外法律法规体系和法治实施体系,深化执法司法国际合作等方面的措施。党和国家的重要政策导向通常对立法起到指导作用,立法机关在制定法律的过程中必然要充分考虑这些政策。① 中国金融法域外适用制度的设立具有强烈的政策导向,其在国家立法上的重要进展始于2019年底,并在此后5年间不断推进,紧跟党中央关于涉外法治的政策步伐。

《证券法》设立域外适用条款的动态过程,可以说是一个根据党和国家涉外法治政策安排不断进行调适和修正的过程。从修法的动态过程来看,《证券法》域外适用条款的出台并非一蹴而就,其间曾出现"去留不定"的现象。2015年4月20日提请全国人大常委会初次审议的《证券法(修订草案)》首次出现了域外适用条款。然而,在2019年4月20日第三次审议的修订草案中,该条款已被删除。2019年10月,党的十九届四中全会通过《中共中央关于坚持和完善中国特色社会主义制度、推进国家治理体系和治理能力现代化若干重大问题的决定》,首次以党的重要文件形式明确提出加强涉外法治工作、加快中国法域外适用的法律体系建设等要求。在该政策背景下,2019年12月的《证券法(修订草案)》四审稿再度明确域外适用条款,并得以最终出台。这条时间线清晰地展现了政策对域外适用制度立法的影响脉络。

在中国海外资产越来越广泛地分布于全球的背景下,海外利益在国家利益中的地位也越来越重要,亟须运用法律工具强化保障。② 党的二十届三中全会明确提出了"完善涉外国家安全机制"的改革任务,实现该任务的关键举措是建设同高水平对外开放相适应的涉外安全法治体系和能力。③

---

① 参见姜明安主编:《行政诉讼与行政执法的法律适用》,人民法院出版社1995年版,第18—19页。
② 参见叶青:《贯彻总体国家安全观　培养涉外安全法治人才》,《光明日报》2024年5月11日,第5版。
③ 参见叶青:《培养涉外安全法治人才　服务涉外国家安全机制建设》,《法治日报》2024年7月24日,第9版。

通过加强涉外法治体系和能力建设,完善相关涉外法律体系,可以为涉外国家安全法治提供支撑,增强应对外部挑战和风险、维护海外利益的法律保障能力。① 中国金融法域外适用制度体系是推进涉外领域立法的重要具体事项,以形式理性的方式促使涉外法治政策目标在金融领域的具体化、法制化,落实党和国家关于加强涉外法治方面的政治性要求。

(三)制度涌现的内因:涉外金融行政疆域的拓展

行政疆域的拓展引发行政法的回应性变迁。行政疆域的范围决定了行政法的调整范围,行政疆域的大小则取决于公共产品的范围。② 法国学者狄骥在论述19世纪下半叶至20世纪初法国的公法变迁时指出,曾经作为法国公法制度基础的那些观念,尤其是发轫于古罗马帝国的主权(政治权力)概念已逐渐解体,公共服务概念正逐渐取代主权概念而成为公法的基础,公共服务概念是公法发生深刻变化的根源所在。③ 公共服务的内容始终是多种多样和处于流变状态之中的。随着公共服务内容的发展,政府事务不断增加,远远地超出了警察、军队的范围,同时政府介入公共服务的方式必须受到一套公法制度的规制与调整,于是一项公共服务就会对应地催生一项关于某方面的严格的客观秩序的制度。④ 由此,政府所担负公共服务的扩张,引发了与公共服务相对应的公法制度的回应性变迁。

基于行政疆域与行政法变迁的理论关系,金融法域外适用制度是随着涉外金融行政疆域的不断拓展而出现的。金融规制法随着涉外金融行政疆域的发展而不断变迁,生成金融法域外适用制度,进而可以为涉外金融行政活动中的域外管辖行为提供良好的规范约束和激励引导。⑤ 回顾中国涉外金融行政疆域的扩张和中国金融监管法的变迁历史,可以窥探到,金融法域外适用制度是涉外金融行政疆域不断拓展的内生性产物。

---

① 参见叶青:《以法治建设保障国家安全坚如磐石》,《光明日报》2022年7月18日,第10版。
② 参见姜明安:《行政的"疆域"与行政法的功能》,《求是学刊》2002年第2期,第69页。
③ 参见[法]莱昂·狄骥:《公法的变迁》,郑戈译,商务印书馆2013年版,第1—36页。
④ 同上书,第35—55页。
⑤ 参见石佑启:《论行政法与公共行政关系的演进》,《中国法学》2003年第3期,第58页。

1. 改革开放之前：金融行政对外具有封闭性，涉外金融行政主要局限于管制和清理外资金融机构

1949年至改革开放之前，这段时期的金融行政在体系上对外具有封闭性，行政作用的涉外性较弱。根据政务院1950年批准颁布的《中央人民政府中国人民银行试行组织条例》的规定，在中国人民银行总行设立检查处（总行内部共设有5个处），由该处负责具体履行国家对金融业的监管职能。但由于当时不存在真正意义上的金融市场，金融机构更多是执行国家信贷和货币政策的部门，因此这个时期的金融行政以内部上下级之间的行政管理为主，对外封闭，并未形成现代意义上金融监管。[①]

该时期为了肃清外国在华的金融势力，涉外金融行政的重点是对外资银行进行管制和清理。1949年中华人民共和国成立时，在华尚有15家英、法、美等国家的银行，到了1956年底则只剩下两家英商银行。[②] 1950年12月政务院发布的《关于管制美国在华财产、冻结美国在华存款的命令》，1952年8月周恩来同志批准的《关于处理外商银行申请停业进行清理工作的指示》等，正是为了满足共和国成立初期特殊阶段的涉外金融行政需要而制定的规范。

2. 改革开放第一个十年：涉外金融行政对"走进来"的金融活动进行监管

1978年中国开始实施对外开放政策后，积极吸引外资，不断有外资金融机构"走进来"。以1979年批准日本输出入银行在北京开设办事处为开端，中国金融业开始打破计划经济管理时代对外封闭的局面，日本东京银行、美国大通银行、法国巴黎国民银行、英国巴克莱银行等众多外资银行来北京开设办事处。特别是随着经济特区的建立，中国开始批准外资银行、中外合作银行等外资金融机构在经济特区开设营业性机构，对外开放格局初步显现。

涉外金融行政样貌随之转变，不再将外国的金融市场主体作为一种帝国主义的势力进行管制和清理，而是开始对"走进来"的外资金融机构进行

[①] 参见桂祥:《我国金融监管纵向变迁与地方金融监管创新研究》，《西南金融》2017年第4期，第37页。
[②] 参见张徐乐:《新中国政府对外商银行的监管与清理》，《中国经济史研究》2011年第3期，第61页。

行政监管。为了适应对外开放阶段的金融行政需要,1983年9月国务院颁布《关于中国人民银行专门行使中央银行职能的决定》,对金融监管体制进行改革,规定中国人民银行专门行使中央银行的职能,服务宏观经济管理,而不再具体办理信贷等业务。1983年2月出台的《关于侨资外资金融机构在中国设立常驻代表机构的管理办法》,规定中国人民银行是侨资外资金融机构常驻代表机构设立的主管机关。1985年4月国务院颁布的《经济特区外资银行、中外合资银行管理条例》,明确了这两类银行机构的金融业务活动范围,并规定中国人民银行是在经济特区设立外资银行、中外合资银行的主管机关。这些金融监管规范是对改革开放初期涉外金融行政的制度回应。

3. 改革开放第二个十年前后:涉外金融行政拓展至对中国"走出去"金融活动的"市场准出"审批式监管

改革开放第二个十年的前后,中国金融市场对外开放格局进一步深化,越来越多的中国金融机构走出国门。

随着中国金融机构加快迈入国际金融市场,涉外金融行政的疆域扩展至对海外中国金融机构的监管,该领域的金融法制随之完善。其中,具有代表性的涉外金融监管制度是1990年3月经国务院批准,由中国人民银行1990年4月以第一号令颁布的《境外金融机构管理办法》。该办法规定了中国人民银行是境外金融机构管理的主管机关,由其主管设立或收购境外金融机构的审批,监督境外金融机构的工作,处理违反境外金融机构管理制度的行为。

为适应境外上市企业的监管需要,证券监管法体系再次作出制度回应。中国企业境外上市在20世纪80年代末拉开帷幕。1987年粤海集团通过收购香港上市公司友联世界的控股权,成为第一家在中国香港间接上市的境内企业,此后多家企业赴境外间接上市。1993年6月,中国证监会与中国香港证监会签署《监管合作备忘录》,同年7月青岛啤酒成为第一家在中国香港直接上市的境内企业。1993年至1999年共有116家境内企业在中国香港、美国、新加坡等地交易所上市。① 为了加强对境外上市企业的监管,国务院1993年4月颁布的《股票发行与交易管理暂行条例》第6条第2款规定,"境

---

① 参见王雪等:《全球视野下中概股发展历程与展望》,《清华金融评论》2022年第7期,第44页。

内企业直接或者间接到境外发行股票、将其股票在境外交易,必须经证券委审批"。1998年《证券法》第29条规定,"境内企业直接或者间接到境外发行证券或者将其证券在境外上市交易,必须经国务院证券监督管理机构批准"。这些制度回应了行政主体对中国"走出去"金融活动进行"市场准出"审批式监管的规范需要。

4. 改革开放第四个十年前后:涉外金融行政进一步拓展至对"域外金融行为"的监管

随着改革开放进程的深化,中国金融业逐步迈向更高水平的双向对外开放新发展阶段。以资本市场的发展为例,中国证监会2008年发布的《中国资本市场发展报告》中提出了2008年至2020年的对外开放措施,包括"吸引国际资本,逐步加大外资投资于我国资本市场的比例和范围;推动境外企业在境内证券交易所上市,使证券交易所逐步向全球企业开放,提高我国资本市场的全球竞争力"等。[①] 2002年11月,中国证监会实施合格境外机构投资者(QFII)制度,标志着中国资本市场由对外封闭转向单向对外开放。2014年6月,中国证监会发布《沪港股票市场交易互联互通机制试点若干规定》,于同年11月正式启动沪港通,首次在严格意义上实现了中国资本市场的双向对外开放。2016年12月深港通实施,2019年6月沪伦通实施,实现了深交所与港交所、上交所与伦交所的互联互通,进一步拓展了双向对外开放。

随着中国金融市场双向开放的发展,为了保护中国金融市场的公共利益和私人主体的合法权益,需要涉外金融行政对发生在境外但影响到中国境内相关主体利益的行为进行规制。尤其是,中国将来进一步构建证券市场的"国际板",吸引境外企业来中国上市,这将涉及中国证券行政对境外企业在境外的证券活动进行域外管辖的问题。在之前较长一段时期内,《证券法》规定其只适用于中国境内的证券发行和交易活动,实行严格的属地管辖,这已然与新发展阶段中证券行政范围向外拓展的规范需求不匹配。2014年,中国资本市场正式进入双向对外开放的新发展阶段。次年4月《证券法(修订草案)》旋即规定了域外适用条款,对资本市场双向开放发展阶段

[①] 参见中国证券监督管理委员会编:《中国资本市场发展报告》,中国金融出版社2008年版,第138页。

的涉外行政需要予以规范回应。2019 年修订的《证券法》第 2 条最终确立了域外适用规则。

经过历史视角下的分析,可以发现,伴随着中国金融开放进程的深化,涉外金融行政疆域的发展经历了四个阶段,涉外金融行政疆域渐次扩大,并相应地引发了金融监管法的回应性变迁,最终推动金融法域外适用制度的生成。

二、跨境规制性

金融法域外适用中行政行为最重要的特征就是跨境规制性。① 金融法域外适用的行政行为是一国公权力对跨境金融市场的干预和介入,也是一国金融公权力渗入他国境内的跨境规制行为。该类行政行为以发生在境外的特定金融活动为规制对象,以跨境性的行政程序为规制实施的载体,以维护内国金融市场的公共利益为首要跨境规制目标。金融法域外适用中行政行为的跨境规制性,具体地表现为跨境金融行政调查、跨境金融行政处罚、跨境金融行政和解协议等。其中,跨境金融行政调查作为一种行政事实行为,是行政主体运用行政域外管辖权所实施的一种不直接产生相应法律效果的跨境行政作用,具有跨境规制性的意涵。跨境金融行政处罚作为一种单方性的行政法律行为,是行政主体对域外特定的金融行为活动所进行的跨境行政规制。跨境金融行政和解协议作为一种双方性的行政法律行为,是旨在实现跨境金融市场规制目标的公私合作方式,同样具有跨境规制性的意涵。

金融法域外适用中的行政行为在本质上是行政主体通过跨境规制维护内国金融市场公共利益的公权力行为。因而,其跨境规制性就突出地呈现为对境内和境外多元主体利益的调整与平衡。行政过程的一个重要任务是调整各种相互冲突的利益。② 金融行政域外管辖的执法主体通过对跨境分布的利益的相互关系及其地位进行评价与权衡,实现跨境规制的利益目标,同时促进域内外各方主体的利益在法治的框架内朝向最大化。

其一,境内金融市场公共利益与境外相对人利益之间的平衡。"行政

---

① 叶必丰等学者认为,"行政行为最重要的特征就是规制"。参见叶必丰主编:《行政法与行政诉讼法》(第 6 版),中国人民大学出版社 2022 年版,第 33—35 页。
② 参见杨海坤、曾祥华:《行政过程的社会正当性——利益平衡》,《安徽大学法律评论》2005 年第 1 期,第 11 页。

机关总是按照传统的做法，倾向于把自己视为统治权威而把公民视为臣民"，这样做虽然通常是出于促进公共利益的"纯正的良心"，"但是当他们缺乏耐心，不以有效方式活动时，往往会牺牲私人权益"。① 金融行政域外管辖所规制的相对人往往身处境外，执法的有界性和违法问题的跨界性使得跨境行政行为的运行受到一定的阻碍。如果为了跨境执法的便利，以快速实现公共利益的名义随意简化相关行政程序，就会减损境外相对人在程序上的权利，不当剥夺相对人为自己利益辩护的机会，不利于在跨境金融规制中保障行政相对人的合法权益与执法公正性。而且，程序权利与基本人权保护相关联，减损行政相对人的程序权利本身就损害了其最基本的个人利益。另外，由于跨境金融违法行为可能会受到行为人所在地及行为效果影响地的双重行政规制，金融法域外适用行政行为在内容上应当注重合理性，在法定裁量范围内充分考虑双重规制的影响因子，避免规制过度。

其二，境内与境外两个金融市场之间的公共利益平衡。美国公众公司会计监督委员会于2021年12月16日发布《〈外国公司问责法案〉认定报告》，超过60家在美注册的中国内地和中国香港会计师事务被认定为不符合审计规定。报告认为，由于中方监管部门的原因，美国公众公司会计监督委员会无法在中国对在美注册的公众会计师事务所进行有效的检查，中方监管部门的做法违反了美国跨境审计监管的原则，破坏了美国跨境审计监管的及时性、完整性和可实现性。② 这份报告的背后，其实暗含着中美两国证券监管部门各自对本国证券市场公共利益的维护所带来的张力。从维护美国证券市场公共利益的角度出发，全面完整地获取在美注册的外国公众会计师事务所的审计资料，有助于保护美国证券市场的完整性，及早发现证券交易违法行为的线索，保护美国投资者，促进公众信心，维护公平、有序和有效的证券市场。从中国证券市场公共利益的角度看，中概股的审计工作底稿可能包含敏感的信息，如中国移动、中石油等重要央企的审计工作底稿如

---

① 参见[法]勒内·达维：《英国法与法国法：一种实质性比较》，潘华仿等译，清华大学出版社2002年版，第118页。
② See PCAOB Release No. 104 - HFCAA - 2021 - 001 (December 16, 2021), https://pcaob-assets. azureedge. net/pcaob-dev/docs/default-source/international/documents/104-hfcaa-2021-001.pdf.

果任由美方提取,可能会泄露有关国家信息通信、能源战略等方面的秘密信息,损害中国金融安全、技术安全等方面的利益,因而有必要抵制美国公众公司会计监督委员会的单边扩张性域外管辖行为。

其三,境内与境外两个金融行政主体之间的部门利益平衡。行政部门利益,即行政主体的自身利益和所主管事务的特殊利益,其中包括机关工作良好和节约运行方面的利益。行政部门利益影响着所有法律约束不严格的行政活动,这种利益经常与其他行政主体的利益相左或者冲突。① 跨境金融行政执法常受到相关外国规制机构的配合意愿及资源能力的束缚,其诱因往往是部门行政利益的不一致性。例如,内国金融规制机构向外国规制机构请求获得调查所需的信息时,外国规制机构鉴于双方过往的摩擦或者合作机制的缺失,抑或自身资源能力的缺乏,没有将该请求列为优先等级,延误或者拒绝对相关信息的搜集、传递。这种情况可能造成内国金融规制机构跨境执法行动的失败。在行政规制执法中,"国家和被管制者都关心成本最小化"②。同时,从合法性的角度看,行政法上的成本收益分析是对行政行为形式合法性、实质合法性与有效性的一个工具性判断过程,任何行政行为都应"量入而出",不能不计成本地恣意运用行政权。③ 面对日益复杂的跨境金融违法行为,金融规制机构的调查资源是有限的,当金融违法行为的受害者主要是外国机构或个人时,违法行为所在地的金融规制机构考虑到部门利益,可能缺乏愿意和动力去承担资源密集型调查的成本。另外,当金融违法行为所在国金融规制机构的独立性不足,容易受到政治或金融行业财团的干预时,为了避免部门利益受损,其也会倾向于消极对待跨境金融行政执法的合作请求。④

---

① 参见[德]汉斯·J. 沃尔夫等:《行政法》(第一卷),高家伟译,商务印书馆 2002 年版,第 331 页。
② [美]阿尔弗雷德·C. 阿曼:《新世纪的行政法》,载[新西兰]迈克尔·塔格特编:《行政法的范围》,金自宁译,中国人民大学出版社 2006 年版,第 140 页。
③ 参见郑雅方:《论我国行政法上的成本收益分析原则:理论证成与适用展开》,《中国法学》2020 年第 2 期,第 218 页。
④ 全球金融规制处于利益争斗的十字路口,权力和金钱,政治与金融的错杂关系使得金融规制实施变得极其复杂。参见[美]乔治·尤盖斯:《全球金融监管:如何寻求金融稳定》,尹振涛译,经济管理出版社 2019 年版,第 9—10 页。

除了域内、域外多元利益的复杂交互之外,跨境规制的复杂性还表现在金融行政主体在跨境管辖过程中所面临的多重信息不对称挑战。

一是跨境金融违法行为突出的隐匿性,增加了金融行政域外管辖所需信息的获取难度。全球金融创新发展,给金融规制机构发现和调查金融违法行为带来了新的挑战。区块链技术驱动的融资方式创新,形成了数字证券,推动虚拟货币与首次代币发行(initial coin offering,ICO)的兴起与发展,但ICO项目在实践中存在许多风险,为跨境欺诈、非法集资提供了新型载体。2022年8月1日,美国证券交易委员会指控11人实施的加密数字项目为庞氏骗局,该项目允许散户投资者通过波场(Tron)、以太坊(Ethereum)、币安(Binance)等在区块链上进行去中心化的智能合约交易,美国、俄罗斯、巴西、哥伦比亚、菲律宾等国家的数百万散户投资了超过3亿美元。被指控的11人中有4人是该项目的创始人,他们最后一次被发现的居住地在俄罗斯、格鲁吉亚和印度尼西亚,但他们被指控时仍未被找到。[1] 可见,跨境金融产品和跨境金融交易模式的创新发展以及信息技术的升级,为跨境金融不法行为活动提供了各种新型的掩匿外衣,掩盖违法的本质,再加上跨境远程操作的空间隔离,扩大了执法者与不法行为人之间的信息沟壑。而且,金融数据越来越多地存储在云端,相应的计算机服务器则可能位于全球任何国家和地区,这使得数据的跨境获取更加复杂。

二是他国金融信息披露制度的限制,使得金融域外管辖难以获得有效的证据信息。以银行保密法为例,20世纪以来,为了吸引外资在本国建设国际化的金融中心,许多国家出台了银行保密法,要求银行严格保守客户信息秘密,营造银行领域的"信息安全港"。这样的制度设计给实施域外管辖的公权力机关跨境获取银行有关信息造成了一定障碍。一旦跨国证券欺诈、内幕交易等不法行为人在瑞士、巴拿马和开曼群岛等银行保密法制要求高的国家及地区开设银行账户,相关金融域外管辖活动将受到银行账户所在地的银行保密法限制,难以从银行机构获取有效的证据信息,进而难以对

---

[1] See *SEC Charges Eleven Individuals in $300 Million Crypto Pyramid Scheme*, U. S. Securities and Exchange Commission (August 1, 2022), https://www.sec.gov/newsroom/press-releases/2022-134.

这些跨境不法行为施加惩处。①

三是国际法上对跨国行政执法的严格限制,影响着内国金融规制者进入他国收集有关信息的便利性。国际法限制一国在域外行使执法管辖权,以防侵犯他国基于领土主权的管辖权。在域外管辖中,国际法对一国执法性域外管辖权的限制比立法性域外管辖权的限制更为严格。执法管辖权具有领土性,不能仅因为一国法律可以适用于国外特定的主体或行为,就断言该国公权力机关在未得到他国许可的情况,为了执行本国法律而可以直接进入他国开展执法活动。② 2002 年《索克斯法案》实施后,美国公众公司会计监督委员会一直努力实现进入他国境内对相关的会计师事务所开展入境调查。2009 年,英国、德国、法国、挪威、芬兰、希腊等 14 个国家拒绝了美国公众公司会计监督委员会的入境审计调查要求;2011 年前后,美国与日本、德国、法国、挪威、芬兰、荷兰、迪拜等国家签订了关于联合检查的合作协议,在双边合作的框架下推进跨境审计检查工作;截至 2021 年底,美国公众公司会计监督委员会的官方网站将中国内地和中国香港地区标注为拒绝其进行审计调查的地区。③ 这表明,在未经领土国允许的情况下,内国公权力主体不得擅自跨国入境实施调查行为,这在一定程度上给域外管辖中的跨境获取金融信息带来了不便。

三、影响广泛性

金融法域外适用中行政主体所实施的跨境金融规制,对境内外产生广泛的影响。行政具有形成性,其在本质上是一系列不断面向未来的、有目的的社会形成,因而行政不仅对过去的事情进行评价,还能改变社会当下及未来走向。④ 跨境规制执法主体在与不同层次的公私两域主体及其他国家

---

① 参见邱永红:《国际证券双边监管合作与协调研究》,《经济法论丛》2005 年第 11 期,第 118 页。
② 参见[美]巴里·E. 卡特、艾伦·S. 韦纳:《国际法》(下),冯洁菡译,商务印书馆 2015 年版,第 953 页。
③ 参见王雪等:《全球视野下中概股发展历程与展望》,《清华金融评论》2022 年第 7 期,第 47 页。
④ 参见翁岳生编:《行政法》(上册),中国法制出版社 2009 年版,第 14—15 页。

制度的互动过程中,会对跨境金融市场公私主体的行为选择产生影响,也可能会对其他国家未来的相关法律制度安排和政治行动产生影响作用,可谓影响面广,影响程度深。

(一) 对跨境金融市场主体的行为选择和市场走势的影响

金融域外管辖会影响跨境金融市场主体的行为。2020年4月,美国证券交易委员会针对中概股的上市模式和风险发表公开声明,质疑中概股企业的财务报告质量,且由于美国公众公司会计监督委员会无法检查中概股在境外的审计工作底稿,美国证券规制部门的境外执法活动受到了限制及阻碍。① 紧接着,2020年5月和12月,美国参议院和众议院分别通过了《外国公司问责法案》(Holding Foreign Companies Accountable Act),该法案于2020年12月18日生效。法案第2条和第3条规定在美上市外国企业的境外审计披露义务,连续三年未能通过美国公众公司会计监督委员会审计的外国公司,将被禁止在美国的任何证券交易所交易,并将被强制退市("摘牌")。2021年12月2日,美国证券交易委员会颁布法案的实施细则,标志着法案进入实施层面。② 2022年3月11日,美国证券交易委员会开始公布"预摘牌"名单并不断更新,百度、京东、阿里巴巴、哔哩哔哩等中概股被纳入其中。对此,同年7月26日,阿里巴巴发表公告称将申请在香港联合交易所主板将上市地位改为"主要上市",哔哩哔哩也做出类似的选择,部分中概股"回流"香港。③ 2022年8月12日,中国石油、中国人寿、中国石化、中国铝业、上海石油化工等5家企业发布公告称,自愿申请将其美国存托股从纽约

---

① See *Emerging Market Investments Entail Significant Disclosure, Financial Reporting and Other Risks; Remedies are Limited*, U.S. Securities and Exchange Commission (April 21, 2020), https://www.sec.gov/newsroom/speeches-statements/emerging-market-investments-disclosure-reporting.

② See *Holding Foreign Companies Accountable Act Disclosure*, U.S. Securities and Exchange Commission (April 7, 2023), https://www.sec.gov/rules-regulations/2021/12/holding-foreign-companies-accountable-act-disclosure.

③ 陈霞昌:《阿里巴巴等4股被列入"预摘牌"风险名单,中概股各找出路,回流香港成首选》,载证券时报网2022年7月31日,http://www.stcn.com/article/detail/653533.html。

证券交易所退市。① 可见,美国证券规制机构的法律域外适用行为在一定程度上改变了外国公司的跨境上市路径。

金融域外管辖也会对跨境金融市场的走势产生影响。美国公众公司会计监督委员会的跨境"长臂管辖"行为及其后果——中概股潜在的"摘牌风险",对中概股的股市行情造成了明显的冲击。《外国公司问责法案》生效后,反映在美交易所上市中概股交易情况的纳斯达克中国金龙指数,自2021年1月至2022年7月下跌了约58.1%(如图1-1所示)。

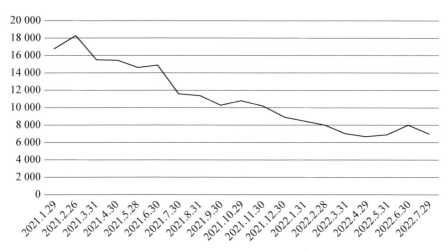

图1-1 纳斯达克中国金龙指数走势(2021年1月29日—2022年7月29日)
数据来源:新浪财经,http://stock.finance.sina.com.cn/usstock/quotes/.HXC.html。

(二) 对他国机关在政治和行政上的影响

金融规制法具有较为突出的公法性质,其域外适用会对国际政治及国际关系产生一定的影响。"行政法的背后没有像民法那样的传统,它仍与政治风云变换息息相关"②。2021年3月24日,美国证券交易委员会发布公告称,《外国公司问责法案》已通过最终修正案,为执行该法案对外国上市公司

---

① 参见祝惠春:《自愿退市不意味着主动推进金融"脱钩"》,《经济日报》2022年8月15日,第1版。
② [法]勒内·达维德:《英国法与法国法:一种实质性比较》,潘华仿等译,清华大学出版社2002年版,第120页。

的信息披露要求，就新规征求公众意见且其将在 30 天后生效。当天，受该修正案公布消息的影响，中概股在美国证券市场上遭受重创。对此，3 月 25 日，中国外交部发言人在记者会上回应称，《外国公司问责法案》是针对中国在美上市企业的无理政治打压，不符合美国自己所标榜的市场经济基本准则的要求，也剥夺了美国投资者及公众分享中国发展红利的机会。① 可见，金融法域外适用的制度安排及其行政行为活动，有时会影响到内国与外国之间的国际关系形势，造成两国政治上的紧张关系。

金融法域外适用制度安排及其行政行为对他国相应金融管理部门的影响更为直接，带来两国机关之间的碰撞。针对美国跨境证券规制领域的立法动向及行政活动，中国政府部门多次予以回应。2021 年 8 月 1 日，中国证监会网站发布消息，对于美国证券交易委员会关于增加对中国企业赴美上市信息披露的新要求，中美两国监管部门应当加强监管合作，就中概股监管问题加强沟通，找到妥善解决的办法。② 2021 年 12 月 17 日，中国证监会网站发布消息，指出美国公众公司会计监督委员会所发布的《〈外国公司问责法案〉认定报告》在全面性、客观性方面存在偏差，中方将与美方进一步沟通。③ 2022 年 3 月 16 日，原国务院金融稳定发展委员会在专题会议上强调，目前中美双方监管机构就中概股的跨境监管问题保持了良好沟通，已取得积极进展，正在致力于形成具体合作方案。④ 2022 年 3 月 31 日，中国证监会

---

① 据统计，目前在不接受美国公众公司会计监督委员会检查审计底稿的外国上市企业中，中国内地和中国香港的企业占了近 90%。参见倪浩：《中方回应美通过"外国公司问责法"》，《环球时报》2021 年 3 月 26 日，第 11 版。需要注意的是，政治和外交的场合中他国所谴责的美国"长臂管辖"与美国法上的"长臂管辖"存在差异。参见李庆明：《论美国域外管辖：概念、实践及中国因应》，《国际法研究》2019 年第 3 期，第 3 页。

② 《证监会新闻发言人答记者问》，载中国证券监督管理委员会网站 2021 年 8 月 1 日，http://www.csrc.gov.cn/csrc/c100028/ccda6e1232054477da35085bf4add09a3/content.shtml。

③ 《中国证监会相关部门负责人就美国监管机构有关动向答记者问》，载中国证券监督管理委员会网站 2021 年 12 月 17 日，http://www.csrc.gov.cn/csrc/c100028/c1657004/content.shtml。

④ 《刘鹤主持国务院金融委会议研究当前形势》，载中国证券监督管理委员会网站 2022 年 3 月 16 日，http://www.csrc.gov.cn/csrc/c100028/c2093820/content.shtml。

再次刊发消息,对于美国证券交易委员会主席就中美审计监管合作的关切问题,自2021年8月以来,时任中国证监会主席易会满和美国证券交易委员会主席根斯勒已三次召开视频会议,商讨解决中美审计监管合作中的遗留问题,中方与美国公众公司会计监督委员会更是进行了多轮会谈,总体进展顺利,双方的沟通还将继续。① 据此,自2021年3月至2022年3月,中国证监会和原国务院金融稳定发展委员会对美国跨境证券规制的域外管辖相关问题作了4次公开回应,两国的证券监管部门负责人也进行了3次线上互动,如图1-2所示。经过多轮的互动之后,在2022年8月26日,中国证监会和财政部与美国公众公司会计监督委员会就中美跨境审计问题签署议定书,对这一问题达成了基本解决方案。

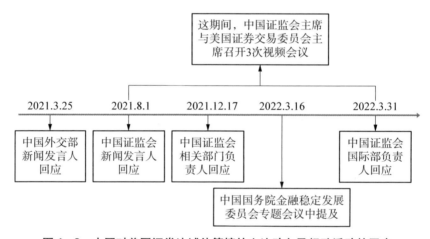

图1-2 中国对美国证券法域外管辖的立法动向及行政活动的回应

(三)对他国金融规制法律制度安排的影响

美国是实施金融制裁最盛的国家,其该类域外管辖行为引发了其他国家在制度上的回应。针对美国第三方金融制裁的域外管辖权扩张,欧盟颁布《阻断法令》(Blocking Regulation)予以阻断和反制;墨西哥颁布《保护贸易和投资免受违反国际法的外国法律规制法》(Law to Protect Trade and Investment from Foreign Laws that Contravene International Law),准许墨

---

① 《中国证监会国际部负责人答记者问》,载中国证券监督管理委员会网站2022年3月31日,http://www.csrc.gov.cn/csrc/c100028/c2248553/content.shtml。

西哥企业对美国第三方制裁的判决和认定不予承认;加拿大修改《外国域外管辖措施法》(Foreign Extraterritorial Measures Act),拒绝执行美国基于第三方制裁对加拿大公司所作出的处罚决定。① 中国商务部于 2021 年 1 月颁布《阻断外国法律与措施不当域外适用办法》,该办法作为部门规章,属于行政立法范畴,这是中国首部针对第三方经济制裁的阻断法。此外,全国人大常委会于 2021 年 6 月通过《反外国制裁法》,进一步地从法律层面针对外国不当制裁的问题进行应对,这是对其他国家不当经济制裁的一种阻断法和反制法上的制度回应。从各国关于阻断美国金融制裁方面的立法动向可见,一国金融域外管辖的行为会对其他国家的相关法律制度产生一定影响,进而形成法律制度的竞争局面。

第二节 金融法域外适用中行政行为合法性的核心范畴阐释

一、金融法域外适用

金融法域外适用是指一国公权力主体将具有域外效力的金融法适用于该国领域范围之外的人、物和行为的过程。② 之所以将"域外"界定为一国"领域之外"而非"法域之外",是因为在中国法域外适用的语境下,国家主权是最重要的因素,而主权及其附带的法律和义务均以领土为基础。③ 由此,基于中国"一国两制"多法域的制度现实,中国各法域之间的法律跨境适用,属于中国法律制度的内部机制安排,而不属于法律域外适用的范畴。

与域外适用相关的概念还有域外效力、域外管辖和"长臂管辖"。这些

---

① 参见刘瑛、黎萌:《美国单边金融制裁的国际法分析》,《国际经济评论》2020 年第 3 期,第 167 页。
② 参见廖诗评:《中国法域外适用法律体系:现状、问题与完善》,《中国法学》2019 年第 6 期,第 21 页。
③ 参见肖永平、焦小丁:《从司法视角看中国法域外适用体系的构建》,《中国应用法学》2020 年第 5 期,第 57—58 页。也有学者将"域外"理解为"法域之外"。参见张利民:《经济行政法的域外效力》,法律出版社 2008 年版,第 16—17 页。

概念之间的关系可作如下界定。一是域外适用与域外效力。"国内法的域外效力为'因',国内法的域外适用为'果'"①。因而,法律具有域外效力,是该法律域外适用的前提基础。二是域外适用与域外管辖。域外管辖包括国家立法管辖权,即域外管辖规则的制定权力,以及通过行政执法管辖权和司法管辖权适用域外管辖规则的权力,其内涵比国内法域外适用更广。拥有域外管辖权是行政执法和司法机关实施国内法域外适用的前提,域外适用则是行政执法和司法机关行使域外管辖权的过程和结果。② 三是域外适用与"长臂管辖"。"长臂管辖"在美国法上是一个关于司法管辖权的特有概念,意指各州法院对住所不在本州境内的被告行使的对人管辖权,这与国际社会所批判的美国"长臂管辖"存在区别。饱受国际社会批判的"长臂管辖"是指美国基于实力地位而动辄对与之联系性较弱的事项实施制裁性域外管辖,这属于一种法律凌霸行为。③ 中国法上的法律域外适用强调在国际秩序规则框架内依法运行,而不是要推行美式"长臂管辖"这种具有国际不法性的行为。④

金融法域外适用是各国应对金融全球化冲击,加强跨境金融规制的规范化、法治化举措。在全球范围内,特别是在金融相对发达的国家中,金融法普遍具有域外适用性。美国、中国、英国、德国、加拿大、新加坡、韩国等国家的重要金融法均具有域外适用性。全球化所蕴含的跨国流动性与开放性,催生了全球规制,面对全球规制的压力,各国需要通过规制性法律制度的改革创新予以应对。全球化背景下,国际货币基金组织将全球金融市场的内在联系状态描述为:通过金融市场的互联互通,各个国家之间联系在了一起,这种联系的背后是主权国家、金融机构等主体对于资产负债的管理。

---

① 参见宋晓:《域外管辖的体系构造:立法管辖与司法管辖之界分》,《法学研究》2021年第3期,第173页。
② 参见廖诗评:《中国法域外适用法律体系:现状、问题与完善》,《中国法学》2019年第6期,第22页。
③ See Mahir Al Banna, *The Long Arm of US Jurisdiction and International Law: Extraterritoriality against Sovereignty*, 60 Journal of Law, Policy and Globalization 59(2017), p.59-61.
④ See Zhengxin Huo, Man Yip, *Extraterritoriality of Chinese Law: Myths, Realities and the Future*, 3 The Chinese Journal of Comparative Law 328(2021), p.328-330.

金融全球化既给各个国家带来了利益,也带来了风险的传导,使得各个经济主体更加脆弱。① 金融全球化是把"双刃剑",其既促进了全球金融市场体系的内在联系性,又使得体系本身更容易受到系统性风险的危害,这就需要跨境金融规制进行应对。金融全球化过程中伴随着放松规制与加强规制的博弈。在2008年全球金融危机之前,西方国家兴起的金融自由化在全球流行,许多国家出台金融法放松规制,导致金融危机更广泛、更深入地在全球蔓延。2008年全球金融危机爆发后,国际社会对放松规制进行反思和矫正,通过金融立法变革等方式加强规制。金融法制度的变迁路径主要包括渐进性和强制性两条路径。根据诺斯的制度路径依赖理论,在制度关联利益集团的捆绑之下,以及制度惯性所带来的路径依赖,现行制度倾向于不断自我强化,强化既有制度框架的运行力量,直至出现制度的滞后性乃至引发危机。② 金融危机的冲击,促使制度发生强制性变迁。金融立法改革具有强烈的"危机导向",金融危机成了金融法制度体系化变革的"关键节点",其背后的逻辑体现在两个方面:其一,金融危机的强大破坏性起到了消解和清理旧制度的效果,削弱了市场的权威,为制度变革提供了正当性;其二,金融危机的紧迫性及强大的"余震",为制度创新造就了一种相对宽松的环境,预留了制度试错空间,而这对于制定制度的政治行动者而言,意味着责任成本下降,制度改革的行动力增强。③ 金融危机往往会带来金融法制度的强制性变迁。金融危机所显现的问题,即金融机构易于将高风险业务转至规制宽松的国家,且系统性金融风险易于跨境传播,对此应当通过制度变迁加强跨境金融规制。各国推动金融规制法的适应性变革,明确其域外效力,为加强跨境金融规制供给制度。在美国,2018年5月出台的《经济增长、放松规制和消费者保护法案》标志着其金融规制从强化到放松的轮回,以提升美国金融的国际竞争力,但新一轮的放松规制运动并没有通过废止金融法域外适用效力

---

① See Reza Moghadam & José Viñals, *Understanding Financial Interconnectedness*, International Monetary Fund (October 4, 2010), https://www.imf.org/external/np/pp/eng/2010/100410.pdf.
② 参见[美]道格拉斯·C. 诺斯:《制度、制度变迁与经济绩效》,杭行译,格致出版社2008年版,第138—140页。
③ 参见彭兴庭:《金融法制的变迁与大国崛起》,法律出版社2014年版,第233—234页。

的方式放松跨境金融规制。①

全球化背景下,国家公权力通过金融法域外适用加强跨境金融规制,保护本国在跨境金融领域中的境内利益和外溢的境外利益。例如,对于中国《证券法》增设域外适用规则而言,立法机关认为,此举是为了适应中国资本市场对外开放需要,维护境内市场秩序,保护境内投资者合法权益。② 从功能的角度看,赋予金融法域外效力,并适度地采取基于金融法域外适用的公权干预措施,契合本国在金融全球化时代的海外利益保护诉求,有助于保护本国金融市场私人主体的合法权益,维护国家金融主权、金融安全和金融领域的发展利益,输出本国的规制和规则,推动国际金融治理体系发展,促进全球金融法治建设。

二、行政行为

现代金融规制首要涉及国家行政权力的运用,行政权执行金融法域外适用制度,就产生了金融法域外适用中的行政行为。在金融发展的初级阶段,金融活动相对简单,主要以水平型的私法来调整金融关系。在金融成为现代经济核心的阶段,金融活动复杂化,需要垂直型的公法,特别是行政法来予以规制。③ 金融法中的行政规制法性质,④根植于复杂金融时代的金融市场失灵和金融业的特殊性。一方面,金融市场存在垄断、外部性、信息不对称、经济周期波动性等市场失灵问题,仅靠市场自主调节手段难以有效解决这些问题,因而金融规制具有必要性和正当性;另一方面,金融业具有

---

① 参见胡滨:《从强化监管到放松管制的十年轮回——美国金融监管改革及其对中国的影响与启示》,《国际经济评论》2020 年第 5 期,第 102—107 页。
② 参见李飞:《全国人民代表大会宪法和法律委员会关于〈中华人民共和国证券法(修订草案)〉审议结果的报告——2019 年 12 月 23 日在第十三届全国人民代表大会常务委员会第十五次会议上》,《中华人民共和国全国人民代表大会常务委员会公报》2020 年第 1 期,第 43 页。
③ 参见朱淑娣、柯静:《道器兼具:全球化与金融信息披露行政规制研究》,时事出版社 2017 年版,第 5 页。
④ 例如,中国证券、期货、保险、商业银行等领域的法律,关于行政规制的规定占据了大部分篇幅。以 2019 年《证券法》为例,其共有 226 条,其中涉及刑事规制的仅有第 178 条、219 条等,涉及私法性规定的仅有第 44 条第 3 款、第 62 条、第 92 条第 3 款、第 94 条等规定,其余的绝大部分内容都属于行政法规则。

战略重要性、高风险性和公共信心维系性、金融体系系统风险性等特征，这都需要金融规制予以回应。① 现代金融规制是公权力主体对金融市场的介入、干预和限制，并主要通过金融行政规制来实现。当金融规制法设置域外适用条款，行政权力主体基于金融法域外适用规则进行跨境金融行政执法，产生域外管辖领域的行政行为，促使跨境金融市场秩序从静态的制度设计转化为动态的执法建构。

立足于金融法域外适用中行政行为的法治化，宜对行政行为概念作较为宽泛的界定，进而尽可能地将各类金融域外管辖行为纳入法治约束。行政行为的学说纷繁，难以形成共识，被称为行政法学中"充满混乱、矛盾和争议的领域"②。有学者根据行政行为概念内涵的宽窄程度，梳理出十种代表性观点。③ 对于宽泛化的行政行为定义进路，有学者担忧这一概念日益成为"含义稀薄的法学概念"④。然而，若采用狭窄化的定义进路，则可能会使行政行为概念难以涵盖行政实践中的多样化行为，不利于发挥行政行为规范行政权力的主要功能。⑤ 对于概念的界定，"唯一的问题是它们是否将符合我们打算达到的理论目的"⑥。在实践中，行政行为的内涵范围关系到公权力受法约束的程度，影响着一国行政法治的发展。⑦ 以实现金融行政域外管辖行为法治化为理论目的导向，有必要对行政行为这一概念作较为宽泛化的界定。由此，为了防范金融行政权借助各类新型跨境金融规制行为逃脱

---

① 参见韩龙：《金融法与国际金融法的前沿问题》，清华大学出版社2018年版，第19—30页。
② 参见马生安：《行政行为研究——宪政下的行政行为基本理论》，山东人民出版社2008年版，第1页。
③ 参见杨海坤、蔡翔：《行政行为概念的考证分析和重新建构》，《山东大学学报（哲学社会科学版）》2013年第1期，第2—4页。
④ 参见闫尔宝：《论作为行政诉讼法基础概念的"行政行为"》，《华东政法大学学报》2015年第2期，第56页。
⑤ 参见罗智敏：《行政法法典化背景下我国行政行为理论研究的挑战与应对》，《行政法学研究》2022年第2期，第40页。
⑥ 参见［奥］汉斯·凯尔森：《法与国家的一般理论》，沈宗灵译，商务印书馆2017年版，第31页。
⑦ 参见成协中：《行政行为概念生成的价值争论与路径选择》，《法制与社会发展》2020年第1期，第170—171页。

法治化的规范和约束,本书对行政行为采取较为宽泛的定义进路,即认为:行政行为即行政作用,泛指行政主体一切运用行政权,实现行政目的的活动。①

在类型上,金融法域外适用中的行政行为具有多元化特点。一是单方行政法律行为方面,包括高权性的跨境金融行政处罚、跨境金融行政强制等具体行政行为,以及抽象行政行为,例如金融行政主体制定具有域外效力的法规范。二是双方行政法律行为方面,主要为跨境金融行政和解协议。三是行政事实行为方面,主要为跨境金融行政调查,包括行政了解和行政检查两种调查行为。例如,内国金融行政主体向境外的企业发出问询函,对相关情况进行了解;或者,其要求境外相对人跨境提供行政检查的相关资料信息等;再或,其进入他国境内进行调查取证。

三、合法性控制系统

在金融法域外适用中,行政行为的合法性控制系统包含"一核双层三重四维"要义,即一个核心逻辑、双层法治目标、三重合法性约束依据、四维合法性要素。具体而言,该系统的核心逻辑在于"控权",系统的目标在于实现形式和实质相统一的双层合法化状态,系统的合法性约束依据包括内国、外国、国际三重空间中规范金融行政域外管辖的法律体系,系统的合法性要素包括主体、权限、内容、程序四个维度的合法性要件。

(一)核心逻辑:对金融行政域外管辖进行控权

金融行政域外管辖权的扩张具有突出的"特权化"面向,这种"特权化"若不能受到控制和规范,则会在背离法治的轨道上越走越远,在跨境金融规制中引致严重后果。该类"特权"尤须控权,具体包括以下三方面的理由。

首先,从国家角度看,扩张金融域外管辖权是金融实力较强国家的

---

① 参见叶必丰:《行政行为原理》,商务印书馆 2022 年版,第 71 页。杨海坤教授考虑到行政行为理论概念为行政法实践提供指导、契合现实发展的需要,以及适应自身语义,与行政学等相关学科相协调等方面因素,也主张对行政行为作宽泛主义的解释。参见杨海坤:《行政行为》,载应松年主编:《当代中国行政法》(第三卷),人民出版社 2018 年版,第 770—771 页。

"特权",不加以"控权",会造成强国对弱国的"法律凌霸",以及强国与强国之间的"法律战争"。一个国家是否有对外扩张金融域外管辖权的意愿和能力取决于两个因素:一是该国在金融领域中所需要保护的利益的重要程度;二是该国家是否具有跨境保护本国利益的能力。所谓国家能力,即国家通过国际金融体系等国际公共产品,或以本国市场主导资源等国家禀赋为筹码影响境外实体行动的能力。① 相较于金融实力较弱的国家而言,金融实力较强的国家,其金融领域中的国家利益在全球范围跨境延伸的程度更深、更广,其相对强大的国家实力又为其跨境保护利益提供了有效保障。因此,积极对外扩张金融域外管辖权是金融实力较强国家的"特权",是其谋求在国际金融领域的影响力和控制力的重要途径。一方面,金融实力较强的国家过度扩张域外管辖权,对实力较弱的国家的金融主权造成不恰当的干预,而后者在金融领域又对前者有着较强的依附性,缺乏能力进行抵抗或反制,进而带来了金融领域的法律凌霸问题;另一方面,金融实力较强的国家对外扩张域外管辖权,会遭到同样具有一定实力的国家的强力抵制,进而在遏制与反遏制的不断摩擦中点燃"法律战"(lawfare)。由于金融大国对国际金融领域具有重要影响力,大国之间的冲突摩擦以及"法律战",必然会殃及整个国际金融秩序,进而对国际金融秩序带来破坏性影响。

其次,从宪制角度看,金融域外管辖权是一种较为缺乏制度约束的"特权",不对其强化"控权",则其会成为制度监督体系中的一块"飞地",进而违背宪制中的权力制约原则。一国为了推行金融域外管辖,会通过法律制度对金融行政主体施行域外管辖进行明确授权,并往往倾向于不对其在制度上作严格的限制和约束。这种制度上的自由空间,为金融域外管辖权的扩张提供了便利。因为制度约束较少,在金融全球化背景下,本国金融市场主体的私人利益可以被轻易纳入或被转化为国家金融利益,一国当局可以便利地采取公权力行动跨境维护私人利益。② 这容易使得内国当局以金融主权安全或国家金融安全的名义,不当干预跨境金融市场中的自由竞争。

---

① 参见陈靓:《法律域外适用制度:生成与实施逻辑》,《中国法律评论》2024年第2期,第117页。
② 参见蔡从燕:《公私关系的认识论重建与国际法发展》,《中国法学》2015年第1期,第190页。

金融行政域外管辖权跨境而行,脱缰而行,成为内国制度监督体系中的一块"飞地"。在一国法律框架下,制度监督体系是国家权力分工或分立中立法权对行政权的制约工具。权力"飞地"的存在,背离了权力制约原则,对宪制产生不利冲击。

最后,从权利保护角度看,跨境运行的金融域外管辖权作为行政权体系中的一种"特权",不加以"控权",会出现跨境"作恶"的问题。行政权是主权性质的权力,其以主权控制的物理空间为主要运行空间。因而,相较而言,溢出主权领土边界的金融域外管辖权具有一定的超常规性,在一定程度上可以说,其作为行政权体系中的"一分子",是行政权体系中的一种"特权"性的存在。行政法对行政权进行控制的一个重要目的就是为了保护公民权利。境外的相对人进入了"复数"行政权的作用力范围内,即其需要面对基于域外管辖的行政权和基于属地管辖的行政权。若其行为对多个国家产生不利影响,则可能受到多个国家并行的域外管辖,进而需要面对两个以上的行政权的规制。在行政行为中,行政权处于相对强势的地位,相对人处于相对弱势的地位。当相对人受到多个行政权的规制时,其地位将处于比一般意义上更为弱势的境地,其权利受到权力损害的风险显著增加。因此,基于跨境金融规制中的"复数"行政权问题,从保护相对人权利的角度出发,有必要对金融域外管辖权进行控制,防止其跨境"作恶",降低境外相对人权利受权力侵害的风险性。

(二)双层法治目标:实现形式与实质相统一的合法化状态

金融法域外适用中的行政行为应当受到法治约束。法治要求政府服从法律、行政受法的支配;同时,与传统法治着重控制静态行政权相比,新型法治更加注重规范动态的行政行为。[①] 从金融行政法治内在的功能耦合来看,金融持续对外开放发展对涉外金融行政法治提出了更多更高的功能要求,涉外金融行政法治完善反过来为金融对外开放发展奠定了基石,为金融业融入全球金融市场发展格局提供法治环境。[②] 在金融全球化背景下,否定

[①] 参见姜明安:《行政法》(第5版),法律出版社2022年版,第18—19页。
[②] 参见季立刚主编:《中国金融法治前沿报告(2019—2020)》,法律出版社2021年版,第7页。

公法性的金融法域外适用的极端属地主义思想显然已不符合客观的需要，但基于目的正当性而认为金融法域外适用行政行为不受法治约束的观点同样是不合时宜的。因此，基于金融域外管辖权规范运作的内在需求，及其与金融对外开放发展的功能耦合，金融法域外适用的行政行为应当在法治的框架内运行。

金融法域外适用中的行政行为受到形式法治和实质法治的双层次法治化约束。① 首先，从法律适用角度看，法律适用的目的是实现法律，法律内嵌着价值取向和理想生活的设想，应当坚持形式上的正义原则和价值上的可接受性原则，兼顾形式法治和实质法治的双重要求。② 行政权实施金融法域外适用的行为也应当追求形式正义和实质正义的统一，实现金融法对跨境金融活动的规制目标。其次，从行政法角度看，形式法治要求行政权运行"有法可依、有法必依、执法必严、违法必究"；实质法治则要求行政行为不仅要遵循法律的具体条文、规则，还要遵循法律的原理、原则、精神和法治理念。③ 由于金融法域外适用规则的宽泛模糊，金融行政主体在行使域外管辖权过程中往往具有较为广泛的裁量空间，易于实现形式合法。如果将形式合法作为合法性判断的唯一标准，则会使裁量性强的金融域外管辖行为逃遁于法治约束之外，因而应当引入实质合法视角，追问更深层次上实质合法性问题。

概言之，基于法治化目标，金融法域外适用中的行政行为合法化，是一种形式与实质相统一的合法化，对其进行合法性考察，包括形式合法性与实质合法性两个层面的考察。在日常语义中，合法性主要指合法律性，④同时

---

① 不同行学者关于形式法治、实质法治的内涵及其关系的共识与分歧，参见何海波：《实质法治：寻求行政判决的合法性》（第2版），法律出版社2020年版，第10—17页。
② 参见胡建淼主编：《法律适用学》，浙江大学出版社2010年版，第41—45页。
③ 参见姜明安：《改革、法治与国家治理现代化》，《中共中央党校学报》2014年第4期，第50页。
④ 参见汉语大字典编纂处编著：《现代汉语词典》，四川辞书出版社2018年版，第330页。从中国传统意义上来看，汉语概念中的"法"具有实证主义色彩，其在形式渊源上主要表现为国家统一制定法，并在实践中作为司法的基本准据，这种特征成型于秦汉时代。参见王志强：《中华法的政治机理——基于秦汉与古罗马时期的比较视角》，《中国社会科学》2021年第10期，第175页。

也具有正当性内涵。① 在法学领域中,在形式意义上使用的合法性,相当于合法律性(legality);在实质意义上使用的合法性,相当于正当性(legitimacy),在实质合法的框架下构建统一的合法性叙述,合法不仅包括符合法律、法规,还包括合理、合宪。② 在行政行为合法性控制的语境下,合法性可以作为一个宽口径的概念,其包含了合法律性、合理性、合宪性等内涵。其中,形式层面着眼于行政行为的外在合法律性要求,实质层面着眼于行政行为的内在正当性要求,且双层次的合法性要求,有助于促使对行政行为的合法性控制更加贴近现实需要,更加深入。③

(三)三重合法性约束:规范金融行政域外管辖的内国法、外国法、国际法

金融法域外适用中的行政行为,其活动空间横跨内国法秩序、跨国法秩序、国际法秩序,因而要依据内国、外国、国际三重空间中关于规范金融域外管辖的法律体系,对其进行合法性约束。

从对外关系法治的角度看,金融法域外适用中的行政行为受到内国法、外国法和国际法的三重法治约束。涉外法治介于国内法治与国际法治之间,是一国维护自身利益、参与国际法治建设的系列法律活动,涉及本国法律的跨国适用与执行,此过程中关涉到内国法与外国法、国际法之间的互动问题。④《对外关系法》(2023年)作为中国涉外法制体系中的基础性、综合性法律,包含了中国法、外国法和国际法三项要素,总揽了三种法律体系之间的互动,为中国法域外适用提供了多层次的法治化框架。⑤ 其一,根据《对外关系法》第32条关于"加强涉外领域法律法规的实施和适用"的规定,金融

---

① 参见陈至立主编:《辞海》,上海辞书出版社2020年版,第1649页。《辞海》对合法性的定义与法国政治学者夸克的观点一致。参见[法]让-马克·夸克:《合法性与政治》,佟心平、王远飞译,中央编译出版社2008年版,第1—2页。
② 参见何海波:《实质法治:寻求行政判决的合法性》(第2版),法律出版社2020年版,第19—164页;姜明安:《宏观公法学导论》,法律出版社2021年版,第155—159页。
③ 参见高家伟主编:《行政行为合法性审查类型化研究》,中国政法大学出版社2019年版,第140—142页。
④ 参见张䕒:《涉外法治的概念与体系》,《中国法学》2022年第2期,第269页。
⑤ 参见范子豪:《〈对外关系法〉"统筹"意涵的展开——以"分配功能"理论为视角》,《武大国际法评论》2023年第4期,第72页。

行政主体应当加强中国金融法域外适用制度的实施和适用,因而受到中国法的约束。其二,《对外关系法》第 32 条强调,涉外执法是"在遵守国际法基本原则和国际关系基本准则的基础上"实施的,因而中国金融域外管辖受到国际法的约束,应当在国际法基本原则和国际关系基本准则的框架内运行。其三,根据《对外关系法》第 39 条关于对外执法国际合作的规定,中国金融域外管辖在与外国的执法合作过程中,需要适当考虑到外国法的约束问题。

同时,从内国在国际社会中的涉外金融法治形象来看,其金融域外管辖行为亦需要兼顾内国法、外国法、国际法。由于行政法治与国家法治形象存在双向、循环互动,涉外行政法治影响着国家在国际社会上的法治形象。① 与金融法的域内适用相比,金融法域外适用中的行政执行机制、执行手段、执行效果将在国内和国际两个层面对国家金融法治形象产生更加广泛的影响。因此,对金融法域外适用的行政行为合法性追问,不仅要立足于国内法上的合法性,还要深究其在国际法上的合法性,并考虑相关外国法律的影响,进而增强金融行政域外管辖的多维法治化程度,强化国家在国际上的涉外金融法治形象。

(四) 四维合法性要素:主体、权限、内容、程序等四个维度的合法性要件

行政行为合法性要件是评价、判定和认定行政行为合法性的条件或标准。②

中国行政法学理对行政行为合法性要件基本达成共识,即包括主体

---

① 参见韩春晖:《行政法治与国家形象》,中国法制出版社 2011 年版,第 19—20 页。
② 参见姜明安:《行政法》(第 5 版),法律出版社 2022 年版,第 279 页。需要注意的是,行政行为合法与行政行为有效并非等同。"合法性只是效力判断的一个基准而非全部基准,是进行判断的重要条件而非充分条件"。参见江必新:《行政行为效力判断之基准及规则》,《法学研究》2009 年第 5 期,第 86 页。有时候行政行为虽然不合法但却可能是有效的。例如,根据 2017 年《行政诉讼法》第 74 条第 1 款第 2 项规定,行政行为程序轻微违法,但对原告权利不产生影响的,属于程序违法,但行政行为有效。因此,可将行政行为合法要件视作行政行为有效的一般要件,而其他并不合法但可视为行政行为有效的情形则可归结为行政行为有效的特殊情形。参见章志远:《行政法学总论》,北京大学出版社 2014 年版,第 184—185 页。

合法性、权限合法性、内容合法性、程序合法性四个要件。① 罗豪才教授主编的行政法学教材②，应松年教授主持编写的行政法与行政诉讼法学"马工程"教材③，以及姜明安教授独著的行政法教材④，均采用该"四要件说"。行政行为司法审查和行政自制的实践中，对行政行为合法性的评价和约束，也主要从这四个维度展开。晚近的例子，如2023年2月浙江省人民政府颁布的《浙江省行政合法性审查工作规定》。这一制度规定是全国首部规范行政合法性审查工作的创制性政府规章，其对行政行为合法性的自制约束，即主要围绕行政行为的主体、权限、内容和程序等方面展开。⑤

行政行为合法性"四要件"的主要内容：一是主体要件，要求行政主体的组织合法、人员合法，行政主体基于行政管理活动需要而进行的委托合法；二是权限要件，要求行政职权运行受到行政事项管辖权的限制、行政地域管辖权的限制、时间管辖权的限制、手段上的限制、程度上的限制、条件上的限制和委托权限的限制；三是内容要件，要求行政行为内容符合法律、法规的规定，符合法定幅度、范围，且必须明确具体、适当，行政行为必须公正、合理；四是程序要件，要求行政行为程序符合法定要求和程序的正当性要求。⑥

四个要件在内容上相互独立，各具独特的法律意义；在逻辑上又相互依存，共同构成行政行为合法性的评价体系。首先，主体合法是判断行政行为合法的首要条件，只有在主体合法的前提下才有必要进一步对其他合法要件作出判断。一个行政行为的作出，只需要实施者具有公权力的外貌即可，⑦至于该实施者是否合乎法律规定的资格和条件并不影响该行政

---

① 参见章志远：《行政法学总论》，北京大学出版社2014年版，第185页。
② 参见罗豪才、湛中乐主编：《行政法学》（第4版），北京大学出版社2016年版，第136—140页。
③ 参见《行政法与行政诉讼法学》编写组：《行政法与行政诉讼法学》，高等教育出版社2017年版，第113—119页。
④ 参见姜明安：《行政法》（第5版），法律出版社2022年版，第280—284页。
⑤ 参见《浙江省行政合法性审查工作规定》第13—15条。
⑥ 参见罗豪才、湛中乐主编：《行政法学》（第4版），北京大学出版社2016年版，第136—140页。
⑦ 参见何海波：《行政行为的合法要件——兼议行政行为司法审查根据的重构》，《中国法学》2009年第4期，第70页。

行为的存在,因此主体合法应当是判定行政行为合法的首要条件。① 其次,当行政行为的主体具有了公权力的外貌之时,需要对其是否具有法定资格行使公权力进行考察,即进入了权限合法要件上的判断。最后,内容合法和程序合法分别是合法主体依法行使权限的结果表现和过程表现,同时程序合法有助于促进权限的合法行使,推动内容的合法化。可见,四个要件之间既相互独立,又相互联系,共同构成行政行为合法性的评价体系。

行政行为在形式和实质两个层面上的合法性内涵,融入于"四要件"之中。这四个维度的合法性约束机制,不仅要求行政行为符合形式上的合法性,即合法律性,还要求其符合实质合法性,如行政行为的内容适当、合理,行政程序具有正当性等。同时,行政行为合法性四要件涵盖了实体和程序两个方面的合法性要求,在合法性评价标准上具有全面性。

金融法域外适用中的行政行为受到一般行政法意义上的合法性控制,由此可以将其置于行政行为合法性四要件的分析框架之中进行考察。同时,对于该特定类型的行政行为而言,其控权方向、形式和实质合法性的内涵要求、合法性判断的具体依据等,具有自身的特殊性。因此,下一节将基于金融行政域外管辖的特定场景,对该领域行政行为合法性的"四要件"内容进行有针对性的调适,进而勾勒出与金融行政域外管辖相契合的行政行为合法性"四要件"内涵。

第三节 合法性分析的法理依据与体系构造

将行政行为合法性四要件的框架运用到金融域外管辖的合法性分析中,需要根据该特定场域对这一理论框架进行有针对性的拓展和调适,进而形成具有适配性的分析框架。在行政法学理上,金融法域外适用中的行政行为合法性研究涉及一般行政法学、金融行政法学、涉外行政法学和国际

---

① 参见杨海坤、章志远:《中国行政法原论》,中国人民大学出版社 2007 年版,第 207 页;章志远:《行政法学总论》,北京大学出版社 2014 年版,第 185 页。

行政法学,多元理论视角共同为金融法域外适用中的行政行为合法性分析提供学理支持。

在一般行政法视角下,域外管辖的授权与控权相结合;在金融行政法视角下,对跨境金融市场的国家干预应当坚持能动性与谦抑性相结合;在涉外行政法视角下,维护本国金融主权与尊重他国主权相结合;在国际行政法视角下,单边域外管辖与多双边合作协调相结合。借助行政法学体系中的多元理论视域,立足于金融行政域外管辖的特殊场景,可以推导出金融法域外适用中行政行为的合法性评价框架,以及合法性"四要件"下的评价基准体系。

一、一般行政法视角:域外管辖的授权与控权相结合

行政法具有授权与控权双重功能。行政法理论基础学说之"控权论"的影响力较强,相比之下行政法的授权功能常被忽视。实际上,控权是积极而非消极的,是法律对行政权的驾驭和支配,这并不排斥授予行政权力和保障行政权力效能;相比之下,限权才是对行政权的消极限制,即法律尽可能少地授予行政权力,这与控权存在本质区别。① 当代行政法秩序以保障社会公共利益为中心点,这意味着当代行政法要建立在授权和控权两块基石之上,即:一方面授予必要的行政权力,塑造行政的权威性;另一方面对行政权进行监督和控制,进而防止行政权力被滥用。② 有学者在中国行政法法典化的语境下提出"授权论",认为行政法法典化应当回应全面深化改革与经济社会发展等需求,以授权法作为逻辑起点,以授权与赋能作为基本价值定位,充分调动行政积极性,促进行政目的达成。③ 随着经济社会对行政权积极功能的依赖加深,应当兼顾规范主义的传统和功能主义的需要,既坚持行政法的控权功能,又重视行政法的授权功能。

---

① 参见孙笑侠:《法律对行政的控制——现代行政法的法理解释》,山东人民出版社1999年版,第2页。
② 应当注意,这里的"授权"非"行政授权",前者指法律对行政权的授权,而后者指行政机关将其职权授予其他主体。参见熊文钊:《行政法理论基础的中心点与基石:保障公益、授权与控权》,《中外法学》1996年第5期,第57页。
③ 参见谭宗泽:《构建面向行政的行政法体系》,《法学评论》2023年第1期,第78—79页。

(一) 授权：金融规制法授权是金融法域外适用行政行为的合法性来源

在一般意义上，无论是从西方行政法治演进的基本路径（"夜警模式"下的被动行政、有限行政—"福利模式"下的行政国—"风险社会"预防模式下的行政国）来看，还是从中国现代行政法治实践的一般经验来看，一国经济、公共卫生、生态环境、社会治安等具体领域的行政管理，都以该领域部门行政法的授权为规范基础。

在金融规制这一具体领域中，对于21世纪的金融规制而言，其有效性的实现离不开授权、资源和独立性这三大基本要素的支撑。① 金融行政主体所行使的跨境金融规制权力在本质上是一种行政权。金融域外管辖是本国金融市场对外开放发展达到一定程度和规模时，金融行政疆域的涉外拓展。金融规制法的授权表征着金融域外管辖的规范导向及合法化。例如，2008年金融危机后，美国政府向国会施加强大的政治压力，力促通过《多德-弗兰克法案》，其重要目的就是让包括金融域外管辖在内的众多关于金融安全稳定的强力规制行为可以合法化、规范化。②

金融法域外适用中行政行为的展开以金融规制法的授权为基础。金融规制法通过组织法、行为法、程序法等方面的规则，授予金融行政主体实施金融规制的权力，包括羁束性行政规制权和裁量性行政规制权，为金融行政主体以一定的行为内容和程序履行金融规制职能提供规范支持。同时，金融规制法通过规定法律域外效力规则，将金融行政主体规制行为的效力范围扩大至特定的境外金融行为。例如，中国2022年《期货和衍生品法》第105条、106条规定了国务院期货监督管理机构对期货市场的行政监管权和职责，并规定其为履行职责而有权采取的行政措施。第107条规定行政监管机构实施监管的一般程序。结合第2条第2款的域外适用条款的规定，国务院期货监督管理机构有权依照《期货和衍生品法》对扰乱中国境内市场秩序，损害境内交易者合法权益的境外期货交易和衍生品交易及相关活动

---

① 参见[荷兰]乔安妮·凯勒曼等编著：《21世纪金融监管》，张晓朴译，中信出版社2016年版，第244—245页。
② 参见[英]亚当·图兹：《崩盘：全球金融危机如何重塑世界》，伍秋玉译，上海三联书店2021年版，第324页。

进行监管,追究其法律责任。

以金融规制法授权为合法性基础的金融法域外适用行政行为,符合行政法治中法律保留原则的要求。根据法律保留原则,"没有法律授权行政机关即不能合法的作成行政行为","行政行为不能以消极的不抵触法律为已足,尚须有法律之明文依据"。① 正如《法治政府建设实施纲要(2021—2025年)》所强调的:"坚持法定职责必须为、法无授权不可为,着力实现政府职能深刻转变。"在金融规制法没有对行政主体作出授权的情况下,行政主体"自我赋权"所实施的金融域外管辖行为将缺乏合法性根基。而缺乏法律规范依据的金融行政域外管辖行为,将受到域外行政相对人及国际社会的质疑与否定,产生公权力违法的负面形象,难以实现跨境金融规制的有效性。

(二) 控权:对金融法域外适用行政行为进行综合化的合法性控制

现代行政法对行政的控制是综合的,控制的方式是多元化的,主要体现在七个方面:一是规则性控制,即法律制定阶段的实体控制;二是过程性控制,即行政行为阶段的程序控制;三是补救性控制,权利救济阶段的诉讼控制;四是自治性控制,即行政行为方式的沟通控制;五是内部性控制,即行政系统内部的专门控制;六是对行政裁量的合理性控制;七是其他非正式控制,包括职业道德要求、舆论影响、专家意见、国家政策安排等。② 其中,规则性控制主要是对行政行为主体和权限在形式合法性上的控制,过程性控制是对行政行为程序的形式和实质合法性的控制,合理性控制是对行政行为内容的实质合法性控制,其他非正式控制也主要是对行政行为活动的实质合法性控制,补救性控制则是对行政行为形式和实质合法性的司法审查。

对金融域外管辖行为进行综合化的合法性控制,有利于保障跨境金融市场中的公共利益和私主体的合法权益。域内的金融市场公共利益和私人主体合法权益:一方面,可能会在金融行政主体未能有效实施金融法域外适用行政行为的情况下,受到来自域外的跨境金融欺诈、内幕交易、市场操纵等违法行为的损害;另一方面,也可能被金融行政主体在法律域外适用过程

---

① 吴庚:《行政法之理论与实用》(增订八版),中国人民大学出版社 2005 年版,第 53 页。
② 参见孙笑侠:《法律对行政的控制——现代行政法的法理解释》,山东人民出版社 1999 年版,第 38—41 页。

中的违法行政行为侵害。域外的行政相对人亦可能会受到金融行政主体不当规制和违法行为的侵害。因此,基于"综合控权论"对行政权的综合化控制理念,有必要对金融法域外适用行政行为予以全面的合法性控制。

对于行政行为合法性的评价,从行政法学理,以及司法机关对行政行为的审查实践来看,主要是从主体合法性、权限合法性、内容合法性和程序合法性四个维度展开。金融法域外适用行政行为合法性约束机制,亦应依循这"四要件"框架而具体展开。

主体合法和权限合法要求由适格的行政主体实施金融法域外适用行政行为,金融行政主体的域外管辖权应当具有合法的依据,在法定的条件下行使该项管辖权,且不应滥权。内容合法要求金融法域外适用行政行为的内容在形式上符合法律规定,同时其裁量性内容在实质上应当具有合理性,有效实现跨境金融规制的立法目的。程序合法要求金融法域外适用行政行为的程序运行符合法定的方式,并受到程序正当性的约束。金融法域外适用的行政行为在获得金融规制法授权的同时,还应当受到行政法典和行政处罚、行政强制等行政行为单行法,以及行政法原则、原理的约束。这些约束透过四个要件作用于金融法域外适用的行政行为。整体而言,行政行为合法性的理论框架,有助于对金融域外管辖领域的公权力进行系统化控制,以系统的控权机制防止跨境金融规制行政权的滥权、侵权。

二、金融行政法视角:国家干预的能动性与谦抑性相结合

一方面,为了解决金融市场失灵的问题,法律一般对国家公权力干预作较为广泛的授权,进而让国家公权力在干预过程中拥有较强的能动性。金融业具有高风险性、支付危机连锁反应性、与国家宏观经济稳定高度关联性和公共性等特殊性。[1] 当金融市场出现金融垄断、金融外部性或信息不对称等失灵问题,可能会对国家经济安全和广大金融消费者、投资者产生不良影响。面对金融市场失灵问题的复杂性和影响的广泛性,国家公权力需要发挥干预的能动性予以积极应对。

---

[1] 参见陈天本:《行政法对金融规制的调控》,中国人民公安大学出版社2007年版,第22—28页。

另一方面,国家公权力应当尊重金融市场的自主性和运行规律,在能动干预的同时保持一定的谦抑性,坚持适度干预的原则,以避免造成"政府失灵"。① 市场失灵是国家干预的理由,也是国家干预的界限。过多或过少的干预都会带来负效应,殃及市场正常运行,进而产生"政府失灵"现象,因此国家干预金融市场应当保有一定的谦抑性,在程度上应当符合适度性要求。②

(一) 跨境金融市场失灵为行政域外管辖权实施能动干预提供了正当基础

国家干预金融市场的主要公法手段是金融行政行为,因而金融法域外适用行政行为是国家对跨境金融市场活动进行干预的重要手段。跨境金融市场的失灵问题为国家公权力能动干预提供了现实的正当基础。

一是金融系统性风险跨境传播的问题。党的二十大报告强调,要"加强和完善现代金融监管,强化金融稳定保障体系,依法将各类金融活动全部纳入监管,守住不发生系统性风险底线"。金融系统性风险是在整个金融系统中扩散并严重冲击多个金融市场参与者的风险。金融全球化使得各国金融系统高度相依,一国金融市场或金融机构所受到的冲击,通过全球金融系统的内在紧密联系性迅速跨国传导至其他国家金融市场或金融机构,形成"多米诺骨牌"般的金融风险传染效应,进而引发系统性金融危机。③ 2008 年的国际金融危机显示,一国金融规制机构仅对跨国金融机构发生在本国境内的行为进行规制,并不足以避免危机和风险传导至本国。④ 近年来,金融危机并未走远。2010 年至 2015 年的欧元区金融危机,2015 年至 2016 年俄罗斯、中亚、巴西和南非等新兴市场的经济衰退,以及 2020 年以来为应对新冠疫情冲击,发达经济体所采取的货币救助政策造成了全球高通胀问题,都在不断地给全球金融体系带来冲击和不确定性。由此,各国金融市场之间的

---

① 参见吴建依、石绍斌:《经济行政法》,浙江大学出版社 2011 年版,第 1—50 页。
② 参见王克稳:《经济行政法基本论》,北京大学出版社 2004 年版,第 32—44 页。
③ See Sylvain Benoit, et al., *Where the Risks Lie: A Survey on Systemic Risk*, 21 Review of Finance 109(2017), p.110 - 113.
④ "金融监管域外管辖权"课题组:《欧美元融监管域外管辖权扩张影响几何?》,《金融市场研究》2013 年第 1 期,第 126 页。

相互依赖性使得金融风险传导易于突破国家领土边界的限制，一国对金融系统性风险的防治必然会随着风险的跨境传染性而溢出领土边界，进而产生金融行政域外管辖活动。

二是跨境金融监管套利的问题。一些国家为了强化金融安全稳定，会实施严格的金融监管制度。还有一些国家为了吸引外国资本流入，发展本国金融市场，则会"搭便车"利用国际金融稳定的局面，采取宽松的金融规制措施，让金融市场主体借助各国监管制度的差异性获取监管套利。因此，实施严格金融监管法律制度的国家为了维护本国在国际金融市场上的优势地位，就会通过金融法域外适用行政行为对跨境金融监管套利问题进行规制。①

三是跨境金融违法活动问题。美国证券交易委员会执法部门负责人曾表示，金融全球化与技术的快速发展是近年来改变内幕交易规制执法的两个重要因素，这两个因素让人们在遥远的市场上轻松完成交易，因循传统的日常关系纽带（邻居、家庭、同事）去寻找线索信息的旧逻辑可能不再奏效。②金融违法行为的跨境化，需要基于金融法域外适用的行政规制介入。

（二）金融域外管辖应当保持一定的谦抑性，受到适度原则的约束

根据政府规制理论，只有在跨境金融市场体系存在市场失灵且不能自我修复，或者是修复成本存在"外部性"时，金融行政主体才能基于公共利益进行公权力干预。③ 行政权介入跨境金融活动领域时，应当适应该领域的发展规律，充分考量干预的手段、范围、程度，以及干预行为内容的合理性，实施符合跨境金融市场运行规律的干预活动，避免"政府失灵"。④ 适度原则对

---

① See John C. Coffee, *Extraterritorial Financial Regulation: Why E. T. Can't Come Home,* 6 Cornell Law Review 1259(2014), p.1267 – 1270.
② Linda Chatman Thomsen, *Remarks Before the Australian Securities and Investments Commission 2008 Summer School: U. S. Experience of Insider Trading Enforcement,* U. S. Securities and Exchange Commission (February 19, 2008), https://www.sec.gov/news/speech/2008/spch021908lct.htm.
③ 参见[英]迈克·费恩塔克：《规制中的公共利益》，戴昕译，中国人民大学出版社2014年版，第17页。
④ 参见杨海坤：《经济危机的公法应对》，《法学》2009年第3期，第47页。

金融法域外适用行政行为之权限和内容的约束主要体现在有限性和有效性两个层面。

首先，有限性要求金融行政主体充分尊重私权，当私法救济不足以有效保护本国金融市场主体在跨境金融活动中的合法权益，或本国金融市场公共利益受到侵害时，才能行使跨境金融规制的域外管辖权。公权力通过域外管辖对跨境金融市场实施规制，与跨境金融市场机制之间是一种不断调整的动态变迁过程，而不应过度干预私权，不当限制跨境金融市场力量的发挥，更不能以域外管辖规制代替跨境金融市场机制。滥用金融行政域外管辖权，实施过度的行政干预，会破坏跨境金融市场的营商环境，① 同时增加市场主体的行政合规成本，降低本国金融市场对外国资本的吸引力，削弱本国金融市场在全球金融体系中的竞争力。此外，面对跨境金融新业态的不确定性和发展需要，需要秉持包容审慎的规制理念，选择回应性和试验主义的规制策略，实施高度情景化的规制创新方案，进而在形式法治的底线上进一步追求实质法治。② 一刀切的过度规制，将违背市场规制中的包容审慎规制理念，不当压缩跨境金融领域的创新试错空间，压制市场的创新活力，阻碍跨境金融市场中新业态的萌生和发展，造成金融压抑，进而带来实质层面上的跨境规制合法性问题。

其次，有效性要求金融法域外适用中行政行为的内容能有效实现良好的规制目的。效率和有效性是规制机构的合法性渊源之一。③ 因此，规制行为的内容应当具有合理性、适当性，既对跨境金融违法行为产生足够的威慑，又避免科以过度的规制，或造成过高的跨境行政执法成本。通过金融法域外适用行政行为的干预，既要规制跨境金融活动自由放任的破坏性竞争，也要营造适度竞争的环境，促进跨境金融市场的良好发展。④

---

① 参见李洪雷：《营商环境优化的行政法治保障》，《重庆社会科学》2019 年第 2 期，第 22 页。
② 参见卢超：《包容审慎监管的行政法理与中国实践》，《中外法学》2024 年第 1 期，第 159 页。
③ 参见[英]卡罗尔·哈洛、理查德·罗林斯：《法律与行政》(下卷)，杨伟东等译，商务印书馆 2004 年版，第 586 页。
④ 参见凯君等：《中国金融行政法通论》，中国金融出版社 1997 年版，第 16—17 页。

三、涉外行政法视角：维护本国金融主权与尊重他国主权相结合

（一）《对外关系法》为涉外行政提供主权理念上的合法性边界

中国《对外关系法》(2023 年)对宪法的主权理念进行具体化，明确了维护国家主权与尊重他国主权相结合的主权理念。对外交往是国家主权的对外面向，主权观念是《对外关系法》的重要元素，其作为宪法之下对外关系的基本法律，对宪法的主权观念起到具体化的作用。① 《宪法》序言规定：中国坚持独立自主的对外政策，坚持互相尊重主权和领土完整、互不侵犯、互不干涉内政、平等互利、和平共处的五项原则。《对外关系法》第 1 条将"维护国家主权"明确为立法目的之一。第 4 条进一步细化了《宪法》关于"独立自主对外政策"的内容，强调了"互相尊重主权"的原则。第 6 条规定，公私主体在对外交流合作中负有"维护国家主权"的责任和义务。第 17 条强调，中国发展对外关系要坚决"维护国家主权"。第 27 条第 3 款强调，中国开展对外援助坚持"尊重他国主权"。第 31 条第 2 款规定，条约和协定的实施和适用"不得损害国家主权"。第 32 条规定，涉外领域的执法和司法等要"维护国家主权"。第 33 条第 1 款规定，对于危害中国主权的行为，中国有权采取相应反制和限制措施。综观之，《对外关系法》对维护国家主权、尊重他国主权的相关内容作了总括性的集中表述，其所秉持的主权理念具有双重面向。一方面，《对外关系法》明确将维护国家主权作为对外关系的基本底线和重要目标，强调对损害中国主权的外方行为进行防御。另一方面，其明确国家之间相互尊重主权的基本原则，强调中方行为在对外关系中坚持尊重他国主权。

《对外关系法》作为中国涉外领域的基础性法律，其主权理念对涉外行政起到合法性约束的作用。《对外关系法》第 32 条规定："国家在遵守国际法基本原则和国际关系基本准则的基础上，加强涉外领域法律法规的实施和适用，并依法采取执法、司法等措施，维护国家主权、安全、发展利益，保护中国公民、组织合法权益。"该规定通过主权要素为涉外行政划定了合法性的"界线"。其一，中国行政主体在涉外执法中应当依照涉外行政法的规定，

---

① 参见赵骏：《〈对外关系法〉与中国对外关系法治的新进展》，《武大国际法评论》2023 年第 4 期，第 28—47 页。

通过涉外法律的适用和实施维护中国的国家主权。其二,中国行政主体在涉外执法中应当遵守"国际法基本原则和国际关系基本准则",尊重他国主权。《对外关系法》第 19 条规定,中国"维护以联合国为核心的国际体系,维护以国际法为基础的国际秩序,维护以联合国宪章宗旨和原则为基础的国际关系基本准则"。《联合国宪章》第 2 条第 1 项规定,联合国及其成员国应遵循"各国主权平等"的原则。联合国大会在 1970 年全体一致通过的《国际法原则宣言》明确了"各国主权平等"的原则。由此,结合《对外关系法》和联合国框架下的相关国际秩序规范,中国涉外行政执法既要维护本国主权,又要尊重他国的主权,不得突破各国主权平等的合法性界限。

从涉外行政法的角度看,基于国家主权原则,主权国家的立法机关有权独立自主地创制涉外行政法规范;其行政机关有权依据本国涉外行政法对涉外违法行为享有独立的执法管辖权以维护国家主权和利益,保护涉外行政相对人的合法权益;其司法机关在涉外行政诉讼案件中享有管辖权。① 当涉外行政法的效力被推至域外,可能会在国家之间造成管辖权冲突与法律冲突的问题,处理不当将带来危害性,对国际关系产生负面影响。② 因此,在坚持国家主权原则的同时,还应当考虑国家之间的关系及相关外国的法律规定,尊重国际法,尊重他国主权。③ 这些涉外行政法的基本原理同样约束着金融法域外适用中的行政行为。

(二)维护本国金融主权为金融行政域外管辖权提供合法依据

国家金融主权是国家主权组成部分,指主权国家在处理本国对内、对外金融事务上享有独立自主的最高权力,这种最高权力表现为国家在对内、对外金融事务的决断权与控制权。具体而言,包括三个方面:一是主权国家拥有根据本国情况选择并确立金融体系的权力;二是主权国家有权独立地决定本国的金融政策和法律制度体系;三是主权国家拥有规制本国在对内、

---

① 参见应松年主编:《涉外行政法》,中国政法大学出版社 1993 年版,第 23 页;范颖慧等:《涉外行政法概论》,中山大学出版社 1993 年版,第 8—9 页;杨解君、孟红主编:《特别行政法问题研究》,北京大学出版社 2005 年版,第 187—188 页;刘云甫、朱最新编著:《涉外行政法理论与实务》,华南理工大学出版社 2010 年版,第 33—34 页。
② 参见陈立虎:《涉外经济行政法论纲》,《金陵法律评论》2009 年秋季卷,第 69—71 页。
③ 参见方世荣:《论坚持对外开放与健全涉外行政法》,《中国法学》1988 年第 4 期,第 50 页。

对外金融事务上的权力。①

国家金融主权原则主要从两个层面为金融域外管辖权提供合法化支持。其一,主权国家有权基于保护本国金融市场利益而制定金融法域外适用制度,并有权执行该制度对跨境金融活动进行规制。金融行政主体依据本国关于金融法域外适用制度而开展执法活动,是国家金融主权权威及主权能力的执行者。在国际法上,一方面,并没有国际法规则明确禁止主权国家制定并实施金融法域外适用制度;另一方面,也没有国际法规则明确要求主权国家制定和实施金融法域外适用制度需要国际法的授权,亦即主权国家制定和实施金融法域外适用制度不需要以国际法有明确授权规定为前提条件。② 因此,基于国家立法授权的金融域外管辖权,在国内法上具有合法依据,同时并不违反国际法的禁止性规定,亦具有国际法上的合法性基础。

其二,国家金融主权原则要求金融行政主体通过域外管辖维护国家金融安全。现代金融安全是金融全球化的产物,其根本属性体现为主权性。③主权独立是维护国家金融安全的基石,国家金融安全的实现又进一步巩固主权。金融行政域外管辖主要通过五方面维护国家金融安全:一是对影响本国金融市场秩序的跨境金融风险进行规制,阻断金融风险传入境内的路径,将风险隔离在境外,避免其危害本国金融安全;二是对危及本国金融市场公共利益的境外金融不法行为进行惩处,修复受损的公共利益,提高跨境违法行为的成本,威慑潜在的跨境金融不法活动,营造安全的跨境金融交易环境;三是当他国过度施行其金融法域外适用侵损国家金融主权时,对之进行政策性应对防卫乃至反制性的域外管辖执法,起到安全防御作用;四是在金融行政域外管辖中进行双边合作,提升区域金融安全,促进本国金融安全;五是在金融行政域外管辖中通过国际多边合作机制参与全球金融治理,促进全球金融稳定,减少外部不确定性的冲击,强化本土金融安全。

---

① 参见李国平、周宏:《论金融资本主义全球化与金融主权》,《马克思主义研究》2015年第5期,第56页。
② 参见廖诗评:《中国法域外适用法律体系:现状、问题与完善》,《中国法学》2019年第6期,第32—33页。
③ 参见李建伟:《总体国家安全观视域下金融安全法律规范体系的构建》,《法学》2022年第8期,第53—54页。

(三) 金融法域外适用中的行政行为应当尊重他国主权

金融域外管辖作为一种涉外公法行为，其运行与国家金融主权的行使密切相关。① 进一步地，在涉外法治中，金融行政域外管辖是一种积极进取型的涉外法治工具，②由内国金融行政主体对发生在不特定外国的特定金融违法行为予以规制，某种意义上可以说实现了内国金融主权性力量的跨国延伸。在一国金融主权跨国延伸的过程中，往往会引起相关外国主权者的关注乃至公法上的回应，进而生成两国主权相互作用的场景。此时，在他国境内活动的公法性跨国金融规制权，若出现不当运行的问题，则会影响、限制甚至剥夺他国的金融规制权，危及他国主权的权能实现，引来合法性质疑。由此，金融法域外适用中的行政行为应当尊重他国主权，促进自身在跨国运行中的合法化。

具体而言，涉外行政法理论视角下尊重他国主权的理念，对金融域外管辖行为在权限、内容、程序方面具有合法性约束。

首先，权限上，金融行政域外管辖权不具有排他性，并应在尊重他国主权的基础上对域外管辖权进行克制。国家之间的管辖权并非建立在排他原则的基础上，对于同一行为，其可能落入一个或多个管辖权的范围。③ 其一，金融行政域外管辖权与属地管辖权之间是并行的，不能以前者排除后者的行使。美国联邦最高法院法官马歇尔（Marshall）认为，主权者在本国的疆域内享有完全且绝对意义上的属地管辖权。④ 对于发生在领土范围内的金融违法行为，属地的金融行政主体依法拥有管辖权，而不受域外管辖权的排斥。其二，同一金融违法行为可能对若干个国家产生不利影响，此时，一国当局对之行使域外管辖权，不能排除其他国家的行政当局亦对之进行域外管辖。其三，金融域外管辖权应当基于"真实联系"的原则进行克制，避免

---

① 参见马忠法：《百年变局下涉外法治中"涉外"的法理解读》，《政法论丛》2023年第1期，第98页。
② 关于积极进取型管辖权的论述，参见宋杰：《进取型管辖权体系的功能及其构建》，《上海对外经贸大学学报》2020年第5期，第23页。
③ 参见［英］伊恩·布朗利：《国际公法原理》，曾令良、余敏友等译，法律出版社2003年版，第272页。
④ See Schooner Exchange v. McFaddon, 7 Cranch 116(1812).

过度行权而不当损害其他主权国家的管辖利益。美国经济公法的域外管辖最盛,但在《对外关系法重述(第四版)》(2018年)这一权威文本中,亦强调只有当域外管辖国与被管辖对象之间存在"真实联系"时,才能进行域外管辖。① 实际上,肆意扩张的金融域外管辖权,不仅侵犯了他国的金融主权,还会带来国家之间金融规制权的严重冲突,引发主权国家之间的制度对抗、规制竞赛,从而反噬内国的利益。②

其次,内容上,金融域外管辖行为应当遵循外国主权强制原则(foreign sovereign compulsion doctrine),强化跨境金融行政行为的内容合法性。外国主权强制原则由美国法院于1970年在判例中确立,其内涵为:如果当事人因本国的主权强制行为不能履行美国法律义务时可以免责。③ 根据外国主权强制原则,对于身处外国的金融违法行为人而言,若其因遵守所在外国的法律制度或强制要求,而不能履行域外管辖国的法律义务时,可以免责。由此,金融域外管辖过程中,对于境外行为人因所在国的金融公法强制要求,而未能履行域外管辖国的法律义务时,不应对之进行跨境惩罚,或据此科以其他不当的义务内容。否则,金融域外管辖就会异化为强迫境外当事人违背所在国主权者意志的不法行为,这也是不尊重他国金融主权的一种表现。

最后,程序上,金融域外管辖程序的跨国运行需经领土国同意。在国家之间主权平等的国际秩序之下,主权者之上不存在其他权威,国家只遵守其同意的法律,对于未经其同意的法律,不得在其领土范围内实施。④ 根据凯尔森的法与国家学说,内国当局可以在其本国领土范围内对发生在外国的不法行为作出制裁决定,但如果内国当局未经他国同意而在他国领土上执行内国法,实施域外强制执行措施,则侵犯了国际法。⑤ 跨境执法的金融行政主体未经同意而进入外国领土强制执行措施,将存在违反主权平等、干涉

---

① See Restatement (Fourth) of Foreign Relations Law, §407(2018).
② 参见李堪:《金融监管域外管辖权问题研究及中国的对策分析》,《上海金融》2013年第6期,第56—59页。
③ See Interamerican Refining Corp. v. Texaco Maracaibo, Inc., 307 F. Supp. 1291 (D. Del. 1970).
④ See Jan Klabbers, *International Law*, Cambridge University Press, 2013, p.21-22.
⑤ 参见[奥]汉斯·凯尔森:《法与国家的一般理论》,沈宗灵译,商务印书馆2017年版,第307—308页。

他国内政等国际不法性问题。同时,金融域外管辖的行为属于跨国行政行为,其只有经相关外国当局在程序上作出承认之后,才能在外国的领土空间范围内具有跨国效力。从行政法的主权原理来看,任何国家都有权自主决定关于承认域外管辖行政行为的实体条件和程序形式。① 此外,公法性程序的跨国运行,若在程序制度设计上让境外当事人享有程序选择权,则既可为域外管辖提供具有可行性的程序支撑,又可增强跨国程序的可接受性,进而补强域外管辖行为在程序上的实质合法性。② 如果金融域外管辖缺乏程序选择的空间,当两国程序法出现冲突的时候,境外当事人就会陷入两个主权者的意志冲突,出现两难境地。若金融域外管辖的程序存在可选择的空间,境外当事人可以从中选择符合所在地主权者意志的程序,进而让域外管辖的跨国程序呈现出尊重他国主权的友好面向,补强跨国行政程序的实质合法性。

四、国际行政法视角:单边域外管辖与多双边合作协调相结合

金融域外管辖的行为进入国际行政法的规制范畴。《布莱克法律词典》将国际行政法(international administrative law)定义为:(1)国际组织的内部法律和规则;(2)国际法中关于规制各国行政事务的实体法;(3)与国际问题有关的国内行政法。③ 可见,国际行政法与国际法、国内涉外行政法之间存在密切联系。一方面,具有域外效力的金融行政规制法涉及跨国运行的问题,在性质上属于与国际问题有关的国内行政法,因而落入了国际行政法的范畴;另一方面,金融行政域外管辖行为在国际空间中运行,受到国际法中关于各国行政事务的实体法的规制,因而进入了国际行政法的规制范畴。

国际行政法的理论视角,既为金融行政域外管辖的单边运行提供了一定的合法性基础,也为其提供了合法性约束,促使其走向多双边的合作协调。

---

① 参见[德]汉斯·J.沃尔夫等:《行政法》(第二卷),高家伟译,商务印书馆2002年版,第80页。
② 参见段厚省、王泽:《我国跨国远程审判的域外效力探讨》,《法律适用》2021年第9期,第73页。
③ See Bryan A. Garner, *Black's Law Dictionary* (11th Edition), Thomson Reuters, 2019, p.55.

从合法性基础的角度看,立足于国际行政法的内涵框架,链接国际法的理论资源,可以为国家单边确立金融域外管辖提供一定的合法性基础。根据经典的奥本海国际法学说,国家管辖权涉及国际法和国内法,"国际法决定国家可以采取各种形式的管辖权的可允许限度",而并非禁止国家的域外管辖权;"国内法则规定国家在事实上行使它的管辖权的范围和方式"。① 有学者进一步概括了国家域外管辖权的三层意涵:第一,一个国家立法的效力可以及于其领域之外的人或物;第二,在符合一定的条件基础上,一国的公权力有可能在国外适用内国的法律;第三,一国具有域外效力的法律如果被有关领土国所禁止,则不能在该外国的领域内实施。② 在实践中,公法域外适用是以单边主义方法论为基础的,即一国通过制定法或判例法确立公法的域外适用,并为行政主体实施域外管辖提供公法规范依据。③ 根据上述国际法学理论,国际法没有禁止国家把金融规制立法和金融规制执法的效力扩大到域外,这为各国单边地确立金融域外管辖提供了选择的空间。同时,在公法域外适用的单边主义方法论导向之下,当一国制定了具有域外效力的金融规制法,该国行政主体在域外管辖的执法过程中,首先需要考虑的并非有关外国的法律禁止问题或国际法限制问题,而是首要考虑如何依据本国立法实施域外管辖行为。换言之,一国金融行政主体主要以国内法为准据,单边地确立金融域外管辖权,进而呈现出单边性面向。

从合法性约束的角度看,金融域外管辖受到国际行政法之合作协调理念的约束。国际行政法的核心在于调整跨国治理、国际治理,以促进国际合作为旨趣,是政府行政规制法的国际协调。④ 从长远来看,由统一的国际组织和条约所构建的全球治理机制优于各国法律的单边域外管辖。⑤ 然而,

---

① 参见[英]詹宁斯、瓦茨:《奥本海国际法》(第一卷第一分册),王铁崖等译,中国大百科全书出版社1995年版,第327—328页。
② See Cecil J. Olmstead, *Extra-Territorial Application of Laws and Responses Thereto*, ESC Publishing Limited, 1984, p.5-7.
③ 参见宋晓:《域外管辖的体系构造:立法管辖与司法管辖之界分》,《法学研究》2021年第3期,第179—181页。
④ 参见朱淑娣主著:《国际经济行政法》,学林出版社2008年版,第2—3页。
⑤ See Austen L. Parrish, *Reclaiming International Law from Extraterritoriality*, 93 Minnesota Law Review 815(2009), p.873-874.

在当下缺乏世界政府,以及主权国家仍掌握治理主导权的全球治理架构之中,跨国性、国际性的治理依赖于各个主权国家之间的合作,其中包括域外管辖场景中的跨国合作。因而,在一定程度上可以说,国际行政法应当是促进国际合作的一种法律手段,国际行政法学将国家界限之外的行政作用纳入研究视野,其研究出发点应当是如何促进主权国家之间的行政法合作。[①] 在规范上,《联合国宪章》(1945年)第一章第1条将"促进国际合作"作为其宗旨之一,即规定"促成国际合作,以解决国际经济、社会、文化及人类福利性质的国际问题"。结合上述理论和规范,可以窥见,合作协调是国际行政法的重要理念以及价值目标的体现。

国际行政法之合作协调理念对超国家空间的金融规制具有合法性约束的意义。金融安全问题是全球金融治理中各国需要共同应对的问题,强化国际层面的规制合作与协调是化解金融危机等重大金融安全问题的重要路径,由此需要推动国际金融规制改革在国内层面的落实,促进国际金融规制法国内化,提升国际金融规制合法性。[②] 合作协调有助于强化金融域外管辖的合法性。金融域外管辖是公法属性的主权权力行为,在处理本国利益和他国利益的关系时容易导致对抗性,面临着管辖冲突的问题。这些冲突具体表现为:(1)被规制对象收到来自域外管辖国和属地管辖国相互冲突的命令;(2)域外管辖国被属地管辖国提起外交抗议;(3)其他国家针对域外管辖国制定和实施对抗性、阻断性的法律;(4)其他国家对域外管辖国进行政治和经济报复。[③] 通过合作协调,可化解金融域外管辖所面临的各方面冲突,强化其跨国运行的合法性。

具体而言,国际行政法的合作协调理念对金融域外管辖的行为有以下三方面的合法性要求,进而促使其从单边域外管辖迈向多双边的合作协调。

第一,在权限方面,通过双边合作确立礼让原则(notion of comity),强

---

① 参见[德]汉斯·J.沃尔夫等:《行政法》(第一卷),高家伟译,商务印书馆2002年版,第2—17页。
② See Gu Bin, Liu Tong, *Enforcing International Financial Regulatory Reforms*, 17 Journal of International Economic Law 139(2014), p.139-143.
③ 参见张利民:《经济行政法的域外效力》,法律出版社2008年版,第319—331页。

化金融域外管辖权的实质合法性。域外管辖权与属地管辖权的冲突在跨国银行破产领域的表现具有典型性。各国跨国银行破产立法中存在普遍性原则(universality principle)与地域性原则(territoriality principle)的冲突问题。普遍性原则主张,母国当局对跨国银行宣告破产时,其破产宣告具有完全的域外效力,及于该银行境内外的所有财产;地域性原则与之相反,在没有征得本国同意的情况下,母国当局所作的跨国银行破产宣告效力仅在其境内有效,不得及于破产银行在其他国家或地区的财产。① 两个原则之间的冲突是域外管辖权与属地管辖权之间的冲突,是两国在管辖利益上的冲突表现。对于金融行政域外管辖而言,两国管辖权之间的冲突,可以通过双边合作确立礼让原则的方式加以化解。国际礼让在本质上是一国对其他国家的利益的尊重,在实践中是两国就管辖权展开合作的互惠机制。② 礼让原则包括积极和消极两个层面。消极礼让(negative comity)层面,当金融行政域外管辖国和属地管辖国在决定是否实施管辖时,充分考虑另一方的重要利益;积极礼让(positive comity)层面,当域外管辖国认为该金融违法行为由属地管辖国处理更好时,其应要求属地管辖国予以处理,并给予积极协助。③ 通过基于双边合作的管辖礼让,促使金融行政域外管辖兼顾属地管辖国的重要利益,进而让域外管辖权行使更加合理化。

第二,在内容方面,以跨境协调避免金融域外管辖中的规制过度问题,强化其规制内容的实质合法性。跨境金融规制是一种双重规制架构,即内国金融行政主体基于域外管辖对境外相关金融违法行为进行规制的同时,该境外行为所在地的行政主体亦会基于属地管辖而予以规制。在这样一种管辖重叠的架构之中,金融法域外适用中行政行为的内容应当考虑双重规制的因素,进而避免由于两国金融规制法的累加适用而造成过度规制问题。基于属地管辖的权威,金融违法行为地的行政当局有权对之采取行政规制

---

① 参见季立刚:《跨国银行破产法律制度基本原则之探讨》,《政治与法律》2004 年第 5 期,第 87—90 页。
② See Thomas H. Lee, Samuel Estreicher, *In Defense of International Comity*, 93 Southern California Law Review 169(2020), p.169‑171.
③ 参见陈力:《经济全球化背景下美欧竞争法冲突及国际协调》,《国际贸易问题》2002 年第 5 期,第 64 页。

措施。此时,主张域外管辖的国家,其金融法域外适用中的行政裁量行为,在内容上应当将行为地当局的规制内容纳入考量范围,并相应调整域外管辖规制的内容。通过综合考察双重规制的影响因素,运用行政裁量权促进规制内容的跨境协调性,进而强化金融域外管辖行为在内容上的可接受性,避免过度规制所带来的实质合法性问题。

第三,在程序方面,以多双边合作的方式运行金融域外管辖中的行政程序,强化跨国行政程序的合法性。内国当局实施域外管辖行为的程序活动,可以通过纵向和横向两方面的机制加以合法化。在纵向上,内国当局可以整合国际组织的程序资源,通过国际组织的程序合作机制实施域外管辖活动,以多边的程序机制促进域外管辖行为的合法化运行;在横向上,实施域外管辖的内国当局可以整合属地管辖国的程序资源,以双边合作的机制促进域外管辖程序跨国运行的合法化。① 纵向和横向的合法化机制其逻辑起点在于,区域双边、国际多边的程序合作规则是成员国之间一致同意的结果,这种合意性赋予了多双边程序机制合法性。② 因而,金融域外管辖行为经由多双边的程序合法化机制,可以获得基于成员国合意的程序合作支持,进而让程序的跨国运行具有合法性。

五、多视角整合下的合法性评价框架及其基准体系

综合上文的论述,基于一般行政法、金融行政法、涉外行政法和国际行政法的行政法学体系内的理论视角,塑造了金融域外管辖的控权论这一理论范式,并针对金融法域外适用的特定场景,形成了一个具有适配性和整体性的行政行为合法性评价框架(如图 1-3 所示)。

一方面,法律的授权、跨境金融市场失灵、维护本国金融主权,为金融法域外适用中的行政行为提供了合法性基础。另一方面,该类行政行为应当受到全面的合法性约束。合法主体所实施的金融法域外适用行政行为,

---

① See Stefano Battini, *Globalisation and Extraterritorial Regulation*, in Gordon Anthony et al., Values in Global Administrative Law, Hart Publishing, 2011, p.75-79.
② 参见彭岳:《美国金融监管法律域外管辖的扩张及其国际法限度》,《环球法律评论》2015 年第 6 期,第 184 页。

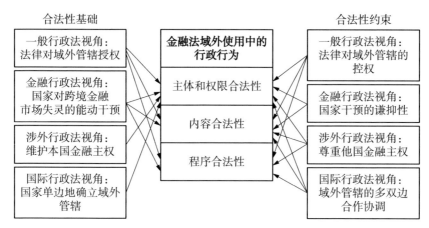

图 1-3　金融法域外适用中行政行为的合法性评价框架

在权限的行使、行为内容的作出、程序的跨国运行等方面,既要符合国内法和国际法上的形式要求,还要满足实体合理性、干预谦抑性和规制适度性、跨境协调性等实质合法要求,并尊重他国的金融主权,适当考虑他国的法制现实,通过多双边程序合作机制实施域外管辖行为,进而迈向形式与实质相统一的合法化状态。

具体而言,金融法域外适用中行政行为的合法性评价基准体系可以概括为三方面。

一是主体和权限合法性方面的评价基准。(1)金融行政域外管辖的实施主体应当符合金融规制法对行政主体关于域外管辖方面的授权规定。(2)金融行政域外管辖权的行使应当符合法律所规定的条件。(3)金融行政域外管辖权的行使应当符合真实联系性要求,不得懈怠行使或滥用金融行政域外管辖权。(4)在尊重属地管辖权的基础上合理行使域外管辖权,可通过礼让合作避免管辖权的冲突。

二是内容合法性方面的评价基准。(1)金融行政域外管辖行为的规制内容应当具有适度性和跨境协调性,注重对属地管辖规制内容的关注和考量,避免对境外当事人实施过度的规制,或让境外当事人逃逸于规制之外。(2)金融行政域外管辖行为的规制内容,应当与跨境金融市场规制之间具有相关性,不得植入与跨境金融市场规制无关的内容。

三是程序合法性方面的评价基准。(1)金融行政域外管辖的程序应当符合内国金融行政程序法的规定,并符合正当程序的要求。(2)金融行政域外管辖程序的跨国运行不得违反国际法的要求。(3)金融行政域外管辖的程序活动,不得强迫境外相对人违反所在地的法律,应当适当地考虑域外管辖所涉及外国的金融行政程序法,以多双边的程序合作机制实施域外管辖行为。

第二章

金融法域外适用中行政行为的主体和权限合法性分析

在行政行为的合法性要件中,主体合法是行政行为合法的首要条件,在满足该首要合法要件的基础上再对行政主体行使权限的合法性进行判断。①因此,根据上一章的理论阐释及其所形成的四维框架,本章将从主体合法性与权限合法性两个维度展开,分析金融法域外适用中的行政行为合法性。

第一节 主体设置模式及其合法性问题

中国、加拿大和美国在金融法域外适用中行政行为的法定主体设置上各具代表性,形成了三种不同的模式。其中,中国主要依托中央金融行政主体(一元模式),加拿大主要依托省区金融行政主体和金融自律组织(二元模式),美国依托联邦和州的金融行政主体、金融自律组织(三元模式),实施域外管辖活动。

一、中国:中央金融行政主体的一元模式

在当前中国金融法制框架下,金融法域外适用中行政行为的合法主体主要为中央层面的金融行政主体。地方层面上,中央金融监管部门地方派出机构,目前尚未被法律规范授予实施域外管辖的主体地位。同时,根据地方金融监管的法制安排,地方金融监管机构亦不是金融法域外适用的法定

---

① 参见周佑勇:《行政法原论》(第3版),北京大学出版社2018年版,第213页。

主体。金融自律组织层面上,该类组织的行政主体地位本身就存在争议,且目前法律尚未明确授权其作为金融法域外适用的主体。

(一) 中央层面

在"一行一总局一会"的中央金融监管体制框架内,对金融法域外适用的中央行政主体进行分析。2023年3月发布的《党和国家机构改革方案》规定,为加强党中央对金融工作的集中统一领导,设立中央金融委员会,作为党中央决策议事协调机构;设立中央金融委员会办公室,作为中央金融委员会的办事机构,列入党中央机构序列。新组建的中央金融委员会及其办公室均属党务系统,而非行政系统,故其并非对外行使金融行政域外管辖权的行政主体。2023年的国务院机构改革中,在银保监会的基础上组建国家金融监督管理总局,作为国务院直属机构。同时,证监会由国务院直属事业单位调整为国务院直属机构。由此,中央行政层面形成了"一行一总局一会"的金融监管格局。在该格局之下,下面结合金融法域外适用的制度安排,分别对中国证监会、中国人民银行、国家金融监管总局等中央金融行政主体的金融法域外适用行政行为主体地位进行分析。

1. 证监会是《证券法》《期货和衍生品法》域外适用行政行为的法定主体

在规范上,证监会作为法定的国务院证券监管机构和国务院期货监管机构,依法成为证券期货领域的域外管辖行政主体。根据2019年《证券法》第2条第4款、第7条,以及2022年《期货和衍生品法》第2条第2款、第8条,国务院证券监管机构和国务院期货监管机构分别是《证券法》《期货和衍生品法》域外适用行政行为的法定主体。基于逻辑的融洽性,首先需要厘清一个基本问题,即法律所规定的国务院证券监管机构和国务院期货监管机构是否就是指证监会?在学术争论中,有观点认为,法律中的国务院证券监管机构或国务院期货监管机构存在指代不明的问题,即难以确定其是指证监会一家呢,还是复指包括证监会在内的多个监管机构,抑或是可以指称未来出现的更多监管机构。[①] 以《证券法》的制度安排为例,1998年、2004年、

---

① 参见洪艳蓉:《金融监管治理:关于证券监管独立性的思考》,北京大学出版社2017年版,第373页;董炯、彭冰:《公法视野下中国证券监管体制的演进》,载沈岿主编:《谁还在行使权力:准政府组织个案研究》,清华大学出版社2003年版,第47—48页。

2005年、2013年、2014年和2019年《证券法》第7条第1款均规定由国务院证券监管机构对全国证券市场实施"集中统一监督管理",这意味着该机构指向一家单位。如果其指向多家单位,这种分散性则与"集中统一"存在显然冲突。结合中央行政组织法的制度安排,国务院办公厅1998年发布的《中国证券监督管理委员会职能配置、内设机构和人员编制规定的通知》(以下简称《证监会三定方案》)明确证监会是全国证券期货市场的主管部门。① 2023年10月发布的新的《证监会三定方案》,其第5条明确,证监会依法对证券业实施"统一监督管理"。同时,不在法律中将国务院证券监管机构和国务院期货监管机构明确为证监会的做法符合中国立法惯例。一方面,"由人大常委会立法规定国务院如何设置其部委,甚至连名称都写上去,涉及宪法和国务院组织法,过去的立法也没这方面先例";另一方面,仅抽象地规定"国务院证券监督管理机构",可为国务院工作留下余地,有利于国务院进行机构调整。② 由上述分析可见,证监会就是《证券法》《期货和衍生品法》中所规定的国务院证券监管机构和国务院期货监管机构。因而,当证券期货的法律明确国务院证券监管机构和国务院期货监管机构的域外管辖行政主体地位时,证监会作为法定的国务院证券、期货监管机构,即依法成为实施《证券法》《期货和衍生品法》域外适用行政行为的法定主体。

再则,在实践中,金融域外管辖涉及跨境规制性和跨境合作性。在中国的证券期货领域中,全面负责跨境规制和跨境合作的主体非中国证监会莫属。在多边意义上,代表中国证券期货规制机构而加入国际证监会组织(IOSCO)的也是中国证监会。中国证监会于1995年加入国际证监会组织,成为其正式会员。近年来,中国证监会参与并积极推动国际证监会组织

---

① 由于"三定"规定是内部性规范文件而非法规规章,效力位阶低,以其设定中央行政机构职责会存在一定问题。参见薛刚凌:《行政组织法》,载应松年主编:《当代中国行政法》(第二卷),人民出版社2018年版,第400页。

② 1993年至2023年,每一届全国人大的第一次会议都会通过一个关于国务院机构改革方案的决定,先后共六次对国务院机构进行大规模调整。如果在各单行法律中将国务院机构的名称写上去,在法治逻辑上,则应先修改法律中的国务院机构名称,然后才能通过国务院机构改革方案。这将使得每次国务院机构改革之前,都需要对涉及国务院各个管理领域的法律进行修改,不具有可行性。参见卞耀武:《中华人民共和国证券法释义》,法律出版社1999年版,第457—471页。

多边备忘录框架下的跨境监管与执法合作。双边意义上，由中国证监会整体负责实施证券期货领域的跨境监管和跨境合作事宜。截至 2023 年 5 月，中国证监会与 67 个国家或地区的证券期货监管机构签署了双边监管合作谅解备忘录，建立监管合作机制。① 资本市场双向开放，以及跨境监管交流与合作、外事管理等相关事务，由证监会下设的国际合作司负责具体实施。证监会下设的稽查局，承担证券期货基金市场稽查工作，负责组织境外监管合作案件的协查，以及境内证券期货市场涉外违法违规案件的调查。因而，从单边发起证券期货行政域外管辖执法的角度上看，中国证监会有完整的组织机制，有对相关域外证券期货违法行为实施跨境行政调查、跨境行政处罚、跨境行政和解等具体行政行为的能力。

此外，从抽象行政行为的主体合法性角度看，证监会的性质由国务院直属事业单位调整为国务院直属机构，有助于解决其作为域外适用性规章制定主体的合法性问题。证监会过去作为国务院直属事业单位，其是否为规章制定的合法主体，存在一定争议。1998 年《证监会三定方案》规定证监会是国务院直属事业单位。2000 年《立法法》第 71 条规定的规章制定主体包括国务院组成部门和具有行政管理职能的直属机构。一方面，历次《国务院关于机构设置的通知》中，"国务院直属机构""国务院直属事业单位"两个序列并列，前者并不包含后者。另一方面，《国务院行政机构设置和编制管理条例》第 6 条第 3 款规定"国务院直属机构主管国务院的某项专门业务，具有独立的行政管理职能"。若以此认定国务院直属事业单位是国务院直属机构的一种，进而认为其具有规章制定权，则同为国务院直属事业单位的新华通讯社、中国科学院等机构也就成了规章制定主体，这与实践形成强烈反差，产生新的合法性问题。因而，当证监会作为国务院直属事业单位而非国务院直属机构之时，尚不属于 2000 年《立法法》上的规章制定主体。② 2023 年修正的《立法法》第 91 条，将规章制定主体在原有基础上扩大至"法律规定的机构"。根据《证券法》的规定，证监会是证券监管领域中某些制度的行政

---

① 《中美审计合作进展顺利》，载澎湃新闻 2023 年 6 月 1 日，https://www.thepaper.cn/newsDetail_forward_23309939。

② 参见柯湘：《中国证券监管权的行使与制约研究》，知识产权出版社 2015 年版，第 64—66 页。

立法主体。例如，依据第10条第3款，其是制定"保荐人的管理办法"的主体。然而，《证券法》目前并未明确证监会作为域外管辖方面的行政立法主体。由此，作为国务院直属事业单位的证监会对域外管辖事宜进行行政立法之时，在应然层面上恐会存在主体合法性的障碍。2023年的国务院机构改革中将证监会调整为国务院直属机构，同时2023年《证监会三定方案》第2条明确证监会为"国务院直属机构"。在新的制度框架下，证监会作为国务院直属机构，属于《立法法》上列明的规章制定主体，故其有权制定关于落实《证券法》《期货和衍生品法》域外适用制度方面的规章。

2. 中国人民银行是《反洗钱法》域外适用行政行为的法定主体

2024年修订的《反洗钱法》增设了域外适用条款，国务院反洗钱行政主管部门是该法律域外适用行政行为的合法主体。根据《反洗钱法》（2024年）第12条规定的域外适用规则，以及第5条关于国务院反洗钱行政主管部门的监督管理职责规定，国务院反洗钱行政主管部门可以依法对发生在中国境外的相关洗钱和恐怖主义融资活动进行处理并追究责任。

中国人民银行即为国务院反洗钱行政主管部门。现行《宪法》和《国务院组织法》均未对中国人民银行的职能作出直接规定。1949年中国人民政治协商会议通过的《中央人民政府组织法》规定，人民银行是政务院的直属部门，接受财政经济委员会指导。1962年《中共中央、国务院关于改变中国人民银行在国家组织中地位的通知》，规定人民银行为国务院所属部委级组织，不再将之定位为国务院直属机构。1988年全国人大批准的国务院机构改革方案中，人民银行被列入国务院部委序列。1995年《中国人民银行法》首次以法律的形式明确人民银行的中央银行地位，其第2条还规定了人民银行的职责，同时明确其受国务院领导。人民银行作为国务院组成部门，主要承担制定和执行货币政策，防范和化解金融风险，维护金融稳定等方面行政职责。2003年修正的《中国人民银行法》第4条第10项规定，人民银行负责指导、部署金融业反洗钱工作，以及反洗钱的资金监测；第32条第9项规定，中国人民银行有权对金融机构和其他单位、个人执行有关反洗钱规定的行为进行检查监督。中央机构编制委员会办公室于2019年1月发布的《中国人民银行职能配置、内设机构和人员编制规定》第4条第14项明确，中国人民银行"承担全国反洗钱和反恐怖融资工作的组织协调和监督管理责任，负责涉嫌洗钱及恐怖活动的资金检测"。2023年9月,中共中央办公厅、国务院办公厅发布《关于调整中国人民银行职责机构编制的通知》,涉及将部分职责划入中央金融委员会办公室、国家金融监管总局,但该调整未涉及反洗钱方面的职责调整。

综合中国人民银行在中央行政组织法上的地位,以及其在反洗钱方面的法定职责和权限,可以判定中国人民银行是国务院反洗钱行政主管部门。

因此,新修订的《反洗钱法》确立域外适用规则后,中国人民银行成为《反洗钱法》域外适用行政行为的合法主体。同时,中国人民银行下设反洗钱局,组织协调反洗钱和反恐怖融资工作。反洗钱局的内设处室包括调查处、监管处、国际处等。其中,调查处负责收集分析监测相关部门提供的大额和可疑交易信息并开展反洗钱和反恐怖融资调查,协助相关部门调查涉嫌洗钱、恐怖融资及相关犯罪案件。监管处负责监督检查金融机构及非金融高风险行业履行反洗钱和反恐怖融资义务情况。国际处负责承担反洗钱和反恐怖融资的国际合作工作。可见,在组织机制上,将来可由中国人民银行的反洗钱局负责具体实施《反洗钱法》域外适用的跨境执法活动。

3. 国家金融监管总局或将成为《商业银行法》《银行业监督管理法》域外适用行政行为的合法主体

首先,国家金融监管总局是国务院银行业监管机构。根据2023年国务院机构改革方案,国家金融监管总局是在银保监会的基础上组建的,不再保留银保监会。2023年10月,中央机构编制委员会办公室发布《国家金融监督管理总局职能配置、内设机构和人员编制规定》,其第2条明确国家金融监督管理总局为"国务院直属机构",第5条第1项明确国家金融监督管理总局"依法对除证券业之外的金融业实行统一监督管理"。银行业即属于证券业之外的金融业。因而,新组建的国家金融监管总局是对银行业实施统一监管的国务院直属机构。

其次,根据《商业银行法》(2020年征求意见稿)第2条第3款的域外适用条款设计和第10条的规定,以及《银行业监督管理法》(2022年征求意见稿)第47条域外适用条款设计和第3条的规定,国务院银行业监管机构是实施这两部法律域外适用行政行为的主体。

最后,在组织体系上,国家金融监管总局的相关域外管辖行政行为将由内设的稽查局、行政处罚局和国际合作司分别负责具体实施。根据2023年

《国家金融监督管理总局职能配置、内设机构和人员编制规定》第 9 条第 21、22、24 项的规定,在域外管辖过程中,稽查局将负责组织对域外相关违法违规金融活动主体进行跨境调查取证,行政处罚局将负责实施跨境行政处罚,国际合作司将负责促进跨境执法合作机制建设,并负责对外资银行根据跨境风险监管需要而开展调查、采取跨境监管措施。

由此,若《商业银行法》《银行业监督管理法》将来经过修改增设域外适用条款,则国家金融监管总局作为国务院银行业监管机构,将成为这两部法律之域外适用制度的行政执法主体。

(二) 地方层面

根据 2023 年国务院机构改革方案的规定,地方层面的金融监管主体主要包括中央金融监管部门地方派出机构和地方金融监管机构。

中央金融监管部门地方派出机构经依法授权后可以成为金融法域外适用行政行为的合法主体,但目前尚无中央金融管理部门通过授权性立法予以明确。在行政派出关系中,被设立的派出组织一般不是行政主体,其行为效果归属于设立它的行政组织(行政主体)。① 但若法律、法规、规章对派出组织设定行政职权,派出组织行使该职权时便构成行政主体。② 证监会派出机构由证监会依法设立,依法以自己的名义履行监管职责,具有行政主体资格。③ 根据 2022 年《中国证监会派出机构监管职责规定》第 7 条和第 26 条规定,证监会派出机构负责对"辖区内"证券期货违法违规案件进行调查和行政处罚。该规定对证监会派出机构的执法范围在地域上作出了明确限制。可见,一般情况下其并不具备法律域外适用行政行为的主体地位。然而,根据该规章第 5 条和第 6 项的"兜底性"规定,以及《证券法》第 7 条第 2 款的规定,证监会可以授权其派出机构管辖证券法律域外适用的案件,进而使得派出机构成为该类行政行为的合法主体。不过,证监会尚未通过规章授权其派出机构作为金融法域外适用行政行为的主体。

地方金融监管机构不是金融法域外适用的法定主体。在近年的地方

---

① 参见胡建淼:《行政法学》(第 5 版上册),法律出版社 2023 年版,第 71—72 页。
② 参见 2018 年最高人民法院《关于适用〈行政诉讼法〉的解释》第 20 条。
③ 参见 2019 年《证券法》第 7 条第 2 款,2022 年《中国证监会派出机构监管职责规定》第 2 条。

金融监管体制改革中,各地政府基本将原属于事业单位或议事协调机构性质的地方金融办调整为具有明确金融行政管理权的地方金融管理局。目前,国家尚未制定关于地方金融监管的专门性法律。行政法规方面,《地方金融监督管理条例》(2021年征求意见稿)中未设立域外适用条款。根据其第4条规定,地方金融监管实行属地监管原则,地方金融监管权行使的空间范围具有严格的属地性。地方金融监管主要对象的金融活动范围也具有严格的属地性。根据该条例草案第9条和第11条的规定,地方金融监管局所监管的小额贷款公司、融资担保公司等各类地方金融组织,原则上不得跨省级行政区域开展业务。地方性法规方面,各地出台的地方金融监管条例,一般规定其适用范围限于本区域内。例如,2020年《上海市地方金融监督管理条例》第2条规定,条例的适用对象是上海行政区域内的地方金融组织及其活动。结合关于地方金融监管的行政法规和地方性法规,可以说,地方金融监管机构不是金融法域外适用的法定主体。

(三)自律组织层面

金融行业性自律组织包括中国证券业协会、中国银行业协会、中国保险行业协会,以及各类实行自律管理的金融交易所等。

金融自律组织的行政主体地位存在争议,将影响其作为金融法域外适用行政行为主体的合法性。以证券交易所为例。实务中,最高人民法院认为,证券交易所是法律、法规、规章授权组织,有权依法对证券市场的违法行为进行监管,故证券交易所具有相应行政管理职能,属于行政案件的适格被告。[1] 证监会则认为,证券交易所作为自律管理法人,其所实施的纪律处分等自律管理行为,不属于行政行为;上海证券交易所认为,《证券法》第96条确认了证券交易所自律管理的属性,证券交易所履行的是自律管理职能,并非经法律授权的国家行政管理职能或者公共事务管理职能。[2] 同样,学界对这一问题也未形成一致认识。有观点认为,证券交易所是自律机构而非行政机构,其监管行为属于民事行为范畴而不具有行政性。[3]

---

[1] 参见最高人民法院行政裁定书(2016)最高法行申1468号。
[2] 参见中国证监会行政复议决定书〔2018〕93号和〔2021〕88号。
[3] 参见刘俊海:《现代证券法》,法律出版社2011年版,第305页。

也有学者认为,证券交易所监管行为具有混合性,包括法律和行政授权的行政行为,以及自律监管行为。① 证券交易所作为行政主体的地位在实务和学理上均具有争议性,这不利于其成为金融法域外适用行政行为的合法主体。

同时,法律尚未明确自律组织为金融法域外适用的主体。金融法中的域外适用条款目前尚未明确规定域外管辖执行的主体。例如,《证券法》第2条第4款域外适用条款中,未明确究竟由哪些主体负责"依照本法有关规定处理并追究法律责任",即未明确域外管辖的执法主体。若该条款中的"法律责任"特指《证券法》第13章"法律责任"专章,该专章中并无条款授权自律组织负责追究法律责任,则自律组织不能作为域外适用条款的执法主体。反之,则由于域外适用条款未规定执行主体,因而并未明确排除自律组织的执行主体地位。由此,尚难以判断自律组织是否具有实施金融法域外适用的主体地位。

二、加拿大:省区+自律组织的二元模式

以证券领域为例,加拿大证券法律域外适用中的合法主体主要由省级层面的证券行政主体,以及证券自律组织构成。在加拿大的宪制框架下,联邦中央层面尚未设立统一行使证券行政规制权的主体,因而亦无联邦行政主体行使证券行政域外管辖权。加拿大证券管理机构(CSA)是由各省区证券规制组织发起的自愿性联盟组织,不是联邦政府体系中的行政主体,不享有证券行政规制权,亦无权实施证券行政域外管辖行为。

(一) 联邦中央层面

在证券领域,受合宪性的限制,加拿大联邦中央层面尚无证券法域外适用的行政行为主体。加拿大是世界上唯一没有全国性证券规制机构的工业化国家,这涉及加拿大宪制下的联邦制和地区多样性等方面原因。② 2010年5月,联邦政府财政部发布《加拿大证券法》(草案),旨在推进制定统一的

---

① 参见周友苏主编:《证券法新论》,法律出版社 2020 年版,第 420—422 页。
② See David Johnston et al., *Canadian Securities Regulation*, LexisNexis Canada Inc., 2014, p.632-633.

联邦证券法。根据该草案设计,创设统一的联邦证券规制机构,其中包括由其对损害加拿大证券市场完整性的域外行为进行规制。财政部将该草案提交至最高法院进行合宪性咨询。2011年12月,加拿大最高法院一致否决了《加拿大证券法》(草案)。① 首先,根据《1867年宪法法案》第91(2)条规定,②所实施的商业和贸易相关联邦立法,应当涉及国家利益。最高法院认为,国家利益与省区的地方利益在本质上是不同的,而《加拿大证券法》(草案)只是对现有省区证券规制体系的一种重复和取代,草案中其所谓的国家利益既没有区别于省区的地方利益,也不具有足够的重要性。其次,虽然财政部认为经过近年的发展,加拿大证券市场已逐渐从地方性转向全国性乃至国际性,这种转变只有联邦政府才能应对。但是最高法院认为,证券市场的复杂化发展,并未在根本上改变自身的性质,对证券市场的规制仍集中在私人合同、财产权利方面,而未进入联邦管辖的商业和贸易权力范围。根据《1867年宪法法案》第92(13)条的规定,"财产和民事"属于各省的权限。2018年11月,最高法院对联邦政府第二次尝试创建联邦证券规制机构进行审查,其认为:建立自愿性、合作性的联邦证券规制机构,属于联邦议会管理商业和贸易的一般权力,不会不恰当地侵犯各省的议会主权,因而具有合宪性。③ 综合最高法院在两次合宪性审查中的观点,联邦政府在未来或可创建自愿性、合作性的联邦证券规制机构,但这类机构在某种意义上具有一定的非正式性。而正式性、权威性的证券规制立法权和行政规制权,仍将是主要属于各省区立法机构和行政机构的权力。因此,在合宪性约束下,目前联邦层面尚不存在统一行使证券行政规制权甚或证券行政域外管辖权的合法主体。

2003年成立的加拿大证券管理机构由13个省区的证券规制机构负责人组成,以提升、协调加拿大资本市场规制为目标,负责根据联邦政策协调各省证券法律修改,统筹各地证券规制举措。④ 该机构不负责执行具体的

---

① See Reference re Securities Act, 3S. C. R. 837(2011).
② 该宪法法案在1982年更名之前为《1867年英属北美法案》(British North America Act)。
③ See Reference re Pan ?? Canadian Securities Regulation, 3S. C. R. 189(2018).
④ *About Us*, Canadian Securities Administrators (January 10, 2025), https://www.securities-administrators.ca/about/.

规制措施,即不实施具体的执法行动。同时,该机构所制定的政策不具有强制适用力,影响力有限。因为各省区的证券规制机构独立地执行本省区的证券法,独立地实施监管执法活动,不负有执行加拿大证券管理机构所制定的协调性政策的法定义务。可见,加拿大证券管理机构作为各省区证券规制组织发起的自愿性联盟组织,不具备实质性干预证券市场的公权力,因而也不是证券法域外适用行政行为的适格主体。

(二) 省区层面

加拿大的证券规制主要由各省区政府的证券规制机构各自负责。加拿大共有10个省和3个地区,每个省区都设有证券规制机构。这些机构包括安大略省证券委员会(OSC)、不列颠哥伦比亚省证券委员会(BCSC)、阿尔伯塔省证券委员会(ASC)、魁北克省金融市场管理局(AMF)、新不伦瑞克省金融与消费者服务委员会(FCNB)、努纳武特地区政府司法部,等等。

各省的证券委员会一般是独立的皇冠机构(Crown Agency),具有行政主体地位。加拿大是典型的行政国家,除了传统的主流行政机关外,独立行政机构(independent administrative agency)也是具有悠久历史的行政主体类型,负责对某些特定的公共领域进行行政规制。独立行政机构享有高度独立性,以避免政府干预和日常的党派政治压力,进而有利于自身制定和执行长期一致的政策,并在运作过程中保持开放性。当然,政府可以通过委任机构负责人或理事会(委员会)成员,以及提供资金等方式,对这些行政机关体系外的行政主体施加相当的影响力。[①] 各省证券委员会作为独立的皇冠机构,是独立行政机构的一种,其独立运营,负责监管本省的资本市场,具有裁决、调查和起诉、规则制定等权能。各省证券委员会虽然有别于传统的政府行政机关,但同样具有行政主体地位,并一般通过省财政部部长向省立法机关报告。

各省区证券规制机构的域外管辖行为主体地位,由其所属省区的证券法予以明确。安大略省拥有多伦多这样的国际金融中心城市,金融市场

[①] See Gerald Heckman et al., *Administrative Law: Cases, Text, and Materials*, Emond Montgomery Publications Limited, 2022, p.11-14.

较为发达,其证券规制法规定了证券行政域外管辖的主体。根据安大略省1990年《证券法》第1(1)条和第2.1条的规定,安大略省证券委员会是负责实施该部法律的主体。根据1990年《证券法》第143(36)条规定,安大略省证券委员会有权要求外国发行人遵守其他法域的法律要求。在2002年的修订中,该法律在第138.1条增加对责任发行人的定义。其规定,与安大略省有真实和实质性联系的任何公开交易证券的发行人,都属于该法项下的责任发行人。由此,在安大略省证券市场上的外国发行人,以及在加拿大境外证券市场上的发行人,当其与安大略省存在真实、实质性的联系时,均可能会受到安大略省证券委员会的规制。2009年的修订中,第2.2(9)条赋予安大略省证券委员会制定域外适用性规则的权限,即:经省政府财政部部长同意后,当该委员会认为对协助另一司法管辖区维护证券市场公平秩序和证券交易的及时性、准确性、安全性等是有必要的,则可就安大略省《证券法》管辖的任何事项制定规则。

与安大略省相比,努纳武特地区是金融相对不发达的区域,但亦在证券规制法中明确证券行政域外管辖的主体。根据努纳武特地区2008年《证券法》第13条规定,由该地区政府司法部部长委任一名证券监管专员负责执行努纳武特地区证券法。该法律第25条和第122条分别对外国发行人、责任发行人作出了类似于上述安大略省《证券法》的规定。换言之,努纳武特地区证券监管专员是对这两类发行人行使域外管辖权的主体。除此之外,努纳武特地区《证券法》还对证券监管专员的域外管辖权作出了更为细致的规定。其第24(1)条规定,监管专员或其代表是跨境分享信息的行为主体,可向国外相关监管机构提供信息资料,也可从国外相关监管机构处接收信息资料。第30条规定,如果监管专员认为有必要的,可基于执行域外证券法律或规制域外资本市场行为而发布调查命令。第84(2)条规定,若无法律禁止,市场参与者应当根据监管专员的要求提供任何其与相关域外监管主体的沟通记录。

结合安大略省和努纳武特地区的证券法制安排,可见,在加拿大,无论是金融较为发达的省区,还是金融相对不发达的省区,一般都较为注重在证券规制法中对行政域外管辖行为的主体予以明确。

(三) 自律组织层面

自律组织对加拿大证券监管体系而言具有突出重要性,肩负着保护投资者利益和公共利益的功能,是实现证券领域依法监管与自律监管相协调的重要组织载体。在加拿大证券规制法上,自律性组织是指基于促进保护投资者和公共利益之目的,为规范会员及其代表在资本市场上的业务、行为和标准而组建起来的个人或公司。① 加拿大证券行业自律组织主要包括加拿大投资业管理组织(IIROC)、共同基金交易协会(MFDA)、多伦多证券交易所和蒙特利尔证券交易所等。

获得法定授权的证券行业自律性组织具有行政主体地位。在加拿大法上,自律性组织是私法意义上的私人组织。经法定授权而行使公共职能的私人组织,其对特定活动的控制及其履职的性质,类似于履行政府职能的行政机构,属于一种特殊的行政主体。② 加拿大证券行业自律组织由所在省区的政府证券规制机构根据本省区的法律予以认证,被认证的自律组织应当根据其章程、规则、程序和惯例等,对其会员及其代表的业务项目及其执业行为进行规范。③ 自律组织作为一种行政主体,其规制活动无论在形式还是在实体上,都表现出行政执法的性质。例如,加拿大投资业管理组织在执法过程可以举行听证会,且经各省区法律授权可对违规机构处以较高金额的处罚。2020年3月,该自律组织对多伦多经纪商 TD Waterhouse 违反客户关系管理的行为处以400万美元的处罚,并在施加巨额罚款之前开展了听证会等程序活动。④ 自律组织在享有较大执法权同时,受到各省区证券规制机构具有权威性和广泛性的监督。在安大略省,证券委员会只要认为是符合公众利益的,就可针对其所认证的自律组织所制定的规则或所实施的行动,作出任何决定。⑤

在学理上,规制性机构的合法性证成模式包括立法授权模式、专业性

---

① See Ontario Securities Act, RSO 1990 c. S.5, S.1(1).
② See Gerald Heckman et al., *Administrative Law: Cases, Text, and Materials*, Emond Montgomery Publications Limited, 2022, p.12-13.
③ See Ontario Securities Act, RSO 1990 c. S.5, S.21.1(1).
④ See at https://www.ciro.ca/media/2009/download?inline.
⑤ See Ontario Securities Act, RSO 1990 c. S.5, S.21.1(4).

模式、有效性模式、监督模式、正当程序模式等。① 加拿大证券行业自律性组织在具备专业性的基础上，获得各省区法律授权实施执法活动，在此过程中依循正当程序的要求，并受到各省区证券行政机构较为广泛的监督，这在一定意义上证成了自律组织作为行政主体的合法性。

加拿大投资业管理组织在其自律规则中明确自身域外管辖的主体地位。其 2400 条例（IIROC Rule 2400）第 2436 条规定，交易商会员（dealer member）的外国附属机构，至少每年应当根据加拿大投资业管理组织所要求的形式，向交易商的每个客户提供相关书面披露。同时，交易商应当就其与外国附属机构之间的协定，向加拿大投资业管理组织提供该附属机构所在地的监管部门的书面批准证明。3700 条例第 3703 条（2）规定，交易商会员及其所雇人员，在加拿大境外受到刑事指控，或因违反外国证券法、外国监管组织或自律监管组织的规定，而在诉讼中成为被告或答辩人，或受到诉讼上的处罚、纪律处分等，应当按照加拿大投资业管理组织所规定的形式向其报告。② 在省区法律授权证券行业自律组织依照其章程、规则对会员及其代表实施自律监管的前提下，自律组织所制定的规则在实质上就具有了组织法、行为法的意涵。只要这些自律规则没有被各省区证券行政机构依法予以撤销或否定，其就可以为自律性行政主体行使域外管辖权提供组织法规范上的依据。

三、美国：联邦＋州＋自律组织的三元模式

美国金融法域外适用中行政行为的主体，延续了美国金融规制"三足鼎立"的基本架构，即由联邦中央-州-自律组织三个层面的金融行政主体共同组成。

（一）联邦中央层面

美国联邦中央层面主要有三种类型的金融规制主体：（1）跨部门金融规制协调机构，如金融稳定监督委员会（FSOC）；（2）金融行政机关，如美国

---

① 参见［英］卡罗尔·哈洛、理查德·罗林斯：《法律与行政》（下卷），杨伟东等译，商务印书馆 2004 年版，第 581—588 页。
② See at https://www.ciro.ca/sites/default/files/2024-02/IDPC-Rules-022224-EN.pdf.

财政部下设的若干金融规制部门,包括货币监理署(OCC)、金融犯罪执法网络局(FinCEN)和海外资产控制办公室(OFAC)等;(3)独立规制机构,包括美国联邦储备委员会(FED)、美国证券交易委员会(SEC)和美国商品期货交易委员会(CFTC)等。其中,货币监理署是财政部内设的独立机构,其负责人由总统任命;三家金融独立规制委员会则是不隶属于总统所领导的行政机构。① 独立规制机构是美国行政主体中的一种特殊类型,隶属于行政系统,但又区别于传统的行政部门。② 独立规制委员会由国会立法设立,除了一般的行政权之外,其还被授予极大的准司法和准立法的权力,在美国社会中行使着强有力的规制职能。③

美国金融稳定监督委员会不是金融法域外适用行政行为的合法主体。《多德-弗兰克法案》第111条规定,该委员会由财政部部长担任主席,由联邦储备委员会、证券交易委员会、商品期货交易委员会等机构负责人担任有表决权的成员。高规格人员配置有助于强化金融分业规制条线之间的衔接,统筹应对系统性金融问题。该委员会主要负责识别金融系统中的风险因素,评估金融机构对美国金融体系的潜在威胁,促进主要金融规制机构之间的信息共享和行动协调,有权建议美联储等机构对特定对象适用增强的审慎标准,有权就相关金融领域向国会提供意见和建议,促进美国金融市场稳定性。以行政行为理论观之,该委员会所负责的跨部门监管协调、提出金融监管政策意见和建议等工作,产生的是内部行政行为,而非外部行政行为。具有内部行政行为主体资格并不意味着具有外部行政行为主体资格,④该委员会在行权过程中一般不以自己的名义对外直接行使行政规制职能,

---

① 参见王名扬:《美国行政法》(上),中国法制出版社2005年版,第171—172页。
② 参见薛刚凌主编:《行政主体的理论与实践:以公共行政改革为视角》,中国方正出版社2009年版,第22页。
③ 委员会的成员由总统征得参议院同意后任命,并规定他们的固定任期,但在任期内具有独立性而一般不受总统管辖。总统在没有适当理由的情况下,不得免除这些委员的职务。有批评者认为独立规制委员会体制实际上造成了无人领导的政府的"第四部门",不利于中央行政计划和政策的协调。参见[美]肯尼思·F. 沃伦:《政治体制中的行政法》(第3版),王丛虎等译,中国人民大学出版社2005年版,第30—31页。
④ 参见罗豪才、湛中乐主编:《行政法学》(第4版),北京大学出版社2016年版,第123—124页。

在一般意义上不构成外部行政行为主体。由此,该委员会并非金融法域外适用行政行为的适格主体。

《多德-弗兰克法案》明确了证券交易委员会、商品期货交易委员会、联邦储备委员会是相应金融法域外适用行政行为的主体。其一,该法案第929P(b)条"联邦证券法反欺诈条款的域外管辖权"规定,在《1933 年证券法》第 22 条、《1934 年证券交易法》第 27 条和《1940 年投资顾问法》第 214 条分别新增域外管辖权条款,明确证券交易委员会是上述系列法律域外适用的行为主体。其二,该法案第 722 条"管辖权"中关于"适用范围"的规定,确立了商品期货交易委员会是管辖域外特定跨境互换交易活动的主体。而在这之前,美国证券、证券交易、投资顾问和商品交易等法律均未明确规定法律的域外效力,《1934 年投资顾问法》的第 30(b)条还明确排除了域外适用。其三,该法案第 619 条规定在《1956 年银行控股公司法》增加沃克规则,明确了联邦储备委员会是沃尔克规则域外适用的主要行为主体。同时该条款规定,对于由证券交易委员会、商品期货委员会作为优先监管机关的银行或非银行实体(法案第 2 条列举该类实体),则由这两个委员会分别负责规制。另外,根据该条款的设置,金融稳定监督委员会在沃尔克规则适用中发挥协调作用,即对三家独立规制委员会所发布的各项规章进行跨部门协调,不实施外部性行政行为,故其非沃尔克规则域外适用的行政行为主体。

美国财政部是反洗钱法律域外适用行政行为的核心法定主体。反洗钱的执法机关主要包括财政部、司法部、税务总署、海关、联邦调查局等。由于美国所有金融机构均需在财政部进行登记注册,进而取得进入相关市场的权限,因此财政部对金融机构拥有很大的威慑力和多种制裁手段,是反洗钱的核心部门。[①] 1970 年《银行保密法》(Bank Secrecy Act)规定由财政部负责执行和实施该法律。2001 年《爱国者法案》(USA PATRIOT Act)第三章"国际反洗钱和反恐怖主义融资法案"修订了《银行保密法》中关于反洗钱的规定。《爱国者法案》第 311 条授权财政部部长对发生在境外的"重大洗钱嫌疑"活动采取调查及冻结账户等执法措施。财政部作为反洗钱执法的核心

[①] 参见高伟:《美国"长臂管辖"》,中国财政经济出版社 2021 年版,第 125 页。

部门,其下设的金融犯罪执法网络局负责提供情报支持,是负责反洗钱的主要监管部门,为财政部实施域外管辖提供行政信息基础;下设的海外资产控制办公室负责实施域内外的金融制裁。①

《反海外腐败法》(Foreign Corrupt Practices Act)域外适用的合法行政主体为证券交易委员会。《反海外腐败法》的主要条款是反贿赂条款和会计条款,司法部主要负责刑事上的执法,证券交易委员会主要负责规制涉及这两个条款的证券发行人。1998年的修正案在第78dd条中明确了域外管辖权,并将外国人明确纳入适用范围中。2012年证券交易委员会和司法部联合发布的《反海外腐败法信息指南(第一版)》进一步指出,即使外国公司和个人并未在美国领土范围内从事促进贿赂的行为,也可能因共谋、帮助和教唆而受到指控。② 该指南于2020年更新至第二版,确认了2014年联邦第十一巡回法院在"United States v. Esquenazi"一案对"外国政府工具"的界定,③即将外国政府官员的内涵由一般意义上的政府机构工作人员,拓展至受外国政府控制的实体("外国政府工具")的工作人员,扩大了管辖对象范围。④ 由此,证券交易委员是《反海外腐败法》域外适用的法定主体,且管辖对象不断拓展。

商品期货交易委员会为《反海外腐败法》执法提供合作协助,并不能使其成为该法律域外适用的合法行政主体。2019年3月,商品期货交易委员会表示有意介入商品期货领域中涉及反海外腐败的执法,并自2020年起正式成为司法部反海外腐败执法的合作部门。两个部门于2020年12月3日宣布合作解决了首个案件。⑤ 需要注意的是,《反海外腐败法》和《商品交易法》均未将商品期货交易委员会列为涉外贿赂执法的主体。该委员会所提供的合作支持属于公务协助,是国家行政职能统一性和行政部门维护公共

---

① 参见郭华春:《美国金融法规域外管辖:法理、制度与实践》,北京大学出版社2021年版,第94—96页。
② See A Resource Guide to the U.S. Foreign Corrupt Practices Act, First Edition.
③ See United States v. Esquenazi, 752 F.3d 912(11th Cir. 2014).
④ See A Resource Guide to the U. S. Foreign Corrupt Practices Act, Second Edition.
⑤ See United States v. Vitol Inc.: Docket No. 20 - CR - 00539 - ENV, U. S. Department of Justice (December 3, 2020), https://www.justice.gov/criminal/criminal-fraud/fcpa/cases/vitol-inc.

利益的目标共同性之体现。① 同时,其运用职权为司法部所提供的商品期货领域之海外腐败活动线索或证据材料,是基于执行《商品交易法》而非《反海外腐败法》所获取的。因此,该委员会并非《反海外腐败法》域外适用的执法主体。

(二) 州层面

州级层面上实施金融域外管辖之主体的合法性主要来源于专门性的州法,但该州法本身可能存在合宪性问题。一般而言,美国州层面的金融规制主体不是金融域外管辖的行动主体,不过也有部分州通过立法予以授权。例如,2005年6月伊利诺伊州颁布《伊利诺伊州苏丹法》(Illinois Sudan Act,下称伊州苏丹法):一是修改《州存款法》(Deposit of State Moneys Act),规定金融机构如果不能保证不向"被禁止的实体"提供贷款,则禁止州财政部将州基金存入该金融机构;二是修改《伊利诺伊州养老金法规》(Illinois Pension Code),禁止依据该法规设立的养老基金的受托人投资任何"被禁止的实体"。"被禁止的实体"范围广泛,基本涵盖了所有营业地在苏丹或与苏丹存在商业往来的企业。在全国对外贸易委员会(NFTC)诉《伊州苏丹法》执行者的案件中,法院认为,联邦关于苏丹的制裁法律仅制裁美国公司,而《伊州苏丹法》对《州存款法》的修改,扩大了制裁对象和适用地域的范围,不恰当地侵损了联邦政府依据宪法所享有的对外事务管制权,因而不具有合宪性。②

纽约是位居全球前列的国际金融中心,纽约州金融服务局(NYDFS)常参与联邦部门主导的金融制裁域外管辖活动。例如,2014年美国司法部、

---

① 公务协助关系包括法定公务协助和自由公务协助两种关系类型,前者由法律规定,后者则是在无法律明确规定的情况下发生协助关系。美国商品期货交易委员会为司法部反海外腐败执法提供的合作支持,属于自由公务协助。参见王连昌、马怀德主编:《行政法学》,中国政法大学出版社1997年版,第48—49页。

② See NFTC v. Giannoulias, 523 F. Supp. 2d 731(2007). Giannoulias是伊利诺伊州律政司和伊利诺伊州财政专业规范部秘书长,负责执行《伊州苏丹法》。除了伊利诺伊州之外,还有缅因州、新泽西州、俄亥俄州、俄勒冈州和加利福尼亚州等五个州制定了制裁苏丹的法律。美国州和地方政府对外经济制裁不仅存在合宪性的问题,还存在国际法上的合法性问题。参见杜涛:《美国州和地方政府对外经济制裁及其对美国联邦宪法和国际法的挑战》,《武大国际法评论》2010年第1期,第65—91页。

海外资产控制办公室主导的法国巴黎银行违反金融制裁规定的案件中，①以及 2021 年海外资产控制办公室主导的阿联酋 Mashreq 银行违反金融制裁规定的案件中，②纽约州金融服务局均为执法主体之一，并从中获得部分和解罚金。联邦部门作为金融制裁域外管辖主体的合法性来源于联邦授权立法，如 2004 年《苏丹全面和平法》（Comprehensive Peace in Sudan Act）、《2010 全面制裁伊朗、问责与撤资法案》（Comprehensive Iran Sanctions, Accountability, and Divestment Act of 2010）等。纽约州金融服务局作为金融制裁域外管辖主体的合法性，则以跨境交易机构使用了清算所银行间支付系统（Clearing House Interbank Payments System）为依据。该系统位于纽约州内，承担了全球 95％以上的银行间美元支付清算和 90％以上的外汇交易清算。跨境美元交易通过美元清算系统进行清算，美国相关规制机构据此获得了管辖权。③ 同时，根据《清算所银行间支付系统规则和行政程序》

---

① 法国巴黎银行因在 2004 年至 2012 年使用美国金融系统向苏丹、伊朗和古巴被制裁实体提供美元清算服务，并试图以模糊真实交易信息、隐瞒真实交易主体的方式规避美国金融规制。其于 2014 年 6 月与美国司法部、美联储、海外资产控制办公室、纽约州金融服务局等达成和解协议，同意支付 89.7 亿美元的罚款，并接受暂停其美国分支机构金融清算业务 1 年的处罚。See *BNP Paribas Agrees to Plead Guilty and to Pay ＄8.9 Billion for Illegally Processing Financial Transactions for Countries Subject to U.S. Economic Sanctions*, U.S. Department of Justice (June 30, 2014), https://www.justice.gov/opa/pr/bnp-paribas-agrees-plead-guilty-and-pay-89-billion-illegally-processing-financial.
② 美国海外资产控制办公室等部门指控阿联酋 Mashreq 银行的伦敦分行在 2005 年 1 月至 2009 年 2 月，通过美国金融机构处理了 1760 笔违反苏丹制裁规定的交易。2021 年 11 月，Mashreq 银行与海外资产控制办公室、纽约州金融服务局达成和解协议，支付 1 亿美元的罚款。See *Acting Superintendent Adrienne A. Harris Announces ＄100 Million Penalty On Mashreqbank For Violations Of Sanctions Laws*, Department of Financial Services (November 9, 2021), https://www.dfs.ny.gov/reports_and_publications/press_releases/pr202111091.
③ 参见石佳友、刘连炻:《美国扩大美元交易域外管辖对中国的挑战及其应对》,《上海大学学报(社会科学版)》,2018 年第 4 期,第 31 页。从国际合法性上看,美国规制机构仅仅基于"使用美国清算系统"就对外国金融机构实施域外管辖,这在现有的国际法管辖权框架下不具有合理性,存在对跨国银行交易业务不当干涉和过度限制的合法性问题。See Tom Ruys, Cedric Ryngaert, *Secondary Sanctions: A Weapon out of Control? The International Legality of, and European Responses to, US Secondary Sanctions*, British Yearbook of International Law (2020), p.26.

第 3 条规定,发送或接收一方通过该清算系统作为参加者参与这一支付系统的主体,受到美国纽约州法律和规则的规制。据此,纽约州金融服务局成为涉及清算所银行间支付系统的金融制裁活动的规制主体。

(三) 自律组织层面

美国公众公司会计监督委员会(PCAOB)作为会计行业的自律性组织,是美国证券法域外适用的重要行为主体。2001 年至 2002 年,在一系列著名公司(美国安然公司和世界通信公司)假账风波后,美国国会通过 2002 年《索克斯法案》,并规定,由证券交易委员会创设公众公司会计监督委员会。该法案第 101 条明确规定,公众公司会计监督委员会不是美国政府的部门或机构,而是一家非营利公司。

公众公司会计监督委员会作为独立规制机构存在合宪性争议问题。在自由企业学会诉公众公司会计监督委员会案中,①哥伦比亚特区巡回法院合议庭的多数意见认为,法案规定公众公司会计监督委员会的委员由证券交易委员会任命,并可以合理事由免除其职务,而且证券交易委员会有权审查并可能否定公众公司会计监督委员会发布的所有规则、命令和制裁决定,故公众公司会计监督委员会的委员是"次级官员"。同时多数意见也认为,证券交易委员会是类似内阁机关的行政机关,其委员会在《联邦宪法》任命条款的意义上构成"内阁部门首长"。由此具有合宪性。持不同意见的法官则认为,总统基于合理事由才能免除证券交易委员会的委员,证券交易委员会基于合理事由才能免除公众公司会计监督委员会的委员,在双重法律保护之下,总统间接免除公众公司会计监督委员会委员的权力受到了极其严格的限制。因此,公众公司会计监督委员会的委员不是次级官员。另外,证券交易委员会也并非内阁部门。所以存在违宪的问题。②

联邦最高法院认为,证券交易委员会是行政部门中的必要组成部门,受到总统的监管,并没有绝对的"独立性"。虽然国会通过一个独立委员会(证券交易委员会)内部创设了另一个独立委员会(公众公司会计监督委员会),

---

① See Free Enterprise Fund *v.* PCAOB, 537 F. 3d 667(D. C. Cir 2008).
② 参见[美]理查德·J. 皮尔斯:《行政法》(第 5 版第 1 卷),苏苗罕译,中国人民大学出版社 2016 年版,第 50—51 页。

"正当理由例外免职"的双重保护,弱化了总统的监管权。但是,总统仍能通过对证券交易委员会的监管来规制公众公司会计监督委员会的官员。① 最高法院这种功能性的解释消除了该委员会的合宪性障碍。②

国会立法明确公众公司会计监督委员会是实施证券域外管辖的行为主体。《索克斯法案》第106条明确公众公司会计监督委员会是规制外国会计师事务所的行为主体。只要这些外国会计师事务所为在美发行人提供审计服务或在审计过程中起到实质性作用,则视为同意在公众公司会计监督委员会对审计报告进行调查时向其提供相关工作底稿。《多德-弗兰克法案》第929J条对该条款进行修正,进一步明确这些外国会计师事务所应当按照公众公司会计监督委员会的要求,提供任何该等审计工作底稿以及任何与审计工作或中期审查相关的其他文件。对比两个法案的规定,在《索克斯法案》中,公众公司会计监督委员会的域外规制主体地位由外国事务所"同意"而获得。《多德-弗兰克法案》则将外国事务所接受公众公司会计监督委员会的规制规定为"义务",从而强化了公众公司会计监督委员会的域外管辖主体地位。《外国公司问责法案》第二节规定,如果公众公司会计监督委员会连续三年无法检查在美上市的外国公司的财务审计资料,美国证券交易委员会将禁止该发行人的证券在美国交易所交易。该条款还规定,被禁交易的发行人如果重新聘请可以接受公众公司会计监督委员会检查的事务所,禁令应被解除。《外国公司问责法案》以强化法律责任后果的方式,提升公众公司会计监督委员会实施域外管辖的权威性和威慑力,进一步强化其对外国会计师事务所实施域外管辖的主体地位。

四、比较视角下的总结与主体合法性问题的呈现

中国、加拿大、美国三国关于金融法域外适用中行政行为主体的法制安排,主要有以下两方面的特点。

其一,这三个国家均主要通过制定法明确金融域外管辖的合法主体。无论是作为成文法国家的中国,还是作为普通法系国家的美国和加拿大,

---

① See Free Enterprise Fund v. PCAOB, U. S. 477(2010).
② 参见[美]皮特·L. 施特劳斯:《美国的行政司法》,徐晨译,商务印书馆2021年版,第32—33页。

目前都将制定法作为金融法域外适用行政行为的主体合法化渠道,并未因法系不同而呈现大的差异性。"在任何基于主权的公法体系中,制定法都是对公法的最清晰的表达",与习惯法相比,制定法"对客观法进行了真切的、直接的表达",同时"附着在制定法之上的普遍性特征构成了个人所能够用以抵制专断行为的最好保障"。① 第一,金融法域外适用行政行为是金融主权对外行使的一种表现,通过制定法规定该类行为的主体,有助于向其他国家及域外行政相对人清晰地表达本国金融主权的意志,赋予金融行政主体对外行使权力的合法性渊源,并塑造其权威性。第二,"权力是由一个外部渊源赋予的",以成文化的公法来规范金融域外管辖的权力主体,既是出于权威性方面的考虑,同时还因为这些公法规则能够保障组成适当的规制机构并防止规制权的滥用,进而促使金融行政域外管辖主体和权限的法治化。②

其二,在不同的宪制框架下,三个国家关于金融法域外适用的行政行为核心主体之法制安排存在一定差异。"经济行政法是具体化的经济宪法"③,各国关于金融法域外适用行政行为的主体设置受到不同的宪制结构约束,因而呈现出一定的差异。这种差异性在证券法域外适用领域表现得尤为突出。

在中国,由于证券监管和对外事务管理都主要是中央事权,故作为中央行政主体的证监会是证券法域外适用行政行为的核心主体。2017年全国金融工作会议明确指出"金融管理主要是中央事权"。2023年修正的《立法法》,其第11条第9项(原2015年修正的《立法法》的第8条第9项),规定了金融基本法律制度属于中央立法权限范围。主要理由为:对金融活动的统一和有效管理,是落实国家经济政策,协调经济发展,保持社会稳定,改善人民生活和促进对外金融交往的重要保证。④ 结合《宪法》第89条关于国务院职权和第107条关于地方政府权限的规定,领导和管理对外事务是中央政府

---

① 参见[法]莱昂·狄骥:《公法的变迁》,郑戈译,商务印书馆2013年版,第67—71页。
② 参见[意]罗西:《行政法原理》,李修琼译,法律出版社2013年版,第12—13页。
③ [德]罗尔夫·施托贝尔:《经济宪法与经济行政法》,谢立斌译,商务印书馆2008年版,第33页。
④ 参见全国人大常委会法制工作委员会国家法室:《中华人民共和国立法法释义》,法律出版社2015年版,第56页。

的事权。中国实行单一制国家结构,金融法域外适用涉及金融基本制度安排和金融对外事务管理,而这两个事项均主要为中央事权。因此,包括证券法在内的金融法域外适用行政行为之核心主体必然是中央而非地方的金融行政主体。

在美国,证券交易委员会这一联邦层级的行政主体,以及公众公司会计监督委员会这一自律组织,由联邦立法明确它们作为证券法域外适用行政行为的主体。在联邦制下,联邦和州两个层级的证券规制是并存的平行关系,但经过1996年《全国证券市场改善法》的改造,美国证券法的联邦主义性质更加凸显。① 同时,由于联邦政府根据宪法相对集中享有对外事务管制权,州政府介入证券法域外适用事宜,存在合宪性风险。因而,基于这样的宪制基础,证券交易委员会作为联邦证券行政主体,是证券法域外适用行政行为的核心主体。公众公司会计监督委员会这一自律组织,是国会立法规定由证券交易委员会创设的,这种通过一个独立委员会创设另一个独立委员会的做法弱化了总统的监管权,存在一定的合宪性争议。但联邦最高法院认为总统仍能通过对证券交易委员会的监督来规制公众公司会计监督委员会的官员,进而消解了合宪性障碍。并且,国会通过《索克斯法案》《多德-弗兰克法案》《外国公司问责法案》,不断强化公众公司会计监督委员会作为证券法域外适用行政主体的合法性和权威性。

在加拿大,由于宪制的限制,联邦层面尚无统一的证券立法和证券行政主体,进而省区层面的证券行政主体成了证券法域外适用行政行为的核心主体。联邦政府2010年提出的《加拿大证券法》(草案)含有域外适用的相关规范,但该草案在最高法院的宪法咨询案中被否决,设立单一、权威性的联邦证券规制机构被裁定为违宪。权威性的证券规制立法权和行政规制权仍被认定为主要属于各省区政府。在这样的宪制框架下,省区证券行政主体和证券自律组织依据本省区的立法及自律规则,成为证券法域外适用行政行为的法定主体。

在比较的基础上回眸本土,中国金融法域外适用的行政主体存在若干合法性方面的问题。

---

① 参见沈朝晖:《证券法的权力分配》,北京大学出版社2016年版,第78—85页。

第一,中国证监会作为证券域外管辖的主体,其组织形式与境外类似规制机构之间具有实质性差异,在跨境规制的特殊语境下,可能会面临着主体合法性的问题。行政组织体制中包括独任制(又称首长制)机关和合议制(又称委员会制)机关。① 行政行为主体合法要求合议制机关的行为通过合议程序作出,否则可能同时构成主体上的违法以及程序上的违法。② 证监会虽以"委员会"命名,但实行的是首长制。其下设的行政处罚委员会实行"主审—合议"的工作机制,但这一组织并无决定权,行政处罚的决定权仍在证监会负责人。可见,证监会行政处罚委员会的制度安排并未改变证监会的首长负责制本质。③ 实际上,中国境内的行政机构一般都采用首长负责制,即使各类"委员会"行政机构也不例外,例如证监会、发改委、卫生健康、国资委等。在中国境内执法的语境中,这样的组织形式具有宪制和中央组织法上的依据。④ 但在行政域外管辖的语境中,行政行为具有跨境规制性以及跨境的影响效应,跨境执法的行政主体还将面临着跨国和国际环境下的组织合法性压力。若中国证监会基于《证券法》域外适用而实施行政处罚等高权性行为,将公权力执法手臂延伸至境外,影响了境外相关公私主体的利益,境外公私主体则可能会将中国证监会与境外类似规制机构进行比较,进而对其主体合法性和规制决策的程序合法性问题进行追问。换言之,证监会作为一个"委员会"组织却不采用其他国家(地区)证券规制委员会组织通行的"名实相副"的合议制,这在域外管辖执法中,在国际社会上可能会面临着主体合法性和程序合法性上的非议,进而减损其域外管辖行为在跨境规制意义上的可接受性。

第二,中央金融监管部门的地方派出机构欲成为金融域外管辖的合法主体,需要解决三方面的问题。首先,在金融监管和对外事务管理均主要是中央事权的宪制框架下,若中央金融监管部门的地方派出机构作为金融

---

① 参见陈敏:《行政法总论》(第 8 版下),新学林出版社 2013 年版,第 902 页。
② 参见《行政法与行政诉讼法学》编写组:《行政法与行政诉讼法学》,高等教育出版社 2017 年版,第 114 页。
③ 参见 2021 年《证券期货违法行为行政处罚办法》第 28 条和 2021 年《行政处罚委员会组织规则》第 5 条。
④ 参见现行《宪法》第 86 条,以及《国务院组织法》(1982 年)第 9 条规定、《国务院组织法》(2024 年)第 12 条。

行政域外管辖的主体,其是否突破了宪制约束。《对外关系法》(2023年)第9至16条分别明确了中央外事工作领导机构、全国人民代表大会及其常务委员会、国家主席、国务院、中央军事委员会、外交部、驻外使领馆、省级地方政府等主体的对外关系职权,但未对中央部门地方派出机构的对外关系职权作出规定。可见,中央金融监管部门地方派出机构的域外管辖主体地位,目前在对外关系单行法上缺乏直接的规范依据,因而尚待厘清该类机构域外管辖主体地位与宪制框架之间的关系。其次,中央金融监管部门地方派出机构作为地方金融监管体制中的核心力量,其欲成为金融法域外适用的行政主体,须经过中央金融监管部门依法授权,因而尚待通过完善相关法规范,明确其行政域外管辖的合法主体地位。目前而言,《对外关系法》《证券法》《期货和衍生品法》《反洗钱法》《银行业监管法》《商业银行法》等相关国家法律,均尚未直接授予中央金融监管部门地方派出机构在域外管辖上的主体地位,该类机构的域外管辖主体地位将寄希望于中央金融监管部门通过行政立法授予。最后,在具体操作上,是将所有的地方派出机构均赋予行政域外管辖的主体地位,抑或赋予发达金融城市的地方派出机构该类主体地位,这一问题亦尚待进一步讨论。

第三,在缺乏法律明确授权的情况下,中国金融自律性组织尚不具备金融法域外适用行政行为的主体地位。在美国、加拿大等先行国家,金融自律组织是实施行政域外管辖的重要主体之一,并注重在法律规范或自律组织的制度规范中明确域外管辖的主体地位。在中国,随着注册制的全面实施,以及资本市场的双向开放水平提升,处于金融交易活动监管"一线"的交易所等自律组织,将承担越来越多的监管职责。同时,由于自律组织的会员制具有规制授权功能,这为自律组织对境外的会员进行规制,或者对境内会员的境外行为进行规制提供了便利。因而,通过自律组织行使金融行政域外管辖权具有一定的现实优势。当然,需要解决的前提问题为:自律组织本身是否为金融行政域外管辖的合法主体?对于金融自律组织在行政域外管辖中的主体合法性而言,需要解决两个问题:一是厘清金融自律组织的行政主体地位;二是从组织法规范上明确金融自律组织的行政域外管辖主体地位。

关于金融行政域外管辖的主体合法性完善,应当强调:各国金融法制中,关于行政域外管辖的主体设置并无统一定式,切不可简单移植他国模式,而应牢牢立足于中国法律体系框架,对之加以优化。

在组织法意义上明确金融法域外适用行政行为的主体,既是对相关主体合法地位的确认,也是对金融行政域外管辖权的法制化配置,实现其形式合法化。在更深层次的合法化视域中,法律授予的金融行政域外管辖权与行政管辖的属地和属人限制之间存在一定程度的张力,尚需深究实质层面的合法性问题。

第二节 属地和属人限制下的域外管辖权合法性问题

行政管辖权具有突出的属地性和属人性。一国金融行政主体所行使的域外管辖权,对身处外国的非本国人进行管辖时,在空间上"溢出"了本国领土范围,同时在对象上超出了本国国民的范围。从管辖权合法性的角度看,金融行政域外管辖权与行政管辖权内在的属地性及属人性之间存在紧张关系,有待消解。

一、行政管辖权的属地性和属人性

行政管辖权的属地性和属人性可以通过权力的属性、规范的属性两个角度予以揭示。

首先,从权力属性的角度看,行政管辖权的主权权力属性,让其内在地带有属地性和属人性。在传统和通常意义上,管辖权是一国主权权力在国内法上的行使及体现,具有鲜明的权力属性;主权国家的核心要素包括主权、固定的领土、国民成员,在主要由主权国家构成的国际社会中,领土和国籍成了一国行使主权权力——管辖权的核心联系依据。[①] 行政管辖权所体现的是具有行政强制力的主权权力。在主权权力的约束之下,行政管辖权应当以领土、国籍要素建立起主权国家与被管辖对象之间的联系基础,因而

---

① 参见郭华春:《美国金融法规域外管辖:法理、制度与实践》,北京大学出版社 2021 年版,第 3—4 页。

具有突出的属地性和属人性。

主权的属地权威未能为行政域外管辖权提供直接依据。立足于主权的属地权威,国家作为特定领土范围内的公共利益与价值的维护者,其通过行政管辖权在领土范围内履行维护者的职责,维持领土范围内地域共同体的存续。可见,在主权的属地权威之下,行政管辖权的物理空间范围受到领土的限制。

主权的属人权威为国家对在外本国国民行使域外管辖权提供了依据。立足于主权的属人权威,国家对国民拥有行使属人管辖的权力,其通过行政管辖权落实国家对国民的属人权威,而无论该国民是身处国内还是国外。① 更进一步地,可以借助德国学者迈耶的"国家目的说"来论证对在外国民行使行政域外管辖权的必要性。迈耶认为,国家是一个有序的集合体,是人民在人类发展史中展示并发扬其特征而联合组成的,行政是国家在其法律制度范围内,为集合体及其目的的实现而进行的除司法以外的活动。② 据此,一方面,国民在外国实施不法行为具有失序性,这有悖于其作为有序集合体一分子的身份属性,故有必要对之进行管辖。另一方面,行政域外管辖有助于强化在外国民的规范意识,以防其回国后再犯,或防范其将国外作为实施针对本国的不法行为的安全港,进而维护集合体的有序性。由此,国家通过行政权对国民在国外的相关行为实施域外管辖,符合国家作为"有序集合体"的目的。

其次,从规范的角度看,行政管辖权的规范属性,让其在运行过程中受到属地和属人上的规范约束。在法治社会,国家主要通过法律制度对行政管辖权进行规范,而行政法规范本身具有突出的属地性和属人性。地域性是行政法制的一个重要特点,因为这个特点本身与一个事实联系在一起,即行政权是国家的一种公共权力,国家建立在一定的空间之上,这个地域力量的因素同纯粹的制度因素相比,最终占了优势。③ 行政法一般适用于制定

---

① 参见[英]詹宁斯、瓦茨:《奥本海国际法》(第一卷第一分册),王铁崖等译,中国大百科全书出版社 1995 年版,第 292—330 页。
② 参见[德]奥托·迈耶:《德国行政法》,刘飞译,商务印书馆 2013 年版,第 1—14 页。
③ 参见[法]莫里斯·奥里乌:《行政法与公法精要》(上),龚觅等译,辽海出版社、春风文艺出版社 1999 年版,第 61—62 页。

机关权限所及的所有区域,同时一般不应超过地域范围适用。行政法效力的属地性意味着地域限制,中央层面制定的行政法,一般不应超过国家领土主权所及的领域范围。① 同时,行政法效力还有明显的属人性,即除法律另有规定之外,一个国家的人无论是在国内还是在国外,均应受国内行政法的约束。② 在行政法的属地效力之下,行政主体依法对国家领土范围内的人实施管辖权,而不论其是本国人还是外国人。在行政法的属人效力之下,行政主体依法对本国人实施管辖权,而不论其是身处国内还是身处国外。由此,当本国人身处外国之时,行政主体可以依法行使域外管辖权。

更进一步地,行政管辖权的属地规范属性,根植于行政法之国内公法性质。大陆法系国家、地区和中国的行政法学界,关于行政法性质的主流观点是将之界定为国内公法。③ 从行政法规范的对象来看,行政法的核心是对行政权的规范,而行政权的表现方式主要是一个国家内部的权力,因而行政法是国内法。④ 从行政法的制定主体及效力范围看,行政法基于一国国家主权而制定,效力及于本国领域,因此在性质上属于国内法而非国际法。⑤ 在更深层次上,关于行政法之国内公法性质的论断,建立在国内法与国际法、公法与私法的双重二元论的基础之上。基于双重二元结构的分类便利,对行政法性质的把握,在排除国际法、私法之后,即可得知其为国内公法。⑥ 作为国内公法的行政法之效力限定在本国领域范围内,成了其区别于国际法的重要理据。国内公法总是在一国共同体中找到其适用范围,要认识到"领土的重要性",国内公法作用的公共领域在领土区域之内。⑦ 由此,建立在双重二元论之上的行政法性质认知,塑造了行政管辖权在规范属性上的强烈

---

① 参见翁岳生编:《行政法》(上册),中国法制出版社 2009 年版,第 247 页。
② 参见熊文钊:《现代行政法原理》,法律出版社 2000 年版,第 40 页。
③ 参见章志远:《行政法学总论》(第 2 版),北京大学出版社 2022 年版,第 22—23 页。在日本,将行政法定义国内公法可追溯到美浓部达吉 1936 年所著的《日本行政法(上卷)》。这也是日本行政法上的权威和有代表性的观点。参见[日]盐野宏:《行政法》,杨建顺译,法律出版社 1999 年版,第 22 页。
④ 参见王周户等:《行政法》,法律出版社 2007 年版,第 20 页。
⑤ 参见应松年主编:《行政法与行政诉讼法学》(第 2 版),法律出版社 2009 年版,第 8 页。
⑥ 参见[日]市桥克哉等:《日本现行行政法》,田林等译,法律出版社 2017 年版,第 14 页。
⑦ 参见[意]罗西:《行政法原理》,李修琼译,法律出版社 2013 年版,第 77 页。

地域观念,以防公权力扩张至本国管辖范围外。

基于上述关于行政管辖权属地性和属人性的分析,金融域外管辖权主要存在两方面的合法性问题。其一,金融域外管辖权超越了一般行政管辖权的属地性,在一定程度上面临着合法性挑战。其二,行政管辖权的属人性,虽然为金融行政主体对在外本国人实施域外管辖提供了合法性支持,但对金融行政主体管辖在外国的非本国人缺乏支持。对此,下面分别进行具体分析。

二、属地限制下金融域外管辖权的合法性问题

金融域外管辖权在物理空间上显然超越和偏离了传统的属地限制,属于属地管辖的"例外"。而这种"例外"的合法性并非不证自明,其面临着诸多需要回应的合法性问题。

其一,金融域外管辖权构成对传统国内公法属地性的突破,其合法性受到挑战。法律域外适用效力的体系建构,主要是沿着公法和私法的区分这一法律分类基础而展开的,在域外效力法制这幅"光谱"之上,公法属性越强的法律部门,其属地性就越强,其域外适用的条件就越严格;反之,私法属性越强的法律部门,其属地性就越弱,其域外适用的条件就越宽松。[①] 一般而言,国内公法普遍强调属地权威,以公法规范为主要内容的金融法部门也不例外。这也可以在中国现行有效的金融法中找到证据。1995 年《中国人民银行法》第 52 条,2019 年《证券法》第 2 条第 1 款,2022 年《期货和衍生品法》第 2 条第 1 款,2004 年《银行业监督管理法》第 2 条第 2 款、第 3 款等法律的效力范围条款,均强调在中国境内的效力。2019 年《证券法》修订之前,中国金融法一直固守着严格的属地主义,这符合国内公法传统的地域效力观念。《证券法》在 1998 年制定之时即采用法律效力属地主义,将法律效力明确限定在中国境内。这一属地效力规则在 2004 年、2005 年、2013 年和 2014 年的历次修法得到了延续。[②] 在这个阶段,中国证券行政不具有域外管辖权。自《证券法》在 2019 年修订中确立域外效力规则后,其他金融法亦持续推进

[①] 参见宋晓:《域外管辖的体系构造:立法管辖与司法管辖之界分》,《法学研究》2021 年第 3 期,第 175 页。

[②] 参见 1998 年和 2005 年《证券法》的第 2 条。

域外效力条款设置。中国金融法近年体系化地推行域外效力,国内金融公法的效力溢出国家边界,在国际层面产生域外效力。立足于传统国内公法的属地效力观念,不仅不能为跨境规制的新现象提供合法性解释,反而是质疑其合法性的理据,进而危及金融域外管辖权的合法性。

其二,金融域外管辖权构成对主权权力属地管辖的突破,超出了基于领土原则的行政权作用界限。行政管辖权是一种主权性质的作用力,受到国家领土范围的约束。在权力层面上,领土构成国家行政主权权力的物理空间范围,各国依托对其本国领土的控制而行使主权权力,因而属地管辖成为确立国家管辖权的合法依据。领土主权的绝对性与排他性,使得国家管辖权具有一种"自限性",其一旦超越据以存在的领土范围,就会陷入一种合法性不确定的状态。① 在规范层面上,行政法具有空间要素,即行政法的区域或地域要素,领土原则是行政法空间要素的法理根据和高权作用的界限所在。② 在主权权力的属地性,以及行政法的属地性约束下,行政权的行使受到领土原则的限制,所规制的是其本国领域内发生的行为。结合两个层面的理据,正如有行政法学者所指出的,属地管辖权原则是国家管辖权的基本原则,是最常见也是争议最少的管辖依据,它管辖的基础是国家对地理区域的有形控制(physical control),它通常与法律的域内效力有关,严格的属地原则对经济(包括金融)规制法的域外效力有限制乃至反对作用。③ 一国金融行政主体基于具有域外效力的金融公法对发生在本国领土外的金融违法行为进行规制,显然超出行政权的传统空间作用界限,与领土原则相抵触,受到合法性挑战。

其三,内国金融域外管辖权与外国属地管辖权的冲突问题。金融市场是一个受规制的市场,拥有公权力的金融行政主体作为规制主体,意味着应当遵循"适用本国法"的原则。④ 这一观点背后所蕴含的逻辑是,每个国家

---

① 参见吴培琦:《何为"域外管辖":溯源、正名与理论调适》,《南大法学》2022 年第 1 期,第 21—22 页。
② 参见[德]汉斯·J. 沃尔夫等:《行政法》(第一卷),高家伟译,商务印书馆 2002 年版,第 464 页。
③ 参见张利民:《经济行政法的域外效力》,法律出版社 2008 年版,第 763 页。
④ See Francisco J. Garcimartin Alférze, *Cross-Border Listed Companies*, 327 Recueil des Cours 9(2007), p.85.

单方面地确定其金融行政规制权的范围,在上述范围内,每个国家的金融行政主体均依据本国公法行使规制权。金融规制上的行政管辖权是国家的金融主权权利,其运行所依据的是国家金融主权,但主权是静态的,主权权利是动态的,各国的金融主权权利行使可能存在交叉并行的情形。① 两国对同一行为主张金融主权权利,即均对同一行为主张金融行政规制权,此时两个管辖权并存互动,二者之间可能会出现管辖权冲突问题。例如,甲国金融行政主体针对发生在乙国的特定行为,依据甲国法律域外适用制度主张域外管辖权;乙国金融行政主体则依据乙国法律属地权威而主张属地管辖。对于同一特定金融行为活动,出现域外管辖权与属地管辖权并行的现象,有可能引发两国金融行政管辖权的冲突,进而产生国际纠纷,带来合法性争议。②

其四,将属地管辖的内涵扩张至主观属地管辖和客观属地管辖,仍未能完全消解金融域外管辖权的合法性问题。为避免属地管辖与域外管辖的两元对立,有必要对之进行扩大化的解释,形成更为宽泛的属地管辖标准。对传统的属地管辖权作扩张性解释,产生主观属地管辖和客观属地管辖两种类型。主观属地管辖允许对在内国开始而不在内国完成的金融行为进行域外管辖;客观属地管辖允许对在内国完成而不在内国开始的金融行为进行域外管辖。③ 主观属地管辖方面,例如,跨境证券欺诈行为人在甲国向某人推荐乙国市场上的证券,该受害人前往乙国完成交易,则甲国依据主观管辖依据而对整个跨境欺诈行为实施域外管辖。客观属地管辖方面,例如,跨境证券欺诈行为人在乙国向某人推荐的甲国市场上的证券,该受害人返回甲国后完成交易,则甲国依据客观管辖依据而对整个跨境欺诈行为实施域外管辖。经过扩张解释后的属地管辖,为金融域外管辖提供了一定的

---

① 参见李国清:《美国证券法域外管辖权问题研究》,厦门大学出版社2008年版,第8页。
② 参见霍政欣:《我国法域外适用体系之构建——以统筹推进国内法治和涉外法治为视域》,《中国法律评论》2022年第1期,第47页。
③ 参见张利民:《经济行政法的域外效力》,法律出版社2008年版,第93—94页。关于主观属地原则(the subjective territorial principle)与客观属地原则(the objective territorial principle),也有学者在研究美国证券规制域外管辖中,分别将之译为主体领土原则和客体领土原则。参见钱学峰:《世界证券市场的日益国际化与美国证券法的域外管辖权(中)》,《法学评论》1994年第4期,第56页。

合法性依据，但这种合法性支持并不完整。一方面，内国依据主观或客观的属地管辖对跨境金融违法行为行使域外管辖权，同样面临着与其他国家的管辖权并行的局面，管辖权之间的冲突问题依然存在。在上述的两个例子中，在甲国依据主观或客观的属地管辖主张域外管辖权的同时，无疑乙国也可以依据属地管辖进行管辖，甲乙两国的管辖权同时存在。另一方面，当跨境金融违法行为的开始环节或完成环节均不发生在内国之时，内国当局难以依据扩张后的属地管辖进行跨境规制。例如，违法行为人在境外针对甲国的证券市场制造各类扰乱市场秩序的言论，即所有违法行为的环节均发生在境外，此时，甲国难以依据主观或客观的属地管辖而主张域外管辖权。

三、属人限制下金融域外管辖权的合法性问题

（一）属人管辖为金融域外管辖权提供部分而非全部的合法性支持

金融行政主体基于属人管辖，可以对境外本国人主张域外管辖权。但是，一般来说，金融行政主体难以基于属人管辖对境外非本国人主张域外管辖，因为此时缺乏属人意义上的身份连接点。因而，可以说，属人管辖为金融行政域外管辖权提供部分而非全部的合法性支持。

基于行政管辖权的属人性，金融行政主体有权依据法律规定对身处域外的相关本国人行使管辖权。这里的"本国人"包括本国公民（自然人），以及法律拟制人，即法人和非法人组织。中国金融法中不乏基于属人的域外管辖权规定。例如，2019年《证券法》第224条关于到境外发行上市的境内企业的规定；2022年《期货和衍生品法》第120条关于具有境外期货经纪业务资格的境内期货经营机构的规定；《商业银行法》（2020年征求意见稿）第49条关于商业银行设立的境外机构，以及第64条关于到境外借款的商业银行的规定；《银行业监督管理法》（2022年征求意见稿）第3条关于经批准在境外设立的金融机构和在境外开展业务的境内银行业金融机构的规定；《反洗钱法》（2024年）第37条关于境内金融机构的境外分支机构的规定等，均明确了中国金融行政主体对处在境外的相关中国金融机构的域外管辖权。

行政管辖权的属人性，可以为金融行政主体管辖境外本国人提供合法

性支持。其一,金融行政主体行使属人的域外管辖权,有助于保障境内金融市场的有序性,保护境内金融活动参与者的合法权益,维护社会公共利益和国家金融利益,以实现关于跨境金融规范健康发展的目的。① 其二,金融行政权是国家公权力的组成部分,基于国家主权而具有属人权威,有权依法规制域外本国人的相关金融行为。

在资本市场中,到境外发行证券或将其证券在境外上市交易的本国企业,是本国证券行政主体实施域外管辖权的重点对象之一。根据对中国上市公司的统计,截至 2024 年 5 月,在中国香港、美国、伦敦、新加坡等境外主要市场的中国概念上市公司数量为 1 702 家,详见表 2-1。②

表 2-1 境外主要市场中国概念上市公司数量(截至 2024 年 5 月)

中国香港市场	美国市场	伦敦市场	新加坡市场
1 305 家	328 家	9 家	60 家

对于在美国、伦敦、新加坡等地证券交易所上市的中国企业,中国金融行政主体基于属人原则进行域外管辖。对于在中国香港上市的境内企业,证监会依法对之实施的是跨境监管,这属于中国内部不同法域之间的区际行政法制安排,而非基于属人原则的域外管辖。③

经国务院批准,证监会于 2023 年 3 月发布《境内企业境外发行证券和上市管理试行办法》,对境外发行上市的境内企业作出全面的跨境监管制度安排。对于在外国市场上市的境内企业,中国证监会依法拥有域外管辖权。例如,根据该办法第 27 条规定,境内企业违反本规定而擅自在境外发行上市的,由证监会责令改正,给予警告,并处以 100 万元以上 1 000 万元以下的罚款。

证监会依据《境内企业境外发行证券和上市管理试行办法》实施域外管辖权,而该办法是由证监会制定、经国务院批准的,这是否符合《证券法》

---

① 参见中国证监会 2023 年 3 月发布的《境内企业境外发行证券和上市管理试行办法》第 1 条和第 3 条。
② 参见《中上协统计月报(2024 年 5 月)》,载中国上市公司协会网,https://capcofile.oss-cn-beijing.aliyuncs.com/2024/YueBao/05/中上协统计月报(2024 年 5 月).pdf。
③ 参见应松年主编:《行政法与行政诉讼法学》(第 2 版),法律出版社 2009 年版,第 25 页。

第224条的授权条款规定，需要进一步论证。因为，对行政行为所依之"法"的合法性进行考察，这有助于促成更深层次的行政行为可接受性。① 《证券法》第224条规定，境内企业到境外发行上市，"应当符合国务院的有关规定"。对此，有以下四方面的问题需要厘清。第一，国务院批准证监会制定该办法，是否违反2015年修正的《立法法》第12条之转授权禁止的规定？《立法法》第9条"授权"条款和第12条"转授权禁止"条款中，所称"授权"对应的事项是指第8条所规定的法律保留事项。《证券法》第224条授权国务院对境内企业境外发行上市进行制度规范，并非《立法法》第8条所规定的法律保留事项，② 故这一授权不被《立法法》第9条和第12条所涵摄。因而，国务院将该项制规权交予证监会行使，并不违反《立法法》上的转授权禁止规则。第二，《证券法》第224条所称"国务院的有关规定"，是否仅指由国务院直接制定的行政法规或非行政法规类"规定"？法律中"国务院规定"这样的表述并不必然指向"行政法规"。法律授权"国务院作出规定"，并未明确究竟是由国务院裁量决定是以行政法规还是以其他形式的规定来落实法律授权。同时，从语义上理解，其并未明确"有关规定"是否仅指由国务院直接制定的"规定"。由证监会制定的规定，经国务院批准和认可后，也可以成为"国务院的有关规定"。这也是现实中国务院所采取的一贯做法。另外，中国法律中大量存在"国务院规定"这样的制度安排。截至2024年3月11日，在"北大法宝"上检索到有"国务院规定"字样的现行有效法律中就有166部，且一部法律中往往有多项此类规定。例如《证券法》中即有10处关于"国务

---

① 行政立法产生的规则属于实在法体系中的一部分。实在法具有假定的可适用性，其适用可以产生"一时的可接受性"，但这并不排斥持续反思的可能性。任何实在法都应当是可检验、可反驳和可推翻的，通过对实在法本身的合法性追问，有助于形成更深层次的公法行为可接受性。参见沈岿：《公法变迁与合法性》，法律出版社2010年版，第21—23页。

② 2015年《立法法》第8条所规定的法律保留事项包括：(1)国家主权的事项；(2)各级人民代表大会、人民政府、人民法院和人民检察院的产生、组织和职权；(3)民族区域自治制度、特别行政区制度、基层群众自治制度；(4)犯罪和刑罚；(5)对公民政治权利的剥夺、限制人身自由的强制措施和处罚；(6)税种的设立、税率的确定和税收征收管理等税收基本制度；(7)对非国有财产的征收、征用；(8)民事基本制度；(9)基本经济制度以及财政、海关、金融和外贸的基本制度；(10)诉讼和仲裁制度；(11)必须由全国人民代表大会及其常务委员会制定法律的其他事项。

院(另行)规定"的制度安排。从立法资源、行政效率、时间成本等方面考虑，一概由国务院制定行政法规，或者由其直接制定一般性行政规定来予以落实此类制度安排，不具有操作上的可行性，也不具备行政管理上的必要性。第三，该办法为什么需要经国务院批准呢？一方面，若不经国务院批准，则不能成为"国务院的有关规定"，进而不符合《证券法》第224条的要求。另一方面，该办法还规定了其他国务院有关主管部门的职责，这超出了证监会自身的职权范围。从中央组织法规范来看，该办法涉及多个部门之间的工作协同，可被《国务院组织法》(1982年)第10条规定的"重大行政措施"所涵摄。[①] 证监会根据该条款的规定，应就制定该办法这一重大行政措施向国务院请示报告，并由国务院作出决定后，才能发布该办法。第四，该办法"经国务院批准"，是否会由此而成为行政法规呢？在中国的法律框架下，证监会不是制定行政法规的合法主体。该办法虽"经国务院批准"，但并未改变其效力层级和性质，其仍属于部门规章。

属人管辖权虽然赋予金融行政主体对在外本国人相关金融活动实施域外管辖的合法性，但对金融域外管辖权而言这种合法性支持是不全面的。在属人管辖的限制下，金融域外管辖权有诸多合法性问题尚待解决。

（二）属人限制下的金融行政域外管辖权合法性问题

第一，属人管辖意味着金融行政主体不能管辖境外非本国人。一国行政权对本国人的管辖权，是基于国家主权之下的属人权威，而不管该本国人的现时地理位置。即无论该本国人身处国内还是国外，都应接受本国的行政权规制。那么，显然地，一国行政权对于身处境外的外国人而言，不具备国家主权下的属人权威。同时，从民主的角度看，金融行政主体将本国金融法适用于境外的外国人，而域外被管辖对象并未参与这些金融法的立法过程，也不享有民主上的可问责机制，因而对境外外国人行使管辖权存在合法

[①] 《国务院组织法》(1982年)第10条规定："各部、各委员会工作中的方针、政策、计划和重大行政措施，应向国务院请示报告，由国务院决定。根据法律和国务院的决定，主管部、委员会可以在本部门的权限内发布命令、指示和规章。"2024年修订的《国务院组织法》第14条对此略有修改，其规定："国务院组成部门工作中的方针、政策、计划和重大行政措施，应当向国务院请示报告，由国务院决定。根据法律和国务院的行政法规、决定、命令，主管部门可以在本部门的权限范围内发布命令、指示。"

性不足的问题。① 可见,管辖权的属人性在一定程度上对域外管辖权起到了限制作用,即一国金融行政主体不能基于管辖权的属人性而对身处境外的非本国人进行管辖。换言之,当金融行政主体对境外非本国人实施域外管辖时,属人管辖依据无法为之提供合法化机制。

第二,进一步地,法律规范中不乏授权内国金融行政主体管辖本国人之境外交易对手或境外相关服务机构,但属人管辖难以为这些规定供给足够的合法性支持。例如,《期货和衍生品法》第120条第2款规定,"境内期货经营机构转委托境外期货经营机构从事境外期货交易的,该境外期货经营机构应当向国务院期货监督管理机构申请注册,接受国务院期货监督管理机构的监督管理"。又如,《境内企业境外发行证券和上市管理试行办法》第21条规定:"境外证券公司担任境内企业境外发行上市业务保荐人或者主承销商的,应当自首次签订业务协议之日起10个工作日内向中国证监会备案,并应当于每年1月31日前向中国证监会报送上年度从事境内企业境外发行上市业务情况的报告。"中国境内主体的境外交易对手,即境外期货经营机构,以及为境内企业提供境外发行上市相关业务服务的境外证券公司,均非在中国境内设立,与中国之间缺乏身份纽带。如果纯粹从属人管辖出发,难以推导出中国证监会有权管辖这些境外机构的行为。可以说,属人管辖依据尚不足以为上述《期货和衍生品法》的第120条第2款规定,和《境内企业境外发行证券和上市管理试行办法》第21条的规定提供合法性支持。

第三,将属人管辖的内涵扩张至积极的属人管辖和消极的属人管辖,仍未能完全消解金融域外管辖权在属人限制下的合法性问题。积极的属人管辖和消极的属人管辖都涉及域外管辖权。依据积极的属人管辖权,内国金融行政主体对本国人在境外的不法金融行政为实施域外管辖;依据消极的属人管辖权,内国金融行政主体对境外损害本国人的金融不法行为实施域外管辖。② 积极的属人管辖是建立在被管辖对象的身份基础之上,消极的属人管辖是建立在管辖保护对象的身份基础之上。积极的属人管辖不能为内国

---

① 参见郭华春:《美国金融法规域外管辖:法理、制度与实践》,北京大学出版社2021年版,第5页。
② 参见同上书,第12页。

管辖境外外国人提供依据,但消极的属人管辖可以成为法理依据,进而拓展了域外管辖的范围。因为消极的属人管辖主张,国家对本国人为受害者的案件享有管辖权,加害者则不必是本国人,即可以为外国人,该外国人因其行为的受害人为管辖国的人,进而与管辖国之间产生了身份上的联系。然而,不管是积极的属人管辖还是消极的属人管辖,以身份基础为连接点的域外管辖范围,仍然不能覆盖所有的金融域外管辖范围。例如,对于由外国人在境外实施的,破坏境内金融市场秩序的金融不法行为,且未损害具体的本国人的合法权益,内国金融行政主体难以基于积极或者消极的属人原则对之进行域外管辖。因为,此类境外金融不法行为与内国之间缺乏身份基础连接点。此时,经过扩张解释后的属人管辖,仍不能为金融行政域外管辖权提供完整的合法性支持。

第四,金融行政主体对域外本国人滥用管辖权,也会存在合法性问题。例如,一名旅居美国的中国公民实施了针对美国或英国金融市场的违法行为,在违法行为与中国联系微弱的情况下,中国金融行政主体对之实施域外管辖,则存在合法性不足的问题。又如,该中国公民在美国纳斯达克市场上交易阿里巴巴的证券时,出现了内幕交易等违法行为,但其行为对中国的证券市场未造成直接影响,若中国证监会强行对之主张管辖权,无疑会侵损美国当局的属地证券执法权,引发两国执法冲突,并让被规制者承受双重规制下的畸高负担。一般而言,行为地当局的属地权威高于行为人所属国当局的属人权威。同时,金融行政主体对本国人在国外的行为主张管辖权,不应干预另外一国的合法事务,不应导致该行为人以与行为地国家法律相冲突的方式行事。①《境内企业境外发行证券和上市管理试行办法》第18条第2款规定,境外上市股份的登记结算安排等适用境外上市地的规定。如果不作出这样的规定,而是强行要求境外上市股份的证券登记结算安排等适用中国的制度,那么在两地制度存在冲突时,就会产生不当干预境外上市地合法事务的问题,也会导致赴境外上市的境内企业陷入两难合法困境。概言之,滥施基于属人原则的金融行政域外管辖权将缺乏合法性支撑。为避免域外管辖权的滥用,应当明确该项权力行使的条件,下面对金融行政域外管辖权在行使条件上的相关合法性问题进行分析。

---

① 参见张利民:《经济行政法的域外效力》,法律出版社2008年版,第85—86页。

第三节　规则模糊下的域外管辖权合法性问题

行政权限的行使受到法定条件的限制,如果行政主体不依照法定条件行使行政职权,或者在条件不充分或不具备的情况下行权,即构成条件上的越权,该行政行为不具有合法性。①

金融域外管辖权的行使条件是金融法域外适用制度立法中的重点,这些法定条件为该领域跨境行政执法提供了权限合法性上的约束框架。然而,2020 年的瑞幸咖啡案引发了关于中国证券域外管辖权行使条件的争论,这源于《证券法》上所规定的域外管辖权行使条件的模糊性。实际上,目前中国金融监管法上关于域外管辖权行使条件的规定,均具有相当程度的模糊性。当这些法定条件的内涵具有较强不确定性时,由于缺乏具体操作标准和实践经验,金融行政域外管辖权的行使可能会被滥用或懈怠使用,进而面临合法性挑战。

一、瑞幸咖啡案件与域外管辖权行使条件的争论

2020 年 4 月 2 日,在美国纳斯达克上市的瑞幸咖啡(Luckin Coffee Inc.)发布公告,披露公司财务造假行为。此时,新增域外效力条款的中国《证券法》生效不过 1 个月零 2 天。中国证券行政主体否会依据该条款行使域外管辖权,对瑞幸咖啡在美违法行为进行域外管辖,成为一个焦点问题。

(一) 瑞幸咖啡案概况

瑞幸咖啡境内运营实体成立于 2017 年 6 月,总部位于福建省厦门市,上市主体注册地在开曼群岛,属于离岸中概股公司。瑞幸咖啡于 2019 年 5 月在纳斯达克股票市场上市,并发行美国存托凭证(America Depositary Shares)。

2020 年 1 月 31 日,全球知名做空机构浑水公司(Muddy Waters Research)称收到一份 89 页的匿名做空报告,指向瑞幸咖啡财务数据造假。

---

① 参见罗豪才、湛中乐主编:《行政法学》(第 4 版),北京大学出版社 2016 年版,第 138 页。

2月3日，瑞幸咖啡对此作出回应，表示该报告是恶意且毫无依据的，否认了所有指控。4月2日，瑞幸咖啡发布公告称，公司刘某及其部分下属于2019年第二季度至第四季度伪造了22亿元人民币的交易额（占同期机构预估营收的59%），并虚增相关的成本费用。5月15日，瑞幸咖啡收到纳斯达克交易所的退市通知，并于5月22日就此要求举行听证。6月24日，瑞幸咖啡撤回听证申请。6月29日，瑞幸咖啡在纳斯达克开盘时停牌，进行退市备案。①

2020年12月16日，美国证券交易委员会向纽约州南区地方法院起诉瑞幸咖啡。截至2020年3月31日，瑞幸咖啡在纳斯达克全球精选市场所发行的美国存托凭证逾1.08亿美元。美国证券交易委员会指控，在2019年4月至2020年1月，瑞幸咖啡利用关联第三方制造虚假的销售交易，伪造了大约3.11亿美元的零售销售额。为了掩盖销售额造假行为，瑞幸咖啡的相关人员篡改了会计账簿和银行记录，虚增大约1.96亿美元的成本费用，试图通过虚假财会数据掩盖欺诈行为。②

瑞幸咖啡在不承认也不否认这些指控的情况下，与美国证券交易委员会达成和解，同意永久禁令，并同意支付1.8亿美元的和解金。该项和解协议需经纽约南区法院批准。其中，投资者的集体诉讼赔偿款优先于和解款，而使用中国境内资金支付和解款项应当经中国有关外汇监管部门的批准。③ 2022年2月4日，该项和解协议获得了纽约南区法院的批准。④

（二）中国行政主体未就瑞幸咖啡案行使域外管辖权

中国证监会依据2005年修订的《证券法》处罚瑞幸咖啡境内的关联主

---

① *Luckin Coffee Announces Withdrawal of its Request for Nasdaq Hearing*, Luckin Coffee (June 26, 2020), https://investor.luckincoffee.com/news-releases/news-release-details/luckin-coffee-announces-withdrawal-its-request-nasdaq-hearing.

② See SEC *v.* Luckin Coffee, Inc (Civil Action No. 1:20-cv-10631).

③ Securities and Exchange Commission *v.* Luckin Coffee Inc., No.1:20-cv-10631 (S. D. N. Y. filed Dec. 16, 2020). See *Luckin Coffee Agrees to Pay $180 Million Penalty to Settle Accounting Fraud Charges*, U. S. Securities and Exchange Commission (December 16, 2020), https://www.sec.gov/enforcement-litigation/litigation-releases/lr-24987.

④ *Statement from Luckin Coffee on Court Approval of SEC Settlement*, Luckin Coffee (Feburary 26, 2020), https://investor.luckincoffee.com/news-releases/news-release-details/statement-luckin-coffee-court-approval-sec-settlement.

体,并配合美国证券交易委员会开展跨境协查。2020年4月3日,证监会表示高度关注瑞幸咖啡财务造假事件,强烈谴责财务造假行为,并表示将按照国际证券监管合作机制,依法核查、打击证券欺诈行为,保护投资者权益。①4月27日,证监会有关负责人表示,已就跨境监管合作事宜与美国证券交易委员会沟通,中国证监会将支持境外证券监管机构查处其辖区内上市公司财务造假行为。② 7月31日,中国证监会通报,已会同财政部、市场监管总局等部门,依法立案调查瑞幸咖啡的境内运营主体、关联方及相关第三方公司涉嫌违法违规行为,并再次强调根据国际证监会组织(IOSCO)跨境监管合作机制安排,配合美国证券监管部门开展跨境协查。③ 11月17日,证监会根据2005年《证券法》第193条第1款关于信息披露违法处罚的规定,对瑞幸咖啡境内关联的北京氢动益维科技股份有限公司及其相关负责人进行处罚。④

银保监会为主管部门查处瑞幸咖啡财务造假事件提供行政协助,而未作出行政行为。2020年4月22日,银保监会谴责了瑞幸咖啡的财务造假行为,并称其在国内银行的贷款余额规模较小,此事件对国内银行造成的风险可控。银保监会还表示,将配合主管部门依法严惩对瑞幸咖啡财务造假行为。⑤

财政部对瑞幸咖啡境内主要运营主体开展会计信息质量检查,并表示下一步将作出行政处罚。2020年7月31日,财政部称已根据《会计法》完成对瑞幸咖啡(中国)有限公司、瑞幸咖啡(北京)有限公司这两家瑞幸咖啡的境内运营主体,自成立以来的会计信息质量检查。检查发现,瑞幸咖啡公司

---

① 《中国证监会声明》,载中国证券监督管理委员会网站2020年4月3日,http://www.csrc.gov.cn/csrc/c100028/c1000804/content.shtml。
② 《中国证监会有关负责人答记者问》,载中国证券监督管理委员会网站2020年4月27日,http://www.csrc.gov.cn/csrc/c100028/c1000790/content.shtml。
③ 《关于瑞幸咖啡财务造假调查处置工作情况的通报》,载中国证券监督管理委员会网站2020年7月31日,http://www.csrc.gov.cn/csrc/c100028/c1000725/content.shtml。
④ 参见中国证监会行政处罚决定书(北京氢动益维科技股份有限公司、陆正耀、靳军)〔2020〕100号。
⑤ 《银保监国新办新闻发布会答问实录》,载国家金融监督管理总局(原中国银保监会)网站2020年4月22日,https://www.cbirc.gov.cn/cn/view/pages/ItemDetail.html?docId=899340&itemID=4169&generaltype=0。

在 2019 年 4 月至 12 月末,通过虚构商品券业务增加交易额超过 22 亿元人民币,收入、成本费用、利润分别虚增了 21.19 亿元、12.11 亿元和 9.08 亿元人民币。对此,财政部表示将依法进行行政处罚,并及时向社会公开。① 不过,截至 2024 年年底,财政部未发布关于对瑞幸咖啡境内主要运营主体作出行政处罚的相关信息。

国家市场监管总局及相关辖区市场监管部门对瑞幸咖啡的境内主要运营主体及相关第三方公司进行处罚。2020 年 9 月 18 日,国家市场监管总局以及上海、北京的市场监管部门,对 2 家瑞幸咖啡的境内主要运营主体以及 43 家第三方公司处以行政处罚,罚金共计 6100 万元。据查,2019 年 8 月至 2020 年 4 月,两家主要运营主体在对外宣传中使用了虚假的商品销售收入、成本、利润率等营销数据,欺骗、误导相关公众,违反了《反不正当竞争法》第 8 条第 1 款关于虚假宣传的规定。北京车行天下咨询服务有限公司等 43 家第三方公司为这些虚假宣传行为提供实质性帮助,违反《反不正当竞争法》第 8 条第 2 款关于帮助虚假宣传行为的规定。②

由上述分析可见,中国行政主体未就瑞幸咖啡的财务造假行为行使域外管辖权。在瑞幸咖啡财务造假事件中,中国证监会、财政部、国家市场监管总局分别对瑞幸咖啡的境内主要运营主体、关联方及相关第三方公司等作出行政行为。这些中国行政主体所查处的违法行为发生在境内,所依据的是 2005 年《证券法》和《会计法》《反不正当竞争法》等仅具有域内效力的法律规范,其所行使的是属地管辖权而非域外管辖权。另外,针对瑞幸咖啡事件,中国证监会多次表态,根据国际证券监管合作机制为美国证券监管部门提供跨境协查,而并未依据 2019 年《证券法》新增的域外适用条款主张行使证券行政域外管辖权。

---

① 《财政部完成对瑞幸咖啡公司境内运营主体会计信息质量检查》,载中华人民共和国财政部网站 2020 年 7 月 31 日,http://jdjc.mof.gov.cn/gongzuodongtai/202007/t20200731_3560072.htm。
② 《市场监管总局对瑞幸咖啡(中国)有限公司、瑞幸咖啡(北京)有限公司等公司不正当竞争行为作出行政处罚》,载国家市场监督管理总局网站 2020 年 9 月 22 日,https://www.samr.gov.cn/xw/zj/art/2023/art_35d6f5cb3f294e22aba839a8a601b4ef.html。

(三)瑞幸咖啡案引发关于中国证券域外管辖权行使条件的争论

现实中,中国证券行政主体虽未就瑞幸咖啡案行使域外管辖权,但从事件的发展过程及后续关注来看,案件引发了学界和实务界关于中国证券域外管辖权行使条件的争论。

根据 2019 年《证券法》第 2 条第 4 款关于域外适用的规定,证券域外管辖权的触发条件有二:一是境内的市场秩序被扰乱,二是境内投资者的合法权益受到损害。

瑞幸咖啡财务造假曝光后,有观点认为中国证监会或将首次适用新《证券法》行使域外管辖权。① 也有观点认为,中国证监会调查组进驻瑞幸咖啡的境内运营主体,这是新《证券法》施行后证监会首次实施域外管辖。②

更多的学者则认为,立足于对域外管辖权行使条件的限缩性解释,瑞幸咖啡案尚不满足新《证券法》所规定的域外管辖条件,中国证监会不应对之行使域外管辖权。

其一,该事件对国内证券市场秩序冲击较小,在后果上尚达不到"扰乱市场秩序"的程度。③ 瑞幸咖啡上市主体注册地在开曼群岛,经境外监管机构注册发行证券,并在美国纳斯达克股票市场上市。瑞幸咖啡案中的证券欺诈行为并未对中国境内产生实质性的、直接的和可预见的影响,缺乏跨境证券监管意义上的密切联系点,中国证监会不应对之主张域外管辖权。④

其二,该事件对境内投资者合法权益的损害有限。瑞幸咖啡首次公开募股(initial public offering,IPO)以及二次配售时,仅少数中国境内的投资机构参与。证券监管作为一种公权力,应立足于维护中国公共市场秩序、保护本国公众投资者的利益,如果仅涉及少数私募投资者,中国证监会不宜

---

① 邬川:《一线|中国证监会罕见谴责瑞幸造假 或首次使用"长臂管辖"权》,载腾讯新闻 2020 年 4 月 3 日,https://news.qq.com/rain/a/20200403A0HB1P00。
② 尹中立:《人民财评:监管部门进驻瑞幸咖啡,释放了哪些信号?》,载人民网 2020 年 4 月 28 日,http://opinion.people.com.cn/n1/2020/0428/c427456-31691544.html。
③ 参见郭锋等:《中华人民共和国证券法制度精义与条文评注》(上册),中国法制出版社 2020 年版,第 54—55 页。
④ 参见李有星等:《证券法理论与实践前沿问题研究:瑞幸咖啡案例研究系列讲座实录》,浙江大学出版社 2022 年版,第 3—15 页。

行使域外管辖权。① 瑞幸咖啡在2019年5月纳斯达克首次公开募股及2020年1月增发股份等招股说明书中,均载明不会向中国居民直接或间接发行、出售该证券。加之,根据中国当前的外汇管制规定,境内的个人投资者只能通过购买QDII(合格境内机构投资者)基金的方式对外投资,而不能直接投资包括美国在内的外国证券市场。由此,瑞幸咖啡在美国的证券发行和交易中,中国境内投资者的比重不会太大,因而财务造假的主要受害者并非中国境内投资者。瑞幸事件发生之后,全国中小企业股份转让系统向神州优车公司(瑞幸咖啡的关联企业)出具了问询函,要求其说明公司与瑞幸的股权关系,与瑞幸其他关联企业之间的收购交易、债务担保等情况,并说明公司业务因瑞幸事件所受到的影响。虽然这说明瑞幸咖啡的境外违法行为可能会对境内的关联企业造成冲击,进而影响到这些企业的投资者合法权益,但是这种损害是间接性的,且难以建立坚实的因果关系。② 因而,瑞幸咖啡的欺诈行为对境内投资者的实质性、直接性损害难以成立,不宜对之启动域外管辖权。③ 同时,若境内的投资者并非基于合法渠道,而是通过诸如在香港开户并换汇绕道的方式投资在美国上市的瑞幸咖啡,则可能违反中国外汇方面的监管规定,因而其在瑞幸财务造假中所受到的损害,难以被认定为"合法"权益受到损害,此时亦难以符合域外管辖权的行使条件。④

也有学者从避免域外管辖权与属地管辖权冲突的角度,认为在美国证券交易委员会已对瑞幸咖啡案行使属地管辖权的情况下,中国证监会应当予以尊重并礼让。美国证券监管部门已对瑞幸咖啡进行立案管辖,同时该事件主要损害美国投资者合法权益,中国证监会应依据国际证券监管合作

---

① 参见黄江东、施蕾:《证券法治新图景:新〈证券法〉下的监管与处罚》,法律出版社2022年版,第47—48页。
② 参见郭金良:《我国〈证券法〉域外适用规则的解释论》,《现代法学》2021年第5期,第181页;冷静:《新〈证券法〉"域外管辖条款"适用的相关问题》,《地方立法研究》2021年第4期,第16—17页;李翔宇:《我国〈证券法〉域外适用的规范演进与实践进路》,《上海金融》2020年第10期,第38页。
③ 参见邓建平、牟纹慧:《瑞幸事件与新〈证券法〉的域外管辖权》,《财会月刊》2020年第12期,第138—139页。
④ 参见符望等:《金融法领域的域外管辖与适用研究——以证券法域外适用为例》,《复旦大学法律评论》2022年第2期,第160页。

安排予以配合,而不宜行使域外管辖权,否则缺乏合理的域外管辖连接点。①由此,可以避免与美国证券交易委员会发生管辖权冲突,②防止浪费跨境证券执法的资源。③

瑞幸咖啡案引发了关于中国证券行政域外管辖权行使条件的讨论,学界主流观点倾向于对《证券法》的域外适用条件规定作限缩性解释。这些讨论的背后,实际上反映出实在法上相关规定的模糊性问题。中国《证券法》关于域外适用条件的规定是原则性的、概括性的,尚不明确"扰乱境内市场秩序"是指何等程度的"扰乱","损害境内投资者的合法权益"是指何等程度上的"损害",而且尚不明确两个条件之间究竟是怎样的逻辑关系(是"并"还是"或")。④ 这些法定条件在文义上的外延是宽泛而不清晰的,尚缺乏具体的可操作性管辖标准,这需要在实践和理论上进一步界定。⑤ 中国证券域外管辖条件的模糊性问题并非孤例,而是中国金融域外管辖权行使在法定条件上所面临的共性问题。

二、金融域外管辖权行使条件的模糊性

中国金融域外管辖权行使条件,在立法上采用了概括式的模糊处理,带来了内涵上的模糊性。法律规则的模糊性与不确定的法律概念相关。在立法上,概括条款大多使用不确定的法律概念。⑥ 法律概念可以说是法律最基础的构成要素,法律的适用在一定程度上主要指向法律概念的解释及其应用。以确定性程度为分类标准,法律概念可区分为确定性法律概念和

---

① 参见曹明:《我国证券域外管辖规则构建研究——以瑞幸咖啡财务造假事件为切入点》,《南方金融》2021年第2期,第86页。
② 参见朱冲:《从瑞幸案看我国证券案件"长臂管辖"为何知易行难》,《证券法苑》2020年第3期,第426页。
③ 参见李有星、潘政:《瑞幸咖啡虚假陈述案法律适用探讨——以中美证券法比较为视角》,《法律适用》2020年第9期,第128页。
④ 参见郭锋等:《中华人民共和国证券法制度精义与条文评注》(上册),中国法制出版社2020年版,第5页。
⑤ 参见曹明:《我国证券域外管辖规则构建研究——以瑞幸咖啡财务造假事件为切入点》,《南方金融》2021年第2期,第86—87页。
⑥ 参见[德]汉斯·J.沃尔夫等:《行政法》(第一卷),高家伟译,商务印书馆2002年版,第348页。

不确定法律概念两个类别：前者是指意思明确、具有一义性的法律概念；后者是指意思不确定、具有多义性的法律概念。① 各个法律部门中广泛地存在着不确定法律概念，由于行政法规范中不确定法律概念的解释和应用，在本质上涉及立法与行政的关系、行政与司法的关系，因而不确定法律概念是行政法上的一个特别问题。从立法与行政的关系看，金融域外管辖权行使条件的模糊规定，是立法机关授予金融行政主体在该项管辖权行使上的裁量权。从行政与司法的关系来看，该类模糊规定，可以为金融行政主体证明域外管辖权行使的合法性提供较广的制度空间。

中国金融域外管辖权行使条件的设定情况，如表 2-2 所示。这些概括性条款的规定，主要存在单个条件的内容模糊性、各类条件之间的逻辑关系不明确，以及事实要件和法律后果上的双重不确定性规定等方面的问题。

表 2-2　中国金融域外管辖权行使的条款规定情况

金融法域外适用规范	域外管辖权行使条件1	域外管辖权行使条件2	域外管辖权行使条件3	各条件之间逻辑关系	双重规定的情况
2019年《证券法》第2条第4款	扰乱中国境内市场秩序	损害中国境内投资者合法权益	无	不明确	无
2022年《期货和衍生品法》第2条第2款	扰乱中国境内市场秩序	损害中国境内交易者合法权益	无	不明确	无
《商业银行法》（2020年征求意见稿）第2条第3款	损害中国境内个人合法权益	损害中国境内机构合法权益	无	两个条件之间是"或"的关系	无
《银行业监督管理法》（2022年征求意见稿）第47条	危害中国国家主权、安全、发展利益	扰乱中国境内市场秩序	损害中国公民、组织合法权益	不明确	无

---

① 参见王贵松：《行政法上不确定法律概念的具体化》，《政治与法律》2016年第1期，第144—145页。

续 表

金融法域外适用规范	域外管辖权行使条件1	域外管辖权行使条件2	域外管辖权行使条件3	各条件之间逻辑关系	双重规定的情况
《反洗钱法》（2021年征求意见稿）第9条第2款	危害中国国家安全和主权	扰乱中国金融管理秩序	侵犯中国公民、法人和其他组织合法权益	三个条件之间是"或"的关系	有（在法律后果使用了"可以"）
《反洗钱法》（2024年）第12条	危害中国主权和安全	侵犯中国公民、法人和其他组织合法权益	扰乱中国境内金融秩序	第一个和第二个条件之间的关系不明确，前两个条件与第三个条件之间是"或"的关系	无

（一）内容模糊性

一是"国家主权""国家安全""国家发展利益"等用语的模糊性问题。在宏观视角下，基于总体国家安全观对金融安全法律规范体系进行构建，需要把握金融安全突出的主权性、总体性和发展性，将完备的金融安全法律规范体系作为维护国家主权、国家总体安全和国家发展利益的重要抓手。[①] 但是，在法律适用层面上，如何界定损害"国家主权""国家安全""国家发展利益"是困难的。《反洗钱法》（2024年）第12条、《银行业监督管理法》（2022年征求意见稿）第47条中关于域外管辖权行使的条件中，出现了这些不确定法律概念，行权条件的内容具有较强模糊性。《证券法》（2015年修订草案）的第2条第2款曾规定："在中华人民共和国境内的证券发行和交易行为，适用本法。在中华人民共和国境外的证券发行和交易行为，损害中华人民共和国国家利益、社会公共利益和境内投资者合法权益的，适用本法。"有学者对此指出，这一规定过于笼统和宽泛，界定损害"国家利益""社会公共利益"是一个非常笼统和困难的问题，难以可操作化。尽管证券市场与国家利益是相关联的，但境外证券活动直接损害中国"国家利益"的情形是罕见的，

---

① 参见李建伟：《总体国家安全观视域下金融安全法律规范体系的构建》，《法学》2022年第8期，第53—55页。

损害"社会公共利益"的情形亦较为少见,特别是损害"国家利益"的情况应该是少之又少,因而域外管辖权的保护对象还应"降维"到证券市场和证券投资者权益本身,不宜笼统地上升到国家利益和社会公共利益层面。① 同样,反洗钱和银行业监管领域的行政域外管辖权行使条件,是否有必要上升到"国家主权""国家安全""国家发展利益"层面是修法过程中值得讨论的问题。

二是"市场秩序"的模糊性问题。《证券法》第 2 条第 4 款、《期货和衍生品法》第 2 条第 2 款、《银行业监督管理法》(2022 年征求意见稿)第 47 条均将"扰乱境内市场秩序"作为行政域外管辖权行使的条件。但"市场秩序"究竟是指哪个或者是哪些市场秩序呢?学界对此存在争议。有观点认为,"扰乱境内市场秩序"应严格限定为扰乱境内特定市场的秩序,例如《证券法》域外适用条款中的"市场秩序"应当严格限定为证券市场的秩序,扰乱证券市场秩序的表现形式包括但不限于内幕交易、虚假陈述、欺诈投资者、操纵市场等。② 有观点则认为,《证券法》第 2 条第 4 款中的"市场秩序"应主要指证券市场的秩序,但由于各金融行业之间具有高度关联性,境外违法证券活动的破坏力可能会波及其他金融领域的市场,因而该条款中"市场秩序"不应仅限于证券市场秩序,还应包括银行、保险、外汇等金融领域的市场秩序。③

三是"危害""扰乱""损害"在程度上的模糊性问题。各金融法域外适用条款中,关于"危害国家安全和主权""扰乱境内市场秩序""损害境内相关个人或组织的合法权益"等域外管辖权行使条件的规定,均未对相应的程度作出明确规定。这种抽象和意义模糊的表述,使得金融域外管辖权行使条件在程度的内涵外延上具有较大的模糊空间。例如证券市场中,考虑到跨境证券市场的抽象性、动态性和复杂性,以及厘清证券领域违法行为与损害后果之因果关系的困难性,几乎所有的涉及境内因素的境外证券违法

---

① 参见杨峰:《我国证券法域外适用制度的构建》,《法商研究》2016 年第 1 期,第 175—176 页。
② 参见李翔宇:《我国〈证券法〉域外适用的规范演进与实践进路》,《上海金融》2020 年第 10 期,第 38 页。
③ 参见冷静:《新〈证券法〉"域外管辖条款"适用的相关问题》,《地方立法研究》2021 年第 4 期,第 15 页。

行为都可以被宽泛地认定为"扰乱境内市场秩序"和"损害境内投资者合法权益"。①

(二) 各类条件之间逻辑关系不确定

《反洗钱法》(2021年征求意见稿)第9条第2款、《商业银行法》(2020年征求意见稿)第2条第3款关于域外管辖权的行使条件作出了规定,并将各类条件之间的关系明确为"或"。亦即,只要满足所规定若干条件中的一项,反洗钱和商业银行的行政主体即可启动域外管辖权。

但是,《证券法》《期货和衍生品法》《银行业监督管理法》(2022年征求意见稿)中的域外适用条款,均未明确域外管辖权行使的各项条件之间的逻辑关系。同时,《反洗钱法》(2024年)对2021年的草案版本进行修改,第一个与第二个条件之间的衔接词"或"删除,进而让两个条件之间的关系变得模糊。在规范文本中,证券域外管辖权行使之条件1(扰乱中国境内市场秩序)与条件2(损害中国境内投资者合法权益),期货和衍生品行政域外管辖权行使之条件1(扰乱中国境内市场秩序)与条件2(损害中国境内交易者合法权益),银行业行政域外管辖权行使之条件1(危害中国国家主权、安全、发展利益)、条件2(扰乱中国境内市场秩序)、条件3(损害中国公民、组织合法权益),反洗钱行政域外管辖权行使之条件1(危害中国主权和安全)与条件2(侵犯中国公民、法人和其他组织合法权益),各个条件之间均以逗号连接之。那么,这个逗号应作何种理解呢?全国人大常委会法工委2009年发布的《立法技术规范(试行)(一)》12.3规定:"一个句子存在两个层次以上的并列关系时,在有内在联系的两个并列层次之间用顿号,没有内在联系的两个并列层次之间用逗号。"据此,上述金融行政域外管辖行使的各类条件之间,可以理解为是没有内在联系的并列关系。例如,证券域外管辖权行使的条件1和条件2之间,即"扰乱中国境内市场秩序"和"损害中国境内投资者合法权益"二者之间是没有内在联系的两个并列层次。

然而,基于这种没有内在联系的并列关系,仍然不能明确各条件之间究竟是"并"抑或是"或"的关系。有学者主张,只要满足其中一个就可以启动

---

① 参见于萍:《新〈证券法〉下跨境证券监管制度的完善》,《证券法苑》2022年第3期,第430页。

域外管辖权。① 也有学者认为,应当满足所有列出的条件才能行使域外管辖权。② 还有学者则认为,在目前的法制框架下,证券等相关金融领域的行政域外管辖权的行使,到底是只需要满足其中一个条件,还是需要满足所有罗列出的条件,依然是一个有待解决的疑问。③

(三) 事实要件与法律后果的双重规定

双重规定,又称"混合要件",是指既在事实要件方面包含不确定的法律概念,又在法律后果方面规定行政裁量授权的法律规范。④ 在立法实践中,不乏这样的双重规定法律规范。例如,《期货和衍生品法》第74条规定,期货经营机构违法经营或者出现重大风险,严重危害期货市场秩序、损害交易者利益的,证监会可以对该机构采取责令停业整顿、指定其他机构托管或者接管等监督管理措施。第106条规定,为防范期货市场风险,维护市场秩序,证监会可以采取责令改正、监管谈话、出具警示函等措施。这两个条款的规定,既在事实要件上使用了不确定法律概念(重大风险、损害交易者利益、发生期货市场风险、破坏期货市场秩序等),又在法律后果上规定了裁量授权(证监会"可以"采取一定的措施),属于双重规定性的法律规范。

《反洗钱法》(2021年征求意见稿)第9条第2款中规定反洗钱行政域外管辖权的触发条件,包括危害中国国家安全和主权、扰乱中国金融管理秩序等,同时又规定了行政主体"可以"依照本法有关规定对有关对象进行处理并追责。立足于行政法视角,这一规定属于典型的双重规定。第一层面上,

---

① 参见何俣:《新〈证券法〉的域外效力概论》,《上海法学研究》2020年第22期,第212页;郭金良:《我国〈证券法〉域外适用规则的解释论》,《现代法学》2021年第5期,第180页。
② 参见朱冲:《从瑞幸案看我国证券案件"长臂管辖"为何知易行难》,《证券法苑》2020年第3期,第426页。
③ 参见冷静:《新〈证券法〉"域外管辖条款"适用的相关问题》,《地方立法研究》2021年第4期,第15—16页;郭锋等:《中华人民共和国证券法制度精义与条文评注》(上册),中国法制出版社2020年版,第55页。
④ 参见[德]哈特穆特·毛雷尔:《行政法学总论》,高家伟译,法律出版社2000年版,第141—143页。在行政法学上,不确定法律概念与行政裁量二者之间存在二元论和一元论两种观点。有学者认为这两种观点都包含着部分真理,但在整体上都存在以偏概全的问题。参见王天华:《行政法上的不确定法律概念》,《中国法学》2016年第3期,第86—87页。

该规定在事实要件部分使用了不确定法律概念,包括国家安全和主权、金融管理秩序、中国公民和组织合法权益等。第二层面上,该规定又在法律后果部分使用了"可以",即授权反洗钱行政主体"可以"依照《反洗钱法》有关规定对有关境外违法行为进行查处。

这种双重规定将让反洗钱行政域外管辖权的行使更加扑朔迷离。当行政主体发现境外违法主体实施触发域外管辖条件的违法行为时,既可以对之实施跨境规制,也可以不对其实施跨境规制。在域外管辖条件本身就存在模糊性的基础上,这种双重规定将进一步加剧域外管辖中跨境行政执法的不可预期性。

针对上述双重规定的问题,《反洗钱法》(2024年)第12条对2021年的草案版本进行了修改,对法律后果的规定删除了"可以"二字。即将"可以依照本法有关规定对有关单位和个人进行处理并追究责任",修改为"依照本法以及相关法律规定处理并追究法律责任"。通过对法律后果进行明确,限缩了反洗钱执法主体在是否实施域外管辖执法上的裁量空间,从而有助于提升该跨境执法的可预期性。

三、规则模糊下域外管辖权的滥用与怠用

中国金融域外管辖权行使条件的概括性规定,赋予了跨境规制的行政便宜性,但也埋下了规则模糊所带来的合法性风险。不确定法律概念又被德国行政法学者沃尔夫称为"具有流动性,而不具有固定性特征的类概念"。[1] 行政法上的不确定法律概念的解释适用,其主要作用在于衡量与判断,行政可据此而在执法过程中发挥出自身的专业性和能动性。在某种意义上,立法机关使用不确定法律概念是面对错综复杂的社会现实、多样性与歧异性的规范事实,为行政便宜性所作出的一定让步。而行政在不确定法律概念适用过程中的自主性作用,可能会与法治国家秩序相抵触,特别是可能会出现实质法治维度上的合法性问题。[2] 一方面,法律对金融域外管辖权行使条件的概括性处理,使得该项制度的适用范围具有较广的弹性空间,

---

[1] 参见[德]施密特·阿斯曼:《秩序理念下的行政法体系建构》,林明锵等译,北京大学出版社2012年版,第129—318页。
[2] 参见李建良:《行政法基本十讲》,元照出版有限公司2020年版,第319—331页。

授予了金融行政主体较大的自由裁量权,有助于其积极灵活应对跨境金融活动中的多元多变状况,强化其在复杂跨境金融市场环境中的适应性。[1] 另一方面,这种模糊程度较高的规范,既可能会让金融行政主体在缺乏可操作性标准和实践经验的情况下,懈怠行使域外管辖权,也可能会让其在缺乏法律明确约束的情况下,过度扩张域外管辖权,带来管辖权滥用问题,进而与属地权威产生严重冲突,因而潜藏着合法性风险问题。[2]

从形式合法性角度看,行权条件的模糊化立法处理,可以为金融域外管辖权的各类行使形态提供较为宽泛的形式合法化支持。但是,从实质合法性角度看,金融行政主体滥用或懈怠行使域外管辖权,均将面临合法性风险问题。如下表所示:

表 2-3 规则模糊下金融域外管辖权行使的合法性风险

金融域外管辖权行使形态	形式合法性	实质合法性
滥用金融域外管辖权	合法	不合法
怠用金融域外管辖权	合法	不合法

如表 2-3 所示,由于法律对金融行政域外管辖权行使的条件作了笼统宽泛的规定,因而无论是恣意滥用,抑或是懈怠行使这一权限,均易于被形式合法化。在规则模糊下的广泛裁量空间之中,金融行政主体可以对域外管辖权行使条件作"高门槛"式的理解和执行,对涉及境内因素的相关境外金融违法活动作出行政不作为的选择,这在形式上难被认定为行政违法。金融行政主体也可以对域外管辖权行使条件作"低门槛"式的理解和执行,即对涉及境内因素的相关境外金融违法活动恣意地进行管辖,在形式上亦可合法化。由此,金融行政主体滥用或懈怠行使域外管辖权的行为,均易于在域外管辖权行使条件的模糊规范中找到相当的形式合法性支持。

然而,从实质合法性的视角切入,在行权规则模糊之下,中国金融行政

---

[1] 参见杨峰:《我国证券法域外适用制度的构建》,《法商研究》2016 年第 1 期,第 174—175 页。

[2] 参见张迈:《中国〈证券法〉的域外管辖标准及其适用条件》,《金融法苑》2020 年第 4 期,第 43 页。

域外管辖权的行使面临着潜在的合法性风险。

（一）行使条件模糊会导致金融行政域外管辖权滥用，引致实质合法性风险

金融行政域外管辖权行使条件的宽泛化立法处理，在实践中可能会造成域外管辖权的滥用，进而有悖于效率原则、国际礼让原则和国际合作原则。其一，在不关注或者不区分境外金融行为对境内公私利益所造成的损害大小的情况下，一概机械地启动域外管辖权予以跨境规制，域外管辖的手臂伸得过长，执法机关疲于应付，会浪费宝贵的跨境金融行政执法资源，导致执法效率低下。其二，不加限制地单边扩张金融域外管辖权，不符合国际礼让和国际合作原则，不当损害外国当事人和他国公共利益，对当事人造成过度规制的不当负担。① 行政规制法的域外适用，是一国行政规制权力超出本国领域而进入其他国家领域范围内的一种权力运行机制。② 内国当局对外行使域外管辖权之时，应当以域外管辖的事项与内国的合理利益之间存在真实联系为基础，在权衡是否行使域外管辖权的过程中，不仅要考虑内国的利益，还要适当考虑所涉外国的利益。③ 在全球性金融风险与挑战不断增大的背景下，各国对金融领域的管辖利益深度交融。一国滥用金融行政域外管辖权，将不当侵损属地管辖国的利益，侵害属地管辖国的行政规制权威及其金融主权。

在规制理论中，包容审慎监管是金融监管中的重要原则。具体的行政规制执法过程中，由于各种不同因素之间的交织影响，如何合理地区分危害程度是规制合法化的重要机制，进而避免包容审慎监管在实践中的模糊状态。④ 例如，不对损害程度的大小，以及联结关系的强弱加以区分考虑，仅凭"损害境内投资者合法权益"这一点为域外管辖权联结点，则中国金融行政

---

① 参见侯娅玲:《美国证券法对外适用的法律冲突与协调研究——寻求人民币国际化中我国证券法对外适用之镜鉴》，中南财经政法大学 2018 年博士学位论文，第 202—204 页。
② See Daniel S. Margolies et al., *The Extraterritoriality of Law*, Routledge, 2019, p.1.
③ See James Crawford, *Brownlie's Principles of Public International Law*, Oxford University Press, 2019, p.441.
④ 参见马怀德主编:《行政法学精论》，中国检察出版社 2022 年版，第 163 页。

主体几乎可以管辖境内投资者购买任何境外上市公司证券的交易活动,这就显得域外管辖的范围没有了边界,难以获得域外管辖的合法性。①

过度的规制对经济发展而言缺乏包容性,会加重跨境金融市场主体的行政合规成本,阻碍金融创新,降低本国金融市场对外国资本的吸引力,从而背离关于促进本国经济发展的金融规制立法目的(如《证券法》《期货和衍生品法》第1条的立法目的规定)。例如,内国金融行政主体对境内当事人的境外交易对手进行跨境规制,此类域外管辖的适度运用可以起到保护本国金融市场安全的作用,但过度运用,则可能会使得境外交易对手承担多重法律规制的负担,带来跨境金融规制上的混乱,乃至冲突。②

放任金融行政域外管辖权的滥用,除了执法效益低下和压抑本国跨境金融市场发展的问题外,还会引起域外公私主体对其合法性的怀疑,以及对其进行抵制,乃至对抗反制。这将对域外管辖权的行使构成阻抗,进而陷入行政两造冲突、两国法律冲突和两国执法管辖权冲突的多重被动局面。

(二)规则模糊也会导致金融行政域外管辖权怠用,面临实质合法性问题

模糊的规则,仅能为金融域外管辖权的运行提供一个原则性的规范框架,而难以提供具体明确的指引。这些抽象的判断标准缺乏可操作性、可执行性,当试图将之应用到具体的跨境金融规制个案之时,其尚不足以为金融行政主体是否启动域外管辖权供给明确的判断标准体系。由于制度的可操作性不足,在"用进废退"的制度运行循环中,该项制度可能会逐渐被休眠、被"冷藏"。在行权规则模糊的情况下,行政主体拥有却懈怠行使行政裁量权,从而构成了一种实质违法的裁量瑕疵类型。③

金融域外管辖权行使的各类条件之间,存在逻辑关系不确定的问题,这也会让执法者无所适从。在跨境证券领域中,虽然在多数情况下,针对中国

---

① 参见符望等:《金融法领域的域外管辖与适用研究——以证券法域外适用为例》,《复旦大学法律评论》2022年第2期,第161页。
② See Matthias Lehmann, *Legal Fragmentation, Extraterritoriality and Uncertainty in Global Financial Regulation*, 37 Oxford Journal of Legal Studies 406(2017), p.417 - 422.
③ 参见尚海龙、伊士国:《行政行为专题研究》,知识产权出版社2020年版,第77页。

境内的跨境操纵和内幕交易等方面的境外违法证券活动,既扰乱了中国境内市场秩序,又损害了中国境内投资者合法权益,即同时满足证券域外管辖权行使的所有法定条件。但是,确实也存在只满足其中一个条件的境外证券违法行为。例如,境内合格投资者依法获得一定外汇投资额度后,却违法将该额度转让给境外人士,后者使用该额度进行境外投资,则该行为仅扰乱了境内的外汇管理秩序,但未对境内投资者的合法权益产生损害。又如,中国境内投资者持有美国苹果公司的证券,若该公司的相关行为构成证券欺诈时,会损害中国境内相关投资者的合法权益,但并未对中国境内的市场秩序产生直接的影响。域外管辖权行使的各项法定条件之间的关系不确定性,即不确定是否需要满足所有法定条件才能进行域外管辖,还是只需要满足其中一项即可启动域外管辖。在这种模糊不清的适法困境之下,金融行政主体为避免法律适用错误可能会选择消极回避。①

此外,金融法域外适用条款中的双重规定问题,让金融行政主体拥有"可以"行使也"可以不"行使管辖权的选择空间。在其缺乏域外管辖执法经验,跨境执法资源有限,再加上顾虑到将执法手臂伸入他国会带来两国公权力之间的碰撞,可能引发国际上的非议和不良评价等方面的问题,金融行政主体可能会倾向于懈怠实施域外管辖。由此,金融法域外适用条款可能会长期作为摆设性的"宣示性条款",乃至逐渐沦为"僵尸条款"。

从合法性的角度看,金融域外管辖中的不作为具有隐蔽性、危害性和实质违法性等方面的特征。② 首先,金融域外管辖中的不作为在意思表示和危害后果上具有较强的隐蔽性。行政不作为是行政主体在应然意义上应当履行,在实然意义上可以履行,而最后却没有履行的行为;其与明示拒绝行为不同,后者是在程序和实体上具有明确拒绝的否定性意思表示的行为,而行政不作为在程序和实体上的意思表示均是消极、抑制的。③ 金融行政主体

---

① 参见冷静:《新〈证券法〉"域外管辖条款"适用的相关问题》,《地方立法研究》2021年第4期,第16—17页。
② 参见杨小军:《行政机关作为职责与不作为行为法律研究》,国家行政学院出版社2013年版,第160—181页。
③ 参见杜仪方等:《行政不作为的监督与救济研究》,《政府法制研究》2017年第9期,第38—47页。

应当并可以履行域外管辖义务之时,却在程序和实体上未作出意思表示,这种消极无为具有较强隐蔽性。加之,在过去较长一段时期内,域外适用制度缺位,金融行政域外管辖方面的行政作为"师出无名"。在过去延续下来的惯性认知之中,该领域的行政不作为将会被继续认为是理所当然的,其不作为的不妥适性就被掩盖,进而加剧了这种行政不作为的隐蔽性。同时,消极无为的行政不作为与积极明确的违法作为所带来的危害后果,在外在表现上不同。积极明确的违法行为,其危害后果是明显的,相对人能够直接感知,而行政不作为的危害后果可能难以立即明显呈现,因而具有一定的隐蔽性。其次,危害性方面,这种消极不作为没有履行金融行政权在域外管辖中的规制职责,没有起到维护境内金融市场公共利益和私人合法权益的作用。由此,金融行政主体在域外管辖中的不作为,危害了境内金融市场秩序,侵损了境内金融私主体的合法权益。同时,法律制度没有进入实践层面,也就不具备因制度实践而产生的法律效能,这将减损金融法域外适用制度的权威性和实然效力。最后,金融域外管辖中的行政不作为不符合实质法治的要求。这种行政不作为,在本质上是对金融领域公共利益维护和分配权力的放弃,构成对国家跨境金融规制作为义务的放弃,会让境内金融市场成为境外违法行为栖息的"安全港湾"。因此,金融域外管辖中的行政不作为,违背了金融法域外适用制度的立法目的、立法精神,在实质层面不具有合法性。

概言之,中国金融法设立域外适用条款,固然是涉外金融法治制度建设的一种进步和发展,但该类条款在立法上的概括性、抽象性处理,看似为金融域外管辖权行使提供了规范上的判断标准,实则存在较大的不确定性。在行权规则模糊的情况下,可能会导致域外管辖权的过度扩张或过度收缩,进而影响中国金融行政域外管辖权行使的合法性。①

---

① 参见王洋:《我国证券法域外适用性改革研究》,《金融监管研究》2021年第6期,第75页。

# 第三章

金融法域外适用中行政行为的内容合法性分析

行政行为的内容合法是法定行政主体依法行使权限的结果呈现,本章在上一章关于主体和权限合法性分析的基础上,进入到内容合法性的维度,分析金融法域外适用中行政行为的内容合法性。

本章选取跨境金融行政调查、跨境金融行政处罚、跨境金融行政和解协议三种行政行为展开内容合法性分析。从行政行为的类型化理论看,这三种行为分别体现了行政行为的三大类型。在行政行为类型化中,以是否具有法律效果为标准,行政行为可区分为行政事实行为和行政法律行为;以单方和双方意志为标准,行政法律行为又可进一步区分为单方行政行为和双方行政行为。① 可见,行政行为包括行政事实行为、单方行政行为、双方行政行为三大类型,行政调查、行政处罚、行政和解协议则分别隶属于这三大类行政行为。从金融行政域外管辖的实践来看,这三种行政行为具有典型性。金融法域外适用中行政行为的首要特征是跨境规制性,并表现为上述各类具体的行政行为。在实践中,金融行政主体主要依托制裁性的跨境金融行政处罚,维护跨境金融市场中的本国公共利益。行政处罚一般建立在跨境金融行政调查所获取的信息基础上。但是,金融行政主体在跨境执法中,经常面临跨境金融违法活动的事实难以查明,或者查明成本畸高的困境。因而,金融行政主体会选择与相对人协商,实施行政和解协议。由此,本章所

---

① 参见叶必丰主编:《行政法与行政诉讼法》(第6版),中国人民大学出版社2022年版,第32—33页。

选取的三种行政行为具有一定的典型性,能较为全面地呈现金融域外管辖中不同种类行政行为在内容上的合法性问题。

第一节　跨境金融行政调查内容的合法性意涵及其问题

一、跨境金融行政调查内容的合法性意涵

金融法域外适用中,跨境金融行政调查的内容合法,包括跨境金融行政检查和行政了解两个细分领域的内容合法。在学理上,行政调查的下位概念是行政检查和行政了解。其中,行政调查是指行政主体为了行政决策、执法或实现其他行政目的而获得各类信息的手段和行为;行政了解是指行政主体为决策而向相关组织和个人了解情况、收集信息的过程;行政检查是指行政主体在执法过程中为针对当事人作出一个行政行为而向其强制获取信息的过程。① 在金融域外管辖实践中,跨境金融行政调查包括行政了解和行政检查两类。证券行政主体向域外企业发出问询函,了解并收集相关信息,一般不具有强制性,即为行政了解行为。例如,2015年2月,美国证券交易委员会致信阿里巴巴集团,询问阿里巴巴与原国家工商总局"交锋互动"一事,了解相关背景和其他信息,并强调这份信件不应被解读为阿里巴巴曾违反证券法律或出现了任何错误的行为。② 实际上,行政了解这一行政调查方式,广泛地运用在跨境证券规制中。据统计,2020年在美国市场

---

① 参见胡建淼:《行政法学》(第5版下册),法律出版社2023年版,第642—643页。中国学界对行政调查与行政检查之间的关系存在等同说、并列说与包含说等不同观点。"等同说"认为行政调查与行政检查是通用的概念。参见王敬波:《行政法学》,中国政法大学出版社2018年版,第132页。"并列说"认为二者是相互独立的行政行为,是并列而非包含或等同的关系。参见《行政法与行政诉讼法学》编写组:《行政法与行政诉讼法学》,高等教育出版社2017年版,第252—257页。与本书所认同的观点不同,还有一种"包含说"认为行政检查包含了行政调查。参见黄学贤:《行政检查》,载应松年主编:《当代中国行政法》(第四卷),人民出版社2018年版,第1297页。

② 刘育英:《美国SEC致函阿里巴巴询问与工商总局交锋事件》,载人民网2015年2月14日,http://politics.people.com.cn/n/2015/0214/c70731-26567789.html。

完成首发上市的 33 家中概股公司,在上市申报期间共收到了美国证券交易委员会发出的 131 封问询函,所询问的问题共计有 979 个。① 在美国行政法上,行政检查被视为行政调查的一种方法,即一种广泛运用的、由行政机关通过直接观察取得信息的方法。② 美国公众公司会计监督委员会针对相关上市企业的审计工作底稿,开展跨国检查活动,具有明显的强制性,属于行政检查行为。因此,跨境金融行政调查的内容合法性,在具体向度上包括行政检查的内容合法性和行政了解的内容合法性。明晰行政调查的两种细分类型,将行政了解、行政检查均纳入行政行为法治的视野,有助于全面规制金融行政权在跨境调查领域中的运行,避免出现哈耶克所说的问题——法治上那个"微小的漏洞"将使"每个人的自由都迟早会丧失"。③

跨境金融行政调查的内容应当受到合法性约束。首先,金融法域外适用中的跨境行政调查,是一种公法性质的行政事实行为,④其应当符合公法上的合法性要求。公共行政的事实行为可能是公法性质的,也可能是私法性质的,当公共行政用以实行公法规定的事实行为,或者所依据的法律为公法,且未显示是以私法方式作成,则可将之认定为公法性质的。⑤ 跨境金融行政调查是依据金融规制法中关于域外管辖权和行政调查权的规定而作出的行为,是金融行政主体运用行政权实现跨境金融行政规制目的的一种具体手段,具有公法性质。因而,其应当在公法的合法性框架内运行。其次,跨境金融行政调查在形态上兼具程序性和实体性的特点,内容上的合法性是其整体合法性的重要组成部分。一般而言,行政调查是程序性较强的具体行政行为,也主要通过程序法对其进行规范,但不能由此而遮蔽行政调查

---

① 参见李康等:《中概股美国证券交易委员会问询函浅析》,《中国注册会计师》2022 年第 2 期,第 116 页。
② 参见王名扬:《美国行政法》(上),中国法制出版社 2005 年版,第 328—330 页。
③ 参见[英]弗里德利希·冯·哈耶克:《自由秩序原理》(上),邓正来译,生活·读书·新知三联书店 1997 年版,第 269 页。
④ 中国行政法学教材普遍将行政调查视为一种事实性的行政行为。不过也有个别学者将行政调查视为一个集合概念,即一个涵盖行政法上诸多手段、过程与程序的复杂性术语,而不将之归类为一种行政行为。参见余凌云:《行政法讲义》(第 3 版),清华大学出版社 2019 年版,第 218 页。
⑤ 参见陈敏:《行政法总论》(第 8 版上),新学林出版社 2013 年版,第 611—612 页。

的实体性内涵。① 考虑到行政调查具备程序和实体两方面的性质,对其合法性的审视应兼顾实体内容的合法性,而不应仅局限于程序合法性。金融行政主体在行使域外管辖权过程中所实施的跨境行政调查,在内容上的重要性是不容忽视的。因为这些内容往往会涉及外国相关私主体的个人隐私(如通信隐私)和商业秘密,甚至还涉及相关国家的金融安全秘密。因而,应当重视对跨境金融行政调查的内容合法性控制。

进一步地,从功能上看,金融法域外适用中的跨境金融行政调查,其内容合法具有双重积极意义。

其一,行政调查作为金融行政域外管辖中的一种先期行为,其内容合法是后期行政法律行为内容合法的基础。行政主体的调查义务既来源于行政规制活动运行现实的逻辑要求,也源于依法行政原理的要求。行政现实层面,"信息之于规制,又如血液之于生命"。正如美国行政法学者施瓦茨所言,"情报是燃料,没有它,行政机器就无法发动"②。行政法治层面,行政主体作出某种决定时,依法需要一定的情报支撑,而情报又需要根据法律的安排以一定的方法来收集,由此"和没有理由的行政决定是不存在的一样,可以说没有调查先行的行政决定是不存在的"③。作为先期行为的行政调查之所以是行政规制过程中不可或缺的环节,首因当推其所获取的信息内容为后续行政处理提供了事实基础,"因为拟作出行政行为的合法性取决于对案件事实的合法和深入的调查"④。行政主体通过行政调查而收集到的资料,其内容是否完整、准确将直接关系到以这些信息为依据所作出行政行为的内容合法性。由此,行政调查的内容合法性与后期行政法律行为的合法性密切相连,如果这些信息资料不充分、不准确或者全然错误,必将导致后续相关行政决定在证据、事实等方面的瑕疵和缺陷。⑤ 金融行政系统对行政调查内容合法性有着制度性的需求。例如,《证券期货违法行为行政处罚

---

① 参见黄学贤:《行政调查及其程序原则》,《政治与法律》2015年第6期,第15—24页。
② 参见[美]伯纳德·施瓦茨:《行政法》,徐炳译,群众出版社1986年版,第82页。
③ 参见[日]盐野宏:《行政法》,杨建顺译,法律出版社1999年版,第183页。
④ 参见[德]哈特穆特·毛雷尔:《行政法学总论》,高家伟译,法律出版社2000年版,第466页。
⑤ 参见金自宁:《论行政调查的法律控制》,《行政法学研究》2007年第2期,第80页。

办法》(2021年)第11条规定,中国证监会及其派出机构调查、收集的证据,必须经查证属实后,才能作为认定案件事实的根据。在金融法域外适用的领域中,行政调查在跨境金融市场活动和规制性行政行为之间起着承上启下的重要衔接作用,行政调查的内容合法性影响着其后相关行政处罚、行政和解等规制行为的内容合法性。① 因此,跨境金融行政调查的内容合法,虽然未必能保证后续金融法域外适用中行政决定的内容合法,但它若不合法必然不利于相关后期行政法律行为的合法化。

其二,跨境金融行政调查又具有相对的独立性,其内容合法是该行为本身合法的基础。基于"行政过程论"的研究范式,行政调查既与后续行政决定具有密切关联,又具有相对独立性,其本身就是一个在行政主体与相对人互动下的动态运行过程,是行政目的实现过程中具有独立价值的制度环节。因而,行政调查自身的合法性渊源,应当在其与组织权限、法律依据、规制规范、行政目的的关系上寻求。② 行政调查作为一种具体行政行为,应当受到行政行为合法性一般要件的约束。行政调查本身虽然不直接改变相对人的实体权利、义务,但它可能会影响相对人的法律状态。那么,如果行政调查的内容是违法的,行政调查作为一个整体将在合法性上存在瑕疵,同时内容违法的行政调查也会损害行政相对人的合法权益。具体到基于法律域外适用的跨境金融规制中,跨境金融行政调查是一种具有独立过程的外部行政行为,内容合法性是其整体合法性中一个不可或缺的要素。在中国金融市场上,2014年光大证券"乌龙指"案这一典型案例中,行政相对人杨某某向人民法院提起行政诉讼,其在起诉书中称证监会在行政调查过程中遗漏了重要证据,并篡改了录音时间。③ 杨某某对证监会行政调查内容合法性的质疑,曾引发社会各界广泛关注。④ 若跨境行政调查的内容出现瑕疵,则可能

---

① 参见吕成龙:《证监会行政调查制度的解构与重述》,《证券市场导报》2018年第5期,第72页。
② 参见周佑勇:《作为过程的行政调查——在一种新研究范式下的考察》,《法商研究》2006年第1期,第129—135页。
③ 参见北京市第一中级人民法院行政判决书(2014)一中行初字第2438号,北京市高级人民法院行政判决书(2015)高行终字第942号。
④ 《光大乌龙案百日之际杨剑波喊冤提起诉讼引发多重思考》,载央广网2014年2月17日,http://finance.cnr.cn/gundong/201402/t20140217_514868228.shtml。

会引发跨境金融市场多元主体,以及相关外国金融行政主体对跨境行政调查本身的质疑。由此,立足于内容合法性,应当审视跨境金融行政调查在依据规范、目标指向等方面的合法性,约束域外管辖中跨境金融行政调查权的运行。

二、调查内容涉及政治的合法性问题

(一) 跨境金融行政调查内容的政治性溯源

金融规制公法具有内生的政治属性。从公法的理论视角看,公法研究含有"采取某种具体背景政治理论的制度寓意"①。同时,对于公法而言,"公法涉及确立国家机构设置和规制政治权力之行使的法律安排",因而"公法所调整的法律关系具有根本的政治性",政治性是公法的内生属性。② 从国家权力的理论视角看,管理的存在是为国家建构社会和政治秩序提供方便,这意味着国家调整个人和集体的关系,在现代社会中这种调整机制的核心是公法,并突出地表现为行政法。在这个意义上,不仅每一种行政法理论背后都有一种国家理论,每一种国家理论也必须是一种行政法理论。③ 金融本身是中性的,但金融与国家权力的结合就产生了政治属性。一方面,本国政府对金融市场的规制为国家建构现代金融社会提供了方便,对政治统治有积极的维护功能。另一方面,本国政府放任国内或国外主体对本国金融市场的扰乱,不利于经济社会的稳定,对本国政治统治有积极的威胁。鉴于金融之于现代政治的极端重要性,政治考量一直是政府干预金融市场的主要动力。"那些民选出的人将政府的功能制度化,认为政治在国家的金融货币体系中已经不是政府干预的主要驱动力,这是个天真的想法。"④

---

① 参见[英]保罗·P. 克雷格:《英国与美国的公法与民主》,毕洪海译,中国人民大学出版社 2008 年版,第 5 页。
② 参见[英]马丁·洛克林:《公法与政治理论》,郑戈译,商务印书馆 2013 年版,第 6—8 页。
③ 参见[英]马克·尼奥克里尔斯:《管理市民社会——国家权力理论探讨》,陈小文译,商务印书馆 2008 年版,第 204—205 页。
④ 参见[美]托马斯·F. 卡吉尔:《金融部门、金融监管和中央银行政策》,韩汉君等译,上海社会科学院出版社 2019 年版,第 244—245 页。

跨境金融行政调查内容的政治性,源于公法性金融法域外适用制度内生的政治属性。比较法上,德国经济公法是"凝固的经济政策",其重要规定都来自联邦政府的经济政策。① 在本质上,规制就是政治化的控制对市场作用的直接干涉,是政治对市场外部性进行回应的基本形式之一。② 公法性的金融法域外适用制度,承载着国家权力在跨境金融规制领域的政治意志、政策取向,某种意义上是政治对跨境金融市场的外部性进行回应,因而其制度安排不可避免地体现出一定的政治因素。在政治和经济上处于优势的国家,为了完整地维护本国金融市场安全和利益,防范他国利用跨境金融监管制度的不平衡进行套利,往往会倾向于将强制性金融公法规则的效力范围拓展至本国之外,进而在构筑有利于本国金融法秩序的同时,输出对他国在金融领域的影响力乃至控制力。例如,具有域外效力的金融制裁制度安排,在一定程度上就是一国政治外交政策的扩展和延伸,可以说其是一国为实现外交目的而衍生出来的金融公法跨境规制工具。③

(二) 跨境金融行政调查内容政治性的合法限度

金融域外管辖中,跨境行政调查的内容带有适度的政治性,具有一定合法性基础。以法律的方式赋予金融域外管辖合法性,进而将暗含其中的政治因素法律化,在价值上趋向于法治。金融域外管辖立法中的政治性,决定了相应跨境行政调查行为内容的政治性,属于政治问题法律化在跨境金融规制领域中的具体表现。因而,在法治框架下运行的跨境金融行政调查,其在内容上表现出一定的政治性,是可以在金融域外管辖立法中找到合法性支持的。2015 年 6 月 12 日至 7 月 8 日,中国 A 股市场发生巨幅震荡,出现"千股跌停"等剧烈波动局面,上证综合指数大幅下挫约 30%。时任证监会

---

① 参见[德]乌茨·施利斯基:《经济公法》,喻文光译,法律出版社 2006 年版,第 115—116 页。
② 政治对外部性的回应包括三种基本形式:一是改革法律以使产生外部性的一方对造成的损害负全责;二是对引起外部性的活动进行直接规制;三是对产生外部性的活动征税。参见[美]詹姆斯·M. 布坎南:《宪法秩序的经济学与伦理学》,朱泱等译,商务印书馆 2008 年版,第 97—124 页。
③ 参见徐以升、马鑫:《金融制裁:美国新型全球不对称权力》,中国经济出版社 2015 年版,第 72—73 页。

主席肖钢在2019年的一次演讲中披露,2015年的股市危机不存在境外势力操纵。① 若在中国证券法具有域外效力之后再度出现类似股市危机,中国证监会在对境外相关主体展开跨境行政调查的过程中,可能就会对是否有境外政治势力主导操纵进行调查。

但是,当行政调查内容泛政治化,就会带来合法性的问题。法治代表抽象正义并不意味着执法必然会带来公平正义,因而法律的施行效果取决于由谁来用、如何使用、为何而用等操作环节,在跨国性的法律制度竞争语境下,不当的执法会让法律具有破坏性。② 金融行政域外管辖中,跨境行政调查内容泛政治化,是从政治问题法律化的静态立法过程,进入法律问题政治化的动态执法过程,出现了逆法治化的操作。在规范层面上,跨境金融行政调查内容的过度政治化可能会超越了形式意义上法定的调查范围。若法定调查范围的规定是模糊的,调查内容的泛政治化则可能违反合理性要求,在实质层面上存在合法性风险。同时,从目的指向的合法性来看,行政调查内容的不当政治化,将偏离法治化的目的和跨境金融规制立法目的,构成目的违法。③

此外,若法律对跨境金融调查作出内容泛政治化的授权,则要追问法律本身的合法性,因为这样的规定无疑会减损法律的形式理性,以及法律在实质层面所追求的公平正义。公法固然有内生的政治属性,但又规制着政治权力的运行,也正是这种规制让其反过来成为公共权力的合法性渊源。"在某种程度上存在的金融规制俘获问题,改革的努力应集中于驯服政治"④。因而,应当注意到,跨境金融行政调查内容的泛政治化将影响其合法性,这种现象是跨境金融规制改革未能驯服政治的一种具体表现,进而导致跨境行政调查活动的异化。

---

① 《肖钢:2015年股市危机不存在境外敌对势力操纵》,载新浪财经2019年9月18日,https://finance.sina.com.cn/stock/2019-09-18/doc-iicezueu6738674.shtml。
② See Charles J. Dunlap, *Lawfare Today: A Perspective*, 3 Yale Journal of International Affairs 146(2008), p.148.
③ 参见高家伟主编:《行政行为合法性审查类型化研究》,中国政法大学出版社2019年版,第141页。
④ See Adam J. Levitin, *The Politics of Financial Regulation and the Regulation of Financial Politics: A Review Essay*, 7 Harvard Law Review 1991(2014), p.1995.

(三)跨境金融行政调查内容泛政治化的合法性问题:以美国《外国公司问责法案》为讨论对象

美国《外国公司问责法案》旨在强化美国证券市场信息披露领域中的域外管辖。其于 2020 年 5 月 20 日获参议会通过,2020 年 12 月 2 日获众议院通过,2020 年 12 月 18 日由时任总统特朗普签署。2021 年 12 月,美国证券交易委员会发布《外国公司问责法案》实施细则。

该法案仅设有三节,但存在诸多涉及政治性的行政调查内容。《外国公司问责法案》是对《索克斯法案》的修正,其主要是要求某些外国发行人向美国证券交易委员会披露,关于阻碍美国公众公司会计监督委员会根据《索克斯法案》进行检查的外国司法管辖区的信息。《外国公司问责法案》条文的主要内容如表 3-1 所示。

表 3-1 美国 2020 年《外国公司问责法案》条文的主要内容①

第一节 简称	引述本法时可将之称为《外国公司问责法案》。
第二节 披露要求	(1) 定义。(A)"所涉发行人"是指根据《1934 年证券交易法》第 13 或第 15(d)条[《美国法典》第 15 卷第 78m 节,第 78o(d)]被要求提交报告的发行人。(B)"未检查年"是指就所涉发行人而言,有如下情形的一年:1)美国证券交易委员会根据第(2)(A)款在该年内就所涉发行人在第(A)项所述的每份报告确定所涉发行人的身份,以及 2)在条款颁布之日后开始。 (2) 向委员会披露——美国证券交易委员会应:(A)识别每一个所涉发行人,在编制所涉发行人提交的第(1)款(A)项所述报告中包含的该所涉发行人财务报表的审计报告时,聘请一家注册公共会计师事务所,该事务所的分支机构或办事处符合 1)位于外国司法管辖区,以及 2)美国公众公司会计监督委员会认为,由于外国司法管辖区当局采取的立场,其无法完全检查或调查。(B)要求根据第(A)项确定的每个所涉发行人,按照委员会根据第(4)款发布的规则,向委员会提交文件证明所涉发行人并非由外国司法管辖区内的政府实体拥有或控制。 (3) 3 个"未检查年"后的交易禁令。(A)一般情况。如果美国证券交易委员会确定某个所涉发行人连续 3 年未接受检查,委员会应禁止所涉发行人的证券交易:1)在全国证券交易所进行,或 2)通过委员会管辖范围内进行监管的任何其他方法,包括场外市场交易方法。(B)初始禁令的解除。如果在禁令实施后,所涉发行人向美国证券交易委员会证明,其已聘请了一家注册会计师事务所,而美国公众公司会计监督委员会已根据本节对

---

① See Holding Foreign Companies Accountable Act.

续 表

	该事务所进行了令其满意的检查,则美国证券交易委员会应终止该禁令。(C)未检查年的恢复。如果在美国证券交易委员会根据第(B)或(D)项终止对所涉发行人的禁令后,委员会确定所涉发行人有未检查年,则应禁止其证券交易。(D)后续禁令的撤销。美国证券交易委员会对所涉发行人实施禁令之日起5年期限结束后,所涉发行人向委员会证明,其将聘请注册会计师事务所,且美国公众公司会计监督委员会可以检查该事务所,则委员会应终止该禁令。 (4) 规则。美国证券交易委员会应在本条款颁布之日后90天内颁布规则,规定所涉发行人根据第(2)(B)款要求提交文件的方式和形式。
第三节 其他披露	(a) 定义。"审计报告"具有《索克斯法案》中所规定的含义。"委员会"指美国证券交易委员会。"适用表格"指采用《1934年证券交易法》、《美国联邦法规》第17编第249.310节和249.220f节或任何后续法规描述的表格。"外国发行人"具有《美国联邦法规》第17编第240.3b-4节或任何后续法规中所规定的含义。 (b) 要求。每个属于外国发行人的所涉发行人,且在与其有关的未检查年内,根据《索克斯法案》第104条第(i)款(2)(A)项(《美国联邦法规》第15卷第7214节)中规定的注册会计师事务所(由本法案第二节添加),应在该发行人提交的涵盖上述未检查年度的适用表格中披露:(1)在适用表格涵盖的期间内,该注册会计师事务所为发行人编制了审计报告;(2)在发行人注册或以其他方式组建的外国司法管辖区内,政府实体拥有的发行人股份的百分比;(3)与该注册会计师事务所相关的外国司法管辖区内的政府实体,对发行人是否拥有控制性的财务利益;(4)在发行人或发行人经营实体中担任董事会成员的中国共产党官员的姓名;(5)发行人的公司章程(或同等组织文件)中是否包含任何中国共产党章程,包括任何此类章程的文本。

《外国公司问责法案》中规定的行政检查是一种书面性的行政检查。行政检查可以分为书面检查和实地检查两类。书面检查是指行政主体通过查阅相对人按照要求所提供的书面材料、自查报告,分析、判断相对人是否符合法定条件或是否存在违法行为,从而作出检查结论的检查方式。实地检查是指行政主体直接到相对人的相关活动场所,对相对人的行为是否合法或符合法定条件进行检查的一种方式。[①] 根据《外国公司问责法案》第2节第(2)款和第3节第(b)款的规定,所涉在美上市外国公司及其所聘请的外国会计师事务所,应当向美国证券交易委员会提交相关证明文件或规定的表格内容。美国证券交易委员会制定的法案实施细则要求,发行人应以

---

① 参见刘平:《行政执法原理与技巧》,上海人民出版社2015年版,第276—277页。

电子文件的方式补充提交审计档案。美国证券交易委员会要求当事人提供有关材料并进行检查，即属于一种书面性的检查。同时，根据该法案的规定，美国公众公司会计监督委员会认为，由于外国司法管辖区当局采取的立场，其无法充分地开展实地检查。由此，如果美国公众公司会计监督委员会能够实地全面进行检查，则相关外国发行人及其所聘请的外国会计师事务所，不再负有接受美国证券交易委员会相关书面行政检查的义务。

该书面行政检查的内容具有泛政治化的特点。根据《外国公司问责法案》的规定，所涉在美上市外国公司，以及该公司所聘请的美国境外会计师事务所，向美国证券交易委员会提供的材料中，存在诸多泛政治化的内容。首先，所涉外国发行人应当向美国证券交易委员会提供证明材料，用以自证其并非由政府实体拥有或控制。其次，所涉上市公司的外国会计师事务所应当在所提交的表格中载明，政府实体在该公司所持有的股份比例，并说明政府实体对该公司是否拥有"控制性的财务利益"（controlling financial interest）。最后，有两项披露要求是直接针对中国的泛政治化检查内容。一是提供在所涉发行人或发行人关联经营实体中，担任董事会成员的中国共产党官员的姓名。二是披露所涉发行人的公司章程或其类似组织文件中，是否包含与《中国共产党章程》相关的文本内容。可见，该法案中关于行政检查内容的规定，政治色彩相当浓郁。特别是针对中国执政党的相关内容规定，已经显然地超出了一般跨境金融规制法应有的范畴，进而将证券行政域外管辖中的跨境行政调查内容推向了泛政治化的一端。

对跨境金融行政调查内容合法性的考察，不应限于合法律性。由于《外国公司问责法案》本身具有泛政治化的问题，如果只将合法性理解为合法律性，则美国行政主体依据该法案开展内容泛政治化的行政调查，将可能被认为是全然合法的。然而，若仅把合法性的意义局限于国家制定和执行的实体法上，则公法势必会放弃对某些公权力行为的合法性盘问，这不仅会使公法追求公权力行为合法性的使命在实践中打折扣，还会使得人们难以应对长久以来存在的善法与恶法之争。[①] 由此，对行政行为合法性的盘问，应深究其所依之实体法本身的合法性，即深究实质合法性，而不应止步于合法律

---

① 参见沈岿：《公法变迁与合法性》，法律出版社2010年版，第4—15页。

性的层面。

美国证券交易委员会依据《外国公司问责法案》进行内容泛政治化的书面行政检查活动,将会出现如下合法性问题。

其一,内容上的合法性问题。一是内容上的不确定性问题。根据《外国公司问责法案》的规定,所涉外国发行人需要向美国证券交易委员会提供文件证明其不受外国政府实体控制。但是,美国证券交易委员会制定的法案实施细则中,拒绝为所涉外国公司提供任何该类文件的参考清单,并强调由委员会根据外国公司提供的文件,对该企业是否属于被外国政府实体控制进行个案判断。对于接受检查的当事人而言,"政府实体"的范围界定是模糊不清的,不确定是否涵盖那些由政府出资设立或担保设立的经济组织。同时,"不受外国政府控制"的判断标准也是难以把握的。例如,中国语境下的国资控股公司、公私混合所有制公司和国资参股公司,不确定是否会被一概视为"受政府控制"。同时,外国会计师事务所需要披露政府实体对所涉发行人是否具有"控制性财务利益"。从法案的规定来看,何为"控制性财务利益"同样是不得而知。可见,这些行政检查的内容颇具模糊性,会让当事人提供相关材料之后的法律后果变得难以预测,有悖于法的可预期性。① 二是内容上的公平性问题。《外国公司问责法案》主要是由美国参议员约翰·肯尼迪(John Kennedy)于2019年3月提出的。肯尼迪毫不讳言,该法案主要就是针对在美国上市的中国企业而提出的。具体而言,法案第3节第(b)款(4)和(5)两项,要求来自中国的发行人披露董事会成员中的共产党官员名字,以及公司组织文件(章程)中有关中共党章的相关内容,明显违背行政行为在内容上的公平性要求。换言之,这些内容规定对中概股而言具有明显的歧视和偏见,使得中概股面临着在行政检查内容上不合理的差别对待。② 三是内容上的比例性问题。在美国行政法上,就行政检查的内容而言,应该考虑其"对于行政机关职责的正确履行来说的必要性,包括信息是否(有)实际效用",并据此可以判定,"行政检查具有双重特征,要么被认定

---

① 参见马更新等:《〈外国公司问责法案〉的美式"安全观"及中国应对方案》,《商业经济与管理》2020年第9期,第85—86页。
② 参见范黎波、张昕:《美国〈外国公司问责法案〉的影响及应对》,《开放导报》2021年第5期,第67页。

为与规制措施不相符,要么成为确保与之相符的手段"①。根据法案的规定,要求外国公司提供相关材料接受行政检查的起因在于,美国公众公司会计监督委员会无法完全实施实地的跨境检查。但是,法案中所规定的检查内容,侧重于强制性地要求所涉外国发行人披露"政治性"信息,而非证券领域相关的内容,这与美国公众公司会计监督委员会检查外国会计师事务所的本原目的无关。② 因而,这些行政检查的内容与所欲实现的美国跨境证券规制的目的之间,不具有合理的内在联系,所规定的检查内容也超了跨境证券规制的合理范围。

其二,动机上的合法性问题。金融法域外适用制度的制定和执行,应以维护跨境金融市场中公共利益和私人合法权益为基本动机,而不应作为跨国政治压制,以及干预他国政治法律制度的非理性工具。美国的做法表面上是以法律理性的形式加强跨境证券市场规制,强化外国发行人的信息披露,但其中针对中国的泛政治化行政调查内容,超越了美国证券市场的正常信息披露范畴,显现出背离法治化的明显不当政治目的。③ 一方面,该做法不当干预了他国的法制安排。根据中国《公司法》(2005 年)第 19 条的规定,在中国境内设立的公司,均应当根据《中国共产党章程》的规定在公司中设立党组织,开展党的活动。2023 年新修订的《公司法》,则进一步在第 170 条新增规定,"国家出资公司中中国共产党的组织,按照中国共产党章程的规定发挥领导作用"。美国针对中国的跨境证券行政检查内容,矛头直指中国关于公司党组织建设的法律制度,企图通过对公司进行合规性施压,弱化中国上市公司的党建,否定中国在这方面的法制安排。另一方面,该做法不仅未能起到通过行政检查督促当事人守法的效果,④还会使得境外当事人陷入合法"两难困境"。跨境上市企业一般都受到母国和东道国的双重法律

---

① 参见[美]皮特·L. 施特劳斯:《美国的行政司法》,徐晨译,商务印书馆 2021 年版,第 332—333 页。
② 参见沈建光等:《美国〈外国公司问责法案〉的影响和应对》,《国际金融》2020 年第 8 期,第 41 页。
③ 参见谢海霞、陈春晖:《跨境审计监管:后美国〈外国公司问责法〉时代的选择》,《中国注册会计师》2021 年第 12 期,第 115—116 页。
④ 行政检查具有督促相对人守法,保障行政法律秩序正常化的作用。参见章剑生:《现代行政法专题》,清华大学出版社 2014 年版,第 85—90 页。

规制。在美上市中国公司特别是国有企业,若迫于美国《外国公司问责法案》中关于检查内容的合规压力,在公司组织文件和领导结构中弱化党的建设和党的领导,则存在违反中国《公司法》等法律规定的风险。若其不作弱化式的调整,则可能面临着美国方面的后续处罚。因而,美国《外国公司问责法案》对行政检查内容的过度政治化规定,将相关当事人置于一种"被动违法"的尴尬境地,这将导致跨境证券规制中的行政法律秩序非正常化。①

三、调查内容涉及秘密的合法性问题

跨境金融行政调查是行政主体基于金融法域外适用而收集信息的活动,所取得的信息内容往往会在不同程度上涉及跨境金融领域的个人秘密、商业秘密和国家秘密。在一般意义上,当行政调查内容所获取的秘密超出必要的范围,或获取秘密是出于不当的动机目的,会违反行政调查在内容合法性上的要件,即违反合比例性或目的适当性的要求。②

与域内管辖相比,金融行政域外管辖中的行政调查内容涉密具有特殊的合法性问题。在一国领土范围之内的金融规制中,法律往往会在关于金融行政调查的授权中,允许金融行政主体取得涉及个人、商业乃至国家层面的秘密信息。与此同时,为了约束金融行政调查权,法律一般会配套规定其保密义务。例如,中国 2019 年《证券法》第 170 条授权证监会查阅、复制与被调查事件有关的通讯记录、交易记录、财务会计资料等。该法第 179 条则规定证监会工作人员不得泄露有关个人和单位的秘密。美国行政法上,被调查人为了保护隐私,或者害怕政府滥用、泄露所提供的信息让自己处于不利竞争地位,进而不愿意配合行政调查。对此,行政主体可以通过三种调查方法强制取得信息:(1)要求被调查者按照规定的格式或内容制作文件或档案,或者提出报告;(2)检查被调查者所使用的文件档案和建筑物;(3)发出传票,要求被调查者提供文件档案、账簿,或出席作证。③ 在美国开放政府的

---

① 参见梁咏:《〈美国外国公司问责法〉实施细则对中概股的影响及对策》,《海外投资与出口信贷》2022 年第 3 期,第 29 页。
② 参见[日]市桥克哉等:《日本现行行政法》,田林等译,法律出版社 2017 年版,第 181—189 页。
③ 参见王名扬:《美国行政法》(上),中国法制出版社 2005 年版,第 328 页。

法制框架下,行政调查所获取信息可以因国家安全、商业秘密和个人隐私的事由而豁免于公开。特别地,行政主体规制金融机构过程中所制作的信息,一概豁免于公开。但是,2008年全球金融危机揭示,金融规制所收集的信息处于完全秘密可能会导致危险,因而关于金融规制信息的豁免条款应当被限缩。① 在一国之内,法律既赋予金融行政主体调查涉密内容的权力,又对其科以保密的义务,可以使得金融行政调查内容涉密实现合法化。同时,基于领土主权,即国家对其领土范围内的人和事物拥有最高权力,②金融行政权作为国家权力的一种,依照国家法律收集处于国内的金融领域涉密信息,并辅以法定保密义务,具有正当性。但是,进入金融域外管辖的执法情景,跨境行政调查内容涉密的合法性问题变得复杂化。金融域外管辖所欲调查的涉密内容,是处于其他国家的个人、商业秘密,甚或是其他国家的国家秘密。此时,一国公权力可借跨境金融行政调查而掌握其他国家的秘密。若不对跨境金融行政调查涉密内容的程度、范围和目的加以规制,则这种调查可能会侵犯境外相对人的隐私权,或异化为刺探他国金融领域商业秘密、国家秘密的不当行为,进而侵损他国金融机构的国际竞争力,危害他国金融安全,出现金融行政权跨境"作恶"的现象,偏离涉外行政法治的价值预设。③

在美国对在美上市中国企业的跨境行政调查实践中,长期存在着一个争议焦点——关于存放在中国境内的"审计工作底稿"之涉密性质,以及美国证券行政主体获取该材料的合法性问题。

在美国法上,境外审计工作底稿是美国跨境证券行政调查的重要内容。《索克斯法案》第102条(a)规定了会计师事务所的"强制注册"义务,没有在美国公众公司会计监督委员会办理注册的会计师事务所,其出具或参与编制发行人审计报告的行为,均为违法。因此,为在美上市公司提供审计服务的外国会计师事务所,应当在美国公众公司会计监督委员会办理登记注册,并接受其监督。该法案的第106条(b)规定,在美国证券交易委员会或公众

---

① 参见[美]理查德·J.皮尔斯:《行政法》(第5版第1卷),苏苗罕译,中国人民大学出版社2016年版,第276—300页。
② 参见邵津主编:《国际法》(第5版),北京大学出版社2014年版,第102页。
③ 参见章志远:《行政法学总论》(第2版),北京大学出版社2022年版,第324页。

公司会计监督委员会对审计报告进行调查的时候,外国会计师事务所应当向其提供相关的审计工作底稿。《多德-弗兰克法案》第929J条进一步规定了对外国会计师事务所全部拒绝或部分提供审计工作底稿等材料的处罚,违法的外国会计师事务所在美提供审计服务的资格将被剥夺。

美国当局认为,审计工作底稿不会涉及一国安全敏感信息。美国证券规制主体认为,审计工作底稿主要涉及的是上市企业在财务方面的信息,审计的卷宗里应该不会出现涉及国家安全的秘密信息或敏感信息。美国公众公司会计监督委员会对相关外国会计师事务所的认定不是个体性会计机构意义上的认定,而是对其所在整个法域意义上的认定,因而委员会必须从所有涉及中概股的会计师事务所处获取审计工作底稿。如果中国监管机构认为某些企业因涉及重要敏感信息而不能履行义务,则可考虑让此类企业主动退市。①

然而,在中国法上,审计工作底稿涉密,具有较严格的保密要求,非经法定审批程序不得出境。中国证监会、国家保密局、国家档案局于2009年共同制定的《关于加强在境外发行证券与上市相关保密和档案管理工作的规定》(于2023年3月31日失效),首次对审计工作底稿的秘密性质作出规定,并规定其非经法定程序不得出境。该规定的第6条第1款强调,为境外发行证券与上市提供服务的证券机构在境内形成的工作底稿等档案,应当存放在境内。第2款规定,工作底稿涉及国家秘密、国家安全或者重大利益的,未经主管部门批准不得出境。中国证监会2011年出具的《关于部分会计师事务所向境外提供审计工作底稿等档案文件的复函》,以及财政部2015年发布的《会计师事务所从事中国内地企业境外上市审计业务暂行规定》,均对审计工作底稿的涉密性和不出境原则进行强调。中国证券会、财政部、国家保密局、国家档案局于2023年2月联合发布的《关于加强境内企业境外发行证券和上市相关保密和档案管理工作的规定》第9条规定,证券机构为境内企业

---

① YJ Fischer, *Resolving the Lack of Audit Transparency in China and Hong Kong: Remarks at the International Council of Securities Associations (ICSA) Annual General Meeting*, U. S. Securities and Exchange Commission (May 24, 2022), https://www.sec.gov/newsroom/speeches-statements/fischer-remarks-international-council-securities-associations-052422.

境外发行上市提供服务过程中,在境内所形成的工作底稿应当存放在境内,需要出境的,按照国家有关规定办理审批手续。中概股中不同行业公司的审计工作底稿可能涉及的秘密信息如表 3-2 所示。

表 3-2 境外上市中国企业不同行业的审计工作底稿可能涉及的秘密信息

行业	代表性公司	可能涉及的秘密信息
能源	中石油、中石化、中海油	油田的位置和数量,开采设施坐标和开采技术,石油等能源的存储量
通信	中国移动、中国电信、中国联通	服务器设备,数据库,卫星地面站基建,应急通信装备
互联网	阿里巴巴、京东、美团	人工智能技术,应用平台所汇聚的大数据
交通运输	东方航空、滴滴出行、中通快递	交通基础设施坐标,个人用户隐私信息,国家机关建筑信息

美国对中概股的审计工作底稿进行跨境检查,与中国保护本国证券领域和相关行业公私主体秘密的诉求存在一定冲突。根据美国公众公司会计监督委员会的定义,审计工作底稿是指审计师据以作出审计结论的书面记录,这些记录应当可以支持审计师在审计报告中或其他任何文件中的陈述。[1] 从美国跨境证券规制的角度看,审计工作底稿是支撑审计结论的"一手素材",包含着丰富的审计证据,详细记载了能够全面反映上市公司财务和商业运营状况的证据,证券行政主体可以由此而获取详尽的数据信息,进而从中找出跨境规制的线索和材料支持。

但从中国的角度看,由于审计工作底稿可能涉及个人、商业甚至国家秘密,对外国当局"全盘托出",会外泄秘密而使私人合法权益受损、企业处于不当竞争地位、国家安全受到威胁等。[2] 结合表 3-2,例如能源行业中,在美国上市的中石油、中石化等大型央企,其审计工作底稿可能会包含油田位置和数量、国家战略能源储备量、能源开采设备和技术等敏感信息,涉及商业

---

[1] AS 1215: Audit Documentation, Public Company Accounting Oversight Board, https://pcaobus.org/oversight/standards/auditing-standards/details/AS1215.

[2] 参见彭志杰:《破解中概股退市困局:论中美跨境审计监管合作机制构建》,《南方金融》2022 年第 10 期,第 85 页。

和国家秘密,与国家能源安全息息相关。① 还有一些企业的审计工作底稿因涉及个人社交、行业核心技术、政务活动信息等异构的数据,而呈现出交叉融合的多元涉密形态。如交通运输工业方面的在美上市企业,其底稿信息可能涵盖了中国交通基础设施布局、建设技术及具体坐标等内容,同时也可能包含了基于海量客户信息而"刻画"出来的用户消费习惯和需求。② 滴滴出行于 2021 年 6 月 30 日在纽约交易所挂牌,中国网络安全审查办公室在其上市两天后即对其进行立案审查,主要原因就是该公司可能在上市过程中向美国当局不当提供了涉密信息。这些信息可能包括中国境内的地理测绘信息,相关公私主体的建筑景观信息,以及基于云计算、大数据等技术分析形成的个体客户信息。③ 因而,从宏观上看,国内各行业大型企业的审计工作底稿,一旦被外国公权力深入掌握,纵横交错的信息网所蕴含的各个领域相对完整的经济技术结构,乃至全国整体经济技术走向,都可能被外国当局知悉,且具体的证据亦会被外国当局握在手中,这不利于国家经济技术安全。④ 由此,在金融域外管辖的跨境行政调查中,过度获取他国秘密,将面临内容合法性的挑战。

第二节 跨境金融行政处罚内容的裁量性及其合法性问题

一、跨境金融行政处罚内容的裁量性

罚款是金融行政处罚措施的主要类型,且具有罚款金额高的特点。

---

① 参见李有星、潘政:《论中概股危机下中美跨境审计监管合作》,《证券市场导报》2020 年第 10 期,第 74—75 页。
② 参见冯慧敏:《中美审计监管合作背景下中概股审计底稿档案跨境流动问题研究》,《档案管理》2023 年第 2 期,第 79 页。
③ 参见冯慧敏:《中概股审计底稿信息和数据跨境流动困局的形成与纾解》,《中国注册会计师》2022 年第 11 期,第 74 页。
④ 参见张崇胜:《新中概股危机:审计底稿、证券监管与国家主权》,《中国注册会计师》2022 年第 2 期,第 112 页。

金融行政处罚一般包括财产罚、资格罚、声誉罚等类型。其中,财产罚又分为罚款和没收两类;资格罚即限制、暂停或剥夺违法行为人的金融从业资格;声誉罚即对金融违法行为人予以谴责和告诫(例如警告)。① 由于金融市场具有较强的投机性、广泛的参与性、风险的传染性等特征,各国普遍制定较为严厉的行政处罚法律,对金融市场的违法行为进行打击。20 世纪末以来,随着金融规制由自律规制逐步转向行政规制,各国纷纷通过立法变革赋予或强化金融规制主体的独立罚款权。② 在金融法制安排上,罚款是追究金融违法行为人法律责任的主要措施。例如,中国《证券法》(2019 年)之"法律责任"篇章中,其第 180 条至第 214 条关于追究违法行为人的行政处罚措施中,每一个条文中均含有罚款的规定。在金融行政执法中,罚款也是行政主体对金融违法行为人处以行政处罚的核心措施。如 2022 年 1 月至 2023 年 6 月,中国证监会发布的 107 份行政处罚决定书中,就有 105 份实施了罚款,占比 98.13%;仅有 2 份没处以罚款,而科以资格罚(分别撤销违法行为人的证券服务业务许可和证券投资咨询业务资格)。③ 此外,金融规制领域的罚款金额高。据统计,美国证券交易委员会(SEC)、德国联邦金融管理局(BaFin)和司法局(FOJ)、英国金融行为监管局(FCA)、法国金融市场管理局(AMF)这五个金融监管机构,2022 年实施的罚款总额达到 70 亿美元。④ 其中,在 2022 财年,美国证券交易委员会对证券违法行为处以罚没款的总额超过 64 亿美元,是有史以来的最高纪录,远高于 2021 财年的 38.5 亿美元。⑤

---

① 参见张树义、罗智敏主编:《行政法学》(第 3 版),北京大学出版社 2021 年版,第 233—235 页。
② 在这之前,一些国家的金融规制机构并无直接对违法行为进行罚款的权力,而只能通过向法院提起执法诉讼的方式对违法行为人处以罚款,如英国。参见刘宏光:《证券监管机构如何罚款?——基于行政裁量基准视角的研究》,《财经法学》2020 年第 4 期,第 87 页。
③ 根据中国证监会官网关于行政处罚决定所公开的信息进行整理。其中未处以罚款的 2 份行政处罚决定书分别为中国证监会行政处罚决定书〔2022〕9 号和〔2023〕31 号。
④ *SteelEye's Financial Services Fine Tracker 2022*, SteelEye (January 31, 2023), https://www.steel-eye.com/news/steeleyes-financial-services-fine-tracker-2022.
⑤ *SEC Announces Enforcement Results for FY22*, U. S. Securities and Exchange Commission (November 15, 2022), https://www.sec.gov/newsroom/press-releases/2022-206.

中国证监会2023年罚没款的金额为63.89亿元。[①]

罚款的裁量性在跨境金融行政处罚领域中表现突出。当法规范构成要件成就时,可能发生N种法效果,由行政主体从中选择一种法效果,即为行政裁量。[②] 跨境金融行政处罚法一般都对罚款的幅度作出弹性较大的规定,从而授予行政主体广泛的裁量权。例如,美国《索克斯法案》,其第105条规定赋予美国公众公司会计监督委员会针对会计师事务所违法行为的处罚裁量权,由其对每次违法行为的每一个自然人、每一其他人(非自然人)分别处以不超过10万美元和不超过200万美元的罚款。又如德国1990年《有价证券销售说明书法》第17条规定,对未依法公布有价证券销售说明书的发行人可处以50万欧元以下的罚金。上述两个法律条款,在最大金额"以下"的弹性幅度内,都属于行政主体的裁量空间。

中国跨境金融行政处罚法上,罚款内容幅度亦预留了广泛裁量空间。近年来,中国金融监管领域在立法完善的过程中,加大了对金融违法行为在财产上的处罚力度,显著增加金融违法成本,同时也拓展了金融行政主体在实施罚款时的裁量空间。中国金融监管法上关于各类违法行为的行政处罚规定,通过金融法域外适用条款的"接驳",即可适用于相关针对中国金融市场的境外违法行为。

2019年《证券法》提高了对各类违法行为罚款的最低金额和罚款最高金额,大幅度提升证券违法的成本。与此同时,罚款金额的法定幅度也被明显拓宽。例如,对于欺诈发行且尚未完成发行的违法行为,罚款额度由2005年《证券法》所规定的30万至60万元,大幅提高到200万至2000万元。据此,行政主体对该类违法行为的处罚选择空间,由原来的30万元(以60万减去30万),迅速跃升至1800万元(以2000万减去200万)。对于已完成发行的欺诈发行活动,罚款额度由2005年《证券法》所规定的非法募集资金金额的1%至5%,提升到非法募集资金金额的10%至100%。行政主体的处罚选择空间,随之由非法募集资金金额的4%(以5%减去1%),提高到该金额的

[①] 《中国证监会2023年法治政府建设情况》,载中国证券监督管理委员会网站2024年4月10日,http://www.csrc.gov.cn/csrc/c100028/c7473071/content.shtml。

[②] 参见章剑生:《现代行政法总论》(第2版),法律出版社2019年版,第101页。

90%(以100%减去10%)。

2022年制定的《期货和衍生品法》第145条规定,为境内市场主体提供相关服务的境外期货交易场所和期货经营机构,未向国务院期货监管机构申请注册的,处以违法所得1倍至10倍的罚款;没有违法所得或违法所得不足50万元的,处以50万元至500万元的罚款。中国证监会根据该法律条款,对相关境外期货市场主体的违法行为实施跨境处罚时,在罚款金额的选择上具有较大裁量空间。

跨境金融行政处罚裁量不仅包括上述的选择裁量,还包括决定裁量。行政裁量分为决定裁量和选择裁量,前者是指行政主体有权决定是否作出某种合法处置,后者是指行政主体在数个不同的合法处置中选择作出某一处置。[1] 上述金融行政主体在罚款幅度范围内选择作出某一金额的处罚,即为选择裁量。例如,根据《期货和衍生品法》第142条第1款规定,为境内期货交易及相关活动提供信息技术系统服务的境外机构,未向国务院期货监管机构备案的,"可以"处20万元以下的罚款。在该条款中,行政主体对是否作出罚款有裁量权,即为决定裁量;在决定处以罚款后,在20万元以下的幅度内处以哪一金额的罚款,即为选择裁量。故该条款既授予了行政主体决定裁量权,又授予其选择裁量权。

本质上,跨境金融行政主体根据法律的授权,对境外违法行为人决定是否作出罚款或确定罚款金额的过程,就是行政主体行使裁量权的过程。因此,随着金融规制法对违法行为人的打击力度增大,法定罚款金额及其幅度的提升,金融行政主体在实施跨境金融行政处罚过程中的裁量空间也随之增大。

二、合法性困境:裁量下的积极与消极跨境规制冲突

(一) 跨境金融行政处罚内容裁量的主观意志性

在现代行政法上,裁量的目的在于实现个案正义,裁量的行使以行政主体就个案作出为原则。[2] 法律赋予行政主体处罚裁量权,亦旨在实现个别案件的正义,行政主体可以一方面斟酌法律的目标,另一方面在考虑具体的情况

---

[1] 参见翁岳生编:《行政法》(上册),中国法制出版社2009年版,第261—262页。
[2] 参见陈敏:《行政法总论》(第8版上),新学林出版社2013年版,第183页。

下,针对该个案寻求一个合乎目的的适当解决方案。① 可以说行政处罚裁量是在法治理念下基于具体情境追求形式正义与实质正义的产物。但是,又应当注意到,行政处罚裁量的不当运用反而会成为追求法的正义价值的"绊脚石"。

跨境金融行政处罚的内容裁量具有情境性与主观意志性,内生性地带有合法性风险。② 基于法律域外适用的跨境金融行政处罚,普遍存在着行政裁量,这有助于行政主体在具体情境中整合规范与事实,将跨境金融规制所面临的多元复杂情境涵摄入具有包容性的规范中,弹性回应跨境金融规制中具体情境的差异,灵活地协调形式公正与个案公正,并利用有限的跨境执法资源提升行政效能。同时,这也契合金融市场全球化的法律规制竞争环境,为反制他国金融公法不当域外适用预留弹性空间。一国金融行政主体在特定时期可以运用跨境金融处罚裁量权,对他国的歧视性跨境金融行政执法作出反制性回应。但是,行政裁量充斥着选择的机会,使得包括行政处罚在内的各类行政行为,需要在不确定的情况下对模棱两可的问题作出判断和选择,因而不可避免地渗透着裁量实施者的主观意志。在主观意志活动的"黑箱"里,容易滋生裁量瑕疵的问题,弱化行政行为的合法性根基。例如,一国公权力为了压制他国的金融发展或基于其他不正当目的,滥用行政裁量权,不合理地处罚他国境内的金融违法行为,其合法性基础不足。

(二)行政处罚裁量与跨境金融双重规制结合生成积极和消极冲突

跨境金融市场规制领域,各国在维护本国规制利益的出发点上形成了双重规制架构。根据传统规制理论的观点,对溢出外部性的补偿是实施规制的正当化理由,外部性会造成损失(溢出成本),也会带来收益(溢出收益)。③ 在跨境金融市场领域,如果发生一国的金融行为对另一国产生了损害,即造成了跨国性的溢出成本;如果一个国家放松金融规制,吸引了严加规制的另一国的资本流入,则造成跨国性的溢出收益。由此,跨境金融市场

---

① 参见陈清秀:《行政罚法》,法律出版社 2016 年版,第 281 页。
② 行政裁量具有普遍性、有限性、情境性和意志性的特质,这也是行政裁量权区别于其他行政权的所在。参见郑春燕:《现代行政中的裁量及其规制》,法律出版社 2015 年版,第 43—50 页。
③ 参见[美]史蒂芬·布雷耶:《规制及其改革》,李洪雷等译,北京大学出版社 2008 年版,第 34—35 页。

的活动突破了一国物理空间的界线,使两个或多个金融市场部分地交融关联起来,外部性得以跨国流动。那么,站在各国维护本国规制利益的立场看,原本以国界(边境)来划分规制权行使边界的运行模式已不再奏效。因而,对于跨境金融市场的规制,以地域属性来划分规制权属的规制架构,逐渐被以各自规制利益为根本的双重规制架构所取代。例如,一国企业赴境外上市,其既受到上市地所在的东道国规制,又受到企业注册地或经营地所在的母国规制。其中,东道国对上市企业在母国所发生的行为的规制,以及母国对上市企业在东道国所发生的行为的规制,均属于基于法律域外适用的跨境规制。

行政裁量与跨境金融市场双重规制架构的结合,生成积极与消极两个层面的跨境规制冲突。在立法的授权下,跨境金融行政主体在实施规制过程中普遍拥有裁量权。① 同一个跨境金融行为,受到两个不同行政主体的规制,进入两个规制者的裁量范围之中,在这种情况下,会出现积极和消极两种不同向度的跨境规制冲突。②

积极的跨境规制冲突,会带来规制重叠的局面。母国基于域外管辖权对本国赴境外上市企业的境外行为实施跨境规制,叠加东道国对该上市企业行为实施属地规制;或者是母国基于属地管辖权对境外上市企业在本国发生的行为实施属地规制,叠加东道国基于域外管辖权对该企业在母国的行为实施跨境规制,此两种情形均形成了积极的跨境冲突,造成规制重叠的局面。规制重叠中,会给跨境上市公司带来两国法律冲突与合规成本高的困扰,也会给投资者带来交易成本高昂的困扰。③

---

① 但也有例外。日本法上,金融行政处罚基本没有裁量空间。日本《金融商品交易法》对罚金的计算方法进行了详细的规定,罚金的金额一般不会根据行为者的属性以及样态等因素而调整,不允许通过裁量予以增加或减少。因为,罚金制度是未经司法程序而进行处罚的制度,日本在制度设计上的理念就是要减少行政机关的自由裁量空间。参见朱大明、陈宇:《日本金融商品交易法要论》,法律出版社 2017 年版,第 219—678 页。
② See John C. Coffee, *Competition Versus Consolidation: The Significance of Organizational Structure in Financial and Securities Regulation*, 2 The Business lawyer 447(1995), p.466 - 467.
③ 参见陈楚钟:《跨境上市监管的国际合作与协调——监管冲突的全球治理》,经济科学出版社 2013 年版,第 37—42 页。

消极的跨境规制冲突,则会带来规制漏洞局面。例如,为鼓励企业跨境上市发展,母国可能会在裁量权范围内放松对跨境上市企业境外行为的规制。同时,为吸引境外企业来上市,东道国也可能会在裁量权范围内对这些企业实行低标准的规制。这两种裁量交织则会形成规制漏洞。

(三)积极和消极跨境规制冲突的表现:规制过度和规制不足

行政裁量下的积极跨境规制冲突表现为规制过度,即规制重叠使得同一金融违法行为所受到的累加处罚畸重。跨境金融行为的属地规制和域外管辖规制之重叠区域,在本质上就是不同国家金融市场规制公法的累加适用(cumulative application)的区域,即同一跨境金融行为受到两个或者多个国家的金融公法的调整。① 由此,特定跨境金融违法行为在对两个或多个金融市场产生负面影响时,其将面临着来自不同国家的具有属地效力或者域外效力的金融公法的累加适用,可能会被同时处以行政处罚。规制是一种目的性活动,以目的为导向,强调规制目标和结果。② 从规制与行政法的关系来看,就经验性的问题而言,规制进路关注的是行政法的社会影响;就规范性的问题而言,规制进路关注的是行政法作为实现目标的工具的效果。③ 当不同的规制主体在不同的规制目标导向下,以及缺乏沟通协调的情况下,对进入自身规制"射程"的同一违法行为都施以了制裁性规制,就可能会产生规制过度的现象。对于同一跨境金融违法行为,不同金融行政主体在法定的裁量范围内,若均选择了处以金额较高的处罚进行惩处,将引发积极的跨境规制冲突,并在法律后果上表现为对同一跨境金融违法行为的规制过度。

例如,在中国境内设立的会计师事务所,其为同时在上海和纽约证券交易所上市的中国境内企业提供审计服务。若其向美国证券规制当局出具的

---

① See Francisco J. Garcimartin Alférze, *Cross-Border Listed Companies*, 327 Recueil des Cours 9(2007), p.81-82.
② 参见[英]科林·斯科特:《规制、治理与法律:前沿问题研究》,安永康译,清华大学出版社2018年版,第17页。
③ 关于行政法的进路,除了规制进路外,还有法律进路。经验性层面,法律进路关注行政法的内容;规范性层面,法律进路关注行政法的目标(或价值)。参见[澳]凯恩:《作为管制的行政法》,付宇程译,载罗豪才、毕洪海编:《行政法的新视野》,商务印书馆2011年版,第79页。

审计报告存在虚假记载,并获得审计服务费收入20万元人民币,美国公众公司会计监督委员会根据《索克斯法案》第105条的规定,在裁量范围内处以200万美元的顶格罚款。由于该企业同时也在上海证券交易所上市,会计师事务所向美国当局提供的审计报告存在虚假记载问题,这一违法行为也对中国境内的证券市场产生了一定影响。此时,若中国证监会对该境外违法行为实施域外管辖,并依据2019年《证券法》第213条第3款的规定,对同一违法行为在裁量范围内同样处以顶格处罚,即500万元的处罚,则可能会造成"规制过度"的问题。若该中国境内企业在上海、纽约上市之外,还同时在伦敦证券交易所上市,①这一违法问题还受到了英国证券规制当局的顶格处罚,三国证券公法累加适用,三只"规制手臂"强强交织,进而带来"规制过度"的现象。

行政裁量下的消极跨境规制冲突表现为规制不足,即规制漏洞使得跨境金融违法行为所受到的处罚畸轻。在全球竞争的压力下,当代国家已经成为竞争国家(competition states),而跨国竞争对规制产生的影响存在两极分化,即逐底竞争(race to bottom)牵引规制走向宽松化,而反方向的逐顶竞争(race to the top)牵引规制走向严苛化;虽然在金融市场居于强势主导地位的国家不需要以螺旋式下行的"逐底"方式回应其他国家实施的规制竞争,但一些金融市场较弱的国家,它们的政府有动力展开逐底竞争,进而以较为宽松的监管制度强化本辖区对资本的吸引力。② 行政处罚是对违法行为人权益特别是经济利益的剥夺、限制,具有较强的制裁性和惩处性。为了在规制竞争中塑造本国金融市场的对外吸引力,一国金融规制主体可以在法定裁量范围对涉及本国利益的境外违法行为一概处以较轻的处罚,或不予处罚。换言之,其可以在决定裁量中作出不处罚的裁量决定,或在选择裁量中确定金额较小的罚金。而对于该违法行为的所在国而言,当其认为该违法行为并非损害本国金融市场的秩序,亦可以运用裁量权对该行为不予

---

① 现实中,有一些中国境内的企业在境内外三地或四地同时上市。如中石化同时在上海、纽约、香港、伦敦的证券交易所上市,中国人寿、华能国际同时在上海、香港、纽约的证券交易所上市,等等。
② See Robert Baldwin et al., *The Oxford Handbook of Regulation*, Oxford University Press, 2010, p.413-415.

处罚或处以较轻罚款。在此种消极冲突的跨境规制情形之下,跨境金融违法行为所受到的规制不足。同时,跨国金融市场规制空间的碎片化,以及规制主体跨境规制权力和能力的欠缺,也会造成规制不足的问题。从全球金融危机的经验教训来看,全球金融市场的碎片化与规制的碎片化是危机发生的主要诱因,特别是因为跨国经营的金融市场主体未受到充分的规制,其母国的规制者缺乏跨管辖范围来监管这些主体的权力与能力。① 一国金融规制主体,若缺乏法律授权对境外违法行为进行严格处罚,或者由于其自身的组织适应性不强、制度化程度不高,没有能力对境外相关违法行为展开行政处罚,则该公权力主体的"规制手臂"较短,让相关跨境金融违法行为逃逸于规制之外。

行政裁量下跨境金融处罚的积极或消极冲突,虽然不违反"一事不二罚"原则,但有悖于"过罚相当"原则。

中国法上,一事不二罚是指行政主体针对同一违法行为,不得给予两次以上罚款的行政处罚,即将一事不得二次处罚限缩为一事不得二次罚款;若同一违法行为违反多个法律规范应当给予两个以上罚款处罚的,仅按罚款数额高的规定作出一次罚款处罚。②

当某一境外金融违法行为已经被行为地当局处以罚款,内国行政主体基于域外管辖权对该同一金融违法行为处以罚款,看似违反了一事不二罚的原则,但实际上,一事不二罚应该放置在单国法律秩序内理解,而不适用于跨国语境。一事不二罚中实施处罚的行政主体应增加一个限定语,即指

---

① 参见[英]科林·斯科特:《规制、治理与法律:前沿问题研究》,安永康译,清华大学出版社 2018 年版,第 324 页。
② 2021 年《行政处罚法》第 29 条规定:"对当事人的同一个违法行为,不得给予两次以上罚款的行政处罚。同一个违法行为违反多个法律规范应当给予罚款处罚的,按照罚款数额高的规定处罚。"这是中国法上一事不二罚原则的法律表达。有学者认为,应立足于应受行政处罚行为的构成要件来判断一事不二,根据行为所该当的构成要件的不同,可将涉及一事不二罚的行为划分为两类。一类是"该当一个构成要件的单一行为",由于仅仅只违背了一个法律规范,只需按照单一行为处理,无须从重。另一类是"该当多个构成要件的单一行为",尽管其违反了多个法律规范,但基于主客观相统一的考量,立法上亦可将其视为单一行为,且对于该类行为中存在想象竞合行为类型,应从重处罚。参见熊樟林:《应受行政处罚行为构成要件的个数——判断一事不二罚的根本途径》,《政治与法律》2012 年第 8 期,第 102 页。

一国之内的行政主体,而并不指向两个或多个国家的行政主体。换言之,一国行政主体对于同一违法行为不得处以两次罚款处罚,但对于跨境违法行为,相关不同国家的行政主体均对之予以处罚,并不违反一事不二罚原则。每个主权国家均有合法的理由自主发展本国的金融市场,有权单方面确定本国金融行政主体的规制范围和程度,这意味一国金融行政主体行使规制权时,应当遵循适用本国法的原则,即依据本国金融公法行使跨境规制权。①因此,对于同一跨境金融违法行为,行为地当局有权依据本国法在法定裁量空间内予以处罚,受影响的其他国家也有权依据本国法在法定裁量范围内予以跨境处罚,而不构成违反单国语境下的一事不二罚原则。

不过,行政裁量下跨境金融处罚之积极和消极冲突所带来的规制过度和规制不足,与过罚相当的行政处罚原则相悖。过罚相当原则中,"过"指向应受处罚与处罚裁量两个要素,其中处罚裁量要素应当考量应受处罚行为的情节和社会危害程度;"相当"的判断标准可依循比例原则展开。②

这里借助比例原则,窥探跨境金融行政处罚裁量冲突中的合法性问题。首先,处罚应当具有正当的目的,出于政治压制目的而对发生在境外的金融违法行为实施过度规制,或出于逐底竞争而对跨境金融违法行为规制不足,都缺乏正当性。其次,处罚应当有助于实现惩戒目的,懈怠使用裁量权致使应受惩戒的跨境金融违法行为逍遥法外,会损害跨境金融行政权的公信力。再次,处罚应当造成最小损害,滥用裁量权对境外金融违法行为实施过度规制,给境外相对人造成过度损害,会削弱跨境执法合法性。最后,处罚应当实现损益成比例,应当权衡违法行为人所造成的损害与处罚所促进的跨境金融市场公共利益是否成比例。处罚畸重会让相对人背负过高的惩罚,影响跨境处罚的可接受性,不当抑制跨境金融活跃性和创新性;而处罚畸轻则会放任针对内国的境外金融违法行为肆意妄为,破坏跨境金融市场的正常

---

① See Francisco J. Garcimartin Alférze, *Cross-Border Listed Companies*, 327 Recueil des Cours 9(2007), p.80-85.
② 参见李晴:《论过罚相当的判断》,《行政法学研究》2021年第6期,第28页。

秩序,损害内国金融安全和私主体合法权益。①

概观之,在域外管辖中,跨境金融行政处罚的内容裁量主要涉及实质合法性问题。裁量瑕疵可以分为裁量逾越、裁量怠慢、裁量滥用三种类型。② 一方面,由于跨境金融市场领域,一国基于属地管辖对某一违法行为处以处罚,另一国基于域外管辖对同一违法行为再度处罚,并不违反单国语境下的一事不二罚原则。另一方面,由于法定裁量空间的起止边界一般是明确的,金融行政主体实施裁量逾越的可能性亦较低。如法律规定对某一境外金融违法行为处以 10 万元至 50 万元的罚款,金融行政主体在明知有此规定的情况下,一般不会故意对之处以 60 万元的罚款,即一般不会故意违反裁量的形式合法要求。如果只要求行政裁量在形式上不违法,就难以防范裁量权的恣意行使,无法充分保障法治主义本原目的的实现。③ 根据行政行为合法性理论,对行政裁量行为的合法性约束重点在于实质合法性层面。④ 在跨境金融市场双重规制的架构下,行政主体基于金融行政处罚法的域外适用性和裁量性,滥用裁量权对境外违法行为人施以过度处罚,或怠慢适用裁量权让境外违法行为人逃脱应受的处罚,二者虽然在形式上仍处于法定裁量幅度范围之内,但已然违反了实质合法性的要求,背离过罚相当原则。为避免跨境金融行政处罚裁量的不当运用,应当对跨境规制行为本身的内容加以规制,以强化其实质合法性。

三、合法化机制问题:跨境金融行政处罚裁量基准的缺失

行政自制可以提升跨境金融行政处罚裁量的合法化水平,裁量基准

---

① 参见刘权:《过罚相当原则的规范构造与适用》,《中国法学》2023 年第 2 期,第 140—143 页。
② 除了这三种类型之外,德国学者毛雷尔认为还有"违反基本权利和一般行政法原则"这一类型。其实,这种类型一般可以被裁量滥用或裁量怠慢所吸收。例如,裁量活动违反了行政法上的比例原则,在法定裁量范围内对轻微违法行为处以顶格处罚,即属于裁量滥用。参见[德]哈特穆特·毛雷尔:《行政法学总论》,高家伟译,法律出版社 2000 年版,第 130—132 页。
③ 参见[日]田村悦一:《自由裁量及其界限》,李哲范译,中国政法大学出版社 2016 年版,第 148—149 页。
④ 参见胡建淼主编:《行政行为基本范畴研究》,浙江大学出版社 2005 年版,第 462 页。

作为行政自制规范,是跨境金融行政处罚内容合法化的重要机制。然而,目前尚缺乏域外管辖语境下的跨境金融行政处罚裁量基准制度。这对于跨境金融行政处罚的内容合法化而言,存在合法化机制缺失的问题。

(一) 行政自制有助于提升跨境金融行政处罚裁量的合法化水平

行政处罚裁量应当得到有效的限制。一方面,行政处罚作为典型的侵益性单方行政法律行为,潜存着侵害相对人合法权益的危险性,须对之设立制约机制,以发挥其正面作用,抑制其负面因素。[①] 另一方面,行政裁量的核心要义在于其受到"有效的限制",而非放任行政主体"自由"决定。[②] 美国学者戴维斯认为应当同时强调裁量的必要性和危险性:一方面,裁量是实现个案正义的必要工具,是现代政府应对现代行政和现代正义复杂问题的必要工具,取消裁量权会使政府陷入瘫痪,窒息个别化正义;另一方面,裁量这把"斧子"运用不当也会成为凶器,法律制度中90%以上的非正义来自裁量,而只有10%来自规则,因而应当反对那些未被适当限定、建构和制约的裁量权。[③] 因此,行政处罚裁量应当得到有效的限制。

行政自制与立法规制、司法规制相比,更能直接地提升跨境金融行政处罚裁量的合法化水准。系统地看,对行政裁量的控制有立法、行政、司法三条控制路径。立法规制进路,即在立法上对行政裁量进行框架性控制,限制和压缩行政裁量的空间;行政自制进路,即行政对裁量权的自我控制,具体方法包括规范行政执法程序、制定裁量基准或行政政策、完善行政救济制度等;司法规制进路,即由法院审查行政裁量的形式合法性和适当性。[④] 立法规制方面,由于当前立法倾向于赋予跨境金融行政处罚更大的裁量空间,其对裁量的规范密度呈现出减弱的趋势。司法规制方面,由于在行政法适用中,行政行为是对法规范的"第一次"适用,具有先行性,而司法机关对行政行为的事后合法性审查,属于法规范的"第二次"适用,具有后置性,即事后

---

① 参见姜明安主编:《行政法与行政诉讼法》(第7版),北京大学出版社2019年版,第267页。
② 参见章剑生:《现代行政法基本理论》(第2版上卷),法律出版社2014年版,第70页。
③ 参见[美]肯尼斯·卡尔普·戴维斯:《裁量正义——一项初步的研究》,毕洪海译,商务印书馆2009年版,第26—27页。
④ 参见刘志刚:《中国行政法专题》,复旦大学出版社2011年版,第74—77页。

救济性,这难以直接地促进行政裁量的合法化水平。① 同时,司法对行政裁量的规制力度往往受到可审查性、审查的强度、审查的标准等方面的共同影响,因而其规制力度具有一定的后置性和不确定性。行政自制则是行政主体对自身不当行为或违法行为的自我控制。跨境金融行政主体基于行政自制,对处罚裁量行为的合法性进行自我检查,对违法行为,特别是对虽然不抵触法律规则但内容不合理的实质违法行为,进行自我发现、自我预防、自我遏制、自我纠错,自主预防和遏制处罚裁量权的滥用或怠慢行使,进而可以直接地提升跨境金融行政处罚裁量的合法化水准。②

(二) 裁量基准促进跨境金融行政处罚裁量的内容合法化

裁量基准是一种自制型的裁量行政规范。具体而言,裁量基准是行政主体为了进行自我约束、自我规制而自主制定的裁量性行政自制规则。其在外观上具有规则化特点,在目标上以行政自我规制为导向,具备行政自制和规则之治双重属性,可以说其在本质上是一种自制型的裁量行政规范。③

裁量基准对跨境金融行政处罚裁量的内容合法化有促进功能。一般意义上,裁量基准的实体内容应当具体明确,对没有详细规定法律要件和效果的行政法规范,由行政主体在裁量基准中对裁量空间作出具体的设定,让相对人的权利义务内容从模糊不清走向具体化,以提升行政裁量的可预见性和明确性。④ 通过设立裁量基准,有助于跨境金融行政处罚裁量的要件内容和效果内容明确化、标准化,自主预防裁量滥用和裁量懈怠,避免跨境金融规制中积极和消极冲突所带来的规制过度和规制不足问题,提高行政处罚内容的公平性和可预见性,让处于不确定状态的裁量空间确定化,进而更好地实现跨境金融市场规制目的。

在法律域外适用的场景中,对跨境金融行政处罚的裁量内容进行合法

---

① 参见李洪雷:《行政法释义学:行政法学理的更新》,中国人民大学出版社2014年版,第116—117页。
② 参见崔卓兰:《行政自制理论的再探讨》,《当代法学》2014年第1期,第3—6页。
③ 参见周佑勇:《裁量基准的技术构造》,《中外法学》2014年第5期,第1142—1162页。
④ 参见王贵松:《行政裁量基准的设定与适用》,《华东政法大学学报》2016年第3期,第74页。

化所需考量的具体因素,与法律域内适用相比具有特殊性。例如,发生在甲国的金融行为,在甲国金融法秩序下是合法的,但其损害了乙国的利益。当乙国基于域外管辖对该境外金融行为进行处罚时,对裁量情节中主观过错因素的衡量,有必要考虑到该行为符合行为地(甲国)的法律,其对乙国造成损害并触犯乙国法律,在主观方面是否是一种过失,或主观故意的程度较弱。① 若该行为同时破坏甲国和乙国的金融法秩序,当其所导致的损害结果主要是集中于行为发生地(甲国),且已经受到甲国金融行政主体在裁量范围内的严惩。那么,乙国基于域外管辖对之进行跨境处罚时,有必要考虑到该行为已经受到属地严惩,且对乙国所造成的损害较轻,进而相应作出较轻的跨境处罚决定。

(三) 当前缺乏关于跨境金融行政处罚的裁量基准制度

英德等国家和中国香港等地区,在金融领域设立了行政处罚裁量基准制度,但这些制度目前缺乏对金融行政域外管辖中跨境处罚冲突因素的考虑。由于金融行政处罚具有金额高、法定幅度大的特点,实践中对金融行政处罚裁量的约束重点聚焦于罚款裁量权的行使。英国金融行为监管局依据 2000 年《金融服务与市场法》第 124 条的要求,制定了《决定程序与罚款手册》(The Decision Procedure and Penalties Manual,DEPP)。2013 年 11 月,德国联邦金融监管局根据《有价证券交易法》第 39 条的授权,发布《有价证券交易法行政罚款指南》(WpHG Administrative Fine Guidelines)。2002 年 4 月,中国香港证监会根据香港特区《证券及期货条例》第 194 条、第 196 条的授权,发布《证监会纪律处分罚款指引》,并于 2018 年 8 月进行修订。② 虽然这些制度被冠以"手册""指南""指引"等不同名称,但本质上都是以规范金融行政处罚的裁量基准为主要内容。综观之,当前这些行政裁量基准制度基本未对域内适用和域外适用作出区分,尚未将金融法域外适用中跨境行政处罚冲突及其所带来的规制过度和规制不足等问题纳入考量范围。

---

① 参见章剑生:《行政处罚中的"主观过错":定位、推定与例外——〈行政处罚法〉第 33 条第 2 款评释》,《浙江学刊》2023 年第 3 期,第 223 页。
② 参见刘宏光:《证券监管机构如何罚款?——基于行政裁量基准视角的研究》,《财经法学》2020 年第 4 期,第 90—94 页。

对于中国而言,中央金融行政部门近年来推进裁量基准制度建设,但相关制度对法律域外适用下的跨境行政处罚冲突因素缺乏考量。2021年1月新修订的《行政处罚法》第34条新增规定:"行政机关可以依法制定行政处罚裁量基准,规范行使行政处罚裁量权。行政处罚裁量基准应当向社会公布。"这是国家层面立法史上首次对制定行政处罚裁量基准作出规定。根据该制度安排,中央金融行政部门相继推进设立相关裁量基准制度。这些金融领域的行政处罚裁量规范无疑有助于强化执法的公正性和可预期性。但是,在中国加强涉外法治和推进金融高水平对外开放的背景下,这些裁量规范目前缺乏关照域外管辖中的跨境行政处罚裁量问题,因而尚待进一步的制度完善。2021年11月,国家外汇管理总局根据《行政处罚法》和《外汇管理条例》制定《外汇管理行政罚款裁量办法》。该办法第二章关于"量罚情节"和第三章关于"罚款幅度"的规定,并未将跨境行政处罚相关问题作为考量因素,缺乏对境外违法行为进行处罚的裁量指引。2024年3月发布的《国家金融监督管理总局行政处罚裁量权实施办法》,主要适用于在中国境内依法成立的银行保险等金融机构,未对跨境行政处罚的裁量问题作出规定。①2024年11月公布的《中国人民银行行政处罚裁量基准适用规定》,以及2025年1月发布的《中国证监会行政处罚裁量基本规则》,同样缺乏对跨境行政处罚裁量问题进行规范。

此外,当前关于金融领域行政处罚裁量的研究,主要是在金融法域内适用的语境下展开的,②基本未涉及金融法域外适用下的跨境行政处罚裁量问题。由此,尚待在金融法域外适用的语境下,推进跨境金融行政处罚裁量基准方面的制度建设和学理研究,完善跨境金融行政处罚内容的合法化机制。

---

① 参见《国家金融监督管理总局行政处罚裁量权实施办法》(2024年)第31条。
② 当前金融领域行政处罚裁量研究,参见刘宏光:《证券监管机构如何罚款?——基于行政裁量基准视角的研究》,《财经法学》2020年第4期,第86—98页;吕成龙:《中国证监会内幕交易处罚的裁量之治》,《法学评论》2021年第5期,第87—100页;彭俊英等:《新证券法背景下审计行政处罚自由裁量权问题研究》,《财会通讯》2022年第17期,第132—135页;孙海涛、周奇锜:《证券处罚的裁量困境与解决路径——兼论裁量基准的构建》,《南方金融》2022年第8期,第78—89页。

第三节 跨境金融行政和解协议的内涵及其内容合法性问题

一、跨境金融行政和解协议的内涵阐释

(一) 作为一种跨境规制性的双方行政行为

跨境金融和解协议是一种双方行政行为。行政和解协议的形成以双方意思表示一致为前提,而单方行政行为的成立由行政主体单方意思表示即可。从意思表示上的不同来看,行政和解协议是区别于单方行政行为的行为方式。① 由于行政和解协议以行政主体和行政相对人双方的平等自愿为基础,因而行政和解协议在本质上是行政法上的一种契约性的双方行为。② 在实践中,行政和解协议是行政协议的一种具体类型。③ 行政协议是一种借助契约手段实现行政目标的双方行政行为。④ 中国行政法上,行政协议是一种具有可诉性的行政行为。2014 年修改的《行政诉讼法》首次将行政协议明确纳入行政诉讼范围。最高人民法院 2020 年 12 月公布的《关于行政案件案由的暂行规定》,将行政协议明确为行政案件案由。由此,结合学界关于行政和解协议的内涵界定,以及中国的立法和司法实践,同时为了在行政行为法治化的框架下约束跨境金融行政和解协议这种新型行政活动,宜将其定性为一种契约性的双方行政行为。

跨境金融行政和解协议是一种具有跨境性、规制性的行政行为。跨境金融行政和解协议中,一方当事人为金融行政主体,另一方当事人为

---

① 参见刘飞:《行政协议与单方行为的界分》,《中国法学》2023 年第 2 期,第 78 页。
② 参见周佑勇、解瑞卿:《行政和解的理论界定与适用限制》,《湖北社会科学》2009 年第 8 期,第 130 页。
③ 参见胡建淼:《行政法学》(第 5 版下册),法律出版社 2023 年版,第 702 页。实践中行政协议的具体类型,参见最高人民法院 2019 年 11 月发布的《关于审理行政协议案件若干问题的规定》。
④ 参见邢鸿飞:《行政契约》,载应松年主编:《当代中国行政法》(第五卷),人民出版社 2018 年版,第 1701 页。

身处境外的当事人，所针对事项是跨境金融行为活动，因而具有跨境性。同时，跨境金融行政和解协议是一种有助于减轻跨境金融行政执法张力，降低跨境金融行政执法成本的规制工具。当跨境金融调查未能收集到足够多的证据来支撑跨境行政处罚，金融行政主体面临着一种事实不清、证据不明或法规范适用存在不确定的状态。此时，行政主体采用行政和解方式进行应对，既可以规避由于证据不足而贸然实施行政处罚的合法性风险，又可以避免完全放弃对跨境金融活动的规制。① 在实践中，行政和解协议作为一种规制工具，已经被广泛地应用到跨境金融规制中。

（二）规范基础、现实基础、理论基础

其一，法律授权是行政主体作出跨境金融行政和解协议的规范基础。中国证监会 2015 年 2 月发布《行政和解试点实施办法》，并于次月底开始实施。这是中国首次在法规范层面对行政和解制度作出规定。然而，由于该部门规章不具有域外效力，且规章的上位法《证券法》(2005 年)亦不具有域外效力，中国证监会难以依据《行政和解试点实施办法》对发生在境外涉嫌违法行为作出行政和解协议。同时，由于 2005 年《证券法》并未对行政和解制度作出安排，全国人大及其常委会制定的行政法律或国务院制定的行政法规亦未对行政和解作出授权，因而该试点办法作为证监会制定的部门规章，缺乏高位阶法规范的直接性依据。在缺乏上位法授权的情况下，证监会自行制定该办法，出现既是立法者又是执法者的身份重叠现象，存在背离依法行政原理和法律优位原则而进行自我授权的风险。② 《行政和解试点实施办法》于 2022 年 1 月 1 日被废止，施行了近 7 年。在此期间，《行政和解试点实施办法》制度下的行政和解案例稀少，背后的缘由可能也在于该办法本身存在一定程度的合法性问题。2019 年修订的《证券法》第 171 条，以及 2022 年《期货和衍生品法》第 112 条规定了证券期货领域的行政执法当事人承诺制度，并授权国务院规定具体办法。行政执法当事人承诺制度在本质上就

---

① 参见莫于川等：《柔性行政方式类型化与法治化研究》，法律出版社 2020 年版，第 200—201 页。
② 参见殷守革：《行政和解法治论》，山西人民出版社 2020 年版，第 79—81 页。

是行政和解制度。① 根据法律的授权,国务院于 2021 年 10 月发布《证券期货行政执法当事人承诺制度实施办法》,证监会根据该办法于 2022 年 1 月发布《证券期货行政执法当事人承诺制度实施规定》。证券期货领域的法律、法规、部门规章关于行政和解制度方面的规定,通过《证券法》《期货和衍生品法》域外效力条款这一"接驳管道",即可为证券期货行政主体作出跨境行政和解协议提供法规范依据。

其二,跨境金融规制的不完备性和多元规制手段的需要,为跨境金融行政和解协议提供现实基础。理想状态下的规制,将规制主体预设为全能的,即假定规制主体完美掌握市场失灵行为的事实和证据,并假定其对市场的规制干预是无成本的。但是实际上,规制主体和规制行为是不完备的,且规制成本可能是昂贵的。② 跨境金融规制的不完备性较为突出。跨境金融行政调查具有高度挑战性和资源密集性的特点。在交易算法化、储存云端化的信息技术发展趋势下,各管辖区关于数据保存期限的规定存在差异,属地国家监管机构获取证据的能力存在差异,也可能存在跨境协助提供证据的机制缺失问题,因而内国监管机构跨境获取金融交易数据等证据资料是较为困难的。③ 实践中,跨境金融行政调查常常面临着难度系数高、成本高昂等方面的问题,使得后续的行政处罚等制裁性行政行为面临着事实不清、证据不明等被动局面。规制主体与被规制者达成行政和解,可以有效化解这种看似"无能为力"的跨境金融规制困境,进而在公私利益的聚合中维护跨境金融市场秩序。另外,行政和解协议丰富了跨境金融规制的"工具箱",有助于提升规制效率和有效性。基于政府规制实践与行政行为理论的融合,行政行为的类型呈现出刚性行政行为、中性行政行为和柔性行政行为三种

---

① 法律上将行政和解制度表述为行政执法当事人承诺的制度,可能有两方面的原因:一是与《反垄断法》等领域类似的制度名称相协调;二是为避免"行政和解"这一名称给社会造成执法不严、利益交换等负面联想,进而减少对中国公法价值体系和社会公众法观念的冲击,降低制度实施的可能阻力。参见高振翔:《证券行政执法和解制度研究》,中国社会科学院大学 2022 年博士学位论文,第 2 页。
② See Robert Baldwin et al., *The Oxford Handbook of Regulation*, Oxford University Press, 2010, p.22.
③ See Janet Austin, *Insider Trading and Market Manipulation: Investigating and Prosecuting Across Borders*, Edward Elgar Publishing Limited, 2017, p.130 – 131.

风格迥异的面向。① 受制于跨境行政调查的不完备性,刚性的行政处罚常常难以合法地"施展拳脚",而中性的行政约谈又不足以维护跨境金融市场的公共利益和法律秩序。此时,柔性的行政和解协议就可以派上用场,其可以弥补刚性行政行为的规制缺位,避免中性行政行为的规制弱化,维护行政主体对跨境金融市场的规制力度,并破解跨境金融规制的效益难题。

其三,发展中的行政法学为跨境金融行政和解协议提供理论基础。从行政法"平衡论"的角度看,面向跨境金融行政执法的现实困境,行政和解可以内在地对行政主体与相对人进行有效的激励和制约,平衡二者的权利义务,化解二者的对抗、冲突关系,在公共利益和私人利益的表达、博弈中促成跨境金融规制中的对策均衡。② 从公私合作的新行政法理论视角看,在规制行政等新型行政活动中,传统的命令—服从行政模式捉襟见肘,协商—合作的行政模式兴起,通过权力的治理逐步转向通过契约的治理,以协商合作为特质的行政协议成了重要的规制工具。③ 在契约规制语境中,尽管不涉及行政高权下的强制性,但无强制不等于无干预,因为政府从根本上使得当事人自愿达成和解协议,既干预了当事人外在的行为,也干预了其认知,属于一种隐性而强烈的干预。④ 跨境金融行政和解协议是在跨境金融规制过程中产生的一种规制性契约,让行政主体与相对人通过协商达成解决规制冲突和规制争议的方案,塑造一种信任关系,让双方信赖彼此的承诺。⑤ 行政和解过程中的协商对话、妥协与合作,蕴含着行政过程有限民主化的合法性资源,基于合意所产生的规制行为具有更强的可接受性,这回应了纷繁复杂的跨境金融行政过程之合法性需求。⑥

---

① 参见章志远:《监管新政与行政法学的理论回应》,《东方法学》2020 年第 5 期,第 72—73 页。
② 参见沈岿:《行政法理论基础:传统与革新》,清华大学出版社 2022 年版,第 28—31 页。
③ 参见章志远:《迈向公私合作型行政法》,《法学研究》2019 年第 2 期,第 141—150 页。
④ 参见张力:《迈向新规制:助推的兴起与行政法面临的双重挑战》,《行政法学研究》2018 年第 3 期,第 92 页。
⑤ 参见[美]朱迪·弗里曼:《合作治理与新行政法》,毕洪海、陈标冲译,商务印书馆 2010 年版,第 538—541 页。
⑥ 参见王锡锌:《行政正当性需求的回归——中国新行政法概念的提出、逻辑与制度框架》,《清华法学》2009 年第 2 期,第 109 页。

行政和解协议是行政主体与相对人就和解事宜所达成的权利义务约定。同时，行政行为内容合法性在本质上就是行政行为中有关权利义务的合法性。① 因而，站在跨境金融行政和解协议的规范基础、现实基础、理论基础之上，还应进一步追问协议中权利内容与义务内容的合法性问题。

二、权利内容的合法性风险：跨境下的失衡与失能

（一）跨境金融行政和解协议中的权利失衡及其合法性风险

其一，经过金融法域外效力的接驳，一般意义上的金融行政和解协议权利失衡问题，会传导至跨境金融行政和解协议中。首先，和解协议签订后，行政主体享有终止和解协议的权利，而相对人则无此权利。依据国务院发布的《证券期货行政执法当事人承诺制度实施办法》（2021年）第16条规定，在以下情形下，证监会均有权终止和解协议：一是当事人因自身原因未履行或未完全履行协议，二是在协议履行完毕前发现当事人提交的材料存在虚假记载或重大遗漏，三是在协议履行完毕前当事人因涉嫌证券期货犯罪被司法机关依法立案。② 但该办法未对当事人终止协议的权利作出制度安排。没有法规范的授权，和解协议签订后，即使发现行政主体在和解过程中存在违法行为，相对人亦难以拥有终止协议的权利。其次，在中国法秩序下，行政主体享有单方解约权，若相对人因此而受到损失，却没有求偿权。法国行政法上，在规定行政主体享有单方解约等优益权的同时，还规定了相对人的求偿权，其当其权益因行政优益权而受损的，有权要求获得赔偿或补偿，进而达到一种财务平衡。③ 再次，若和解协议执行失败，行政主体有权不退还和解金，相应地，相对人却没有请求退还和解金的权利。根据中国证监会制定的《证券期货行政执法当事人承诺制度实施规定》（2022年）第19条规定，

---

① 参见张淑芳：《具体行政行为内容合法研究》，《行政法学研究》2007年第1期，第38页。
② 实际上，与证监会2015年发布的《行政和解实施试点办法》相比，国务院2021年发布的实施办法对证监会终止适用和解协议的权利已经作了限缩。后者删除了试点办法中所规定的"基于审慎监管原则认为有必要终止行政和解程序的"这一兜底条款。这有利于平衡行政主体与相对人的权利"天平"，保障制度平稳运行。参见胡大路：《程序裁量视角下的证券执法当事人承诺制度——〈证券法〉第一百七十一条的规范分析》，《金融法苑》2022年第1期，第43页。
③ 参见李颖轶：《法国行政合同优益权重述》，《求是学刊》2015年第4期，第100页。

因当事人相关自身原因而导致行政和解协议执行失败的,其已缴纳的和解金不予退还,可以用于抵扣相应的行政罚没款。然而,从上位法的角度看,纵观现行 2019 年《证券法》,以及国务院制定的《证券期货行政执法当事人承诺制度实施办法》(2021 年),均未赋予证监会在和解协议执行失败情况下不退还和解金的权利。可见,证监会在制定规章落实法律、行政法规关于行政和解的制度安排时,扩充了自身对于和解金的处置权利,进而相应剥夺了相对人的请求退还权。若证监会在和解协议终止并恢复调查、审理后,无充分证据支持对相对人处以行政处罚,同时又不退还和解金,则相对人已缴纳的和解金就成了一种"不明不白"的损失。最后,相对人缺乏关于和解协议的救济权利。现行《证券法》第 223 条规定,当事人对行政主体处罚决定不服的,可以申请行政复议,或直接向人民法院提起诉讼。行政和解协议并非行政处罚,因而该法律条款不能为行政和解协议的救济权利提供依据。国务院、证监会关于行政和解的制度安排,尚不明确相对人申请行政复议的权利。同时,《行政诉讼法》(2017 年)第 12 条第 1 款第 11 项和最高人民法院《关于审理行政协议若干问题的规定》(2019 年),所规定的可诉行政协议类型,均未明确将行政和解协议纳入其中。可见,行政和解协议中的相对人在制度层面缺乏行政救济和司法救济的权利。

其二,在法律域外适用的特殊语境下,跨境金融行政和解协议的权利失衡问题有特殊的面向。这主要是关于当事人的无损权利(without prejudice),即当事人在和解协议中所承认的事实、证据等内容,执法主体不得在以后的行政或司法程序中被提及或加以利用。普通法系的国家和地区在金融行政和解中强调无损权利原则。例如,中国香港证监会在《证券及期货事务监察委员会纪律处分程序概览》(2017 年)中规定,通过和解协议解决的纪律处分是在无损权利的基础上展开的;英国金融行为监管局在《执法指南》(2014 年)第 5.9 条中明确,和解协议当事人的书面承认、陈述等,不得作为执法部门或司法部门在以后非和解程序中的证据。① 中国国务院和证监会分别制定的《证券期货行政执法当事人承诺制度实施办法》《证券期货

---

① 参见高振翔:《比较法视野下证券行政执法当事人承诺制度的关键问题研究》,《经贸法律评论》2022 年第 2 期,第 44 页。

行政执法当事人承诺制度实施规定》,则均没有明确当事人的无损权利。基于当前的中国证券法秩序,可以说,在跨境行政和解的机制中,尚缺乏无损权利这一制度的约束。若和解协议中亦未对当事人的无损权利作出约定,那么当事人在和解协商过程中的承认、陈述,可能会在其他后续行政、司法程序中作为对其不利的证据。这可能与境外当事人所在国家(地区)所规定的无损权利法律制度相冲突,进而侵损当事人的正当权益,危及跨境金融行政和解协议的合法性。

协议权利内容失衡的根源在于,协议权利的构造主要是为了承载跨境金融行政权的外在表达。和解协议一般是在跨境金融行政调查执法过程中签订的,属于跨境金融行政主体刚性执法过程中的一个"变奏"。然而,这种"变奏"并未从根本上改变执法的性质,协议中行政主体的权利往往成为跨境金融规制权力的"化身"。在行政主体的强力主导下,协议中双方的权利内容以行政权作为主要"填充物",因而权利构造的比重和密度向行政权倾斜,主要体现了行政权的成分。更进一步地,金融行政主体在和解协议中所享有的权利(权力),其诸多行政优益权直接来源于与金融行政和解相关的法规范,即使协议中没有约定,行政主体仍然依法享有。[1] 整体而言,协议中双方的权利是一种"此消彼长"的相互关系。为了强化跨境金融行政权在协议权利内容中的表达,就会相应地弱化相对人的权利,进而造成双方权利失衡的态势。

跨境金融行政和解协议权利内容的失衡,是过分强调行政优益权的结果,可能会使得相对人的合法权益得不到充分的保护,进而影响了权利内容的合法性。同时,这种失衡在某种意义上存在将行政和解协议推向极端公法化的危险,模糊了行政和解协议与单方行政行为的界线,甚至让行政和解协议蜕变为单方行政为,或让行政和解协议扮演单方行政行为的"伪装物",这都与行政和解协议的应然属性相悖。[2]

(二) 跨境金融行政和解协议中的权利失能及其合法性风险

这里所谓的"权利失能",主要是指根据和解协议的约定和行政和解的

---

[1] 参见黄先雄:《论"行政法上权利义务内容"的识别及其对协议性质的影响》,《清华法学》2023年第3期,第29—30页。

[2] 参见刘飞:《行政协议与单方行为的界分》,《中国法学》2023年第2期,第89页。

法定规则,金融行政主体在"应然"上拥有某些方面的权利,但由于跨境金融规制中一些特殊因素的影响和束缚,在"实然"上却不能有效行使该些权利。

和解协议执行失败后,金融行政主体恢复调查的权利,可能会因跨境执法的条件限制而无法有效行使。根据 2019 年《证券法》第 171 条第 1 款的规定,当事人未履行协议中所承诺的义务时,中国证监会应当恢复调查。特定条件下重启调查是行政主体的一项法定权力,同时也会作为行政主体的一项权利在和解协议中载明。然而,跨境调查获取信息和证据面临着诸多的限制因素。当事人可能会利用跨境行政调查的内在"弱点",以及行政和解协商的期限、执行和解协议的期限等,假借行政和解之名,行销毁违法证据之事。或者,通过拖延让通信数据方面的证据超过法定保存期限而消逝,阻碍跨境监管当局有效获取这些数据。根据 2021 年《证券期货行政执法当事人承诺制度实施办法》第 11 条第 1 款和第 13 条的规定,中国证监会与当事人就和解事宜进行协商的期限为 6 个月,当事人履行协议的期限由协议约定。有两种情形可能会让相关违法证据在协商过程、执行协议的期限中悄然消逝。第一种情形,例如,澳大利亚证券与投资委员会曾就跨境获取通信数据方面的证据指出,有时外国数据存储地规定数据只保存 6 个月,而内国监管者发现证据线索,找出数据服务商,然后跨境向数据存储地的外国监管机构请求信息协助获取该信息,则往往超过 6 个月;第二种情形,例如,列支敦士登证券执法当局将来自德国联邦金融监管局的跨境信息获取请求,披露给被调查者,若被调查者知悉自己被"盯上"了,可以通过假装进行"和解",然后抓住和解机制运行的时间来销毁证据,让后续跨境调查"一无所获"。[1] 由此,经过和解协商过程、协议执行期限之后,境外的当事人可能已成功销毁证据,或让一些证据合法的消逝,进而有底气拒绝履行和解协议。此时,和解协议中所约定的或者法律所规定的行政主体重启调查的权利,恐难以有效行使。

规制权力的有效行使是规制的合法性来源之一,[2]当和解协议中约定的

---

[1] See Janet Austin, *Insider Trading and Market Manipulation: Investigating and Prosecuting Across Borders*, Edward Elgar Publishing Limited, 2017, p.131-133.
[2] 参见[英]卡罗尔·哈洛、理查德·罗林斯:《法律与行政》(下卷),杨伟东等译,商务印书馆 2004 年版,第 586 页。

金融行政主体权利(权力)失能,就会影响规制的有效性,进而削弱其合法性。具体而言,当金融行政主体重启跨境调查的权利失能,双方又没约定行政主体拥有强制执行协议的权利时,则相对人可能会逃脱规制,损害和解性规制措施的合法性根底。因为缺乏法律法规的明确授权,中国证监会等金融行政主体是否拥有就和解协议进行强制执行的权利(权力)尚不明确。① 在德国的行政法上,对强制执行权利作出明确规定,即行政协议双方可以约定相对人自愿接受行政主体的强制执行,进而赋予行政和解协议强制执行力。若行政和解协议中没有这样的条款约定,当相对人拒绝履行协议时,行政主体只能解除协议而重启调查,然后再根据调查作出单方性行政行为。这让双方性行政行为又"回流"至单方性行政行为的轨道上,有悖于设立行政和解制度的初衷。② 同时,在行政主体重启跨境调查权利失能的情况下,和解协议履行失败后,恐难以由双方行政行为再"回流"至单方行政行为的轨道上。此时,就出现了境外当事人利用和解机制逃脱跨境规制的问题,行政主体在和解协议中的权利失能也就演化为跨境金融规制的失能。

三、义务内容的合法性风险:跨境下的合谋与胁迫

跨境金融行政和解协议中所约定的当事人义务内容,具有高额的经济利益性特点。2014 年 6 月,美国司法部、美联储、海外资产控制办公室等机构与法国巴黎银行达成和解协议,和解费用高达 89.7 亿美元。③ 晚近的

---

① 有观点认为,行政和解协议的执行不同于单方行政行为的执行,无法直接适用行政强制执行程序。参见殷守革:《行政和解法治论》,山西人民出版社 2020 年版,第 162—165 页。也有观点认为,根据《最高人民法院关于审理行政协议案件若干问题的规定》(2019 年)第 24 条第 1 款的规定,当事人未履行协议的,行政主体申请法院强制执行。不过,由于该规定未明确将行政和解协议纳入其中,因而其是否对行政和解协议适用,有待进一步探讨。参见熊勇先、毛畅:《论商事行政处罚和解及其制度构建》,《法学论坛》2021 年第 6 期,第 127 页。
② 参见张红:《证券行政执法和解问题剖析》,《行政管理改革》2015 年第 5 期,第 63 页。
③ BNP Paribas Agrees to Plead Guilty and to Pay $8.9 Billion for Illegally Processing Financial Transactions for Countries Subject to U. S. Economic Sanctions, U. S. Department of Justice (June 30, 2014), https://www.justice.gov/opa/pr/bnp-paribas-agrees-plead-guilty-and-pay-89-billion-illegally-processing-financial.

案例,例如 2022 年 9 月,美国证券交易委员会与德勤华永会计师事务所(德勤中国)达成和解,和解费用为 2 000 万美元,同时德勤中国还需实施专项补救性的合规计划,并在三年内让所有为美国上市公司提供审计服务的专业人员接受额外的培训。① 中国证监会虽然目前尚无跨境证券行政和解的案例,但其截至 2023 年 6 发生过的两起境内和解中,和解金分别为 6.85 亿元和 1.5 亿元人民币,也呈现出高额经济利益性特点。② 实际上,金融行政和解起到分流巨额行政处罚的作用。③ 这种替代或分流的机制,使得跨境金融行政处罚上的巨额罚款特点,传导到跨境金融行政和解协议之中。

高额经济利益无论是对行政主体还是对当事人而言,都是一种有吸引力的"诱惑"。在此种诱惑之下,跨境金融行政和解协议中的当事人义务内容,有可能向双方跨境"合谋"的方向异化,也可能向单方跨境"胁迫"的方向异化,进而导致和解协议中当事人义务内容的合法性问题。

(一) 跨境金融行政和解协议义务内容中的合谋隐患

金融行政主体与境外当事人就和解协议中的义务内容进行跨境合谋,主要表现在两个方面。

一是双方合谋以和解协议的义务代替应受的行政处罚。这种合谋与行政和解协议的适用条件相关联。各国(地区)关于金融行政和解协议适用条件的规定存在一定差异。(1)德国的"不确定状态"适用模式。根据德国《联邦行政程序法》第 55 条规定,适用行政和解协议的条件是存在有关事实状态或法律观点的不确定状态,且这种不确定状态不能查明或非经重大支出不能查明。(2)中国香港地区的"相对确定状态"适用模式。中国香港证监会只有在相对人配合调查,事实和法律状态相对可预测的情况下,才能选择和解。(3)英美等国的裁量适用模式。英国、美国、新加坡等国家,一般不对金融行政和解协议的适用条件作出具体的规定,而是由金融行政主体根据

---

① *Deloitte's Chinese Affiliate to Pay $20 Million Penalty for Asking Audit Clients to Conduct Their Own Audit Work*, U. S. Securities and Exchange Commission (September 29, 2022), https://www.sec.gov/newsroom/press-releases/2022-176.
② 参见中国证监会〔2020〕1 号和〔2019〕11 号公告。
③ 参见应松年、冯健:《行政罚款制度的困境及其破解——以证券行政处罚为例》,《求索》2021 年第 1 期,第 148 页。

个案行使裁量权。① 中国证监会 2015 年制定的《行政和解试点实施办法》曾采用德国的"不确定状态"适用模式。2019 年修订的《证券法》则未采纳该模式。其第 171 条将行政和解协议适用的条件规定为：相对人提出书面申请，并承诺在中国证监会认可的期限内纠正涉嫌违法行为、赔偿有关投资者损失、消除损害或不良影响。据此，中国证监会既可以在事实或法律状态不确定且不能或难以查明的情形下，也可以在事实或法律状态容易查明或已经确定的情形下，适用行政和解协议。② 其实，无论采用上述何种适用条件模式，金融行政主体均可与当事人进行合谋，将和解协议的义务内容用来代替应受行政处罚。例如，对于"不确定状态"的和解协议适用，金融行政主体掌握了对"状态"的主观判断权，可以在跨境金融规制复杂性之下将"确定状态"解释为"不确定状态"，进而与当事人合谋，将应受行政处罚的行为"送入"行政和解程序，让处罚内容转为协议义务。金融行政主体裁量适用行政和解，或在没有严格限定条件之下适用行政和解，同样可以让行政主体拥有足够的便利和权力与当事人进行合谋，以协议义务内容代替行政处罚。

　　二是双方合谋降低当事人的义务成本。和解协议中当事人的义务内容是行政主体与当事人博弈谈判的结果。在具体的个案中，由于受到双方主观上的选择和判断的影响，且涉及重大的利益和较多的不确定因素，因而不同主体之间的互动会产生不同的结果。③ 协议中所约定的当事人义务一般包括和解金、投资者或消费者的损害赔偿（补偿）款、合规措施等，由双方博弈而成，且往往涉及高额经济利益。协议中当事人义务内容的多元构成，以及弹性的谈判空间，为双方合谋提供了空间。在利益纽带的串联下，双方通过合谋，以合规措施代替部分和解金，降低和解金的金额，让当事人少付出一些经济代价。或者，以当事人积极完成对投资者（消费者）的赔偿、补偿为由，在和解金与合规措施方面放松要求。抑或，在跨境金融的复杂语境下，由于所涉及的受害者分散在不同的国家（地区），以及行政和解信息公开

---

① 参见殷守革：《行政和解法治论》，山西人民出版社 2020 年版，第 88—91 页。
② 参见方世荣、白云锋：《行政执法和解的模式及其运用》，《法学研究》2019 年第 5 期，第 83 页。
③ 参见肖宇：《证券行政和解金的确立与分配规则探析》，《暨南学报（哲学社会科学版）》2015 年第 6 期，第 98—106 页。

不足等问题,当事人可以只承诺赔偿或补偿部分受害者的损失,进而降低其在这方面的经济代价。

金融行政主体与当事人跨境合谋的主要原因在于维护境内金融市场稳定和吸引力的需要,以及跨境俘获的出现。一方面,金融行政主体考虑到对境外违法行为予以处罚制裁,或进行较高金额的和解,可能会对境内金融市场的稳定和吸引力产生不良影响,进而以和解代替处罚,或压低和解费用。例如,在中国境内设立的某会计师事务所,为在美上市中概股提供审计服务的过程中出现涉嫌违法行为。该会计师事务所还同时为中国境内的多家上市公司提供审计服务。若中国证监会对该事务所处以严厉的行政处罚,或双方签订高额的行政和解协议,就可能会影响到中国境内的股市行情稳定。出于对该因素的顾虑,行政主体可能会通过低额的和解方式进行处理。另一方面,金融行政主体可能被境外当事人跨境俘获。从美国学者斯图尔特总结的"俘获剧本"延伸开来,[1]跨境俘获的"剧本"主要有三方面的内容:其一,规制者被收买了;其二,在执行立法上宽泛的跨境行政和解规定时,规制者会不公正地偏向有组织的利益(如赴境外上市的企业、为境外上市企业提供相关服务的境外机构),而损害分散在境内外的未经组织的利益(如金融消费者、投资者);其三,由于跨境规制的复杂性及规制者本身的能力和资源限制,规制者依赖境外被规制者的配合以实现跨境规制目标,从而需要与境外当事人达成妥协,形成"合谋"。

(二)跨境金融行政和解协议义务内容中的胁迫隐患

金融行政主体以采取更严厉的制裁来威胁境外当事人,强迫其接受较高经济代价的和解协议义务内容。行政协议将行政主体"降格"为协商伙伴,但实际上"公私主体之间相互依赖并不要求权力的平等",行政主体在运用行政协议这种契约性的规制工具过程中,仍然是一位权威的规制者。[2] 跨境金融行政和解协议是一种契约性的规制工具,是跨境金融规制权在契约上的表达。因而,金融行政主体在与境外当事人进行和解的过程中,并没有

---

[1] 参见[美]理查德·B.斯图尔特:《美国行政法的重构》,沈岿译,商务印书馆2002年版,第23—25页。

[2] 参见[美]朱迪·弗里曼:《合作治理与新行政法》,毕洪海、陈标冲译,商务印书馆2010年版,第486—553页。

失去其作为规制者的权威性。特别地,当金融行政主体已经在跨境调查中取得了一定的进展,掌握了一定的违法证据,其在行政和解协议中关于当事人义务的谈判上,就处于一种更加强势的地位。作为一种谈判接触过程中的"黑箱操作"的策略,金融行政主体可以适用利诱型的策略和威逼型的策略。一方面,金融行政主体以保障企业正常运营、降低违法成本等作为利诱和劝说的理由。例如,对当事人称,若其接受协议的义务内容,则可以不用赔偿全部金融投资者、消费者的损失等,让当事人觉得"有利可图"而欣然答应。实际上,此举通过利诱而变相地强迫当事人接受协议的义务内容。另一方面,金融行政主体以"严格执法"、进行行政处罚等作为威逼的手段,或是以对境外当事人在境内的分支机构进行排查作为"拿捏点",抑或以提请刑事司法机关联合执法或移交刑事司法机关作为"要挟",强迫当事人接受代价较大的和解协议义务内容。

金融行政主体实施跨境胁迫行为的动力主要源于部门利益。其一,行政和解本身具有降低跨境规制成本的功能,进而维护行政部门的经济利益。例如美国证券交易委员会在面对跨境取证、跨境处罚执行、管辖权冲突等问题时,会考虑到规制利益因素而选择达成和解,避免耗费大量的跨境规制资源。① 其二,较高的和解金能给规制部门带来经济利益。以证券行政和解金为例,在美国法上,和解金通过注入公平基金的方式补偿投资者,剩余的可用于为投资者提供服务和教育,而不用上缴国库;在德国法上,和解基金需要上缴国库,投资者损失则由当事人另行直接赔偿;在中国法上,和解基金在补偿投资者损失后仍有剩余的,应当上缴国库。② 在和解金不用直接上缴国库的模式下,金融行政主体对和解金的掌控支配力较强,在经济利益的驱动下,其会有意或无意地追求高额的和解金。在和解金直接上缴国库,或补偿投资者损失后上缴国库的模式下,金融行政部门与和解金之间的经济利益纽带也并未完全断开。中国证监会、财政部 2022 年 1 月发布的《证券期货行政执法当事人承诺金管理办法》第 12 条第 2 款规定,"因执行承诺金管理

---

① See Brandon L. Garret, *Globalized Corporate Prosecution*, 8 Virginia Law Review 1775(2011), p.1852 - 1856.
② 参见高振翔:《证券行政执法和解制度研究》,中国社会科学院大学 2022 年博士学位论文,第 87—121 页。

使用方案而产生的有关费用,从承诺金中列支"。跨境执行和解金的管理使用方案所产生的费用可能是不菲的,和解金的数额越高,可供行政主体支配的执行费用就越多,这也会让行政主体通过高额的和解金来获得丰厚的执行费用。其三,较高的和解金有助于提升行政部门的政治利益。跨境金融行政和解的背后,存在着降低跨境执法成本、弥补跨境执法资源不足等方面的因素。在实现这一目标的同时,高额和解金可以让和解协议取得与行政处罚相当乃至更强的效果。这有助于强化行政部门在跨境金融规制中的"行政形象",收获政治影响力和政治地位,也有助于具体执法人员以此作为政绩而收获政治晋升的机会。

(三) 合谋与胁迫下和解协议义务内容的合法性问题

在合谋与胁迫下,以和解协议的义务内容代替行政处罚,违反法律优位原则,冲击了行政处罚与行政和解的法治秩序。法律优位原则是依法行政原理的重要内容,在观念上,行政主体不得以提升行政效能、优化创新等为借口,突破法律约束;在制度上,法律优位原则虽然不具有绝对性,但应严格限定于有更强理由的情形才能突破形成例外;法律授权适用和解协议,是立法者在公益原则(法的安定性+重大公共支出)与法律优位原则之间所作出的权衡,进而构成法律优位原则的例外情形。① 跨境金融行政和解协议作为法律优位原则的一种例外,只能出于更强的公益理由才能作为行政处罚的替代措施。在行为事实清楚或事实易查明,证据确实充分,以及法律适用明确的情况下,金融行政主体依法应对境外当事人作出行政处罚。若此时行政主体通过与当事人合谋,或胁迫当事人,恣意地以和解协议代替处罚,则违反了法律优位原则,非法处分了行政处罚权,侵损了行政处罚法治的秩序。金融行政主体利用和解机制中的强势地位,并不必然导致其违法,但其滥用这种强势地位,将"合意"异化为"强制自愿",或与违法行为人"同流合污",则为法律所禁止。②

在合谋与胁迫下形成的和解协议义务内容,不当改变了法律秩序下的

---

① 参见王贵松:《论行政法上的法律优位》,《法学评论》2019年第1期,第36—46页。
② 参见李东方:《论证券行政执法和解制度——兼评中国证监会〈行政和解试点实施办法〉》,《中国政法大学学报》2015年第3期,第39页。

利益流向，损害了相关公私主体的利益。损害公共利益、他人合法权益的行政和解协议不具备合法性。① 在合谋的语境下，以向私人赔偿或补偿，代替部分应向行政主体或法律指定的公共部门支付的和解金，这在本质上是以私法代价取代了公法代价，让"公法遁入了私法"。这种做法侵害了公共利益，让本属于公共主体的利益流向了境外当事人。同时，在合谋语境下，以和解义务减轻当事人对受害者的赔偿、补偿义务，不当损害了和解协议之外的第三方利害关系人的利益，让本属于第三方的利益流向了当事人。在合谋与胁迫的双重语境下，金融行政主体滥用和解协议，恣意以协议义务代替行政处罚，不当减轻当事人的公法责任，让公共利益流向境外当事人或者执法部门。此外，金融行政主体通过胁迫让当事人接受过高的和解义务成本，实质上损害了当事人的利益，"肥"了执法部门的利益。通过合谋或胁迫，改写行政法治下的利益流向，将削弱行政和解机制对跨境金融违法行为的规制功能，削弱其对受损投资者或消费者的补偿和激励功能，削弱其对跨境金融市场持续繁荣的保障功能。②

---

① 参见《证券期货行政执法当事人承诺制度实施办法》(2021年)第3条。
② See Yonathan A. Arbel, *Adminization: Gatekeeping Consumer Contract*, 1 Vanderbilt Law Review 121(2018), p.122 - 123.

第四章

金融法域外适用中行政行为的程序合法性分析

行政程序合法是法定行政主体依法行使权限的过程呈现,也是行政行为实现权限合法、内容合法的重要路径。因此,在前两章关于主体和权限合法性、内容合法性的分析基础上,本章深入程序合法性维度,分析金融法域外适用中行政行为的程序合法性。首先,本章将揭示金融法域外适用中行政程序合法性的多元内涵及其双重价值,呈现该领域中程序合法性的特殊意涵。其次,本章将分析中美跨境审计监管行政程序的实证样本,印证金融行政域外管辖中程序合法性的多元内涵和特殊性。最后,基于上述实证样本研究的启示,本章将从单边、双边、多边三个角度,全方位分析金融法域外适用中的行政程序合法性问题。

第一节 程序合法性内涵及其价值

一、程序合法性内涵

行政程序的时空性、金融的跨时空性、法律域外适用的跨空间性,共同塑造了金融法域外适用中行政程序合法性的多维面向。首先,行政程序具有时空性。行政程序是行政行为的程序,即行政主体实施行政行为时所应当遵循的步骤、方式、顺序和时限等要素所构成的一个连续过程。其中,顺序、时限构成了行政行为的时间表现形式,方式、步骤构成了行政为的空间表现形式。可见,行政程序具有时空性,其在本质上是行政行为在时间和空间上的表现形式。① 其次,金融的核心在于跨时空的价值交换,交融交易是价值在不同时空之间进行配置的一种交易。② 金融的跨时空性特质在全球化时代表现为跨境金融活动的发展,并带来金融风险全球化的问题。最后,金融法域外适用是对全球化时代金融发展所衍生的失序性的制度回应,其运行过程具有跨越主权国家物理界线的跨空间性。在法律域内适用的场景下,行政程序亦即行政行为的空间存在,一般局限于一国领域范围之内。在法律域外适用的场景下,行政程序则越出了一国领域的空间范围。由此,在行政程序时空性、金融跨时空性、法律域外适用跨空间性的叠加之下,金融行政主体基于金融法域外适用所实施的行政行为,具有跨空间性,其所横跨的空间涉及三个维度:一是金融行政主体本身所在的国家(内国),二是金融域外管辖规制对象所在的国家(外国),三是超国家空间(国际),即行政行为的效力及活动范围溢出一国领域之外,进入国际空间。作为金融法域外适用行政行为的时空表现,行政程序横跨内国、外国、国际三个维度的空间,应当受到三个维度之中相应法秩序的约束。因而,金融法域外适用行政行为程序合法性的内涵呈现出以下三种面向。

其一,在内国法秩序上的程序合法性。行政程序法是落实宪法上关于权力分工与制约、公民基本权利保障等基础规范的技术法,是一支从外部施加的维持宪制框架平衡的力量,其通过对行政权的控制与规范,消弭行政权扩张对宪制造成的冲击。③ 因而,首先应当在一国宪制的框架内对行政程序法治进行检视。从行政程序主体的权力来源看,金融行政主体的域外管辖权来源于本国金融法的授权,其作为执法主体所执行的是本国的跨境金融规制法。因而,金融行政主体行使域外管辖权力的具体程序,首先要遵循的就是本国的行政程序法规范。从行政程序主体的权力制约来看,行政程序合法性受到司法上的约束,而涉外行政诉讼必须依照本国法律进行,司法机关对金融

---

① 参见石佑启主编:《行政法与行政诉讼法》,高等教育出版社2023年版,第80页。
② 参见陈志武:《金融的逻辑》,国际文化出版公司2009年版,第2页。
③ 参见关保英主编:《行政程序法学》(上册),北京大学出版社2021年版,第63—69页。

域外管辖中行政程序合法性的审查,必须适用本国相关行政程序法规范。① 由此,对金融域外管辖中行政程序合法性的判断,核心的标准是其在内国程序法上的合法性。具体而言,金融域外管辖中的行政程序活动,不仅要遵守本国的一般行政程序法,例如本国行政程序法典或类似法律的规定,还要遵守本国关于行政处罚、行政强制等行政行为单行法上的程序规定,以及金融法中关于跨境金融行政程序的特别规定。

其二,在跨国法秩序上的程序合法性。首先需要说明的是,在跨国法秩序上的合法性中,有部分内容与国际法秩序上的合法性相重合。亦即,金融域外管辖的程序,在与相关外国程序法相冲突的同时,可能也违背了国际法的要求。例如,甲国金融行政执法人员,未经乙国同意而进入乙国对相关金融违法主体执行强制性行为。乙国法律明确禁止该类跨国执法行为,则该跨国执法行为不仅违反了乙国的程序法,还侵犯了国际法,因而不具有合法性基础。② 若内国金融行政主体的跨国执法程序未违反国际法,而仅是与相关外国的程序法相冲突,则对其合法性的考察应以所涉外国的程序法为主要考量因素。各国金融行政程序法制存在较大差异,往往会出现一些相互冲突的规定。跨国行政活动中,内国金融行政主体只适用本国的程序法,不适用外国的程序法这一点是肯定的,但并不意味着不需要考虑相关外国的程序法约束因素。③ 例如,内国金融行政主体依法要求身处外国的相对人提供金融信息,但该外国的法律规定此类金融信息的出境应当通过两国行政主体的跨境合作机制进行。若内国金融行政主体以法律制裁威慑的方式,单边地强制相对人提供此金融信息,则会让相对人要么违反行为地的程序法,要么违反行政主体所在国的程序法,进而陷入一种选边站队式的"合法性陷阱"。在此类情形下,内国金融行政主体应当考虑相关外国程序法的规定,优先采用双边合作的跨国行政程序,增强程序的合理性。

其三,在国际法秩序上的程序合法性。全球行政规制可以被类型化为

---

① 参见姜明安主编:《行政法与行政诉讼法》(第7版),北京大学出版社2019年版,第542—543页。
② 参见[奥]汉斯·凯尔森:《法与国家的一般理论》,沈宗灵译,商务印书馆2017年版,第307—308页。
③ 参见应松年主编:《涉外行政法》,中国政法大学出版社1993年版,第32页。

五种形态：一是正式国际组织的行政，二是基于合作机制的跨国网络所实施的共同行政活动，三是由内国规制者跨国实施的分散行政，四是公私混合型组织实施的跨国行政，五是具有规制职能的私主体实施的跨国行政。① 据此，金融行政域外管辖作为内国金融规制者跨国实施的行政活动，进入全球行政规制的空间。具有域外效力的金融行政行为是行政行为国际化的一种实践形态，其跨国扩张在形式上表现为金融行政程序的跨国扩张，具有跨国性、国际性因素，应当受到国际法的约束，因而国际合法性构成域外管辖中程序行为的合法性基础。② 一方面，金融法域外适用行政程序的合法性受到一般国际法的约束，程序行为不得逾越以《联合国宪章》为支柱的调整国际关系的权威规则体系，不得干涉他国内政、损害他国主权。同时，应当遵守联合国《经济与社会权利国际公约》和《公民权利与政治权利国际公约》中关于程序公正基本原则以及程序性权利的规定。③ 另一方面，金融法域外适用中行政程序的合法性受到金融领域之特别国际法的约束，程序行为不得违反《国际货币基金组织协定》和世界贸易组织的《服务贸易总协定》《金融服务协定》等"硬法"，并应当尊重国际"软法"规则关于跨国金融行政执法程序合作的相关规定。④ 例如，国际证监会组织制定的《证券监管目标和原则》《关于磋商、合作和信息交流多边谅解备忘录》等。

二、程序合法性的工具价值

本部分将会运用工具主义的视角，揭示金融法域外适用中行政程序合法对于权限与内容的合法化功能，而非认可工具主义下的程序附庸论、虚无论。关于行政程序法律价值的代表性观点，主要包括程序工具主义与程序本位主义。程序工具主义认为程序法是依附和服务于实体法的"辅助法"，仅作为一种实现实体法的工具而存在，不具有独立的价值，因而程序可因

---

① 参见［美］本尼迪克特·金斯伯里等：《全球行政法的产生（上）》，范云鹏译，《环球法律评论》2008年第5期，第120页。
② 参见林泰：《行政法国际化研究——论全球治理语境下国际行政法的产生》，人民出版社2013年版，第82—83页。
③ 参见王锡锌：《行政程序法理念与制度研究》，中国民主法制出版社2007年版，第397页。
④ 参见王建雄：《法治视野下的国际金融治理现代化研究》，人民出版社2021年版，第130—143页。

实体目的需要而被抛弃,进而演变为程序虚无主义;程序本位主义则认为程序高于实体,其价值在于自身所具有的"内在品质",而不在于实现程序之外的实体或其他某种目的的有效性;中国学者一般采取折中的程序价值观,既承认程序对于实体的工具性价值,又强调程序自身的独立价值。① 程序工具主义与程序本位主义对行政程序法律价值的认知,虽然存在较大的理论分野,但行政程序对于行政实体而言所具有的工具性价值是客观存在的。由此,在承认程序独立价值,抛弃程序附庸论、虚无论的基础上,可从程序对实体的工具价值角度出发,分析金融法域外适用中行政程序合法所具备的权限合法、内容合法之功能价值。

从全球行政法的角度看,程序合法对于金融法域外适用中行政行为合法性具有特殊的工具价值。金融行政域外管辖超出一国的物理空间,进入超国家的空间范围,因而可以从全球行政法这一超国家空间治理工具来考察其合法性问题。基于全球行政法的理论,由于超国家空间治理缺少民主基础和政治问责,善治的程序则可以弥补并供给合法性,进而让超国家空间的治理决策更加接近解决代议民主和政治问责不足的合法性问题。② 例如,通过程序引入对话、辩论和决策解释的机制,强化决策的民主合法性;通过程序划定权力的行使界限,并推动问责机制的建立。对于金融行政域外管辖而言,域外管辖实际上是将管辖国的法律适用于没有参加立法过程的外国被管辖对象,没有从民主机制上为外国的被管辖对象提供可问责机制,降低了域外管辖跨境适用法律的合法性。此时,程序可以成为塑造域外管辖合法性的重要工具,通过合法的程序机制,增强域外管辖中公权力行为的透明度、参与度,进而缓解民主正当性不足的张力。③

具体而言,金融法域外适用中程序合法的工具价值主要包括以下四方面。

其一,通过合法程序约束金融行政域外管辖权的运行过程,有助于域外

---

① 参见马怀德:《行政程序法的价值及立法意义》,《政法论坛》2004 年第 5 期,第 5—6 页。
② 参见[美]丹尼尔·埃斯蒂:《超国家空间中的善治:全球行政法》,林泰译,法律出版社 2018 年版,第 41—43 页。
③ 参见郭华春:《美国金融法规域外管辖:法理、制度与实践》,北京大学出版社 2021 年版,第 5—29 页。

管辖权限的合法使用。法治的基本功能是控制政府权力。传统法治的理念基底是"公权力是必要的恶",着眼于控制授予政府权力的范围,在方式上注重通过组织法控权,在机制上重视事前(立法)、事后(司法)控权,进而存在控权演化为严格、僵硬的限权之风险;现代法治则更着重于控制和规范政府权力的行使,在方式上注重通过程序法控权,在机制上重视事中控权,而不是只盯着权力的范围和限度,让政府在回应现代社会需求时拥有必要的权力"为善",同时又以行政程序进行约束,防止行政权在运行过程中"为恶"。①从事前控权的机制看,立法一般设定较为宽松模糊的金融域外管辖法定条件,让金融行政主体在是否行使域外管辖权中拥有较广泛的裁量空间。换言之,金融行政主体这种较为自由的法定裁量权,让其在决定是否行使域外管辖权,以及决定在何种程度上行使,在很多情况下都容易符合形式合法性的要求。立足于现代行政法治,由于事前控权机制的宽松化,行政裁量下的权力行使仅有形式合法性约束是不够的。从事后控权的机制看,司法机关对行政行为的合法性审查,主要是通过否定性的裁决结果,制裁行政恣意行为。事后控权机制的触发是被动的,其功能主要在于对行政违法的反向控制,因而难以直接对金融域外管辖权起到合法化的作用。行政行为离不开行政程序,行政程序始终伴随着行政权在行政行为活动的整个运行过程。由此,行政程序作为一种事中控权机制和工具,是在金融行政域外管辖动态运行的过程中,制约域外管辖权的一道有效屏障。通过合法的行政程序,对金融行政域外管辖权的行使施加程序性规范要求,防范金融行政域外管辖权在裁量空间下的恣意行使,进而促进域外管辖权的合法化。

其二,金融行政主体可以通过合法程序,向外展示其行使域外管辖权的适当性,进而强化该权限的合法性。金融公法所聚集的是金融领域的国家利益、社会利益和私人利益,所涉利益重大。因而,在以主权国家为基础的国际体系中,各国公私主体一般都不愿意主动接受他国金融公法的域外效力。金融行政主体在行使域外管辖权中所遭遇的多样性、复杂性乃至对抗性的跨境规制状态,需要"善尽行政程序所分摊之理性化任务"②,化解跨境

---

① 参见姜明安:《行政程序法研究》,法律出版社 2022 年版,第 1—6 页。
② 参见[德]施密特·阿斯曼:《秩序理念下的行政法体系建构》,林明锵等译,北京大学出版社 2012 年版,第 129—137 页。

规制阻力。同时,行使域外管辖权的金融行政主体往往在本国法上拥有独立的规制地位,集行政立法权、行政执行权、行政司法权于一身,权力光谱较为宽广。无论金融行政主体是采取具体行政行为,还是抽象行政行为,抑或司法性的行政行为,来行使域外管辖权,作为行政程序都贯穿在整个行政行为过程中。因而,行政程序可以让金融行政主体在任何类型的跨境规制行政行为中,都有机会以条理化的形式地向境外相对人,以及境内外各界相关公私主体,展示其是在公正、公开地行使域外管辖权。以程序的理性外观对权力的外观进行合法化,缓解境外相关公私主体质疑和对抗域外管辖权的情绪,优化金融行政域外管辖权在国际社会上的形象,强化其合法性。[①]

其三,合法程序可以为实现金融域外管辖行为的内容合法提供制度化平台,以充分的理性交涉保障该行政行为的内容合法性。行政程序是过程导向而非结果导向的,行政程序合法并不必然带来行政行为的内容合法。但是,程序与结果之间并非完全无涉。人们参与行政程序,总是为了实现行政实体法上的权利或减少行政实体法上的义务。同时,人们对合法程序的期待,往往是希望通过其获得公正的结果。一种一直产生不公正结果的程序,很难被认同为合法的程序。实际上,行政程序作为多元理性交涉的制度化平台,可以引导行政主体找到行政行为内容合法的"最优解"。跨境金融规制中存在突出的信息不对称问题,包括内国金融行政主体与境外相对人之间的信息不对称,内国金融行政主体与跨境分布的利害关系人之间的信息不对称,内国金融行政主体与违法行为属地国行政主体之间的信息不对称问题,以及金融活动信息跨境传递中的信息衰减问题等。行政信息的缺乏,会影响内国金融行政主体的执法判断,不利于其对跨境规制行政行为的内容作出正确的选择。内国金融行政主体通过行政程序,与境外相对人、跨境利害关系人、相关外国金融行政主体之间,进行多元化的公共理性、个体理性碰撞,有效突破信息障碍,并充分了解、权衡多元化的利益,可以最大限度地避免作出内容违法的行政决定。

其四,合法程序可以强化金融行政域外管辖行为的内容可接受性。合法的行政程序呈现出友好的性格,强调在程序主体理性对话的基础上形成

[①] 参见应松年主编:《行政程序法》,法律出版社 2009 年版,第 27—28 页。

共识。因而,经过行政程序组织跨境公私主体参与理性对话,让金融行政域外管辖行为的内容融入多元程序主体的理性因素,最大限度地消除行政实体上的争议,为行政行为的内容注入合法性力量,进而提升相关跨境公私主体对其的接受度。① 良好的行政程序具有帮助受影响主体宣泄不满的机制化功能。② 受规制的境外相对人由于在实体法上的义务被增加,以及外国当局由于受到域外管辖权的冲击,可能都会存在一些不满情绪。内国金融行政主体通过程序运行过程中的说理与安抚,有助于相关境外公私主体在程序框架下宣泄不满情绪,并逐步引导其接受金融行政域外管辖行为的实体内容。

三、程序合法性的独立价值

金融法域外适用中行政程序合法具有内在的独立价值,是跨境金融规制中系列价值的规范表达。程序合法是金融法域外适用中行政行为合法的一个独立要件。合法有效的金融法域外适用行政行为,除了要求行政行为的主体合法、权限合法和内容合法,还要求行政行为在程序上也是合法的。与实体正义是一种结果价值不同,程序正义是一种过程价值。程序具有独立于实体而存在的内在价值,程序的合法性取决于程序本身是否符合法的要求,而不取决于通过程序所产生的实体结果是否合法。③ 程序本位主义价值观揭示了程序作为目的的属性。在本质上,法律程序是一个共同体对其所认同和尊重的价值的表达载体,是一整套价值规范的表达。④ 行政程序所表达的系列价值主要包括程序的公正价值、效率价值和秩序价值。⑤ 金融法域外适用情景下的合法程序,既承载了法律程序在一般意义上的价值表达,也承载了跨境金融规制共同体的特殊价值表达。具体而言,金融法域外适用中的行政程序合法,是对跨境金融规制之程序公正价值、效率价值和秩序价值的规范表达。

---

① 参见王万华:《法治政府建设的程序主义进路》,《法学研究》2013年第4期,第104页。
② 参见应松年主编:《行政程序法》,法律出版社 2009 年版,第 25 页。
③ 参见周佑勇:《行政法基本原则研究》,法律出版社 2019 年版,第 112—215 页。
④ 参见王锡锌:《行政程序法理念与制度研究》,中国民主法制出版社 2007 年版,第 78—80 页。
⑤ 参见马怀德:《行政程序法的价值及立法意义》,《政法论坛》2004 年第 5 期,第 6—7 页。

其一，金融法域外适用中，行政程序合法表达着跨境金融规制程序的公正价值。程序公正价值主要体现于对行政相对人程序权利的尊重与保护。"行政程序法兴起和发展的历史表明，它不是来自保证行政实体法良好实施的需求，而是来自社会整体人权状况出现重大发展的形势。"[①]在德国行政法学理上，为了克服相对人程序权利弱化的弊端，引入了程序基本权观念，将程序权利上升到基本权利范畴，将行政程序与宪法上的基本权关联起来，确认国家对作为客观价值的程序基本权的保护义务。[②] 在各国实践中，宪法中所确认和保护的权利内容与本国经济社会的发展现实具有内在的联系性。[③] 在中国宪法发展上，与1954年宪法、1975年宪法及1978年宪法相比较，1982年宪法声明中国"发展同各国的外交关系和经济、文化的交流"，并声明了对外交流的系列措施。这是"对外开放的宪法语言"，为对外开放提供了宪法规范依据，发挥了宪法在涉外领域的规范指引作用。[④] 这为经济对外开放发展、公民基本权利保障等提供了基础规范，指引和约束国家公权力的行使。金融法域外适用制度是一国金融对外开放发展到特定层次的配套制度，是宪法涉外规范在涉外金融新发展时期的具体化。在金融对外开放的宪制框架下，本国公民跨境金融活动不断增长。本国公民到境外开展跨境金融活动，就有可能成为本国金融行政域外管辖中的相对人。对身处境外的本国公民之行政程序权利的保护，无疑在宪法上具有规范基础。当然，金融域外管辖的相对人更有可能是境外的外国人。在人权保护国际化的背景下，外国人在人格尊严、程序权利保护等领域可以和本国公民一样获得基本权利的主体资格。[⑤] 基于人权保护国际化的理念，对于金融域外管辖中的外国相对人，亦应保护其程序基本权利。同时，在平等与对等相结合的涉外行政执法中，若一国金融行政主体在域外管辖中恣意损害或否认境外外国人的程序权利，恐将间接削减本国公民的程序权利。因为其本国公民亦可能

[①] 肖凤城：《行政程序法》，载应松年主编：《当代中国行政法》（第六卷），人民出版社2018年版，第2224页。
[②] 参见赵宏：《行政法学的主观法体系》，中国法制出版社2021年版，第85—86页。
[③] 参见周叶中主编：《宪法》，高等教育出版社2020年版，第90—91页。
[④] 参见孙笑侠：《我国宪法的涉外作用》，法学研究1991年第3期，第20—21页。
[⑤] 参见焦洪昌主编：《宪法学》（第6版），北京大学出版社2020年版，第309页。

在其他国家金融跨境规制执法中被对等地限制程序权利。此外,国际合法性是金融行政域外管辖中程序合法性的基础内涵,域外管辖中的行政程序不得侵犯国际法上确认的人权。例如,《世界人权宣言》第 6 条规定,"人人在任何地方有权被承认在法律前的人格"。同时,国际法上的人权保护共识,往往需要由国内法,特别是国内程序法规范加以实现。就程序性正当法律过程而言,其基本价值即在于对人格尊严的尊重与保护,以及对最低限度公正的追求。① 在金融法域外适用的过程中,即使是身处该国境外的外国人,其亦有权被承认在该类法律面前的人格,并经由具有域外效力的金融行政程序规范获得人格尊严上的保障。由此,在保护人权的国际法约束下,金融行政主体应当尊重与保护外国相对人的程序基本权。

其二,金融法域外适用中,行政程序合法表达着跨境金融规制程序的效率价值。行政行为涉及公私利益的维护与分配,因而提高行政行为效率是行政主体、行政相对人、利害关系人、社会公众等共同的现实需求。高效的行政程序既可以促使行政主体及时有效地实施行政行为,保障、调动乃至提升行政活力,又可以促使行政主体积极迅速地回应相对人、利害关系人、社会公众的多元需求、诉求,保障私主体的权益。② 一方面,跨境金融规制涉及金融领域中内国的公共利益、所涉外国的公共利益、境外相对人和跨境分布利害关系人的私人利益,这都需要内国金融行政主体通过跨境行政程序展开利益分配与维护工作。另一方面,跨境金融规制涉及多元公私主体,包括内国金融行政主体、境外相对人、跨境分布的利害关系人、相关外国的金融行政主体等,这些主体的沟通、协调等,都需要通过跨境行政程序串联起来。因此,如果行政程序缺乏必要的效率性,内国金融行政主体不能科学高效地实施跨境行政行为,则会使得跨境金融市场相关公私主体难以有序和有效参与程序、表达自身利益,或不当增加各方的程序成本,进而危及跨境金融市场中多元公私主体利益的维护与分配。

其三,金融法域外适用中,行政程序合法表达着跨境金融规制程序的秩序价值。金融法域外适用制度是立法者对跨境金融市场秩序的一种静态

---

① 参见王锡锌:《行政程序法理念与制度研究》,中国民主法制出版社 2007 年版,第 222 页。
② 参见谭宗泽、付大峰:《从规范程序到程序规范:面向行政的行政程序及其展开》,《行政法学研究》2021 年第 1 期,第 28 页。

设计，预设了跨境金融市场的秩序目标、行为模式及其法律后果。基于金融法域外适用所实施的跨境金融规制，是促使跨境金融市场秩序从静态的立法设计转化为动态执法建构的一个过程。在行政类型上，跨境金融行政规制主要是针对跨境金融市场的秩序行政，是内国金融行政主体依据金融法域外适用制度对境外相对人进行规制，实现法律制度所预设的跨境金融市场秩序的活动。① 行政程序合法，意味着金融域外管辖行为在过程上的有序性、在性能上的规范性，以及在后果上的可测性。② 这将为跨境金融规制中行政权的顺利平稳运行提供可能，为实现跨境金融行政规制目的提供秩序保障，有助于实现法律所预设的良好跨境金融市场秩序。同时，与境内语境下的金融规制合法性不同，跨境金融规制秩序的合法性，在一定程度上还与外国是否从中受益并认可跨境规制秩序的约束有关。③ 具有合法性的跨境行政程序，有助于打通内国与外国的行政主体之间的合作路径，凝聚双方利益共识，增强外国当局对内国跨境金融规制秩序的接受度。

第二节　中美跨境审计监管行政程序的合法性分析

中美跨境审计监管的焦点问题之一，在于美国公众公司会计监督委员会以何种方式检查在美上市的中国境内企业的审计工作底稿，④这主要关系到中美跨境审计监管的行政程序问题。这些行政程序，既包括美国证券行政主体基于程序法域外适用所实施的跨境审计监管程序，也包括中国证券行政主体为应对外国程序法域外适用，而基于中国跨境审计监管程序法所作出的行政程序。系统法学认为，法治系统包括静态的法制系统和动态的

---

① 行政可分为秩序行政、给付行政、计划行政等类型。参见[德]汉斯·J. 沃尔夫等：《行政法》（第一卷），高家伟译，商务印书馆2002年版，第30—34页。
② 参见关保英：《论具体行政行为程序合法的内涵与价值》，《法律与政治》2015年第6期，第10—11页。
③ 参见廖凡：《全球金融治理的合法性困局及其应对》，《法学研究》2020年第5期，第37页。
④ 参见廖凡、崔心童：《从境外上市保密新规看中美跨境审计监管破局》，《中国外汇》2022年第12期，第24页。

法律实施过程系统。① 静态地看,中美跨境审计监管行政程序在各自的程序法制系统中具有合法依据,似乎不存在合法性问题。但是,动态地看,中美跨境审计监管行政程序在互动过程中,存在着由两国程序法冲突所带来的合法性困局,其所折射出的问题为金融法域外适用中行政程序的合法性分析提供了启示。

一、静态视角:中美跨境审计监管行政程序的国内法依据

(一) 美国证券行政主体对中国实施跨境审计监管的程序法依据

美国公众公司会计监督委员会对中国境内会计师事务所实施跨境审计监管行政程序,要求中国境内会计师事务所履行提供审计工作底稿的程序义务,其依据主要包括 2002 年《索克斯法案》、2010 年《多德-弗兰克法案》等相关联邦制定法中具有域外效力的程序规范。2020 年《外国公司问责法案》则强化了外国会计师事务所不履行跨境审计监管程序义务所带来的法律后果。

1. 2002 年《索克斯法案》关于跨境实施审计监管的程序规定

2002 年《索克斯法案》第 106 条(b)对外国会计师事务所提供审计工作底稿的程序作出规定,设置了外国会计师事务所提供审计工作底稿程序义务的触发条件。根据该条款,若外国会计师事务所就在美上市公司出具了意见或提供了其他实质性服务,而另一家美国注册公共会计师事务所据此签发了全部或部分审计报告或审计报告中的意见,则该外国会计师事务所在美国公众公司会计监督委员会对审计报告进行调查时,向委员会提供相关的工作底稿;并依据执行该工作底稿的请求接受美国法院的管辖。

根据 2002 年《索克斯法案》第 106 条(b)的规定,中国境内会计师事务的审计服务若被美国注册公共会计师事务利用,则该中国会计师事务所负有向美国公众公司会计监督委员会提供审计工作底稿的程序义务,并依据该程序义务接受美国法院的执行程序。

2. 2010 年《多德-弗兰克法案》对 2002 年《索克斯法案》程序规定的修改

2010 年《多德-弗兰克法案》第 929J 条,对 2002 年《索克斯法案》第 106

---

① 参见熊继宁:《系统法学导论》,知识产权出版社 2006 年版,第 21—28 页。

条(b)的内容做了修改。第一,关于外国会计师事务所提供审计工作底稿的程序义务,不再以其审计服务被美国注册公共会计师事务利用为触发条件。只要该外国会计师事务所就在美上市公司发布审计报告、开展审计工作或进行中期审查,则其就应按照美国公众公司会计监督委员会的要求提供任何该等审计工作底稿,以及与上述审计工作相关的所有其他文件。第二,该法案进一步明确,外国会计师事务所接受美国联邦法院为强制执行获取上述文件的任何请求而对其实施的管辖。

就中美跨境审计监管而言,2010年《多德-弗兰克法案》第929J条进一步增加了中国境内会计师事务所向美国公众公司会计监督委员会提供审计工作底稿的程序义务,并就该程序义务而言接受美国联邦法院的强制执行程序。

依据2010年《多德-弗兰克法案》,中国境内会计师事务所可以通过中国证监会来提供审计工作底稿。2010年《多德-弗兰克法案》第929J条在2002年《索克斯法案》第106条中增加了(f)子条,规定了外国会计师事务所履行文件提供义务的其他方式。根据该新增条款,美国公众公司会计监督委员会可以允许外国会计师事务所通过其他方式履行审计工作底稿等文件的提供义务。例如,通过其母国相当于美国证券交易委员会或美国公众公司会计监督委员会的相关证券监管机构提供该等文件。

3. 2020年《外国公司问责法案》强化违反程序的法律后果

依据2020年《外国公司问责法案》,如果美国公众公司会计监督委员会连续3年无法检查中国境内会计师事务所审计工作底稿,则中概股公司将面临退市的法律后果。《外国公司问责法案》虽然未对外国会计师事务所提供审计工作底稿的程序作出进一步的规定,但以明确法律后果的方式强化了该程序义务的履行责任。根据《外国公司问责法案》第二节第(3)款的规定,如果美国公众公司会计监督委员会连续3年无法检查相关外国会计师事务所的审计底稿,则所涉在美上市公司将被禁止在美国证券市场交易。该等交易禁令的发布、执行等程序由美国证券交易委员会实施。2021年11月,美国公众公司会计监督委员会发布第6100条规则(Rule 6100),规定了关于判定无法检查审计工作的外国发行人的相关程序和所需要考虑的因素等。

（二）中国证券行政主体应对美国跨境审计监管的程序法依据

在中国证券监管程序法上，非经行政审批程序批准，审计工作底稿不得出境，且境外证券监管机构不得在中国境内直接开展调查取证程序。国家法律层面，1988年《保守国家秘密法》和1987年《档案法》较早地为审计工作底稿出境行政审批程序提供基础性规范依据。而《证券法》直到2019年修订时才确立对包括审计工作底稿在内各类证券文件资料出境的审批程序。同时，2005年《证券法》和2019年《证券法》均强调跨境监管合作机制，后者更是明确境外证券监管机构不得在中国境内直接开展调查取证程序。行政法规层面，2014年《保守国家秘密法实施条例》为涉及国家秘密的审计工作底稿出境行政审批程序提供法规依据。部门规章层面，2009年《关于加强在境外发行证券与上市相关保密和档案管理工作的规定》，以及取代其的2023年《关于加强境内企业境外发行证券和上市相关保密和档案管理工作的规定》，为审计工作底稿出境审批程序和跨境监管合作程序提供操作性的规范依据。值得注意的是，2019年《证券法》和2023年《关于加强境内企业境外发行证券和上市相关保密和档案管理工作的规定》，对于审计工作底稿不再区分其是否属于国家秘密或属于《档案法》所称的档案，即所有审计工作底稿无论其是否属于国家秘密或法定档案，其出境均应经行政审批程序批准。

1. 国家法律关于跨境审计监管行政程序的规定

(1)《证券法》关于跨境审计监管行政程序的规定

2005年《证券法》首次明确中国证监会可以实施跨境监管，但未对跨境审计监管相关的程序作出具体规定。2005年《证券法》第179条第2款规定："国务院证券监督管理机构可以和其他国家或者地区的证券监督管理机构建立监督管理合作机制，实施跨境监督管理。"

根据2019年《证券法》的规定，美国公众公司会计监督委员会不得在中国境内直接对会计师事务所实施调查取证程序，且在程序上未经中国相关行政部门的同意，中国境内的会计师事务所不得向美国公众公司会计监督委员会提供审计工作底稿。2019年《证券法》在2005年《证券法》关于跨境监管规定的基础上，进一步对证券活动有关信息出境的行政程序作出规定。2019年《证券法》第177条第2款规定："境外证券监督管理机构不得在中华人民共和国境内直接进行调查取证等活动。未经国务院证券监督管理机构和国务院有关主管部门同意,任何单位和个人不得擅自向境外提供与证券业务活动有关的文件和资料。"

(2)《保守国家秘密法》关于跨境审计监管行政程序的规定

根据《保守国家秘密法》的规定,若审计工作底稿涉及国家秘密,中国境内会计师事务所应当按照规定的程序事先经过中国行政主管部门批准,才能提供给美国公众公司会计监督委员会。1988年《保守国家秘密法》第21条规定:"在对外交往与合作中需要提供国家秘密事项的,应当按照规定的程序事先经过批准。"2010年《保守国家秘密法》第25条第5项规定,机关、单位应当加强对国家秘密载体的管理,任何组织和个人不得未经有关主管部门批准,携带、传递国家秘密载体出境。第30条规定:"机关、单位对外交往与合作中需要提供国家秘密事项,或者任用、聘用的境外人员因工作需要知悉国家秘密的,应当报国务院有关主管部门或者省、自治区、直辖市人民政府有关主管部门批准,并与对方签订保密协议。"

(3)《档案法》关于跨境审计监管行政程序的规定

根据《档案法》的规定,若审计工作底稿是属于国家所有的档案,或虽非国家所有但属于对国家和社会具有保存价值的或者应当保密的档案,中国境内会计师事务所非经批准程序不得擅自提供给美国公众公司会计监督委员会。1987年《档案法》第18条规定,属于国家所有的档案及其复制件,以及属于集体所有的和个人所有的对国家和社会具有保存价值的或者应当保密的档案及其复制件,禁止私自携运出境。2020年《档案法》第25条规定,属于国家所有的档案及其复制件,非国有企业、社会服务机构等单位和个人形成的,对国家和社会具有重要保存价值或者应当保密的档案及其复制件,禁止擅自运送、邮寄、携带出境或者通过互联网传输出境。确需出境的,按照国家有关规定办理审批手续。

2. 行政法规关于跨境审计监管行政程序的规定

根据《保守国家秘密法实施条例》,若审计工作底稿涉及国家秘密的,应当经批准程序后才能出境。2014年1月,国务院发布《保守国家秘密法实施条例》,其第21条第7项规定:"携带国家秘密载体外出,应当符合国家保密规定,并采取可靠的保密措施;携带国家秘密载体出境的,应当按照国家保密规定办理批准和携带手续。"

3. 部门规章关于跨境审计监管行政程序的规定

根据中国证监会等部门联合制定的规章,审计工作底稿未经批准程序的不得出境,中国境内会计师事务所未经批准不得向美国公众公司会计监督委员会提供包括审计工作底稿在内的各类文件资料。2009年10月,中国证监会、国家保密局、国家档案局发布《关于加强在境外发行证券与上市相关保密和档案管理工作的规定》。根据第6条规定,会计师事务所的工作底稿等档案应当存放在境内,若该工作底稿涉及国家秘密、国家安全或者重大利益的,未经有关主管部门批准,不得将其传递给境外机构或者个人。根据第8条规定,美国公众公司会计监督委员会提出对中国境内会计师事务所进行现场检查的,会计师事务所应当向中国证监会和有关主管部门报告,涉及需要事先经有关部门批准的事项,应当事先取得有关部门的批准;现场检查以中国监管机构为主进行,或者依赖中国监管机构的检查结果。若是对审计工作底稿进行非现场检查的,涉及国家秘密的事项,会计师事务所应当依法报有审批权限的主管部门批准,并报同级保密行政管理部门备案;涉及档案管理的事项,会计师事务所应当依法报国家档案局批准。2023年2月,中国证监会、财政部、国家保密局、国家档案局发布《关于加强境内企业境外发行证券和上市相关保密和档案管理工作的规定》,取代2009年的规定。新规对审计工作底稿出境不再区分是否属于国家秘密。根据第9条规定,会计师事务所在中国境内形成的审计工作底稿,需要出境的,不管是否属于国家秘密,一律需要按照国家规定办理审批手续。此外,新规不再要求现场检查应以中国监管机构为主或依赖中国监管机构的检查结果。根据第11条规定,美国公众公司会计监督委员会到中国境内检查审计工作底稿的,应当通过跨境监管合作机制进行,中国证监会或有关主管部门依据双多边合作机制提供必要的协助。同时,会计师事务所向美国公众公司会计监督委员会提供包括审计工作底稿在内的各类文件资料之前,均应当经过中国证监会或有关主管部门的同意。

二、动态视角:中美跨境审计监管行政程序的合法性困局

(一)要求中国会计师事务所直接提供审计工作底稿的合法性问题

在2010年前后的中概股信用危机中,美国公众公司会计监督委员会

开始要求中国境内会计师事务所提供相关中概股公司的审计工作底稿。2010年6月和11月,浑水公司分别对中概股东方纸业、绿诺科技的财务造假发布做空报告,并导致后者于同年12月退市。此后,浑水公司、香橼研究公司(Citron Research)等美国空头机构连续发布针对中概股公司财务造假的做空报告,引发中概股公司审计报告的信用危机。2011年3月,美国公众公司会计监督委员会发布对中国企业反向并购的调查报告。该报告称,2007年至2010年,通过反向并购方式在美上市的159家中国企业中,有24%的企业由中国会计师事务所进行审计,但审计报告大多存在严重的质量问题。[①] 美国资本市场质疑中国会计师事务所审计报告的质量,美国证券监管部门开始敦促相关中国会计师事务所提交审计工作底稿。

依据美国证券行政程序法规定,相关中国会计师事务所负有向美国证券监管部门提供审计工作底稿的程序性义务。依据2002年《索克斯法案》第106条(b),在美国公众公司会计监督委员会要求相关中国会计师事务所提交审计工作底稿时,后者应当履行程序义务。

然而,依据相关中国证券行政程序法规定,中国会计师事务所非经法定行政审批程序不能直接向美方提供审计工作底稿。在2010年之前,根据中国1987年《档案法》第18条,2010年《保守国家秘密法》第25条、第30条,以及2009年《关于加强在境外发行证券与上市相关保密和档案管理工作的规定》第6条等法规范的规定,在中国境内形成的审计工作底稿应当存放在境内,涉及国家秘密、档案的审计工作底稿,非经国家规定的行政审批程序,中国会计师事务所不能擅自提供给美方监管部门。在2010年以后的法律规范修改完善过程中,如2019年《证券法》第177条、2020年《档案法》第25条、2023年《关于加强境内企业境外发行证券和上市相关保密和档案管理工作的规定》等规定,不断对中国境内审计工作底稿出境的行政审批程序要求,进行重申和强化。且在目前的中国证券行政程序法框架内,不管该审计工作底稿是否涉及国家秘密或国家档案,均应经过法定程序批准后才能

[①] *Activity Summary and Audit Implications for Reverse Mergers Involving Companies from the China Region: January 1, 2007 through March 31, 2010*, Public Company Accounting Oversight Board research note ♯ 2011 - P1, https://pcaobus.org/research/documents/chinese_reverse_merger_research_note.pdf.

出境。

在中美证券行政程序法的冲突下,相关中国会计师事务所陷入一种"两难行动"僵局。若其遵守美国证券行政程序法,向美国公众公司会计监督委员会直接提供审计工作底稿,则会触犯中国证券行政程序法。若其遵守中国证券行政程序法,拒绝向美国监管当局提供审计工作底稿,则会违反美国证券行政程序法。中美两国关于证券审计监管制度的差异埋下了监管冲突的隐患,使得美国监管当局基于法律域外适用对中概股公司审计工作的跨境监管程序,与中国关于审计底稿出境的程序之间产生了冲突。[①] 而在双方公权力的程序对峙下,夹在中间的相关中国会计师事务所"左右为难"。

(二) 通过中国证监会向美方提交审计工作底稿的合法性问题

为了缓解中美证券行政程序法对峙下的跨境审计监管僵局,双方开始探索跨境监管合作模式。2011 年 7 月,美国证券交易委员会、美国公众公司会计监督委员会与中国证监会、财政部在北京举行研讨会,介绍了各自的审计监管制度和检查程序,就深化中美审计跨境监管进行交流。由此,中美跨境审计监管合作正式进入两国证券行政执法主体的对话视野。2013 年 3 月,中国证监会、财政部与美国公众公司会计监督委员会签订《执法合作备忘录》,为中美证券监管部门在跨境审计监管合作方面提供框架性基础。

2013 年中美跨境审计监管《执法合作备忘录》规定了美方向中方获取审计工作底稿的申请与协助程序。根据该备忘录的约定,美国公众公司会计监督委员会获取中国境内的审计工作底稿,需向中国证券监管部门提出书面申请,经中方同意后,由中国证券监管部门向其提供。中国证券监管部门适用中国法上的程序收集和提供审计工作底稿,且不承担任何美方区域内的法定责任。

该中美《执法合作备忘录》是一种有限的合作框架,美方质疑中方基于有限合作提供审计工作底稿的合法性。2013 年中美跨境审计监管《执法合作备忘录》在本质上是一个有限合作的框架性协议,合作范围仅涉及涉嫌中概股财务造假案件的相应中国会计师事务所的审计工作底稿,且美方监管

[①] 参见姜立文、杨克慧:《中概股跨国监管的法律冲突与协调》,《南方金融》2020 年第 11 期,第 38—40 页。

部门不能完全按照其需要获取相关审计工作底稿,其须经过申请程序向中方监管部门获取,后者在合作程序中掌握了主导权。① 在合作程序设计上,美国公众公司会计监督委员需要先行向中国证监会提出协助申请,这与美国证券领域自主监管的诉求存在较大差距;合作备忘录约定,中国监管部门收到美方提供审计工作底稿的申请后,"可以"向其提供,这种程序裁量性使得美国证券监管部门获取审计工作底稿存在较大不确定性。② 截至2022年,中国证监会向美国证券交易委员会、公众公司会计监督委员会提供14家中概股公司的审计工作底稿。但美方对该合作程序提出了合法性质疑。一方面,外国证券监管机构需要获取美国公司的审计工作底稿时,美方并未要求其必须通过美国证券监管部门的合作程序来进行,且其他国家的证券监管机构也未向美方提出类似的程序要求。因此,中方所要求的获取审计工作底稿的申请协助程序做法,缺乏对等性和公平性。另一方面,在合作备忘录的程序机制下,美方认为中方证券监管机构的介入,使其无法确定由该程序所获取的审计工作底稿的完整性和准确性,例如中方会在提供给美方之前扣留或编辑部分文件。与美国证券交易收紧中概股的信息与风险披露的趋势不同,香港联交所不受"中美贸易战""金融脱钩"的影响,双重主要上市,第二上市等监管模式均可支持企业上市,合规程序简单而成本较低。③

(三)美方进入中国境内检查审计工作底稿的合法性问题

美方进入中国境内直接对审计工作底稿进行检查,与中国《证券法》相冲突。中国2019年《证券法》第177条第2款规定,境外证券监管机构不得在中国境内直接进行调查取证等活动。该条款虽然未将"检查"列举出来,但结合相关法规范,"检查"活动可以被解释为属于该条款中的"等活动"。《证券法》第170条规定了中国证监会在依法履职过程中有权采取的措施,其中第1项措施为对相关证券市场主体进行"现场检查",第2项措施为进入

---

① 参见吴坤龙:《跨境审计监管中美执法合作备忘录略析》,《财会月刊》2013年第11期,第117页。
② 参见李晟:《中美跨境审计监管僵局的形成、内在矛盾与可能的合作模式》,《河北经贸大学学报》2015年第1期,第114—115页。
③ 参见廖凡、崔心童:《从境外上市保密新规看中美跨境审计监管破局》,《中国外汇》2022年第12期,第24页。

涉嫌违法行为发生场所进行"调查取证"。同时，2023年《关于加强境内企业境外发行证券和上市相关保密和档案管理工作的规定》第11条，关于境外证券监管机构提出对中国境内证券服务机构实施相关跨境行政活动的具体表述中，列举了"检查或调查取证"两项。由此可见，在中国证券法规范体系下，"检查"与"调查取证"属于具有并列关系的两种行政措施。进而可以认为，《证券法》第177条第2款所规定的调查取证"等活动"涵盖了"检查"活动。因而，在该条款的限制下，美国公众公司会计监督委员会不得进入中国境内直接对审计工作底稿进行检查。

美方进入中国境内与中方对审计工作底稿进行联合检查的合法性存疑。中国2019年《证券法》第177条第2款规定，境外证券监管机构不得在中国境内直接进行调查取证等活动。对该条款中"直接"一词的解释，关系到中美双方在中国境内对审计工作底稿进行联合检查的合法性问题。从广义上看，无论是以美方为主的联合检查，还是以中方为主的联合检查，都可以认为美方证券监管机构属于"直接"参与其中。由此，若对"直接"在字面上作广义解释，美方入境与中方对审计工作底稿进行联合检查，则违反了该条款规定。然而，在中国证监会制定的部门规章层面，并不禁止中国与外国证券监管机构在中国境内实施联合检查活动。2009年《关于加强在境外发行证券与上市相关保密和档案管理工作的规定》第8条规定，"现场检查应以我国监管机构为主进行，或者依赖我国监管机构的检查结果"。依据该规定，可以在中国境内实施由中方为主的中美联合检查活动。该部门规章被2023年《关于加强境内企业境外发行证券和上市相关保密和档案管理工作的规定》所取代，根据新规第11条的规定，境外证券监管机构对中国境内相关证券服务机构等进行检查或调查取证的，"应当通过跨境监管合作机制进行，证监会或有关主管部门依据双多边合作机制提供必要的协助"。可见中国证监会的新规亦未明确禁止外方入境与中方实施联合检查。结合中国证监会的部门规章，从狭义上看，可以将"直接"的内涵限缩为：外国证券监管机构不经由跨境监管合作机制而直接进入中国境内单方地对相关证券服务机构等进行检查或调查取证。由此，若对"直接"作狭义解释，则美方通过跨境监管合作机制，入境与中方对审计工作底稿进行联合检查，具有合法性。为了保障部门规章不违反上位法，以及避免外国证券监管机构入境检查或调查取证被"一刀切"地划入"违法"范畴,尚待有权机关对《证券法》第 177 条第 2 款中的"直接"进行狭义上的限定性解释。①

当然,若美方受邀进入中国境内"观察"中方检查审计工作底稿,并不构成入境开展行政检查执法活动,不属于中国证券行政程序法上禁止的行为。2011 年 9 月,中国证监会、财政部与美国公众公司会计监督委员会签订了《美方来华观察中方就会计师事务所质量控制检查的协议》。2012 年,中方组织美国公众公司会计监督委员会工作人员,到中国境内观察中方的检查活动。美国公众公司会计监督委员会受中国证券监管机构的邀请,派员以"观察员"的身份来华"观察"中方对会计师事务所的相关检查工作,而非美方派员到中国境内对会计师事务所实施检查活动,因而不违反中国证券行政程序法。

(四)美方进入中国香港检查中国内地审计工作底稿的合法性问题

美方前往香港检查形成于中国内地的审计工作底稿,是新一轮中概股危机下的中美跨境审计监管新探索。2020 年 8 月 6 日,美国总统金融市场工作组发布了《关于保护美国投资者免受中国公司重大风险的报告》。该报告指出,由于中方有关部门的阻碍,相关中国大陆会计师事务所不能向美国公众公司会计监督委员会履行提供审计工作相关底稿材料的法定义务,中美双方签署的备忘录无法有效推动执法合作。② 2021 年 12 月 16 日,美国公众公司会计监督委员会发布《〈外国公司问责法案〉认定报告》,认定 60 余家在美注册的中国会计师事务所不符合其审计规定,将中国内地与中国香港地区认定为无法对其注册会计师事务所进行全面检查的法域。③ 根据《外国公司问责法案》,如果美国公众公司会计监督委员会连续 3 年认定相关中国

---

① 参见廖凡:《中概股跨境监管博弈:评析与思考》,《上海对外经贸大学学报》2023 年第 1 期,第 62 页。
② President's Working Group on Financial Markets: Report on Protecting United States Investors from Significant Risks from Chinese Companies, Department of the Treasury (July 24, 2020), https://home.treasury.gov/system/files/136/PWG-Report-on-Protecting-United-States-Investors-from-Significant-Risks-from-Chinese-Companies.pdf.
③ See PCAOB Release No. 104 – HFCAA – 2021 – 001 (December 16, 2021), https://pcaob-assets.azureedge.net/pcaob-dev/docs/default-source/international/documents/104-hfcaa-2021-001.pdf.

会计师事务所不能满足其监管要求,则所涉中概股面临着被美国证券交易委员会强制退市的风险。对比2010年前后与2020年前后的两轮中概股危机,在第一轮危机中,中国显著依赖美国金融市场,美国能从这种依赖中获益,因而美方最终对审计工作底稿监管问题"高举轻放";在第二轮危机中,中美两国的金融资本进入竞争阶段,双方相互依赖的程度明显减弱,因而美方对这一问题"抓住不放",使得审计工作底稿监管问题影响较大。① 在新一轮的中概股危机下,为了避免中概股的大规模退市,2022年8月26日,中国证监会、财政部与美国公众公司会计监督委员会签署审计监管合作协议。根据该协议,在程序方面,不再由中方行政机关将审计工作底稿转交给美方,而是由美方前往中国香港检查在中国内地形成的审计工作底稿。

美方进入香港特别行政区检查中国内地审计工作底稿,不能绕过中方的相关行政程序批准,否则会带来程序合法性问题。中国2019年《证券法》第177条第2款所限制的是外国证券监管机构进入"中国境内"的执法活动。根据中国2012年《出入境管理法》第89条规定,中国香港特别行政区相对于中国内地而言属于境外。同时,根据中国证监会与境外证券监管机构签署的备忘录,中国香港的证券监管机构属于"境外"跨境监管合作机构。因此,在中国法语境下,美方进入香港特别行政区检查在中国内地形成的审计工作底稿,不受中国2019年《证券法》第177条第2款的限制。然而,这并不意味着美方进入中国香港的相关跨境审计监管检查活动,可以完全地绕开中方的相关行政程序。形成于中国内地的审计工作底稿,由中国内地送往中国香港,属于"出境"行为。根据2023年《关于加强境内企业境外发行证券和上市相关保密和档案管理工作的规定》第9条,审计工作底稿出境,须经行政审批程序批准。同时,根据该规定的第11条,美方在中国香港对中国内地相关会计师事务所的工作材料进行检查,仍需按照跨境监管合作机制进行,且相关会计师事务所在中国香港向美方提供文件资料之前,仍需经中方有关行政部门同意。否则,依然会引发跨境金融法域外适用中的行政行为合法性。

---

① 参见郭瑞营、刘运国:《两次中概股危机中跨境审计监管的对比分析》,《中国注册会计师》2023年第1期,第126页。

三、实证样本的启示

从静态的法制系统看,在单边意义上,中美跨境审计监管程序在各自的国内法秩序上具有合法性基础。一方面,美国公众公司会计监督委员会依据具有域外效力的美国程序法规范,对中国境内会计师事务所实施跨境审计监管行政程序,具有美国法意义上的合法性。这是从美国一方"单边"的角度所证成的美国证券法域外适用行政程序合法性。另一方面,从中国这边来看,中国证券行政主体依据相关中国程序法规范,作出应对美国跨境审计监管的系列行政程序,亦具有单边意义上的合法性,即符合中国的法秩序要求。

然而,从动态的法律实施过程来看,在双边乃至多边意义上,中美跨境审计监管程序运行中存在着合法性困局。美国证券法域外适用下的跨境审计监管行政程序运行,具有突出的跨空间性,美国公众公司会计监督委员会的程序作用力施加至中国境内的会计师事务所,显然越出了"单边"的空间界线,进入了双边范畴,乃至国际证券规制的多边范畴。在美国跨境监管行政程序与中国应对性行政程序的互动、碰撞之中,合法性问题得以显现。其中,无论是美国证券行政主体要求中国境内会计师事务所直接提供审计底稿,或是由中国证监会向美方当局提供审计底稿,或是美国证券行政主体进入中国境内检查审计工作底稿,抑或美国行政主体赴中国香港检查中国境内会计师事务所的审计工作底稿,都存在着一定的合法性问题。仅依靠单边的"蛮干"难以解决这些合法性问题。现实中,作为美国证券行政程序法域外适用应对方的中国,对双多边的合作机制具有制度性需求。① 而美国当局作为基于跨境监管行政程序的主动实施者,应当考虑跨境审计监管行政程序在双边和多边意义上的合法性。

中美跨境审计监管的行政程序合法性问题,作为一个实证样本,有助于系统认识金融法域外适用中的行政程序合法性问题。在美国学者戴维斯

---

① 参见中国 2019 年《证券法》第 177 条,以及《2023 年关于加强境内企业境外发行证券和上市相关保密和档案管理工作的规定》第 11 条关于双多边合作的制度安排。2022 年《期货和衍生品法》第 123 条第 1 款中,更是直接明确中国监管机构可以通过加入"国际组织"实施跨境监管。

看来,对一个领域中某一小部分进行"啃噬"式研究,是一种具有创造性的方法,"这种'啃噬'的创造性有时会开辟思考整个大问题的视角,而有时还会出现全面的解决方案"①。这种"啃噬"式的研究进路与美国另一位学者卡多佐的观点相似。他认为,"把人类思想之网中的这一小块努力隔离开来,你才能对贯穿于我们知识有机体的统一性的线索有所认识"②。因此,对中美跨境审计监管的行政程序合法性"这一小块"进行"啃噬",可以从中找出问题线索,进而开辟出思考金融法域外适用中行政程序合法性"整个大问题"的视角。

基于该实证样本的启示,可以从单边、双边、多边不同层面,全方位考察金融法域外适用中行政行为的程序合法性。在静态与动态相结合的系统法治观引领下,从单边、双边、多边角度考察这一领域中的程序合法性问题,实际上与本章第一节中所论述的,金融法域外适用中行政程序合法性的多层内涵相耦合。首先,在单边意义上,要考察内国的金融行政程序法,其能否为金融法域外适用中的行政程序供给足够的合法性依据。其次,在双边意义上,内国金融程序法在域外适用中,与程序作用力所及的外国程序法之间,若存在冲突,往往会带来程序非理性问题。最后,在多边意义上,国际金融组织框架下的多边合作机制,有助于提升金融行政域外管辖的程序在国际法上的合法性,但在全球金融治理规则碎片化的格局下,可能会面临着程序脱节方面的合法性挑战。下一节将对此进行系统阐释。

第三节 金融法域外适用中行政行为的程序合法性问题

一、单边层面:域外管辖权扩张下的程序法滞后问题

一国单边地确定本国金融域外管辖的实体法和程序法。对于金融行政

---

① 参见[美]肯尼斯·卡尔普·戴维斯:《裁量正义——一项初步的研究》,毕洪海译,商务印书馆2009年版,第21页。
② 参见[美]本杰明·N.卡多佐:《法律的成长》,李红勃、李璐怡译,北京大学出版社2014年版,第40页。

域外管辖权的规范,主要涉及两个方面的内容:一是规定金融行政主体在何种情况下可以行使域外管辖权,二是金融行政主体有了域外管辖权之后又该如何行使。从法律界分为实体法与程序法的理路来看,第一方面的内容关乎实体法的问题,第二方面的内容关乎程序法的问题。"公法是自主的主权国家享有的权力构成的基本框架"①。具有域外效力的金融公法,在本质上是主权国家在金融全球化时代中享有的域外管辖权力构成的基础框架。一国立法机关基于金融主权,确定本国金融行政域外管辖的法律制度安排。无论是金融行政域外管辖的实体法还是程序法,都由本国立法机关单边地确定。

  在重实体轻程序的导向下,程序法滞后于金融行政域外管辖权的扩张。在一些程序至上的国家,其行政法体系主要由行政程序法构成。例如,美国《联邦行政程序法》把美国行政法塑造成行政程序模式,这种模式形成的背后,是反抗力量抵制积极国家的"实体性战斗失利"之后,转向依据"程序性理由"予以反击的新路线。② 然而,也有一些国家长期存在重实体轻程序的理念。德国行政法存在"重实体轻程序"的传统弊病,在"程序仅具有辅助意义"的理念之下,传统的行政程序呈现出偏袒行政便宜、弱化行政程序价值、不重视相对人程序权利等取向。③ 在中国行政法上,受到重实体轻程序的传统观念影响,行政程序的独立价值与内在功能被长期忽视,行政程序立法在现实中未得到应有的关注与重视。④ 金融行政域外管辖权是一种具有进攻性和对外扩张性的行政权力。在重实体轻程序的导向下,一国注重从实体法上授予本国金融行政主体的域外管辖权。为了促进金融行政域外管辖权的扩张,就可能会有意地放松对该项权力的制约,尤其是放松对其在程序法上的约束。同时,重视金融行政域外管辖权的扩张是"重权力"的一种具体

---

① [英]马丁·洛克林:《公法的基础》,张晓燕译,复旦大学出版社2023年版,第127页。
② 参见[美]杰瑞·L. 马肖:《行政国的正当程序》,沈岿译,高等教育出版社2005年版,第27页。
③ 德国行政法上重实体轻程序的传统观念,在欧盟整合的背景下,受到欧盟法的冲突与影响,得到了反省与调整。参见赵宏:《欧洲整合背景下的德国行政程序变革》,《行政法学研究》2012年第3期,第98—103页。
④ 参见谭宗泽、付大峰:《从规范程序到程序规范:面向行政的行政程序及其展开》,《行政法学研究》2021年第1期,第26页。

形态。行政相对人的权利主要表现在行政程序上,而"重权力"往往意味着行政程序的相对于实体权力的萎缩,程序的相对萎缩就会相应地导致"轻权利"的问题。① 另外,有些国家设置金融法域外适用制度是一种应急性的立法行为,旨在满足当下对其他国家法律的不当域外适用进行反制的紧急需求,因而缺乏足够的立法操作时间来设计相应配套的程序法规范,导致该领域的程序法滞后。一些国家是"在模仿中反制"②,以反制为导向进行金融域外管辖制度的模仿,首要在于对域外管辖权确立制度的模仿,而对域外管辖权配套程序制度的模仿则往往属于次要需要,进而常被忽视,这也会导致相关程序法规范的滞后及缺失。

在具有域外效力的金融行政程序法滞后、缺位的状态之下,一般行政程序法和域内适用的金融行政程序法,均难以为金融行政域外管辖行为提供足够的程序合法性依据。

一般行政程序法对金融行政域外管辖行为程序的合法性供给乏力。公法域外适用的规则体系建立在具体公法的基础之上,不能脱离具体公法而存在;在严格意义上来看,只存在具体的公法域外适用问题,如证券法域外适用、银行法域外适用等,而不存在抽象的公法域外适用问题;从更严格的意义上看,只有某些公法中的个别条文才可域外适用,而非某部公法的所有条文均可域外适用。③ 可见,公法的域外适用只能根据具体公法的特殊规定来展开,不能脱离于具体公法而独立地存在。由此,金融法域外适用中的行政程序应当根据金融规制法中具有域外效力的程序规定而具体展开。一般行政程序法主要着眼于行政法规范域内适用的程序问题,对法律域外适用中的特别行政程序活动而言,其所能提供的程序法依据是有限的。例如,行政处罚强制执行主要是建立在主权国家属地管辖权威基础上的,一国金融行政机关不能基于本国关于行政处罚强制执行的法律规定,而直接进入他国境内实施行政处罚的强制执行程序。在中国法上,主要由行政程序单行

---

① 参见柳砚涛:《行政程序法治化路径研究》,《华南师范大学学报(社会科学版)》2009年第3期,第37页。
② 参见高伟:《美国"长臂管辖"》,中国财政经济出版社2021年版,第246—250页。
③ 参见宋晓:《域外管辖的体系构造:立法管辖与司法管辖之界分》,《法学研究》2021年第3期,第181页。

法约束各类重要具体行政行为,即主要通过行政处罚法、行政强制法、行政许可法等单行法律对相应领域的具体行政行为进行程序性规范。目前,这些行政程序单行法尚未对跨境实施行政程序作出特别化的规定。

域内适用的金融行政程序法难以直接适用于金融行政域外管辖的程序运行过程。金融法域外适用,并不代表整部金融规制法的所有条文都具有域外适用性。一般而言,在金融规制法中,域内适用的条文依然是其核心"成分"。金融规制法中的程序法制度,亦主要着眼于规范在域内实施的金融行政程序。例如,根据中国 2019 年《证券法》第 170 条的规定,中国证监会有权进入涉嫌违法行为发生场所调查取证,有权依法对涉案相关证券发行交易等相关资料进行封存、扣押,有权对涉案财产进行冻结、查封等。这些法律条文的内容,主要是针对在中国境内实施的证券行政执法程序,而不能直接适用于跨境执法活动。因为,在证券行政域外管辖的过程中,中国证监会显然难以基于该条款,直接进入其他国家实施上述行政执法程序活动。

在域外适用性程序法缺位的情况下,金融行政域外管辖所实施的程序存在违背程序法定原则的风险。从行政相对人权益的立场出发,行政程序可界分为权利性程序和义务性程序。基于行政程序法定原则,权利性的法定程序包括成文法规定的程序和正当程序原则所要求的程序,对程序权利的限制与剥夺应以成文法规定为依据;义务性的法定程序则仅指成文法所规定的程序,行政主体不得在成文法规定之外自行增加义务性程序。[①] 在缺乏域外适用性程序成文法依据的情况下,金融行政主体在域外管辖中对相对人所施加的程序义务,将会出现"行政主体在成文法规定之外自行增加义务性程序"的合法性问题,进而有悖于程序法定原则。在英美法系国家的行政法上,程序权利主要由正当程序原则保障。在大陆法系国家的行政法上,程序正当性要求则往往被具体化在法律文本之中,因而程序权利主要通过成文化的程序法规范予以保障。若域外适用性程序法缺位,金融域外管辖中相对人的程序权利未能得到成文法的明确,则各项程序权利将难以得到保障。根据中国证监会 2021 年 7 月发布的《证券期货违法行为行政处罚

[①] 参见杨登峰:《行政程序法定原则的厘定与适用》,《现代法学》2021 年第 1 期,第 74、84 页。

办法》的第 9 条第 1 款规定,中国证监会进行调查时,执法人员少于二人的,被调查的相对人有权拒绝。在证券行政域外管辖的场景中,若中国证监会根据与某国的跨境合作机制,只能派 1 名执法人员进入该国开展调查,少于上述条款所规定的"二人"。境外相对人若不能根据上述条款的规定而拒绝接受调查,此时则会出现"未以成文法规定为前提剥夺程序权利"的合法性问题。

二、双边层面:两国法规范冲突下的程序非理性问题

金融法域外适用语境下的两国法律冲突,[①]根植于各国涉外金融法治建设的"矛"与"盾"之中。"关于一个国家的法律是否具有域外效力的问题,各个国家的实践做法异乎寻常地趋于一致:尽力扩大本国法律的域外效力,尽力限制外国法律在本国的效力。即对本国法律的域外效力具有扩张性要求,对外国法律的域外效力具有限制性的要求"[②]。这种实践做法的背后是主权者规制利益的双向性。一方面,主权者要通过扩大本国法律域外效力来保护全球化背景下的海外利益;另一方面,主权者要通过限制外国法律在本国的效力来维护自身的属地规制权威。规制利益的双向性之下,形成一种"矛"与"盾"的关系。对于一个国家的涉外法治建设而言,扩张本国法律的域外效力有利于强化涉外法治的"进攻侧",铸造涉外法治之"矛";[③]限制外国法律在本国的域外效力有利于强化涉外法治的"防守侧",铸造涉外法治之"盾"。在涉外金融法治建设领域,各国基本都倾向于扩大本国金融法的域外效力,即打造本国涉外金融法治"进攻之矛";而当外国金融法的域外

[①] 法律冲突常发生在一国法律体系的内部,但实际上不同国家之间的法律也会出现冲突的问题。在一国法律体系的内部,"从理论上讲,法律冲突可以存在于任何法律部门、甚至不同法律部门之间"。参见刘志刚:《法律规范的冲突解决规则》,复旦大学出版社 2012 年版,第 4 页。但是,法律冲突并不局限于一国法律体系内部。跨国交往关系的大量出现是法律跨国冲突的社会基础。法律冲突需要在一定的空间发生,而跨国经济交往关系正是不同国家经济规制法律发生碰撞的"空间"。参见张利民:《经济行政法的域外效力》,法律出版社 2008 年版,第 315—316 页。

[②] 张根大:《法律效力论》,法律出版社 1999 年版,第 71 页。

[③] 参见霍政欣:《我国法域外适用体系之构建——以统筹推进国内法治和涉外法治为视域》,《中国法律评论》2022 年第 1 期,第 50 页。

效力涉及本国时,则会对之进行严格限制,即打造本国涉外金融法治"防守之盾"。当一国公权力主体挥动"进攻之矛",推行本国金融法域外适用时,就会遇到另一国"防守之盾"的"阻击",即对前者的法律域外适用进行限制和应对,进而带来了两国金融法冲突的局面。

两国金融行政主体手中的"矛"与"盾"的运行,离不开行政程序的伴随。一国金融法域外适用的"进攻之矛",以及另一国限制该域外适用的"防守之盾",它们的运行都需要通过一定的程序加以实现。"因为任何行政行为的实施都要经过一定的程序表现出来,没有脱离行政程序而存在的行政行为"[1]。一国金融行政主体基于本国金融法的域外效力,对发生在另一国的金融行为进行管辖,其所实施的跨境行政行为不能脱离跨境行政程序而存在。而另一国对来自他国金融法域外效力的"进攻"进行"防守"时,也主要通过程序"武器"予以回应和"阻击"。由此,金融法域外适用行政行为中的两国法律冲突问题,以及一国"进攻之矛"与另一国"防守之盾"的碰撞问题,突出地表现为两国金融行政程序的对峙问题。

当一国金融法域外适用中的行政程序,与另一国应对该域外管辖的金融行政程序之间,出现对峙的局面,就会引发该领域中的程序绝对化、程序对抗化、程序苛刻化等程序非理性现象,[2]进而带来程序上的实质合法性问题。

一是金融法域外适用中行政程序绝对化的非理性问题。这里的行政程序绝对化是指一国金融行政主体在法律域外适用过程中,将本国的行政程序凌驾于另一国金融行政程序之上的一种非理性状态。行政程序具有空间性,两国金融行政程序的碰撞需要在特定的空间中发生。甲国金融行政主体为规制发生在乙国的金融违法行为而开展相关程序活动,乙国为了限制外国金融法对本国的域外效力,往往也会通过行政程序规则予以应对。在此情形之下,甲国的金融行政程序与乙国的金融行政程序在违法行为发生地(乙国)的空间下交汇。两套不同的程序在同一空间下针对同一问题而

---

[1] 罗豪才、湛中乐主编:《行政法学》(第4版),北京大学出版社2016年版,第139页。
[2] 有学者将行政程序非理性的表现总结为:行政程序虚无主义、行政程序绝对化、行政程序脱节化和行政程序苛刻化。参见关保英、侯佳丽:《行政程序理性研究》,《求是学刊》2023年第2期,第97—98页。

展开,它们之间就会形成相互竞争的关系。若甲国强行将其行政程序置于绝对化的地位,漠视乃至无视乙国的行政程序,将乙国行政程序的地位矮化、次级化甚至虚无化,或要求乙国的程序法规则符合甲国域外管辖中的程序要求,就产生了金融法域外适用中的行政程序绝对化现象。从主权者权威的角度看,一国金融行政主体依法实施的程序活动在本国领域内具有绝对意义上的权威。但是,当该行政程序的触角伸入其他国家的空间范围时,则其不应再具有绝对意义上的权威,而应仅具有相对意义上的权威。因此,一国金融行政主体在域外管辖过程中,若其将本国行政程序的地位予以绝对化,强行地凌驾于另一国的金融行政程序之上,在本质上是对金融法域外适用中行政程序的一种非理性运用。

二是金融法域外适用中行政程序对抗化的非理性问题。一国金融行政主体在行使域外管辖权过程中,其域外效力程序遭遇另一国的程序"阻击"时,会通过"升级"对违反程序者的惩处力度,强化本国程序的法律责任威慑力。这种手段会促使两国行政程序走向对抗化状态。加重违反程序者的法律后果,在本质上是通过增加相对人的实体负担来增强程序的威力。例如,行政检查为相对人设定的提供文件资料等义务,属于程序性的行政检查协助义务,但仍然会对相对人的实体权利构成一定的影响,有时甚至是较大的影响。[①] 对于外国公司因所在国程序法的规定而未能履行向美方当局提供审计资料文件的程序义务的问题,美国通过 2020 年《外国公司问责法案》提升违反该程序义务的法律责任。这种做法,实际上会促使两国行政程序的冲突升级。因为外国也会根据美国的措施作出制度上的回应,针锋相对地提升程序义务者的法律责任。"矛"与"盾"的对峙情势就会变得更加激烈,这就使得一国金融法域外适用的行政程序,与另一国的应对程序之间形成矛盾更加尖锐的对抗,进而产生一种对抗性的程序非理性状态。

三是金融法域外适用中行政程序苛刻化的非理性问题。行政程序的主体要素主要涉及行政主体与行政相对人,且两类主体在程序中往往处于不对等的地位。行政主体是行政程序的永恒主体,其所实施的行政行为往往

---

① 参见应松年主编:《行政程序法》,法律出版社 2009 年版,第 264 页。

具有高权性和主动性,可以说其既是程序的当事人,又是程序的决定人,具有运动员兼裁判员的主导性优势地位,①相较之下,行政相对人在程序中则往往处于相对劣势的地位。在金融法域外适用的情景中,行政相对人在程序中的劣势处境更加明显。从交往理论的角度看,在行政程序这一交往行为的表达载体中,相对人需要与"复数权威主体"进行交往,即相对人在程序中的交往对象包括实施域外管辖的金融行政主体,以及属地管辖的金融行政主体。② 如此一来,行政相对人就处于两个金融行政权威主体的"夹缝之中",容易受到苛刻对待。例如,在金融信息跨境披露方面,相对人根据属地管辖行政主体的法定要求,不得擅自向域外管辖行政主体直接提供相关金融信息。若域外管辖金融行政主体可以通过跨境合作机制向属地公权主体获取信息,却依然勒令相对人向其直接履行提供金融信息的程序义务,这就会产生了程序苛刻化的问题。此种苛刻做法在本质上变相强迫相对人违反所在地的程序法律,并让其自行承担由此而带来的不利法律后果。又如,相对人跨境提供金融信息需要获得属地管辖行政主体的审批程序批准,域外金融行政管辖主体却漠视该审批程序所需消耗的时间,依然只从提高域外管辖效率的角度而非兼顾相对人的角度出发,强硬要求相对人在不合理的时限内履行跨境提供信息的程序义务,进而带来程序时效上的苛刻问题。③ 再如,在特定情形下,域外管辖金融行政主体依法可以豁免相对人跨境直接提供信息的程序义务,却不愿意通过这样的程序义务豁免机制来保护相对人的权益,而是不合理地让相对人承受程序的苛刻要求,进而带来程序上的实质合法性问题。

三、多边层面:全球金融治理碎片化下程序脱节问题

当单边性和双边性程序运行受阻,内国金融行政主体可以寻求多边性的程序合作机制支撑域外管辖活动。具体而言,一方面,内国金融行政主体

---

① 参见翁岳生编:《行政法》(下册),中国法制出版社 2009 年版,第 918 页。
② 参见王学辉:《超越程序控权:交往理性下的行政裁量程序》,《法商研究》2009 年第 3 期,第 28—32 页。
③ 参见方世荣、谭冰霖:《优化行政程序的相对人维度》,《江淮论坛》2015 年第 1 期,第 132 页。

可以根据所签署的多边合作文件,借助与其他签署方所形成的多边性跨境行政程序合作关系,在后者境内实施域外管辖行为。另一方面,内国金融行政主体也可以向全球金融治理组织提出程序协助请求,由全球金融治理组织协调相关国家的金融行政主体予以多边性程序上的合作。然而,在全球金融治理规则碎片化的状态下,这种多边性的行政程序会出现脱节的问题。具有合法性的行政程序必须有起点和终点,一环紧扣一环,多边行政程序的脱节,将导致域外管辖的程序链条出现缺口或中断,进而带来程序上的合法性问题。

全球金融治理规则存在碎片化的趋势,并对全球金融治理造成负面的影响。从规则制定主体上看,全球金融治理规则的制定主体包括政府间国际组织、非政府组织、跨政府网络组织等多元化主体,这直接导致规则的碎片化趋势;从规则制定程序上看,少数大国主导了大多数重要规则的制定程序,其他中小国家则会通过参与各类区域性合作规则制定来以维护自身利益,这使得不同层次的规则数量增多,规则体系呈碎片化;从规则内容上看,部分不同规则之间存在相互交叉重合的现象,规则之间存在不协调的问题。全球金融治理规则碎片化,导致全球金融治理规则之间相互冲突、全球金融治理规则适用的复杂性与不确定性、全球金融治理规则约束力和执行力欠缺等方面的问题。①

全球金融治理规则碎片化会给金融法域外适用带来多边性行政程序脱节的问题。一是内国金融行政主体与全球金融治理组织之间的程序脱节问题。全球金融治理组织的网络并非覆盖所有的国家。内国或其金融行政主体,若没有加入相关全球金融治理组织,与之缺乏多边合作的制度基础,则其获得全球金融治理组织在域外管辖方面的程序协助的可能性较低。二是全球金融治理组织与受到域外管辖国家金融行政主体之间的程序脱节问题。以国际证监会组织(IOSCO)为例,截至 2025 年 3 月,国际证监会组织的成员在 130 个法域监管着全球 95% 以上的资本市场。② 由此可见,国际证监会组织并未 100% 覆盖全球资本市场的监管者,还有 5% 全球资本市场的

---

① 参见李国安主编:《全球金融治理困境及其破解》,北京大学出版社 2022 年版,第 21—29 页。
② See https://www.iosco.org/v2/about/?subsection=about_iosco.

证券监管主体不受国际证监会组织的规则约束。对于没有加入国际证监会组织的国家或地区,国际证监会组织即使收到正式成员方的域外管辖程序协助请求,亦难以协调非成员方的金融行政主体展开程序上的合作。三是全球金融治理软法规则的法律关系碎片化,也会带来金融法域外适用中多边行政程序脱节的风险。大部分的全球金融治理规则是由被称为国际金融标准制定机构(standard-setting bodies)的跨政府组织网络制定的,这些规则基本属于软法。① 国际软法是由国家自愿选择适用,即自愿选择适用整个软法规则的全部或部分内容,或只是适用其中一个条款,或仅仅响应软法规则所追求的价值。然而,不同的选择就会产生不同的法律关系,这就使得相同的软法规范对不同的参与者而言其权利义务是碎片化的、差异化的。② 国际证监会组织 2002 年发布《关于磋商、合作与信息交换的多边谅解备忘录》(MMoU),2017 年发布《关于磋商、合作与信息交换加强版多边谅解备忘录》(EMMoU),这在理论上可以为国际证监会组织成员方之间域外管辖多边合作程序提供有效的制度支持。然而,在国际证监会组织 155 个有资格加入多边谅解备忘录的成员中,截至 2022 年 12 月,有 129 个加入了 2002 年的多边谅解备忘录;③截至 2024 年 11 月,仅有 27 个加入了 2017 年的加强版多边备忘录。④ 由此,即使是国际证监会组织的成员方之间,也可能由于部分成员未加入多边谅解备忘录,而使得金融法域外适用中多边程序出现脱节的现象。

  金融法域外适用中多边性行政程序脱节面临着合法性挑战。行政程序是行政主体实施行政行为活动的一个连续过程,所对应的是同一政策目的

---

① 参见廖凡:《跨境金融监管合作:现状、问题和法制出路》,《政治与法律》2018 年第 12 期,第 6 页。
② 参见王建雄:《法治视野下的国际金融治理现代化研究》,人民出版社 2021 年版,第 51—52 页。
③ *Multilateral Memorandum of Understanding Concerning Consultation and Cooperation and the Exchange of Information (MMoU)*, International Organization of Securities Commissions, https://www.iosco.org/v2/about/?subsection=mmou.
④ *Enhanced Multilateral Memorandum of Understanding Concerning Consultation and Cooperation and the Exchange of Information (EMMoU)*, International Organization of Securities Commissions, https://www.iosco.org/v2/about/?subsection=emmou.

之下的整个行政行为活动过程,其合法性体现着行政行为活动过程的合法性。[1] 因此,一个具有合法性的行政程序必须契合于一个完整的行政过程,必须有起点和终点,且应当沿着正确的线路从起点连续地走到终点,形成一环紧扣一环的程序行为状态,而不能跳跃或中断。[2] 受到全球金融治理规则碎片化的消极影响,金融法域外适用中行政程序在多边机制的运行过程中会出现脱节的问题,产生内国金融行政主体与全球金融治理组织、全球金融治理组织与受域外管辖国家的金融行政主体等程序环节之间的不连贯或中断状态。程序环节的脱节,使得程序行为起点到终点的连续闭环被损坏,未能与金融行政域外管辖行为的完整过程相契合,因而不符合程序合法性的要求。同时,多边程序的脱节将给金融域外管辖的内容实现带来障碍,而不可实现的行政行为内容不具有合法性。[3] 由此,多边行政程序的脱节问题,影响着金融法域外适用中行政行为的内容和程序的合法性。

---

[1] 参见朱芒:《中国行政法学的体系化困境及其突破方向》,《清华法学》2015 年第 1 期,第 11 页。
[2] 参见关保英、侯佳丽:《行政程序理性研究》,《求是学刊》2023 年第 2 期,第 97 页。
[3] 参见张淑芳:《具体行政行为内容合法研究》,《行政法学研究》2007 年第 1 期,第 39 页。

第五章

金融法域外适用中行政行为的合法性实现路径

本章针对第二章至第四章各分论部分所揭示的问题,提出整体解决方案。本章第一节、第二节、第三节的对策建议,分别对应解决第二章、第三章、第四章所揭示的,金融法域外适用中行政行为之主体和权限合法性问题、内容合法性问题、程序合法性问题,力求"有的放矢"。同时,本章所提出的对策中,主要对美国、加拿大等先发国家的经验与教训进行镜鉴,促进中国金融法域外适用中的行政行为合法化。①

第一节 主体和权限合法性实现路径

本节旨在解决第二章所揭示的金融法域外适用中行政行为的主体和权限合法性问题,包括:(1)主体合法性的问题,中国尚待从组织法规范意义上

---

① 从全球化背景下的法律变迁逻辑来看,任何新的法律制度的生成总是或多或少地来自已有的制度,而不可能是凭空产生的。这样一来,在全球化的结构下,外国已有的制度就构成了法律变迁发展过程中可以利用的制度资源。参见黄文艺:《全球结构与法律发展》,法律出版社2006年版,第64页。从中国的实践来看,作为政府规制制度后发国家的中国,受到全球规制的影响,在设计政府规制制度的过程中,往往会关注与借鉴相关的外国制度。因为中国社会正处于工业化的进程当中,与全球其他工业化先行国家在发展步骤上呈现出某种程度的一致性,而不同国家之间面临的时代问题具有一定的趋同性。参见宋华琳:《全球规制与我国政府规制制度的改革》,《中国行政管理》2017年第4期,第8页;彭涛:《社会变革中的行政法问题研究》,法律出版社2016年版,前言。

完善金融法域外适用行政行为主体的依据,以及如何在宪制框架下形成多元化的行为主体体系;(2)权限合法性的问题,受制于行政管辖权的属地性和属人性,金融行政域外管辖权面临着合法性挑战;(3)中国金融域外管辖权的行使条件具有较强的模糊性,使得该项权限的行使存在过度扩张或过度收缩的合法性风险。针对上述三项问题,本节相应提出以组织法完善强化域外管辖多元主体的合法性、以属事管辖为连接点强化域外管辖权的合法性、以限缩解释强化域外管辖权行使条件的合法性等三方面的对策。

一、以组织法完善强化域外管辖多元主体的合法性

(一) 完善域外管辖组织法的必要性及制度借鉴的宪制约束

金融行政组织法是域外管辖行为主体合法性的形式渊源。行政组织法作为规范行政的组织过程和控制行政组织的法,是公共行政合理有效组织的法律基础,是创设行政权力行使主体,以及在不同行政主体之间分配和调整行政权力的规范依据。[1]"组织的法律重要性是公法学的一个收获",组织法在创设行政主体和分权方面的功能,使得不同的主体"共存于对必须满足利益的维护中",进而实现"在权力的内部进行分权,即不存在一个单一的组织或机构独享权力"。[2] 在实践中,金融域外管辖的权力往往不是由某一主体独享的,通过组织法明晰相关权力主体,可以确立金融行政域外管辖行为主体的合法地位,同时保障金融行政域外管辖权在不同主体之间分享。

美国和加拿大均注重在成文法中明确多元金融行政主体作为实施域外管辖行为的主体。其中,美国主要通过国会制定法明确联邦规制机构和自律性组织作为金融行政域外管辖行为主体的合法地位;在州级层面,主要通过州议会制定法明确本州金融行政规制机构行使域外管辖权的主体地位。加拿大各省区在证券规制法中明确本省区证券行政机构的域外管辖主体地位;经各省区证券行政机构依法认证的自律性组织,在自律规范中明确自身

---

[1] 参见薛刚凌:《行政组织法概述》,载应松年主编:《当代中国行政法》(第二卷),人民出版社 2018 年版,第 284—291 页。
[2] 参见[意]罗西:《行政法原理》,李修琼译,法律出版社 2013 年版,第 76—77 页。

的域外管辖主体地位。在加拿大的宪制框架下,目前尚不存在单一的、权威的联邦证券规制机构,因而尚无行使域外管辖权的联邦证券行政主体。关于上述两国的经验在第二章第一节中分别作了较为全面的分析和呈现,这里不再赘述。

在经验借鉴中,应当注意到,金融域外管辖行为的主体面临国内与国际双重组织制度环境下的合法性压力,其要在满足国内组织法上合法性要求的前提下,适当考虑国际同行组织制度上的合法性要求。金融域外管辖兼具对内性和对外性,行使该项权力的行政主体必然面临着国内与国际双重制度环境下的组织合法性压力。一是本国组织法制度环境下的合法性压力,要求金融域外管辖行为的主体向同一体制内的其他行政组织趋同;二是国际同行业组织制度环境下的合法性压力,要求金融域外管辖行为的主体向国际同行业先进组织趋同。其中,国内组织法上的约束是决定性的。从行政组织法与宪法的关系来看,行政组织法具有宪法性,是宪法关于行政权与行政组织相关规定的具体化。① 因而,金融域外管辖行为的主体合法性,首先要满足本国宪制框架下的行政组织合法性要求。同时,从组织学上的资源与环境依赖理论来看,行政组织更多地受制于所身处的本土行政制度环境的直接约束,以及更多地受到关键资源提供者(本国政府)的影响。因而,金融域外管辖行为的主体首先要符合本国行政体制下的组织合法性要求,与本国其他行政组织趋同,然后再有限地借鉴国际同行业组织的先进经验。②

基于先发国家的经验及中国的宪制框架,下面从中央、地方、自律组织等层面渐次探讨中国金融域外管辖行为的主体合法性实现路径。

(二) 完善委员会型中央金融行政部门在域外管辖中的主体合法性

首先,在中国的法律框架下,中国证监会作为一个"委员会"组织实行首长负责制,具有组织合法性。中华人民共和国成立后,根据1949年《中央人民政府组织法》(现已失效)第16条、第17条的制度安排,中央行政机关曾

---

① 参见薛刚凌:《行政组织法概述》,载应松年主编:《当代中国行政法》(第二卷),人民出版社2018年版,第567—568页。
② 参见缪若冰:《中国证监会的制度环境及法律影响:组织社会学的分析》,《中外法学》2020年第1期,第206—222页。

实行议行合一的行政合议制。但在实践中,行政合议制作为一种集体负责制存在重大缺陷,其使得行政机关长期缺少从上而下的个人负责制,缺少对于每个机关以及领导个人的职权明确,因而1982年施行的《宪法》确立了行政首长负责制,而不再实行行政合议制。① 根据《宪法》第86条,以及《国务院组织法》(1982年)第9条、《国务院组织法》(2024年)第12条的规定,国务院实行总理负责制,各部、各委员会实行部长、主任负责制。由此,在当前中国法律框架下,中央行政机关实行行政首长负责制。证监会无论是在1992年成立之后作为国务院直属部级事业单位,还是2023年国务院机构改革后作为国务院直属机构,都受到中国行政体制制度环境的决定性影响,其组织制度趋同的首要对象是国务院体系内的其他行政组织。在国内与国际两套组织制度环境的竞争下,国内的制度环境更具优势和影响力,这决定了证监会只有与国务院的其他部委、直属机构等一样实行首长负责制而非合议制,才能满足中国法律框架下的行政组织合法性要求。

其次,在此基础上,中国证监会可以有限地借鉴国际同行业组织的做法,在首长负责制的框架下嵌入一定的合议性元素,进而在国际证券监管制度环境下提升其作为行政域外管辖主体的合法性。《行政处罚法》(2021年)第57条第2款规定,"对情节复杂或者重大违法行为给予行政处罚,行政机关负责人应当集体讨论决定"。2021年《证券期货违法行为行政处罚办法》第28条第1款规定,"中国证监会设立行政处罚委员会,对按照规定向其移交的案件提出审理意见、依法进行法制审核,报单位负责人批准后作出处理决定"。可结合《行政处罚法》的规定,对该条款进行完善,即规定对情节复杂或者重大违法证券行为给予行政处罚的,明确由证监会负责人集体讨论决定。同时,这里需要指出,在中国法律框架下,"集体讨论决定"不等同于"合议制"。"集体讨论决定"的"集体讨论"是行政机关首长"决定"的前置程序,与合议制中一人一票的"少数服从多数"的做法存在根本性差异。② 证券行政域外管辖中的违法行为,往往具有情节复杂性、重大性等特点,由证监会主席、副主席构成的领导集体对跨境行政处罚进行集体讨论决定,甚至

---

① 参见叶必丰:《集体讨论制度从组织法到行为法的发展》,《法学》2022年第6期,第32—33页。
② 参见同上文,第33—34页。

对一些重大、疑难的处罚决定,设置票决式的决策机制,增强处罚决定的民主性、理性,这既符合中国法律体系框架下的行政组织合法性要求,也在一定程度上借鉴了国际同行业组织中的合议机制,有助于在国际证券监管制度环境下提升中国证监会作为行政域外管辖主体的合法性。

(三)完善中央金融监管部门地方派出机构在域外管辖中的主体合法性

在中国法律框架下,中央金融监管部门地方派出机构可以成为域外管辖的合法主体。基于中国法律框架,金融监管和对外事务管理均主要是中央事权,这意味着这两类事务主要由中央立法,并主要由中央行政机构负责执法。2023年国务机构改革方案要求,建立以中央金融监管部门地方派出机构为主的地方金融监管体制。从权力来源的角度看,这些地方派出机构作为一种基于授权而获得独立地位的行政主体,其权力来源于全国人大及其常委会制定的法律、国务院制定的行政法规和中央金融监管部门制定的规章的授权,并受中央金融监管部门垂直领导。[①] 进而可以说,赋予这些地方派出机构金融域外管辖权,在本质上是中央金融监管事权、中央对外事务管理事权在地方的延伸,即属于"中央委托事权",而非一种完全独立的权力架构。[②] 换言之,在行政行为的主体合法性视角下,中央金融监管部门地方派出机构作为金融域外管辖的主体,在本质上是作为履行金融监管和对外事务管理两方面"中央委托事权"的行为主体,进而获得金融域外管辖的主体合法性。

在操作上,可赋予中央金融监管部门在北京、上海、深圳国际金融中心城市的地方派出机构在域外管辖上的主体地位。从加拿大的经验来看,主要由具有国际金融影响力的省区之证券规制主体行使域外管辖权,以及加入国际证监会组织。在中国大陆,国际性金融城市主要包括北京、上海和深圳。其中,《中共中央关于进一步全面深化改革、推进中国式现代化的决定》(2024年)要求加快建设上海国际金融中心。国际金融中心聚集着国际性的

[①] 参见《证券法》(2019年)第7条,《证监会派出机构监管职责规定》(2022年)第2条、第4条。
[②] 参见杨松:《新金融监管体制下央地监管权关系再审思》,《法学评论》2022年第6期,第93页。

金融机构、金融产品和金融活动,是金融创新策源地,也是金融风险多发地。这种较高层次的特殊经济社会形态,使得国际金融中心的监管执法具有较强的国际性,需要具有域外效力制度予以配套。① 因而在操作上,中国可以采取先行先试的方式,由中央金融监管部门通过规章赋予北京、上海、深圳国际金融中心城市的地方派出机构作为金融行政域外管辖行为的主体,确立这些地方派出机构在域外管辖中的合法主体地位。

(四)完善金融自律组织在行政域外管辖中的主体合法性

这里以证券交易所为例展开。行政行为的主体合法首先要求行为主体是行政主体,鉴于中国理论和实务界对证券交易所的行政主体地位存在不同看法,有必要对此予以厘清。按照功能性自治行政理论,自治行政组织是指由国家依法所设立或容许设立的公共团体,透过法律规范赋予一定自治权限,可以自行订立抽象规范并执行,受国家监督,其经营成果直接属于团体之成员,间接属于国家。② 沿用该理论视角,自治行政具有法律形式、参与要素、自行负责和固有事项四个要素。首先,依据《证券法》(2019年)第96条的规定,证券交易所是为证券集中交易提供场所和设施,组织和监督证券交易,实行自律管理的法人,具备自治行政的法律形式要素。其次,证券交易所实施会员制,依据章程运行,由交易所全体会员组成的会员大会是交易所的权力机构,符合自治行政的参与要素要求。再次,证券交易所以自己的意思,在法定权限内对与证券交易的组织、监督等相关公共事务自行负责,符合自治行政中自行负责的要素要求。最后,证券交易所依据法律授权和章程规定,处理会员管理、上市公司管理、证券交易管理等方面的特定公共事务,符合自治行政中固有事项的要素要求。据此,证券交易所承载着证券监管的公共利益,具有很强的公共性,是一种功能性自治行政体,即一种独立于国家法人之外的公法行政主体,其在中国证监会的监督下,自主实现法定的证券行政任务。③

可通过完善组织法规范赋予证券交易所作为行政域外管辖主体的合法

---

① 参见程合红:《统筹推进有中国特色的国际金融中心法治建设——国际金融中心建设法治保障机制比较研究》,《清华金融评论》2021年第9期,第19—21页。
② 参见李惠宗:《行政法要义》(增订二版),五南图书出版有限公司2002年版,第182页。
③ 参见张红:《证券行政法专论》,中国政法大学出版社2017年版,第224—228页。

性。在美国和加拿大，金融自律组织是实施行政域外管辖的重要主体之一。在中国，当证券市场出现重大波动、证券市场秩序受到严重影响时，证券交易所是实施限制交易、强制停牌、临时停市等措施的主体。① 或可在此基础上进一步明确，当境外相关行为引发境内市场重大波动，境内市场秩序受到严重影响时，证券交易所作为对此实施相关限制交易、强制停牌、临时停市措施的主体。《上海证券交易所章程》(2021 年)第 19 条规定，只有在境内设立的证券经营机构才能申请成为会员。若将来上海股票市场推出"国际板"，②上海证券交易所可调整章程中关于会员在地理空间上的限制，允许为"国际板"提供服务的境外证券经营机构申请入会。证券交易所作为自治行政意义上的行政主体，是一种特殊的公共行政组织形态可在国家法律授权的前提下被赋予组织法的性质。③ 可以通过章程规定允许境外证券经营机构入会，使得证券交易所有权对这些境外会员实施检查、纪律处分等功能自治性行政行为，进而成为证券行政域外管辖的合法主体。

---

① 参见《证券法》(2019 年)第 113 条，《上海证券交易所交易规则》(2023 年)第 8.6 和 8.7 条款。
② 2009 年 3 月，中国人民银行《2008 年国际金融市场报告》指出，在股票市场，进一步研究红筹企业回归 A 股市场以及推进国际板建设的相关问题。《上海证券交易所战略规划(2011—2020 年)》指出，大力推进国际板市场建设，吸引境外优质公司上市，提升中国资本市场的竞争力。2021 年 12 月 25 日，中国人民银行原行长周小川在上海国际金融中心发展论坛上表示，上海很早就尝试过是否应该在股票市场开辟一个国际板，这一想法虽然当时可能时机还不太成熟，但是从现在来看，还是很有必要研究推进相关内容。参见张淑贤：《周小川：很有必要重新研究在上海股票市场开辟国际板》，载证券时报网 2021 年 12 月 25 日，http://www.stcn.com/article/detail/495089.html。2024 年 2 月，国务院办公厅印发《扎实推进高水平对外开放更大力度吸引和利用外资行动方案》，明确进一步深化外资参与境内资本市场的相关措施，即："优化外资金融机构参与境内资本市场有关程序，进一步便利外资金融机构参与中国债券市场。"可见，中国证券市场的国际化趋势将越来越明显，证券市场的"国际板"并非遥不可及。
③ 比较法视野下，《德国交易所法》第 2 条明确将证券交易所定义为"具有部分权利能力的公法机构"，且"在行政诉讼程序中，交易所可以以自己的名义起诉与应诉"。因而，在德国法上，证券交易所作为一种公法设施，属于具有部分权利能力的行政机构，在其权利能力范围之内是行政主体。参见[德]哈特穆特·毛雷尔：《行政法学总论》，高家伟译，法律出版社 2000 年版，第 499—501 页。

二、以属事管辖为连接点强化域外管辖权的合法性

(一) 在行政域外管辖权中引入属事维度的理论基础和现实基础

在理论视角下,属事管辖是行政域外管辖权的重要维度。行政域外管辖权在法理上涉及国际法和国内法两个层面。在国际法意义上,管辖权是国家的一项基本权利,"国家管辖权主要是涉及每一个国家对行为和事件后果加以调整的权利范围"①。由此,基于国际法上的管辖权理论框架,一国的行政域外管辖权主要涉及该国对域外行为和事件加以调整的权利范围,即主要呈现出一种属事的面向。国际法对各国行政域外管辖权来说是一道"外围的限制",但其并不对各国行政域外管辖的事项内容作出具体的规定,各国针对域外的事项管辖权由各自的国内立法予以界定。② 那么,在国内法意义上,行政主体对哪些事项拥有域外管辖权,主要由法律规范予以明确。换言之,法律效力及于特定的域外事项,行政主体则依法对这些法定事项拥有域外管辖权。在法理上,"法律的属事效力指法律对何种事项具有效力,这是法律效力的重要界限";"事物的性质决定法律,不同的事物有不同的法律,因此任何法律都有一个事项维度"。③ 凯尔森提出了法律效力的属事效力维度,将传统的三维度论(属时、属地、属人)拓展至四维度论,完善了法律效力的维度理论。④ 凯尔森把国家视为法律秩序,进而将国家的四个构成要素与法律效力的四维度一一对应起来,即国家的领土、(存续)时间、人民和权限,分别被视为国内法秩序的属地、属时、属人和属事之四维度的效力范围。⑤ 在行政法的效力理论中,属事维度与属人、属时、属地维度共同构成了行政法的效力维度。⑥ 在行政法的属事效力范围内,行政主体依法对特定

---

① 参见王铁崖主编:《国际法》,法律出版社 1995 年版,第 327 页。
② 参见李国清:《美国证券法域外管辖权问题研究》,厦门大学出版社 2008 年版,第 20 页。
③ 参见周永坤:《法理学:全球视野》(第 3 版),法律出版社 2010 年版,第 99—100 页。
④ 参见梁晓俭:《凯尔森法律效力论研究——基于法学方法论的视角》,山东人民出版社 2005 年版,第 24—25 页。
⑤ 参见[奥]汉斯·凯尔森:《法与国家的一般理论》,沈宗灵译,商务印书馆 2017 年版,第 305—350 页。
⑥ 参见张载宇:《行政法要论》,汉林出版社 1977 年版,第 58—66 页;杨解君:《行政法学》,中国方正出版社 2002 年版,第 102—104 页;叶必丰主编:《行政法与行(转下页)

的事项享有域外管辖权。

在现实视角下,金融域外管辖权的证成主要围绕属事管辖展开。"法律与事实共存亡","每一个法律均统制一定的事件,或一类的情事。不论它是真实的,或是拟制假定的事实,均构成法律的一面"。① 在中国的立法实践中,常常会"通过对属事范围进行描述(往往表现为对特定行为或事项进行界定),在此基础上设定法律的域外效力"②。例如,中国 2019 年《证券法》第 2 条第 4 款、2022 年《期货和衍生品法》第 2 条第 2 款,所描述的域外管辖之"事"是扰乱中国境内市场秩序、损害中国境内投资者合法权益的境外证券期货行为活动。中国证券行政主体对于这些特定的事项享有域外管辖权。在美国,法院关于跨境证券欺诈方面的域外管辖问题,主要围绕是否享有事项管辖权(subject-matter jurisdiction)来展开关于域外管辖权的论证。③ 在加拿大,金融域外管辖所秉持的"真实和实质性联系"(real and substantial connection)标准,指的就是域外特定事项内容与加拿大之间存在真实和实质性的联系。④

(二)属事管辖与属地管辖相结合,可以为作为"例外"的金融域外管辖权提供合法性支持

首先,行政权的属地管辖中具有属事的面向,这为解释金融域外管辖权的合法性提供了两个向度相结合的联结点。有学者指出,"国家权力,对

(接上页)政诉讼法》(第 6 版),中国人民大学出版社 2022 年版,第 6—8 页。也有个别学者只从属时和属地两个维度论述行政法效力。参见[日]中西又三:《日本行政法》,江利红译,北京大学出版社 2020 年版,第 31—32 页。还有个别学者从属人、属地两个维度论述行政法效力。参见[日]室井力主编:《日本现代行政法》,吴微译,中国政法大学出版社 1995 年版,第 16—18 页。更多的学者则是从属人、属时、属地三个维度展开。参见杨建顺主编:《行政法总论》(第 2 版),北京大学出版社 2016 年版,第 16—17 页;叶必丰、周佑勇:《行政规范研究》,法律出版社 2002 年版,第 169—181 页;[韩]金东熙:《行政法 I》(第 9 版),赵峰译,中国人民大学出版社 2008 年版,第 49—52 页。

① 参见吴经熊:《法律哲学研究》,清华大学出版社 2005 年版,第 17—18 页。
② 参见廖诗评:《中国法中的域外效力条款及其完善:基本理念与思路》,《中国法律评论》2022 年第 1 期,第 55 页。
③ 参见彭岳:《美国证券法域外管辖的最新发展及其启示》,《现代法学》2011 年第 6 期,第 141—143 页。
④ See Ontario Securities Commission v. DaSilva, [2017] ONSC 4576.

领土而存在,但法律所支配者,并非以领土之土地为对象,乃以在领域中发生的事,即以领土上人的活动为对象"①。行政管辖权的属地管辖,是管辖权在空间维度上的呈现,但实际上管辖权所指向的规制对象并非这个地域,而是在该地域范围内发生的特定事项。可以说,行政管辖权的属地管辖最终落脚于地域范围内的特定事项。对于金融行政域外管辖权而言,如果以外国的整个空间领域作为管辖权的作用对象,这既不现实,也不具有国际合法性。但从属地管辖的属事面向来看,对二者进行结合,那么金融行政域外管辖权在本国境外的空间范围中运行,是以在外国发生的特定金融行为的事项内容作为规制对象。这在中国金融法的域外管辖条款中得到印证。例如,《期货和衍生品法》(2022 年)第 2 条第 2 款的域外管辖条款,并未在空间范围上笼统地规定"本法适用于境外",而是规定该法律适用于境外特定的事项,即扰乱中国境内市场秩序,损害境内交易者合法权益的境外期货交易和衍生品交易及相关活动。

其次,行政权的属地管辖并非绝对化,而是允许例外的存在,这为金融域外管辖权合法化提供了一定的余地。绝对化的属地管辖脱离了全球化背景下的行政规制现实。虽然历史上很少有国家主张本国公法域外效力,但近年来,随着国际规制机制失灵和经济要素跨国流动性不断增加,不少国家赋予国内公法域外效力,强化国家主权在跨国规制中的诉求。我们不应继续困在传统观念的束缚之中,先验地认为国内公法不具有域外效力。② 在国内行政与全球行政交叉领域越来越广泛的今天,作为国内公法的行政法其效力范围的空间界限日益扩展,在此背景下应当对行政法地域效力的传统观念进行调整。③

行政法属地性的"例外",在现实中是指某一部行政法律规范中所设置的例外条款,使得该法律规范在一定条件下可以超越领土范围的限制。日本学者市桥克哉等人指出,行政法尽管存在突出的属地性,但为了达到立法

---

① 参见张载宇:《行政法要论》,汉林出版社 1977 年版,第 60 页。
② 参见廖诗评:《中国法中的域外效力条款及其完善:基本理念与思路》,《中国法律评论》2022 年第 1 期,第 60—62 页。
③ 参见于安:《全球行政法的进路——基于两篇经典文献的诠释》,《行政法学研究》2015 年第 6 期,第 9 页。

目的,有时会超越地域的限制,"例外性地适用行政法"。例如,从对原子弹爆炸受害者进行国家赔偿的性质来看,原子弹爆炸不区分国籍,原子弹爆炸受害者特别措施相关法等规定中的各种援助措施,对国外居住的受害者也适用。又如,从日本渔业法以及水产资源保护法的目的来看,基于上述法律的委任而制定的规则以及罚则对行政国外犯也可以适用。① 叶必丰教授也曾论及行政法的空间效力范围大于一国领域的例外情形。例如,中国《领海及毗连区法》第 14 条规定:中国有关主管机关对外国船舶行使紧追权时,追逐只要没有中断,可以在中国领海或者毗连区外继续进行;在被追逐的船舶进入其本国领海或者第三国领海时,追逐终止。②

在金融全球化的环境下,金融基础设施的跨国共用,使得金融行政的跨国管辖这种"例外"有了必要性和载体支持。各国(特别是金融业发达国家)的金融基础设施,具有国际公共产品的属性,即跨国共用的属性,超越了属地的专用性。③ 金融基础设施的运行需要遵循一定的规则,因而金融基础设施本身内含着相应的金融交易规则。一国货币、各类金融交易所、支付和结算系统等金融基础设施的跨国适用,这在某种意义上意味着该国相关金融交易规则的域外适用。④ 金融基础设施的跨国共用属性、非属地性,就要求相应的法律规制以及金融行政规制不能再局限于国家主权的属地范围,因而有必要在法律上明确金融行政管辖权在属地上的"例外"。中国证券、期货和衍生品、反洗钱、银行业等金融监管领域的单行法律,以单独条款的形式明确规定域外管辖权,进而使得金融域外管辖权作为属地管辖的一种"例外"在规范上拥有直接的依据。例如,中国 2019 年《证券法》在第 2 条第 1 款规定法律在中国境内的适用,同时在第 2 条第 4 款规定法律在中国境外适用的特定条件,进而在规范上明确了证券行政域外管辖作为属地(中国境内)管辖的一种"例外"情形。

---

① 参见[日]市桥克哉等:《日本现行行政法》,田林等译,法律出版社 2017 年版,第 22 页。
② 参见叶必丰主编:《行政法与行政诉讼法》(第 6 版),中国人民大学出版社 2022 年版,第 6 页。
③ 参见郭华春:《美国金融法规域外管辖:法理、制度与实践》,北京大学出版社 2021 年版,第 35 页。
④ 参见张永亮:《金融科技视阈下金融基础设施域外适用的法治保障》,《法治研究》2021 年第 5 期,第 153 页。

最后,金融域外管辖权成为传统属地管辖的"例外",需要通过属事管辖的角度来完成合法化。归根到底,行政域外管辖之所以成为传统属地管辖的一种"例外"情形,超越领土的限制,是因为所管辖的特定域外事项内容具有特殊性。一般而言,行政法在原则上应当仅具有域内效力,只有基于特殊的立法目的考量,才能将行政法适用范围扩大至本国领域之外,即赋予其域外效力。① 从根本上看,立法机关赋予国内公法域外效力,是基于保护本国公私主体海外利益的目的考量。② 可以说,具有域外效力的国内公法,在本质上就是国家公权力据以保护全球化进程中本国公私主体的海内外利益的准据。在实践中,内国公权力依法行使域外管辖权,是因为发生在外国领域内的特定之"事"具有了与本国公私主体海内外利益相关的规制利益。因此,当发生在外国领域内的某些金融行为,触犯了内国公私主体在金融领域的海内外利益时,内国金融行政主体突破属地管辖原则,依法对这些特定的行为实施域外管辖,就具有了合法性。

更进一步地,根据国际法学关于管辖权的理论新发展,属事域外管辖权或者说"基于行为属地性的域外管辖权"本质上是属地管辖权的一种延伸,其与"基于行为属地性的域外管辖权"的内涵相通。在国际法学上,传统的属地管辖权是单纯对本国境内的事项进行管辖,而不规制境外活动。在域外管辖语境下对传统属地管辖权进行改良,产生了三种新的属地域外管辖权类型:(1)主观属地域外管辖权,对于管辖国而言,某境外行为的开始实施地是在境内的,则该国享有对整个行为的属地管辖权;(2)客观属地域外管辖权,某境外行为的终止地或结果发生地是在境内的,则该国享有对整个行为的属地管辖权;(3)基于影响效果的属地域外管辖权,某境外行为的效果发生在境内,则该国享有对该境外行为的属地管辖权。③ 对于主观和客观的属地域外管辖权而言,管辖国依据域外行为的构成要素与其领土之间的联系,对域外行为行使管辖权。对于基于影响效果的属地域外管辖权而言,管辖国依据域外行为的效果与领土之间的联系,对域外行为行使管辖

---

① 参见李建良:《行政法基本十讲》,元照出版有限公司2020年版,第222页。
② 参见中国《对外关系法》(2023年)第37条第1款。
③ 参见吴培琦:《破解迷象:国内法域外管辖的基本形态与衍生路径》,《苏州大学学报(法学报)》2022年第1期,第149—150页。

权,即使域外行为没有任何要素是发生在境内的。① 这三种属地域外管辖权,可以合称为"基于行为属地性的域外管辖权",即当域外行为与管辖国领土之间存在属地性的联系,包括该域外行为的部分要素经过了管辖国境内,或其结果、效果发生在管辖国境内,管辖国依据这种属地性的联系对域外行为行使管辖权。②

所谓"基于行为属地性的域外管辖权",在本质上就是域外行为的特定事项内容与管辖国领土之间存在了联系,即发生在域外的事项内容与管辖国之间存在属地性联系。例如,域外事项内容的某一环节发生在管辖国境内,或者事项内容的结果、效果发生在管辖国境内。可见,新的属地管辖权理论对传统属地管辖权的改造,其支撑点在于域外特定事项内容与管辖国境内之间的"属地性"联系。因而,在一定程度上可以说,行政法学上基于属事的域外管辖权与国际法学上"基于行为属地性的域外管辖权"之间的内涵具有相通性。

在传统的管辖权理论中,属地管辖具有基础意义,因为领土为主权国家强制行使主权权力而控制境内人员、财产提供了物理空间支持。在新的管辖权理论中,属地管辖对于基于事项的域外管辖权仍有重要的意义,因为境外事项内容与管辖国之间的"属地性"联系,让管辖国向域外延伸其属地管辖权具有了合法性依据。

概言之,基于属事而确立的金融域外管辖权,既是对传统属地管辖权的突破,也是对属地管辖权的一种延伸。金融行政域外管辖权之所以在突破传统属地管辖权上具有合法性,是因为域外管辖的金融行为活动的特定事项内容具有特殊性,而这种特殊性又恰恰表现为与管辖国领土之间的"属地性"。这些"属地性"包括:域外金融行为活动之事项内容的某些环节经过了管辖国境内(如行为的策划地,或开始实施地,或终止地是在管辖国境内),或者事项内容的结果、效果发生在管辖国境内。内国金融行政主体正是

---

① 有学者将客观属地管辖原则等同于美国法上的效果原则。See Armand De Mestral, *The Extraterritorial Extension of Laws: How Much has Change,* 1 Arizona Journal of International and Comparative Law 43(2014), p.44-46.

② 参见吴培琦:《国内法域外管辖的属地基础研究》,华东政法大学2022年博士学位论文,第69—96页。

基于域外事项内容与其领土之间存在的"属地性"联系而主张域外管辖权，这是对属地管辖权的一种延伸，进而为突破传统意义上的属地管辖提供了合法性依据。

（三）属事与属人结合起来，可以防范金融行政域外管辖权基于属人的滥用，同时可以为金融行政主体对境外非本国人实施域外管辖提供合法性支持

有学者将中国行政法的属人主义表述为"中华人民共和国公民不论居住在国内还是国外，均应受到国内（行政）法约束，除非法律另有规定"。① 从积极的层面看，属人主义可以为内国金融行政主体管辖域外本国人提供合法性依据。从消极的层面看，若将属人主义绝对化，则内国金融行政主体在理论上有权对域外本国人所有的金融活动进行管辖，进而带来属人权威下的金融域外管辖权滥化问题。

基于绝对化的属人管辖，内国金融行政主体对域外本国人不加区分地实施管辖，这既不可行，也不具有合法性。在法国行政法上，"本国驻外的机关和本国在外国的侨民，在其与本国政府发生关系时，仍然受本国行政法的支配"②。由此，属人管辖不应当是绝对化的，基于属人而实施的行政域外管辖不应当是无限扩大化的。根据属人管辖理论，属人管辖包含积极的属人管辖和消极的属人管辖两种类型。积极的属人管辖是一国对本国国民在境外的不法行为实施管辖；消极的属人管辖是一国对境外损害本国国民的行为实施管辖。③ 然而，在人员流动和跨境交流联系广泛的全球化时代，如果一国基于积极属人管辖权而对本国国民在境外的所有不法行为都实施域外管辖，或者基于消极属人管辖权而对境外所有损害本国国民的行为都实施域外管辖，这种属人性的域外管辖规模将让内国行政机关难以应对和有效实施。因而，可以对基于属人的行政域外管辖权内涵进行优化，即当本国人在外国的行为与本国具有一定关联性，且符合本国行政法上关于对本国人实施域外管辖的具体规定时，本国行政主体才可对其进行约束。由此，当

---

① 参见熊文钊：《现代行政法原理》，法律出版社2000年版，第40页。
② 参见王名扬：《法国行政法》，北京大学出版社2016年版，第11页。
③ 参见郭华春：《美国金融法规域外管辖：法理、制度与实践》，北京大学出版社2021年版，第12页。

本国人在外国的金融活动与本国缺乏关联性时,内国金融行政主体不宜强行主张域外管辖权,否则就会出现基于属人权威而无限扩张域外管辖权的合法性问题。

引入属事管辖维度,有助于防范基于属人的金融域外管辖权的非理性扩张,强化其合法性。对于在外国的本国人,完全不受本国法律的支配,"易失其国民性",但若其在外国仍像在国内一般完全受本国法律的支配,则既不合理也不现实。① 这种内在的张力可以通过"事项"的维度进行消解。本国行政法对在外国的本国人的域外适用,实际上是本国行政法经由属人之效力而适用于国外发生之特定"事件"。② 进而,为了防止金融域外管辖基于属人的非理性扩张,应当通过具体"事项"的描述,为属人权威下的金融行政域外管辖划定界线。换言之,从属事管辖维度来看,内国金融行政主体对在境外的本国人实施域外管辖,是对本国人在境外所实施的特定金融行为的管辖,而非管辖本国人在境外的所有金融行为。这样可以将基于属人权威的金融域外管辖权限制在合理的范围内。

此外,属事管辖可以为内国金融行政主体管辖境外的非本国人提供合法性依据。从属人管辖的角度看,内国金融行政主体有权管辖境外的本国人,但无权管辖境外的非本国人。因为在法理上,属人的域外管辖权在于被管辖对象对母国负有身份上的效忠或服从义务,当其位于母国境外时,仍受到母国法律的约束。③ 而外国人不存在这种身份上的效忠或服从义务,故管辖国不能基于属人权威而对域外的外国人主张管辖权。在实践中,母国基于属人的域外管辖路径具有"双层结构"。在一级路径上是基于"国籍"的属人管辖,例如母国对注册地、主营业地在境内的公司的境外行为进行管辖;在二级路径上是对母公司所持股或控制的境外子公司的境外行为进行管辖。然而,即使是二级路径也无法让域外管辖权"达致"那些与管辖国母公司之间不存在任何身份关系的海外公司。如果由属人管辖权的"频道"切换到属事管辖权,则主张域外管辖权的依据将发生本质性的改变,即从属人

---

① 参见张载宇:《行政法要论》,汉林出版社1977年版,第65页。
② 参见陈敏:《行政法总论》(第8版上),新学林出版社2013年版,第134—135页。
③ 参见吴培琦:《破解迷象:国内法域外管辖的基本形态与衍生路径》,《苏州大学学报(法学版)》2022年第1期,第153页。

依据相应变为属事依据。此时,域外管辖对象的身份是否与管辖国之间存在联系则不再是决定性因素。换言之,内国金融行政主体依法实施域外管辖,在本质上是因为发生在境外的特定行为与内国公私主体在金融领域的海内外利益之间,存在一定程度的关联性,而不论该行为人是本国人抑或外国人。

由此,通过属事管辖的切入,可以为金融行政管辖权基于特定的事项内容,对境外非本国人实施域外管辖提供合法性支持,进而消除属人管辖限制下的域外管辖权合法性问题。例如,《期货和衍生品法》第120条第2款规定,境内期货经营机构转委托境外期货经营机构从事境外期货交易的,该境外期货经营机构应当向国务院期货监管机构申请注册,接受国务院期货监管机构的监管。从属人管辖的角度看,中国证监会不能管辖境内主体的境外交易对手,因为境外交易对手与中国之间不存在身份上的关系纽带。但从属事管辖的角度看,由于境外交易对手与境内主体之间存在特定的事项内容,即境内期货经营机构转委托境外期货经营机构从事境外期货交易,则中国证监会可以基于该特定事项而主张域外管辖权。

纵观之,引入属事管辖连接点,可以为金融域外管辖权突破传统意义上的属地限制和属人限制提供合法性依据。同时,属事管辖与属地管辖、属人管辖共同为金融行政域外管辖权提供更为完整的合法性支持机制。

三、以限缩解释强化域外管辖权行使条件的合法性

(一)对域外管辖权行使条件的模糊规则作限缩性解释的必要性

在金融域外管辖权行使条件存在较强模糊性的情况下,对其作限缩性解释有利于促进域外管辖权行使的合法化。中国金融行政域外管辖权行使的条件,在立法上作了概括性、抽象性的技术处理,被表述为危害中国国家安全和主权、扰乱中国境内金融市场秩序、损害中国境内相关金融投资者的合法权益等,在内涵上具有较强的不确定性。法定条件的不确定性可能会影响到中国金融行政域外管辖权行使的合法性。一方面,金融行政主体可能不当利用法律模糊空间而过度扩张域外管辖权,进而造成管辖权滥用的合法性问题。另一方面,金融行政主体也可能会在缺乏可操作性、可执行性标准的情况下而过度收缩域外管辖权,进而造成管辖权懈怠行使的合法性

问题。对于基于法律域外效力的域外管辖条件而言,法律的公法性质越显著,则其属地性就越强,其域外管辖条件就应当越严格,反之则应当越为趋向宽松。① 金融域外管辖权作为一种公法意义上的权力,其域外管辖的条件应当受到较为严格的限制。因此,当法定条件的内涵具有较强不确定性时,应当通过对其进行限缩性解释予以明确化,以防金融行政域外管辖权的滥用或懈怠行使。

(二)美国和加拿大在金融域外管辖权行使条件上的经验

美国证券行政域外管辖权的行使条件主要经历了以下三个演变阶段。

第一阶段,在2010年莫里森案和《多德-弗兰克法案》之前,美国证券行政域外管辖权的行使先后受到效果标准和行为标准约束。(1)在1968年Schoenbaum案中,法院认为,对美国投资者利益或美国证券市场利益产生足够大的负面影响效果的境外证券交易行为,美国拥有管辖权。② 根据效果标准,当某一境外行为对美国证券投资者或证券市场产生可预见的实质性损害效果时,美国证券行政主体可以行使域外管辖权。(2)在1972年的Leasco案中,美国法院首次确立行为标准。③ 该案中,原告Leasco为美国公司,被告Maxwell为英国公司,被告在纽约实施的系列证券虚假陈述行为对被诉的整个证券欺诈活动而言是显著的,因而美国可以对该英国被告进行域外管辖。

第二阶段,在2010年莫里森案和《多德-弗兰克法案》之后的一段时间里,美国证券行政域外管辖权限行使是遵循前者所确立的交易标准,还是遵循后者所确立的行为标准和效果标准,悬而未决。(1)2010年莫里森案确立的交易标准。在该案中,被告为澳大利亚国民银行,其所发行的普通股都是在澳大利亚证券交易所和不包括美国在内的其他国家的证券交易所进行

---

① 参见宋晓:《域外管辖的体系构造:立法管辖与司法管辖之界分》,《法学研究》2021年第3期,第175页。
② See Schoenbaum v. Firstbrook, 405 F. 2d 200 (C. A. 2. 1968).在该案中,原告是加拿大Banff公司的美国股东,其指控被告Aquitaine公司、Paribas公司、Banff公司的董事掌握了内幕消息后,以低于真实价值的价格买卖Banff公司库存股票,损害了原告的利益。被告买卖Banff公司库存股票的行为发生在加拿大。
③ See Leasco v. Maxwell, 468 F. 2d 1326 (C. A. 2. 1972).

交易。原告莫里森是国民银行在澳大利亚证券交易普通股的证券购买者。美国联邦最高法院在该案中确立了证券法域外适用的交易标准,明确了反域外适用原则。由于《1934 年证券交易法》没有明确规定域外适用,因而推定其不具有域外适用的效力。同时,联邦最高法院认为,《1934 年证券交易法》的规制焦点在于境内的证券交易而非境外的交易行为,本案涉及的是非美国境内证券交易所登记的证券,且证券交易发生在澳大利亚,因而不能进行域外管辖。① (2)2010 年《多德-弗兰克法案》确立的行为标准和效果标准。联邦最高法院对莫里森案作出判决的次日,美国国会通过了《多德-弗兰克法案》。其第 929P(b)条规定了"联邦证券法律反欺诈条款的域外适用",所明确的域外管辖权行使条件是行为标准和效果标准。(3)判例法与制定法冲突之下的证券行政域外管辖权行使条件疑云。根据联邦最高法院在莫里森案中所确立的交易标准,证券交易委员会一般不应对美国境外的证券交易行为予以管辖。然而,根据《多德-弗兰克法案》的规定,证券交易委员会应当依照行为标准和效果标准行使域外管辖权。2013 年美国证券交易委员会诉芝加哥会议中心一案中,法院指出,《多德-弗兰克法案》表明美国证券交易委员会可能的域外管辖权,但法院分析是否应当到此为止尚不明确,因为该法案与莫里森案判决的观点造成了复杂的解释问题,可能会产生僭越或与立法意图相抵触的隐患。② 可见,在制定法与判例法所设定的两个不同方向之间,美国证券行政域外管辖权的行使条件何去何从尚不明确。

第三阶段,2019 年斯科维尔案确认了美国证券行政域外管辖权的行使条件为《多德-弗兰克法案》所规定的行为标准和效果标准,而不受莫里森案交易标准的约束。在斯科维尔案之前,多数美国法院对国会在证券法律域外适用的意图问题上持观望态度。斯科维尔案中,被告斯科维尔是 Traffic Monsoon 公司的设立人和实际运营者,Adpack 是该公司的产品,主要在美国境外销售。美国证券交易委员会援引《多德-弗兰克法案》929P(b)条的规定主张域外管辖权。斯科维尔则称,由于绝大多数 Adpack 的交易都是在美国境外进行的,依据莫里森案的判决,美国证券法不适用于此境外发生的

---

① See Morrison v. National Australia Bank Ltd., 561 U.S. 247(2010).
② See SEC v. Chicago Convention Ctr., LLC, 961 F. Supp. 2d 905 (N.D. Ⅲ. 2013).

交易。对于该争议焦点,美国第十巡回法院指出,《多德-弗兰克法案》已明确表明,国会有确切的意图使证券法律在公共执法领域中被域外适用,因而美国证券交易委员会有权对斯科维尔发起跨境执法行动。① 该判决标志着美国证券交易域外管辖形成了二元结构,即在公共执法领域遵循《多德-弗兰克法案》所规定的域外管辖权行使之效果标准和行为标准,在私人诉讼领域则遵循莫里森案所确立的交易标准。②

从加拿大判例法的角度看,金融行政主体行使域外管辖权受到"真实和实质性联系"原则的约束。在 2000 年 Global Securities 公司诉不列颠哥伦比亚省证券委员会(BCSC)一案中,③联邦最高法院认为,各省对证券的有效规制权力属于《1867 年宪法法案》第 92(13)条"本省的财产和公民权利"的范围,而对证券的规制不仅限于省内事务,协助调查可能违反外国证券法行为仍属于各省证券市场规制的权力范围。但考虑到《1867 年宪法法案》第 92(14)条对本省立法权的地域限制,各省区行政主体行使域外管辖权必须受到一定的限制。在实质性联系的宪法要求之下,"真实和实质性联系"原则已被牢固地确立为加拿大法院对省外或外国当事人管辖权的检验标准。④在 2012 年 Abdula 诉 Canadian Solar 公司案中,⑤安大略省上诉法院确立了证券法域外管辖之"真实和实质性联系"原则。在 2017 年的安大略省证券委员会(OSC)诉 DaSilva 一案中,⑥"真实和实质性联系"的域外管辖规则再度获得法院的确认。安大略省高等法院认为,违法行为人在安大略省建立了一个营业点并在此进行了一些被指控的交易,同时其在安大略省期间以电子邮件招揽潜在投资者的方式从事证券交易活动等,因而违法行为与安大略省存在充分联系。投资者位于境外以及涉案股份在境外上市等事实,

---

① See SEC *v.* Scoville, 2019 WL 302867, No.17‐4059(10th Cir. 2019).
② 参见陈曦笛:《证券交易域外管辖的二元结构——以"美国证券交易委员会诉斯科维尔案"为视角》,《中国政法大学学报》2021 年第 6 期,第 216 页。
③ See Global Securities Corp. *v.* British Columbia (Securities Commission), [2000] 1 S.C.R. 494.
④ See Peter W. Hogg, *Constitutional Law of Canada*, Thomson Reuters, 2007, chapter 13, p.13,21.
⑤ See Abdula *v.* Canadian Solar Inc. et al., [2012] O.A.C. TBEd. AP.008.
⑥ See Ontario Securities Commission *v.* DaSilva, [2017] ONSC 4576.

并没有减少违法行为与安大略省之间的真实和实质性联系,因而可以对之进行域外管辖。

从加拿大成文法的角度看,各省区的证券规制法中,一般会明确规定证券行政主体可以基于"真实和实质性联系"来对域外发行人行使管辖权。例如,安大略省、不列颠哥伦比亚省、努纳武特地区分别在各自证券法的138.1条、140.1条、122条中规定,与本省区有"真实和实质性联系"的任何公开交易证券的发行人,都属于该法项下的责任发行人。由此,省区证券规制机构依循"真实和实质性联系"的法定要求,可以对域外的责任发行人行使管辖权。

综观之,无论是美国法上对证券域外管辖权行使条件的"行为标准"和"效果标准",还是加拿大法上的"真实和实质性联系"标准,在本质上均着眼于域外行为与内国之间的联系性,即以管辖国与被管辖的域外对象之间的管辖利益关系为着力点主张域外管辖权。这为中国金融域外管辖权模糊规则的限缩方向提供了一定参考。

(三)中国金融域外管辖权行使条件的限缩性解释及其操作路径

应当以域外行为与内国的联系紧密性作为对金融域外管辖权行使条件的限缩解释方向,并可从直接性、重大性、合理可预见性层面展开。在全球化与数字化时代,域外管辖权与属地管辖权并存与竞争是国际法律实践中经常出现的情形。对于一国公权力对外主张域外管辖权的合法性而言,其对与本国联系越紧密的域外行为主张域外管辖权,则合法性越强;其对与本国联系越弱的域外行为主张域外管辖权,则合法性越弱。[①] 可见,公权力主体对发生在外国的相关行为主张域外管辖权的合法性,在一定程度上主要取决于该域外行为与内国的联系紧密性。基于此,并借鉴美国和加拿大的实践经验,为了强化金融域外管辖权的合法性,其所依据的行权条件应当展现出域外行为与内国之间的"联系紧密性"。立足于"联系紧密性"的基本方向,可从直接性、重大性和合理可预见性层面对中国金融行政域外管辖权的行使条件进行限缩性解释,促进该项权限合法化。

---

① 参见霍政欣:《国内法的域外效力:美国机制、学理解构与中国路径》,《政法论坛》2020年第2期,第185页。

首先,直接性是指境外的证券发行和交易活动与中国境内市场秩序所受到的破坏,以及投资者合法权益所受到的损害之间存在直接的因果关系。有学者立足于市场欺诈理论来界定证券违法行为与损害结果之间的因果关系。市场欺诈理论认为,证券市场兼具健全性和竞争性,证券投资者所做出的投资决定是基于对市场的充分信赖,而市场欺诈违法行为所针对的是整个证券市场,当投资者所信赖的信息是市场欺诈违法行为所提供的虚假信息时,投资者就成了被欺诈的对象。此时,只要投资者能证明其所信赖的虚假信息对于其投资决策而言是重要的,即可推定欺诈行为与投资者损害之间存在因果关系。① 根据市场欺诈理论对因果关系的认定,若境内投资者直接参与某境外证券的证券发行和交易活动过程中,其所依赖的虚假信息对其投资决策具有重要性,则一般可推定该境外证券违法发行和交易活动与境内投资者的损失之间存在直接因果关系。也有学者认为,证券欺诈是一种侵权行为,可借鉴侵权法中的相当因果关系理论来建构域外管辖条件中直接性要求的内涵。相当因果关系理论从两个阶段来认定因果关系:一是要满足事实上的因果关系,即侵权行为是损害发生必不可少的条件;二是要满足法律上的因果关系,对相当性进行考察,即侵权行为在实质上增加了损害发生的客观可能性。按照该理论,当境外证券欺诈行为是境内损害发生的不可或缺的条件,并且该行为增加境内损害发生的客观可能性时,则符合证券行政域外管辖的直接性要求。② 由于证券欺诈理论视角一般仅着眼于投资者的损害,如果运用其阐释域外管辖中的直接性,则难以兼容中国证券法上"扰乱境内市场秩序"这一域外管辖条件。因而,这里采用相当因果关系理论来判断证券行政域外管辖中的直接性标准,具体从两个阶段展开。第一,境外证券发行和交易行为是发生境内市场秩序破坏、境内投资者合法权益损害的必不可少的条件。第二,境外证券发行和交易行为增加了境内市场秩序破坏、境内投资者合法权益损害发生的客观可能性。

其次,合理可预见性是指在一般的正常情况下,境外证券发行和交易

---

① 参见郭金良:《我国〈证券法〉域外适用规则的解释论》,《现代法学》2021 年第 5 期,第 181 页。
② 参见张迈:《中国〈证券法〉的域外管辖标准及其适用条件》,《金融法苑》2020 年第 4 期,第 57 页。

活动的行为主体能够合理地预见其行为可能对中国境内市场秩序、投资者合法权益产生不利的影响后果。合理可预见性并非以行为人在主观意图上是否能够预见为判断标准，而是以客观一般人的认知为标准判断行为人是否能够合理地预见。① 合理可预见性主要是从境外证券发行和交易活动行为主体的违法性角度出发，认定该境外行为主体在实施证券发行或交易活动时能够预见其行为对中国境内市场秩序或投资者造成不法侵害。结合客观一般人认知与行为主体违法性的角度，可以将合理可预见性进一步理解为：针对某一发生在中国境外的证券发行或交易行为，中国证券行政主体根据所掌握的证据事实，认定该境外行为主体在实施证券发行或交易行为时，在一般正常情况下应该能够预见其行为将会对中国境内市场秩序或投资者权益造成不利的影响。②

最后，重大性是指境外的证券发行和交易活动对中国境内市场秩序、投资者合法权益所产生的影响达到了严重的程度。重大性是证券市场信息披露领域中的一个重要概念。美国联邦法院在 Industries v. Northway 案中主张：如果理性投资者在决定如何表决时认为该事实是重要的，那么该遗漏的事实便是重大的。③ 这一观点在美国证券交易委员会的规则制定中得到了遵循。美国证券交易委员会将重大性信息界定为：极有可能被一个理性投资者在决定是否进行证券交易时认为是重要的那些信息。④ 在中国证券信息披露领域，重大性判断存在多元标准：一是对投资者决策产生重大影响的标准，这与美国的判断标准相似，以理性投资者作为判断信息是否具有重大性的关键；二是对证券价格产生显著影响的标准；三是对发行人品质产生严重不利影响的标准。⑤ 在证券行政域外管辖领域引入重大性概念可以

---

① 参见杨峰：《我国证券法域外适用制度的构建》，《法商研究》2016 年第 1 期，第 173 页。
② 参见郭金良：《我国〈证券法〉域外适用规则的解释论》，《现代法学》2021 年第 5 期，第 181—182 页。
③ See Louis Loss, et al., *Fundamentals of Securities Regulation*, Wolters Kluwer Law & Business, 2011, p.779.
④ 参见[美]托马斯·李·哈森：《证券法》，张学安等译，中国政法大学出版社 2003 年版，第 486 页。
⑤ 参见朱锦清：《证券法学》，北京大学出版社 2019 年版，第 198 页；周友苏主编：《证券法新论》，法律出版社 2020 年版，第 331—332 页。

理解为:(1)境外的证券发行和交易活动对境内市场秩序造成了严重破坏,例如,对境内的证券价格产生严重影响,或对境内证券发行人的品质产生严重不利影响;(2)对境内投资者合法权益产生了严重损害,例如,对境内众多投资者的合法权益产生了损害等。① 若在境外证券违法行为所造成的损害中,境内投资者仅占很小的比例,则不符合重大性的要求,不应对之行使证券行政域外管辖权。

在操作上,可以通过行政解释对中国金融域外管辖权行使条件进行限缩性的法律应用解释。相对而言,通过高层级、高位阶的立法活动直接为金融域外管辖执法提供细致而具体的操作指南,较为缺乏现实可操作性,而且繁重的立法程序会加重金融法域外适用的制度运行成本。从美国证券法域外适用的实践经验来看,国会立法授权证券交易委员会制定具体的执法规则,既为域外管辖执法活动的开展提供操作指引,又对跨境违法证券行为的规制内容予以更进一步的明确,有助于提高规制机构实施域外管辖执法活动的确定性。②

具体到中国法语境中,与法律修改、立法解释相比,以行政解释的方式限缩金融域外管辖权行使条件更具有可行性。从中国金融监管法的体系来看,证券、期货、银行、反洗钱等领域的监管法律之域外效力条款中,关于域外适用条件的内容设置具有颇高的相似性。从中国法域外适用的法律体系来看,金融监管法与《反垄断法》(2022 年修正)、《出口管制法》(2020 年)、《反外国制裁法》(2021 年)、《数据安全法》(2021 年)等其他法律部门的域外效力条款中,关于域外适用条件的内容设置亦颇具相似性。③ 若采取法律

---

① See Steven McNamara, *Morrison v. National Australia Bank and the Growth of the Global Securities Class Action under the Dutch WCAM*, 2 Buffalo Law Review 479 (2020), p.496 - 497.

② 参见王洋:《我国证券法域外适用法律制度构建研究》,辽宁大学 2022 年博士学位论文,第 135 页。

③ 《反垄断法》(2022 年修正)第 2 条规定,中国境外的垄断行为,对境内市场竞争产生排除、限制影响的,适用本法。《出口管制法》(2020 年)第 44 条规定,中国境外的组织和个人,违反本法有关出口管制管理规定,危害中国国家安全和利益,妨碍履行防扩散等国际义务的,依法处理并追究其法律责任。《反外国制裁法》(2021 年)第 15 条规定,对于外国国家、组织或者个人实施、协助、支持危害我国主权、安全、发展利益的(转下页)

修改的方式完善金融行政域外管辖权的行使条件,无论是为了保持金融监管法体系内部的一致性,还是为了让中国法域外适用法律体系在整体上保持相对的一致性,都可能需要对多部法律的域外效力条款作出修改。这在立法操作上具有较大难度。而且,各法律部门大多是在近年才通过立法机制设立域外效力条款的,若又在短期内对之进行修改,则不利于中国法域外适用法律体系的稳定性和权威性。法律解释是特定国家机关对特定法律文本的释疑或补充,其中立法解释的效力虽然优于行政解释,但在实践中,立法机关很少进行立法解释。① 因而在现实中,通过立法解释来对金融域外管辖权的行使条件进行释疑或补充的可能性较低。《立法法》赋予最高人民法院和最高人民检察院在审判、检察工作中具体应用法律的解释权,并禁止二者以外的审判机关和检察机关作出具体应用法律的解释。② 不过,《立法法》既未授权也未禁止中央行政机关在具体应用法律中对法律进行解释。1981年6月发布的《全国人民代表大会常务委员会关于加强法律解释工作的决议》在当前依然具有效力,其规定:"不属于审判和检察工作中的其他法律、法令如何具体应用的问题,由国务院及主管部门进行解释。"

  据此,国务院及相关中央金融行政主管部门有权就具体应用金融行政域外管辖权法定条件作出解释。学理上,行政解释又可界分为具体解释和抽象解释两种类型。③ 同时,由于行政法规范受制于国家活动与国家职能,这决定了它的特征必须从行政活动与法规范两个角度加以理解。④ 由此,在操作路线上,可先由中央金融行政主管部门在具体案件中结合域外管辖行政活动的个案需要,对行政域外管辖权的法定条件进行限缩性的解释说明。待个案经验累积到一定程度后,再由中央金融行政主管部门在规章中对

(接上页)行为,需要采取必要反制措施的,参照本法有关规定执行。《数据安全法》(2021年)第2条第2款规定,在中国境外开展数据处理活动,损害中国国家安全、公共利益或者公民、组织合法权益的,依法追究法律责任。

① 参见何海波:《行政法的渊源》,载应松年主编:《当代中国行政法》(第一卷),人民出版社2018年版,第63页。
② 参见2023年修正的《立法法》第119条规定。
③ 参见高秦伟:《行政法规范解释论》,中国人民大学出版社2008年版,第50页。
④ 参见王旭:《行政法解释学研究:基本原理、实践技术与中国问题》,中国法制出版社2010年版,第74—75页。

域外管辖权的行使条件进行限缩性的抽象解释,以法规范的形式强化行政解释本身的合法性。中央金融行政主管部门运用行政解释机制,可以在金融监管法域外效力条款的解释和发展中发挥重要作用,[①]并促进自身行使域外管辖权的合法化水平。

第二节　该类行政行为的内容合法性实现路径

本节旨在解决第三章所揭示的金融法域外适用中行政行为的内容合法性问题,包括:(1)跨境金融行政调查的内容泛政治化或不当涉及他国秘密所存在的合法性问题;(2)跨境金融行政处罚的内容具有突出的裁量性,潜藏着积极的跨境规制冲突和消极的跨境规制冲突,带来规制过度或规制不足的合法性问题,且目前缺乏跨境金融行政处罚裁量基准这一合法化机制;(3)跨境金融行政和解协议的权利内容存在跨境下失衡与失能之风险,协议的义务内容上则存在跨境下合谋与胁迫的风险。针对这三项问题,本节相应提出以跨境规制相关性实现行政调查内容的合法性、以跨境规制协调性实现行政处罚内容的合法性、以跨境规制合规性实现和解协议内容的合法性三方面的对策。

一、以跨境规制相关性实现行政调查内容的合法性

美国跨境证券行政调查内容的泛政治化提供了反面的经验。跨境行政调查内容存在泛政治化削弱了该行政行为的内容合法性,并会引致相关国家的抵制,带来两国政治上的摩擦。美国 2020 年《外国公司问责法案》中所设置的针对中概股的跨境行政调查内容,含有不少超出跨境证券规制专业范围的内容,是跨境行政调查内容泛政治化的典型。针对《外国公司问责法案》中跨境行政调查内容的泛政治化问题,中国证监会分别于 2020 年 5 月

[①] 应当重视金融行政主体在促进金融监管法的解释和发展中的重要作用。美国证券法上反欺诈条款的演进历史表明,在国会和法院的高度尊重下,美国证券交易委员会在推动该条款的解释和发展过程中起到了关键。参见高西庆、夏丹:《证监会在解释和发展证券法中的作用》,《证券市场导报》2006 年第 4 期,第 4 页。

24 日①、2020 年 12 月 4 日②、2022 年 3 月 11 日③明确表态反对"证券监管政治化",认为此举背离了作为美国资本市场理论基石的市场自由理论。针对该法案中涉华歧视性的调查内容安排,中国外交部发言人分别于 2020 年 12 月 3 日④、2020 年 12 月 21 日⑤及 2021 年 3 月 25 日⑥谴责《外国公司问责法案》中的涉华歧视性条款,认为该法案的内容安排是针对在美上市中国企业的无理政治打压。

  基于美国的反面经验,金融域外管辖中的跨境行政调查内容应当符合相关性要求。英国是现代行政调查制度的发源地,在英国法上,行政行为不得违反相关性(relevancy)要求,行政主体在作出行政行为时应当排除不相关的因素,反之若考虑了不相关的因素,则会导致权力行使不合法的问题。⑦具体到行政调查的内容而言,行政调查的内容应当符合相关性的要求,即行政主体在实施行政调查的过程中,不得对与调查目的无关的内容进行调查。⑧ 金融行政域外管辖的基本目标在于规制跨境金融市场,在此基础上,其行政调查的内容不应脱离对跨境金融市场进行规制这一基本目标,脱离该基本目标的行政调查内容将不具有合法性。通过相关性原则的约束,

---

① 参见侯捷宁:《证监会:坚决反对证券监管政治化做法》,《证券日报》2020 年 5 月 25 日第 A01 版。
② 参见吴晓璐:《证监会:坚决反对将证券监管政治化 应加强双边监管》,《证券日报》2020 年 12 月 5 日第 A01 版。
③ 参见马婧妤:《证监会:坚决反对将证券监管政治化》,《上海证券日报》2022 年 3 月 11 日第 13 版。
④ 《中方回应美众议院通过外国公司问责法案:该案如最终成法,将损害美自身利益》,载中国新闻网 2020 年 12 月 3 日,https://www.chinanews.com/gn/2020/12-03/9353579.shtml。
⑤ 申杨、杨弘杨:《特朗普签"外国公司问责法案" 外交部:敦促美方不得实施该法中的涉华歧视性条款》,载中国青年网 2020 年 12 月 21 日,http://news.youth.cn/jsxw/202012/t20201221_12627992.htm。
⑥ 《2021 年 3 月 25 日外交部发言人华春莹主持例行记者会》,载中国外交部网站 2021 年 3 月 25 日,https://www.fmprc.gov.cn/nanhai/chn/fyrbt/202103/t20210325_9070694.htm。
⑦ 参见李洪雷:《行政法释义学:行政法学理的更新》,中国人民大学出版社 2014 年版,第 321 页。
⑧ 参见胡建淼:《行政法学》(第 5 版下册),法律出版社 2023 年版,第 645 页。

有助于防范金融行政域外管辖中的调查内容泛政治化,同时防范其通过跨境调查不当窃取其他国家的公私主体秘密。

立法上,行政调查的法定内容应当与跨境金融市场规制相关,呈现应有的专业性和非歧视性,避免泛政治化。在专业性方面,要立足于跨境金融市场规制法治化的取向,围绕金融行政域外管辖中实务上的专业需求,对跨境行政调查内容进行明确化、法定化,防止出现范围过大的、高度政治性或其他与跨境金融市场规制无关的调查内容。对跨境金融市场进行法律规制,旨在促进市场主体的理性化,以及促进市场在效率与公平上的平衡。泛政治化的行政调查内容,让制度设置的考量立场从市场"理性人"异化为着眼于对外政治关系的"政治人",进而导致跨境金融市场规制泛政治化的不良倾向,背离跨境金融市场规制的基本逻辑。在非歧视性方面,要注重跨境金融行政调查法定内容的普遍适用性,立法者不能将其打造成针对某个国家的歧视性政治打压工具,进而违背运用法制维护跨境金融市场秩序的价值取向。美国 2020 年《外国公司问责法案》要求中概股在接受该法案项下的书面行政检查中,提供担任董事会成员的中国共产党官员的姓名,披露公司章程或其类似组织文件中是否包含与中国共产党章程相关的文本内容,属于针对中国进行政治打压的"量身定做"式内容,具有突出的政治歧视性。

在行政执法上,跨境调查内容应当与行政主体的跨境金融规制职责相关,并尽可能将内容限制在"最小必要"范围。行政调查内容保持合理的相关性,这是良好行政(good administration)的基本要求,因为合理相关的信息有助于保障建立在此基础上的推理的质量(the quality of reasoning),进而带来高质量的行政决定。① 在美国法上,行政主体可以因为怀疑出现违法行为,或为了确保不出现违法行为而依法开展调查,但要求相对人提供的信息必须与行政机关的规制职责相关。② 当所要求提供的信息过度宽泛,或者超出合理相关的范围,该要求就可能不具有有效性。③ 韩国是世界上单独

---

① 参见余凌云:《行政法讲义》(第 3 版),清华大学出版社 2019 年版,第 176—177 页。
② 参见[美]罗纳德·M. 莱文、杰弗瑞·S. 拉博斯:《行政程序法精要》(第 6 版),苏苗罕译,中国法制出版社 2022 年版,第 84—85 页。
③ 参见[美]理查德·J. 皮尔斯:《行政法》(第 5 版第 1 卷),苏苗罕译,中国人民大学出版社 2016 年版,第 242 页。

制定统一的行政调查法的少数国家之一,其《行政调查基本法》(2007年)第4条第1款规定,"行政调查应在达成调查目的所必要的最少范围内实施,且不得为了其他目的等滥用调查权"。可借鉴美国和韩国的制度,要求金融行政域外管辖中跨境调查的内容与跨境金融规制职责相关,并尽可能地限制在"最小必要"范围。作为跨境金融市场规制的行政主体,不是一国对外政治关系上的外交执法主体,也不是刺探他国秘密的国安性质的执法主体,不承担与此相关的职责。因而,内国金融行政主体在实施域外管辖调查的过程中,不得"借题发挥",不应要求境外相对人提供与调查主题无关的信息,也不应要求其提供超出合理相关性的泛政治化的信息。对于与调查主题关联性较弱,且所涉外国的公权力主体认为属于不宜对外跨境提供的国家秘密信息,内国金融行政主体也不应滥用金融市场主导地位强制对方提供。

同时,在域外管辖中,应妥当保护跨境金融行政调查内容所涉其他国家的秘密。为防止跨境金融行政调查所获取的其他国家的秘密信息,被用于实现政治性或其他不正当之目的,应当对这些跨境获取的秘密信息予以妥当的保护。2010年《多德-弗兰克法案》第929K条规定美国其他执法机构,不得强制美国证券交易委员会披露从外国证券监管机构处所获得的受保密特权保护的信息。中国《证券法》(2019年)第179条规定,中国证监会工作人员不得泄露所知悉的有关单位和个人的商业秘密。在证券行政域外管辖中,调查内容可能还会与所涉外国的国家秘密相关联。例如,该外国的审计工作底稿可能会存在关于该国能源安全、信息安全等方面的国家秘密。因而,可借鉴美国法的经验,进一步在中国《证券法》中规定,中国证监会工作人员不得泄露在域外管辖中所知悉的境外有关单位和个人的商业秘密、所涉外国的国家秘密。

二、以跨境规制协调性实现行政处罚内容的合法性

金融域外管辖中,处罚内容的合法性突出地表现为跨境规制的协调性。跨境金融市场受到双重规制架构的约束。一方面,内国金融行政主体对境外相关金融行为实施域外管辖。另一方面,该境外金融行为还受到所在地金融行政主体的属地管辖。内国金融行政主体基于处罚法的域外适用性和

裁量性,对境外金融行为施以处罚,与属地管辖之间就可能会出现积极或消极的跨境规制冲突。因此,与法律域内适用相比,金融域外管辖中的处罚内容合法性突出地呈现为一种跨境金融规制意义上的跨境协调性。

比较视野下,美国在跨境金融行政处罚的内容方面提供了合法性反思的素材。2007 年至 2017 年,美国联邦行政执法部门对外国金融机构超过 1 亿美元的巨额处罚,合计超过 393.1 亿美元,平均每起案件的罚金高达 17.1 亿美元。① 2016 年至 2018 年,美国司法部与美国证券交易委员会在海外反腐败执法中的罚金(和解金)数额,其中外国企业历年平均数额分别为 2.24 亿美元、1.83 亿美元和 2.59 亿美元,美国企业历年平均数额分别为 0.95 亿美元、0.88 亿美元和 1.37 亿美元,外国企业被罚的金额显著高于美国本土企业。由此可见,美国金融行政域外管辖执法机构,在现实中更倾向于对外国企业实施严苛的顶格式处罚,而不能对国内外企业一视同仁,存在选择性执法的问题。② 2014 年,美国司法部等执法机构即将对法国巴黎银行处以近 100 亿美元处罚,时任法国总统奥朗德专门会见时任美国总统奥巴马,提出了罚款金额过高,处罚不成比例、不合理、不公平等意见。③

加拿大的"平行观望法"(wait and see)提供了规制内容跨境协调的经验。在加拿大行政法上,裁量性行政行为的实体结果受到合理性标准。④ 因此,在证券行政域外管辖执法中,除了需要考虑不当行为的严重性、对受损投资者的影响等常规因素之外,其对本省境外的违法行为进行处罚,还要考虑到对本省资本市场效率和公众信心的影响,以及处罚结果所带来的平衡性、严重性问题,以保障处罚内容的合理性。⑤ 这种合理性要求实际上是

---

① 参见尚微、蔡宁伟:《美国巨额监管处罚的主体、对象、内容与趋势——基于 2007~2017 年处罚金额过亿美元的典型案例分析》,《西南金融》2018 年第 5 期,第 5—8 页。
② 参见戚凯:《霸权羁缚:美国在国际经济领域的"长臂管辖"》,中国社会科学出版社 2021 年版,第 91—92 页。
③ Karen Freifeld and Yann Le Guernigou, *Obama deflects French pressure to intervene in BNP dispute*, Reuters (June 6, 2014), https://www.reuters.com/article/us-bnpparibas-usa-idUSKBN0EG15420140605/.
④ See David Phillip Jones, *Anne de Villars, Principles of Administrative Law*, Thomson Reuters Canada Limited, 2014, p.512-514.
⑤ See Mary G. Condon et al., *Securities Law in Canada*, Emond Montgomery Publications Limited, 2017, p.794-795.

一种跨境规制的协调性,避免规制过度与规制不足的问题。2012年,安大略省高等法院在Silver v. Imax案中,[1]采取平行观望的方法促进跨境协调性。这是一起证券虚假陈述集体诉讼案,Imax公司同时在多伦多股票交易所和美国纳斯达克上市,以Silver为代表人的原告认为该公司2005年财务报告存在收入造假的问题,于2006年申请对该公司发起证券集体诉讼。同时,也有原告于2006年就该财务造假问题向美国纽约南区地方法院提起集体诉讼,集体诉讼的各方于2012年达成和解,和解协议获得法院审批通过。安大略省高等法院对于美国平行诉讼的处理采取了观望的方法,最终将已在美国法院中权利获得充分代表与救济的相关投资者,排除在本案之外,仅将境外未获得救济的投资者纳入原告范围。将已在该境外处理结果中获得救济的投资者排除在加拿大的救济范围之外,可以避免两国对同一规制对象进行重复的规制,进而降低跨境规制过度的风险。将在境外救济体系中未获得充分权利代表的投资者纳入加拿大的救济范围,则可以避免规制漏洞,降低跨境规制不足的风险。

中国可以建立基于法律域外适用的跨境金融行政处罚裁量基准,并结合美国和加拿大的经验教训,提升处罚内容的跨境协调性。行政裁量基准细化了行政裁量权的行使空间,有助于克服宽泛的立法授权与依法行政之间的张力,沟通形式法治与实质法治,同时其在法律效力上及于行政主体和相对人,为二者的行为提供合法性指引。[2]建立金融法域外适用下的跨境行政处罚裁量基准,是金融行政域外管辖实践的现实需要,特别是形式法治和实质法治双重意义下的跨境金融行政规制的现实需求。形式上,行政裁量基准具有"规则之治"的属性,在外观上呈现出规范性面向,通过其控制和规范跨境金融行政处罚裁量权的行使,可以让处罚内容在法律规定不明的情况下,获得更为明确的形式合法性依据。实质上,契合跨境金融市场受到域内、域外双重公权力规制的特点,裁量基准有助于内国金融行政主体在域外管辖过程中确定处罚内容时,兼顾考虑跨境规制的协调性,克服双重规制架构下的积极和消极的跨境规制冲突,避免规制过度或规制不足,进而走向

---

[1] See Silver v. IMAX, [2012] ONSC 4881.
[2] 参见王青斌:《行政裁量基准的法律属性及其效力分析》,《政治与法律》2023年第7期,第18—27页。

实质合法。

在实践中,行政裁量基准的内部构造包括情节细化与效果格化的技术架构,并配置逸脱条款(例外条款)允许裁量者根据具体案情例外地变更或排除适用基准,以防过度僵化适用基准而带来个案的非正义。① 下面沿着该理论框架对金融行政域外管辖场景中的处罚裁量基准进行阐释。

其一,基于跨境金融违法行为相关因素进行裁量情节细化。裁量情节细化应立足于与跨境金融违法行为相关的考虑因素。首先,违法行为动机和目的方面。例如,境外金融违法行为是否以侵犯内国金融秩序为主要动机或目的;抑或该境外违法行为以侵犯所在地金融秩序为主要动机或目的,只是行为的部分损害性外溢至了内国。该境外金融违法行为是否存在其他刑事方面的犯罪动机。该境外金融违法行为是为了个人谋利,抑或为了境外公司谋利,还是为了境内公司谋利。其次,违法行为人主观过错方面。主观过错包括过失和故意两个层面,且各自层面上可再进一步细化强弱程度。如果该金融行为对于内国而言是违法的,但对于行为所在地(外国)的法律而言是合法的,在对其进行主观过错推定的过程中,应当着重考虑该行为在主观上是否只是一种过失,或者是主观故意的程度较弱。② 反之,若该境外金融行为在内国和所在地(外国)法制上都属于违法行为,具有"双重违法性",则可能存在较强的主观故意性。再次,违法行为损害结果方面。应当区分该境外金融违法行为所导致的损害结果,是主要集中在内国,还是主要集中在行为地(外国)。同时,考量该境外违法行为是否对内国境内大量金融私主体的合法权益造成损害,或者对内国的金融市场秩序是否造成长期或广泛的破坏。最后,违法行为后的表现方面。该境外金融违法行为人在作出违法行为后,是否在内国金融行政主体未注意到违法行为的情况下,主动联系内国金融行政主体或行为地(外国)金融行政主体进行坦白;或者在内国金融行政主体已经就违法行为展开调查后,是否主动配合调查;是否采取改善措施对内国所受到的损害进行补救,主动消除或减轻违法行为对内国的危害后果。境外违法行为人的这些事后表现,均是内国金融行政

---

① 参见周佑勇:《裁量基准的技术构造》,《中外法学》2014 年第 5 期,第 1142—1163 页。
② 参见章剑生:《行政处罚中的"主观过错":定位、推定与例外——〈行政处罚法〉第 33 条第 2 款评释》,《浙江学刊》2023 年第 3 期,第 223 页。

主体应当考虑的相关因素。

其二,基于跨境规制效果进行裁量效果格化。效果格化是指将法律所规定的裁量幅度细化为若干个格次,主要包括经验评估法、基准点法、中间线法。基准点法先根据违法行为本身的社会危害性程度,在法律规定的裁量范围内确定一个基准点,然后再根据各种从重、从轻情节等因素对基准点进行调整,划分若干格次。中国 2019 年《证券法》背景下,法定罚款幅度普遍较宽、罚款数额普遍较大,宜采用基准点法设置效果格次,更有效地规范处罚裁量权的行使。① 据此,鉴于中国金融行政处罚的法定数额普遍较大、裁量幅度普遍较宽,可采取基准点法进行效果格化。在域外管辖过程中,考虑到双重规制的效果问题,可以借鉴加拿大的经验,在平行观察境外违法金融行为所在地的规制效果的基础上,确定内国对该境外违法行为的裁量效果。若该境外金融违法行为在行为地已受到较重的处罚,则内国金融行政主体可以考虑对其从轻进行处罚,避免双重处罚的积极规制冲突给相对人带来畸重的法律后果。若该境外金融违法行为在行为地未受到处罚,或仅受到较轻的处罚,则内国金融行政主体可以不考虑对其从轻进行处罚,避免双重规制下的消极冲突让相对人逃逸于应有的规制之外。内国金融行政主体通过对境外违法行为所在地的规制效果进行平行观察,然后相应地调适内国的裁量效果,有助于在跨境金融市场双重规制架构之下达到过罚相当的合法性要求。

其三,基于跨境金融规制的特殊情势,设置逸脱条款。国务院办公厅 2022 年 8 月发布的《关于进一步规范行政裁量权基准制定和管理工作的意见》,在一定程度上对裁量基准在行政执法中的逸脱适用给予了肯定。② 设置逸脱条款并非对裁量基准的背弃,而是出于个案正义的导向,对裁量

---

① 参见刘宏光:《证券监管机构如何罚款?——基于行政裁量基准视角的研究》,《财经法学》2020 年第 4 期,第 95—96 页。
② 《关于进一步规范行政裁量权基准制定和管理工作的意见》规定:"适用本行政机关制定的行政裁量权基准可能出现明显不当、显失公平,或者行政裁量权基准适用的客观情况发生变化的,经本行政机关主要负责人批准或者集体讨论通过后可以调整适用,批准材料或者集体讨论记录应作为执法案卷的一部分归档保存。适用上级行政机关制定的行政裁量权基准可能出现明显不当、显失公平,或者行政裁量权基准适用的客观情况发生变化的,报请该基准制定机关批准后,可以调整适用。"

基准进行变通式适用,从而为行政主体在特定情形下以实质正义纠偏形式正义提供条款依据;逸脱条款的适用条件应基于情势必要,当适用裁量基准将导致严重不良后果,造成国家利益、社会公共利益的重大损失,或与社会公众感情产生重大背离,则有必要对裁量基准进行"逸脱"。① 除了出于内国的情势必要性之外,在金融法域外适用下的跨境行政处罚中,如果严格适用裁量基准将导致严重的规制冲突,或严重损害境外金融行为所在地的公共利益,或与国际金融市场惯例产生重大背离,则此时对裁量基准的逸脱具有必要性。此外,逸脱条款应当遵守从轻规则,即只能在有利于相对人的情况下进行"逸脱",而不能通过"逸脱"加重相对人的法律责任。在现实中,裁量基准作为一种具有约束力的规范,相对人会以其作为安排自己行为活动的规范依据,从而对裁量基准形成了一定的信赖和期待。相对人的信赖利益应当得到行政主体的尊重与保护,故只能从减少相对人损益的方向设计逸脱条款。② 一般而言,行政相对人对于有利于自身的授益行为是可以接受的,因而只能在减少境外相对人损益的情况下适用逸脱条款,在跨境行政处罚裁量基准的逸脱需求与境外相对人的信赖利益保护之间,实现平衡。

三、以跨境规制合规性实现和解协议内容的合法性

对于金融法域外适用中的行政和解协议而言,跨境规制合规性有助于消解其在权利内容上的失衡与失能,以及义务内容上的跨境合谋与胁迫等方面的合法性问题。在一般意义上,合规性是指实体行为在特定社会结构的规则体系和价值体系之下的合意性、适当性。③ 内国金融行政主体在域外管辖过程中的行政执法行为,其效果溢出主权国家物理界线,因而还受到国际层面的规范约束。由此,将合规性概念适用于域外管辖视野下的跨境金融规制领域,金融行政执法的跨境合规性呈现出双层意涵。一是规则

---

① 参见刘宏光:《证券监管机构如何罚款?——基于行政裁量基准视角的研究》,《财经法学》2020年第4期,第95—97页。
② 参见熊樟林:《论裁量基准中的逸脱条款》,《法商研究》2019年第3期,第55页。
③ 参见周俊:《走向"合规性监管"——改革开放40年来社会组织管理体制发展回顾与展望》,《行政论坛》2019年第4期,第135页。

层面,跨境规制的合规性要求跨境执法符合国内涉外性法规范和国际法规范的形式约束;二是价值层面,跨境规制的合规性要求跨境执法的过程符合实质法治的约束。① 具体到金融法域外适用领域,行政和解协议的跨境规制合规性,是指内国金融行政主体在执行本国涉外性行政和解的法规范,与境外相对人达成跨境行政和解的过程之中,对协议中权利义务内容的约定,既受到国内法规范和国际法规范上的形式层面约束,也受到合意性、适当性的实质层面约束。

其一,深化跨境金融行政和解协议权利内容的适当性,防范跨境下的权利失衡与失能问题。跨境金融行政和解协议是境内公权力主体与境外私主体双方合作的产物,兼具公法和私法双重属性。通过协议中双方权利内容的平衡化,有助于强化协议的私法属性,避免协议极度公法化,促进协议在跨境实施意义上的可接受性。公法涉及国家主权和公权力的行使,其域外适用往往不易于被境外公私主体所全盘接受。相对于公法性过强的跨境和解协议而言,私法性较强的跨境和解协议则更易于被境外的公私主体所接受。同时,行政协议的存在不是为了创造特权,而是为了实现控权,其体现了一种矫正正义,即在承认行政主体与私人一方在事实上具有不平等性的基础上,以协议的形式促进双方的地位趋向平等,而非强化不平等。② 应当在控权论的立场上,促进跨境金融行政和解协议权利内容的平衡性和有效性,让其回归协议的本质,实现跨境金融规制领域的矫正正义。

首先,在中国金融法域外适用的语境下,行政和解协议应当尊重国际惯例,借鉴无损权利(without prejudice)原则,适当保护境外当事人的正当权利。在行政执法和解领域,无损权利原则具有较强的国际通行性,避免当事人在行政和解过程中所作出的陈述以及基于协商所作出的妥协,事后在其他程序中被用作对其不利的证据。如此,可让当事人获得安全感,进而让其愿意将"真正需要解决的争议"作为协商内容。对该原则的借鉴,既体现了在跨境金融行政和解中对国际惯例的尊重,也符合中国资本市场实际,保障

---

① 参见朱淑娣、孙秀丽:《论金融领域行政执法的国际合规性》,《首都师范大学学报(社会科学版)》2020年第2期,第46页。
② 参见严益州:《论行政合同上的情势变更:基于控权论立场》,《中外法学》2019年第6期,第1511—1513页。

当事人与执法者之间的信任及充分沟通,促进跨境争议的有效解决,有助于实现跨境合规性。①

其次,在行政主体享有单方解约权的情况下,保障当事人的求偿权以及请求退还和解金的权利,促进双方权利的适当平衡。行政和解协议作为一种双方性行政行为,仍然需要保障行政优益权,因而无论在学理还是在实务中,一般都认可行政主体在特定情势下单方解除协议的权利。在此基础上,为使得双方权利达到一种相对的平衡,有必要赋予当事人求偿的权利和请求退还和解金的权利,体现和解协议的双方性,以防止行政主体恣意行使单方解约权,防范和解协议极端公法化。

最后,当事人拒绝履行协议的,为避免行政主体重启跨境调查的权利"失能",应允许在协议中约定行政主体享有强制执行的权利。若境外当事人利用跨境行政调查的复杂性、困难性,以和解机制为掩护行销毁证据之实,则在当事人拒绝执行和解协议之时,行政主体虽名义上享有重启调查的权利,但由于此时违法证据已被销毁,该项权利将失去可实现性。由此,应当允许双方在行政协议中约定当事人自愿接受强制执行,赋予行政和解协议强制执行力,以防出现因当事人失约而带来的行政主体重启跨境调查权利"失能"的不良后果。

其二,深化金融行政和解协议义务内容的实质合意性,防范跨境下针对当事人义务内容的合谋与胁迫问题。美国学者布雷耶提出了规制改革的"三步走"路径,即首先确定规制目标,然后考察实现规制目标的替代性工具,最后选择实现规制目标的最佳工具。② 行政和解协议作为一种契约性规制工具,是替代刚性行政执法的一种柔性化工具,不能脱离行政和解法律规范所蕴含的规制目标。例如,将企业合规导入行政和解,目的是促进企业规制任务的有效履行,防范企业违法风险,进而促使企业与行政主体在形式上

---

① 参见张政燕:《资本市场行政执法当事人承诺实施问题研究》,《证券市场导报》2023年第8期,第68—69页。
② 参见[美]史蒂芬·布雷耶:《规制及其改革》,李洪雷等译,北京大学出版社2008年版,第6—8页。

所达成的合意,进阶升级为更高层次的实质上的双向合作。① 然而,如果行政主体与当事人进行跨境"合谋",以金融企业合规措施代替和解金、受害者赔偿金,不当损害他人利益;或者行政主体跨境"胁迫"金融企业接受较高经济代价的合规义务内容,虽然在形式上表现为合意,但在实质上却背离了行政和解本身的规制目标。基于此,有必要引入实质合意性的要求。一方面,在利害关系人的参与下实现实质合意性。设计第三方参与机制,若行政和解协议的当事人义务内容将损害第三人的权利,和解协议应当经过该第三人书面同意。另一方面,在信息公开的约束下实现实质合意。行政主体应当依法公开和解协议的主要内容,避免协议义务内容处于"黑箱操作"中,防范双方跨境合谋,或者防范行政主体利用跨境执法优势实施胁迫。②

第三节 该类行政行为的程序合法性实现路径

本节旨在解决第四章所揭示的金融法域外适用中行政行为的程序合法性问题,包括:(1)单边意义上,在"重实体轻程序"的导向下,由于程序法滞后于金融行政域外管辖权扩张,金融域外管辖的程序缺乏内国法秩序上的合法性依据;(2)双边意义上,两国金融行政程序的碰撞,可能会引发程序绝对化、程序对抗化、程序苛刻化等程序非理性问题,此时金融域外管辖的程序缺乏跨国法秩序上的合法性支持;(3)多边意义上,在全球金融治理规则碎片化的背景下,存在域外管辖行政程序脱节的问题,造成多边性域外管辖程序的合法性缺陷。针对这三项问题,本节相应提出以程序法定实现在内国法秩序上的程序合法性、以双边合作实现在跨国法秩序上的程序合法性、以多边合作实现在国际法秩序上的程序合法性三方面的对策。

一、以程序法定实现在内国法秩序上的程序合法性

公法域外适用强调以"内国"为逻辑起点,金融法域外适用中行政程序

---

① 参见解志勇、石海波:《企业合规在行政执法和解中的导入研究》,《行政法学研究》2023年第5期,第72页。
② 参见张红:《证券行政执法和解问题剖析》,《行政管理改革》2015年第5期,第62—63页。

的合法化首要在于"内国"单边意义上的合法化。一国金融法域外适用是一国涉外法治的组成部分,也是一国公法域外适用的组成部分。从涉外法治的角度看,涉外法治是某一具体国家的涉外法治,其强调以国家为起点,立足于单国视角,以单国主体为涉外法治行动的核心点。① 从公法域外适用的角度看,公法域外适用是以单边主义法律适用方法论为指导的,在单边主义框架中,内国公法与外国公法处于不平等地位,内国公法具有较为绝对意义上的法律适用地位。② 整合两个视角的理论认知,可以说,内国金融行政在域外管辖中所实施的程序活动,其具体运作以"内国"为逻辑起点,由内国金融行政主体作为发起者和主导者。因而,基于内国的视角,金融法域外适用中行政程序的首要合法性依据就是内国关于金融行政域外管辖方面的程序法,对该类程序进行合法化也首要在于从内国单边意义上展开。

在比较视野下,美国通过成文法明确具有域外效力的金融行政程序规则,并通过正当程序原则加以约束。例如,2002 年《索克斯法案》第 106 条(b)规定了外国会计师事务所提供审计工作底稿的程序,设置了外国会计师事务所履行审计工作底稿程序义务的适法条件,并设置了该程序义务豁免的条款。根据该条款,美国公众公司会计监督委员会基于维护公共利益或保护投资者,可以无条件或附条件地豁免任何一家外国会计师事务所或该类事务所提供审计工作底稿的程序义务。此外,2010 年《多德-弗兰克法案》第 929K 条规定,对于美国证券交易委员会从外国证券监管机构或外国执法机构处获得的受保密特权保护的信息,如果该等外国机构判定该等信息属于受保密特权保护的信息,并将该判定结果告知美国证券交易委员会,则不得强制美国证券交易委员会披露该等信息。对跨境获取的金融信息施加特别的保密程序,有助于增进外国信息提供主体的配合度。同时,美国金融行政域外管辖程序受到正当程序原则的约束。根据《美国对外关系法重述(第四版)》(2018 年)的规定,行政域外管辖执法受到联邦宪法的限制,这种限制

---

① 参见何志鹏:《涉外法治:开放发展的规范导向》,《政法论坛》2021 年第 5 期,第 183—185 页。
② 参见宋晓:《域外管辖的体系构造:立法管辖与司法管辖之界分》,《法学研究》2021 年第 3 期,第 181 页。

主要表现为正当程序条款的限制。① 因而,金融域外管辖执法应当符合正当程序原则,不得独断专行,也不能造成根本上的不公正。金融域外管辖执法程序遵循正当性要求,是对境外相对人自有利益的认可和保护,有助于强化域外管辖中行政程序跨境运行的合法性。

　　加拿大也注重在法律上明确金融行政程序的域外效力,并通过程序公正(procedural fairness)原则约束域外管辖行为。安大略省、不列颠哥伦比亚省和阿尔伯塔省等在本省证券规制法中明确规定,证券委员会有权在本省境外举行听证会,可以与境外的相应证券规制主体联合举行听证会。② 同时,为了实施关于跨境性听证会的法律条款,各省证券委员会在其所制定的程序规则中对境外证人的程序义务加以明确。例如,2019年《安大略省证券委员会程序和表格规则》规定,一方当事人可以要求在安大略省境外居住的证人在听证会举行之前尽快向听证会专员报告。③ 在没有联邦证券行政机构统一规制跨省或跨国性事项的情况下,各省区证券规制法对跨境听证程序作出明确规定尤为重要。④ 除了法定程序之外,加拿大金融域外管辖的过程还受到程序公正原则的约束。由于1982年《加拿大宪法法案》第7条仅规定对个人"生命、自由和人身安全"施以程序正义保护,而不像美国宪法上正当程序那样覆盖"财产"利益,因而财产利益受到公权力侵害所获得的程序公正保护主要来源于普通法。⑤ 程序公正产生于普通法中的自然正义原则,即使制定法上没有规定某一程序,或者该程序在制定法上仅受到有限程度的要求,行政主体仍有义务根据普通法的程序公正原则向当事人提供更多的程序保护。⑥ 因此,对于仅涉及经济利益的金融域外管辖案件而

---

① See Restatement (Fourth) of Foreign Relations Law, §403(2018).
② See Ontario Securities Act, RSO 1990 c. S.5, S.3.5(1); British Columbia Securities Act, RSBC 1996 c.418, S.4(9); Alberta Securities Act, RSA 2000 c. S.25.
③ See Ontario Securities Commission Rules of Procedure and Forms (2019), S.30(1).
④ See David Johnston et al., Canadian Securities Regulation, LexisNexis Canada Inc., 2014, p.89.
⑤ See Colleen M. Flood, Lorne Sossin, *Administrative Law in Context*, Emond Montgomery Publications Limited, 2022, p.216-217.
⑥ See Gerald Heckman et al., *Administrative Law: Cases, Text, and Materials*, Emond Montgomery Publications Limited, 2022, p.69.

言,虽然加拿大宪法上没有与美国宪法正当程序条款相对应的条款供直接适用,但域外管辖行为仍然受到普通法上程序公正原则的约束和检验。①

可见,美国和加拿大均注重金融域外管辖的程序法定化,为域外管辖提供直接的程序法依据,同时还对该类行为施以程序正当原则或程序公正原则上的约束。这为中国金融域外管辖在单边意义上的程序合法化提供了借鉴。

行政程序法定化是中国金融法域外适用中行政程序合法化的必由之路。权利和义务是法律关系中相互依存的核心要素,主张国内法域外适用不仅是法律义务的输出过程,也是法律权利的输出过程,尤其是应当保障境外当事人的程序权利,注重程序法上权利的赋予。② 行政程序合法化包括形式上的合法化与实质上的合法化两个维度。形式上的合法化要求金融行政域外管辖的程序具有法规范依据。《中共中央关于全面推进依法治国若干重大问题的决定》(2014年)明确要求,完善行政程序法律制度,推进程序法定化。中共中央2021年印发的《法治中国建设规划(2020—2025年)》明确指出,"非因法定事由、非经法定程序不得限制、剥夺公民、法人和其他组织的财产和权利"。只有遵循法定性的行政程序才能让行政程序活动在形式上实现合法化。金融法域外适用中行政程序的形式合法化,要求金融行政主体在实施域外管辖行政行为时,所遵循的程序应当是具有域外效力的法定程序。如果金融行政主体在域外管辖过程中若所实施的程序是恣意的、缺乏法规范依据的,则会出现程序行为于法无据的合法性问题;如果所遵循的是不具有域外效力的程序法规则,则会出现程序法适用错误的合法性问题。行政程序在实质上的合法化主要是对正当程序原则的遵循。在实践中,程序的部分正当性要求被具体化于法定程序条文中,例如行政公开、行政回避、行政听证等正当程序的内容往往被相关行政程序法予以成文化。若正当程序相关内容被融入金融行政域外管辖领域的程序法中,则金融行政主体对该类程序法的遵循,在实质上就是对正当程序原则的遵循,进而

---

① See Peter W. Hogg, *Constitutional Law of Canada*, Thomson Reuters, 2007, chapter 13, p.21-22.
② 参见孙南翔:《法律域外适用体系建设中的管辖权:演化规则与关联结构》,《法学》2024年第1期,第191页。

实现实质层面的合法化。

中国金融法域外适用中的行政程序法定化应当符合正当性标准。符合正当性标准的程序就是正当程序；法定程序与正当程序在理论概念上具有并存性，在制度内容上具有交叉性，法定程序中有符合正当性标准的程序，也有不符合正当性标准的程序，即法定程序未必就是正当的，而不正当的法定程序会出现实质合法性的问题。[1] 正当程序蕴含着尊重个人尊严与最低限度公正的价值内涵，违背正当程序就是对最低正义标准的违背。此时，无论该程序所产生的结果如何，也不论该程序多么具有效率，人们仅仅根据正义感或一般常识就可能感觉到它的不公正。[2] 20世纪中期以来，随着各国行政程序法的发展，正当程序原则在世界许多国家得到确立和广泛适用。[3] 具体到中国，国务院2004年制定的《全面推进依法行政实施纲要》首次将"程序正当"列为依法行政的基本要求之一。《中共中央关于全面推进依法治国若干重大问题的决定》（2014年）将"程序正当"作为深入推进依法行政中关于健全依法决策机制的要求。可见，正当程序作为一种最低限度公正，在世界范围内具有相当广泛的认同性。金融法域外适用中的行政程序涉及内国和外国的不同公私主体，各国金融程序法规范存在不同程度的差异，但可能会对作为最低限度正义标准的正当程序具有较强共识性。因而，对于内国所制定的具有域外效力的金融行政程序法而言，如果其满足正当程序的要求，则更容易为外国的相关主体所接受和认同。

中国金融法域外适用中的行政程序法定化，应当契合跨境执法现实与中国法制环境。下面以中国金融行政调查程序的跨境实施为例进行阐释。

首先，设立具有域外效力的现场行政调查程序规则。在现行金融监管法对现场行政调查程序的规定中，行政调查执法人员不得少于二人，并应当出示执法证件和调查通知书等执法文书，否认被调查的相对人有权拒绝

---

[1] 参见胡建淼：《行政法学》（第5版下册），法律出版社2023年版，第921—923页。
[2] 参见王锡锌：《行政程序法理念与制度研究》，中国民主法制出版社2007年版，第222—223页。
[3] 参见姜明安主编：《行政法与行政诉讼法》（第7版），北京大学出版社2019年版，第78页。

调查。① 该程序规则与《行政处罚法》《行政强制法》等规定具有一致性,有助于在行政法体系内保持程序制度的一致,同时也有利于执法人员之间的相互监督、相互照应,避免由单个执法人员面对相对人时可能会出现的徇私舞弊或人身安全问题。② 然而,这种域内适用性的现场行政调查程序规则,在域外适用中可能会出现跨境执法障碍。因为内国金融行政执法人员赴外国进行调查时,往往会与外国执法机构进行联合调查,在执法人员组成或出示执法证件、执法文书等程序上,可能会以外国执法机构为主。因而,在域外管辖中,中国金融行政主体派员入境他国实施行政调查程序时,受制于他国的法制或双方跨境监管机制,可能无法执行域内适用性的程序要求。由此,在跨境行政调查程序法定化中,可将该程序规则调整为"执法人员一般不得少于二人","一般应当出示执法证件和调查通知书等执法文书",若执法所在地的境外监管机构或双方跨境监管合作机制有特别要求的,可根据其要求确定执法人员数量,并以符合其要求的方式出示相关执法文书。

其次,设立具有域外效力的非现场行政调查程序规则。根据《证券期货违法行为行政处罚办法》(2021年)第20条规定,中国证监会可以依法要求当事人或与被调查事件有关的单位和个人,以指定的方式报送相关资料文件。在域外管辖中,受制于属地的制度环境,境外相对人可能难以直接向中国证监会报送相关资料文件。因而,可借鉴美国《多德-弗兰克法案》第929J条关于履行文件提供义务的其他方式的制度设计,明确规定,境外相对人可以通过所在国相当于中国证监会及其派出机构的组织来提供该等文件。

最后,美国证券交易委员会、加拿大各省区证券行政主体可向法院提起诉讼,由法院命令境外相关人员接受跨境行政调查,但该类程序规则并不适合移植到中国。因为中国法并未赋予法院参与行政调查程序的权力,行政诉讼制度中尚无"官告民"的程序机制,所以通过司法程序增强域外管辖中行政调查程序合法性的做法,在中国的法制框架下缺乏制度的土壤。

---

① 参见《反洗钱法》(2024年)第43条第4款,《期货和衍生品法》(2022年)第107条,《证券法》(2019年)第172条,《银行业监督管理法》(2006年)第34条第2款。
② 参见郭锋等:《中华人民共和国证券法制度精义与条文评注》(下册),中国法制出版社2020年版,第856页。

二、以双边合作实现在跨国法秩序上的程序合法性

两国金融行政程序法的差异,不是金融行政域外管辖程序在双边合作上的必然障碍,反而是双边程序合作的必要性所系与推动力所在。如果国与国之间金融行政程序法是高度一致的,且能够自动实现跨境衔接的效果,那么对于同一金融行为的规制,两国行政主体适用各自的程序法不会产生冲突和外部性问题,这种理想状态就不需要双边性程序合作。然而,由于各国涉外性的金融行政程序法制度根植于各国的涉外行政程序法治土壤,并受制于各国对涉外金融领域的规制利益取向,不同国家的涉外金融行政程序法之间不可避免地存在差异性、冲突性。同时,也正因为一国金融行政程序法在域外适用过程中,与另一国应对该域外管辖而设置的金融行政程序法之间产生了不协调的情形,才让双边程序合作具有必要性。进一步地,从双边程序合作的双向性来看,在跨境金融市场规制中,各国的证券监管机构可能同时扮演着请求合作方与被请求合作方两种角色,相互之间具有依存性,存在彼此合作的共同需求。另外,从规制的程序成本来看,当冲突、对抗下的程序成本超出双方的可承受范围时,双方就有意愿及动力去共同克服两国程序法上的差异性障碍,进而走向双边程序合作。

双边程序合作是金融法域外适用中行政程序合法化的基础。在跨国法秩序上,域外管辖的程序合法性问题主要表现在实质层面的非理性问题。程序理性是程序正义的一项基本要求,在实体意义上,是指通过程序所产生的结果是合理的、符合实体正义的;在程序本位意义上,是指一个程序产生该结果的过程是一个通过事实、证据以及程序参与者之间平等对话与理性说服的过程。[①] 从实体结果上看,在冲突、对抗的程序框架下,内国金融行政主体可能会因为跨境程序被外国抵制而无法对境外的相对人实施有效规制,该相对人将逃逸规制而攫取了本应被依法剥夺的实体利益。该相对人也可能会因为选择遵守域外管辖一方的程序义务,违背属地管辖的程序要求,而受到属地管辖的惩处,减损不应减损的实体利益。该相对人还可能

---

① 参见王锡锌:《行政程序理性原则论要》,《法商研究(中南政法学院学报)》2000 年第 4 期,第 18 页。

因为选择遵守属地管辖的程序要求,违背域外管辖一方的程序要求,而受到域外管辖一方的惩处,同样减损不应减损的实体利益。从程序本位上看,金融法域外适用中的行政程序涉及内国金融行政主体、身处外国的相对人以及外国金融行政主体,在非合作的程序框架下,三方主体之间的互动难以形成一个平等对话与理性说服的过程,在两个公权力主体对峙而挤压下的相对人之程序权利无法得到有效保障,进而难以达至程序理性。可见,要实现金融法域外适用的行政程序理性化、合法化,就需要双边性的程序合作。

比较视野下,美国以双边合作推进域外管辖行政程序发展的实践提供了有益经验。根据《美国对外关系法重述(第四版)》(2018年)的规定,行政执法的执行活动具有严格的地域性,美国行政执法人员要在他国领土上开展强制执法活动,必须取得该国的同意,若未经该国同意,美国执法人员无权进入该国执行美国法律;该要求来自习惯国际法,违反该要求将会引起国际责任。① 截至2023年8月,美国公众公司会计监督委员会就跨境审计监管合作事宜,与26个国家和地区的监管机构签署了合作协议。② 双边合作协议内含着双方"同意"的因素,通过双边合作的方式,可以强化美国跨境开展审计监管程序活动的合法性。

加拿大在域外管辖中对他国程序法予以适当考虑,体现了对他国法制的尊重,有助于域外管辖的程序合法化。2021年的不列颠哥伦比亚省证券委员会(BCSC,以下简称委员会)诉Tak一案,③即此类典型案例。2017年初,委员会对美国场外交易市场上市的NewGen Biopharm公司与Breathtec Biomedical公司的证券交易及分销展开调查。该调查涉及不列颠哥伦比亚省温哥华的经纪公司Mackie Research及其四名经纪人。Tak先生在该公司有一个经纪账户,是其中一名经纪人的客户,也是该经纪人的兄弟。委员

---

① See Restatement (Fourth) of Foreign Relations Law, §431 §432(2018).
② 即:比利时、法国、奥地利、爱尔兰、意大利、芬兰、德国、卢森堡、希腊、匈牙利、丹麦、瑞典、西班牙、迪拜、荷兰、以色列、日本、挪威、瑞士、英国、新加坡、澳大利亚、韩国、加拿大、中国等。See *PCAOB Cooperative Arrangements with Non-U.S. Regulators*, Public Company Accounting Oversight Board, https://pcaobus.org/oversight/international/regulatorycooperation.
③ See British Columbia Securities Commission v. Tak, 2021 BCSC 2283 (CanLII).

会表示，Tak 先生并非调查的对象，但可能他掌握了相关证据。2017 年 5 月 30 日，委员会发出传票，要求 Tak 先生 8 月 17 日到办公室宣誓作证和面谈。在委员会调查进行的同时，美国证券交易委员会（SEC）也对 NewGen 证券交易及其公开披露有关问题展开调查。对此，Tak 先生的律师要求委员会保证不会与美国当局分享从他那里获得的任何信息。委员会拒绝提供这种保证。对此，Tak 虽参加了面谈程序，但拒绝回答任何问题。因而，委员会以 Tak 拒绝服从传唤为由请求法院判定其藐视法庭罪。Tak 先生辩称，如果他被委员会强迫作证，这些证词就可能会被美国当局用于刑事起诉，他依据美国宪法第五修正案享有的程序权利（沉默权）就无法得到保障。换言之，若他按照加拿大当局要求提供证据，这些证据就可能会被美国当局用来给他定罪，存在跨管辖区自证其罪的风险。法院认为，目前没有证据表明美国或加拿大当局对 Tak 先生进行任何刑事调查，Tak 对未来刑事起诉的担忧完全是推测性的，也没有证据表明他的作证会在将来被用于对他不利的程序中。同时，法院指出，根据美国联邦最高法院和各巡回法院的判例，美国宪法第五修正案中所规定的"任何人不得在任何刑事案件中被强迫作不利于自己的证人"，即"不得自证其罪"的条款，适用于外国政府当局强迫当事人提供的证词。因此，依据美国判例法，在美国刑事诉讼程序中不会承认当事人在加拿大被迫作出的供词。故 Tak 先生对跨管辖区的自证其罪问题的担忧是不必要的。从该案例可见，金融域外管辖的程序运行中，有必要适当考虑当事人在相关外国法上所享有的程序权利，降低当事人受到不公正程序对待的风险。

结合美国和加拿大的经验，金融域外管辖行政程序在双边意义上的合法化，可以从尊重他国金融行政程序法、构建双边性程序合作制度、合理运用程序裁量权等方面具体展开。

（一）尊重他国行政程序法，避免金融法域外适用中的行政程序绝对化

具有域外效力的金融法是一国跨境金融规制权据以实现的工具，金融实力强大的国家具有对外扩张金融法域外效力的动力与能力，而金融实力相对弱小的国家通常会以国家金融主权为依托，以金融行政程序法为盾牌，应对金融强国的域外管辖行为。① 如果金融强国滥用在国际金融格局中的主导地位,以不对称性的金融规制权力为基础,将域外管辖的行政程序凌驾在他国的程序之上,就会在国际上造成一种法律霸权主义的负面形象,存在国际不法性的问题。② 因而,金融实力相对强大的国家在实施域外管辖行政程序时,应当尊重他国的程序法制度,合理考量域外管辖行政程序的国际社会反响,而不应恃强凌弱。

尊重是一种双向性的良性互动,尊重他国的金融行政程序法,有助于获得他国公私主体对内国金融行政域外管辖程序的尊重。程序正义是执法当局的合法性基础,以双边合作的方式展开金融行政域外管辖行为的程序,就会获得外国当局和外国相对人的尊重,即便这些域外管辖执法行为会对他们的利益和行为有所限制。③

应当在互相尊重的基础上求同存异地推进双边程序合作规则。美国学者孙斯坦认为,将一个问题完全理论是很少见的,即使人们普遍接受了某个一般理论,对于与该理论及其具体结论相连接的系列步骤往往存在不同意见。推及协议方面,人们在某个原则上达成协议,与他们对该原则在特定情形下持有分歧是共存的,这也是一种普遍的法律和政治现象。由此,他提出了未完全理论化的协议,这样的协议具有实用性优点,它允许人们表示高度的相互尊重,让人们可以抛开大范围的分歧来制定决策和判断的框架,即在互相尊重的基础上实现求同存异的协议框架。④ 将未完全理论化的协议推及金融法域外适用中的行政程序双边合作上,意即国家之间可以在互相尊重国家主权和彼此国内程序法制的基础上,求同存异地凝聚合作共识,建构共同承诺、共同遵守的双边程序合作规则。

---

① 参见霍政欣:《国内法的域外效力:美国机制、学理解构与中国路径》,《政法论坛》2020年第2期,第187页。
② 金融制裁是金融法域外适用的一种形态,有学者探讨了美国金融制裁不对称性权力特征、美国法律霸权主义问题。参见沈伟:《金融制裁和反制裁法理研究》,上海交通大学出版社2022年版,第13—87页。
③ 参见陈瑞华:《程序正义理论》(第2版),商务印书馆2022年版,第117—118页。
④ 参见[美]凯斯·R.孙斯坦:《法律推理与政治冲突》,金朝武等译,法律出版社2004年版,第39—40页。

（二）在各自国内法的限度内构建双边性程序合作制度，避免金融法域外适用中的行政程序对抗化

金融域外管辖中的程序是金融领域跨国行政执法的时空呈现，受到两个国家各自的国内程序法约束，需要在双方合意基础上形成合作机制。跨国行政执法涉及国与国之间的互动。在主权国家之间，无论跨国执法的效果是增益于执法国、领土国（执法行为发生地国）还是整个国际共同体，跨国行政执法的合法性都应当来源于领土国的同意。① 由此，金融法域外适用中的行政程序跨国运行应当获得领土国的同意，即双方在各自国内程序法的限度内达成合意。晚近的中美跨境审计监管合作进展可以作为一个例证。中国证监会、财政部与美国公众公司会计监督委员会于 2022 年 8 月 26 日签署审计监管合作协议。然后，美方于 12 月 15 日发布报告，确认 2022 年度可以对中国内地和香港会计师事务所完成检查和调查，撤销 2021 年对相关事务所作出的不能实现有效检查的认定。12 月 16 日，中国证监会对此表示，欢迎美国监管机构基于监管专业考虑重新作出的认定，并指出自合作协议签署以来，双方监管机构严格执行各自法律法规和协议中的有关约定，顺利推进各项合作监管工作。②

实践中，跨国行政执法的双边合意主要体现于双边条约、非条约性双边安排或备忘录中。③"公法本身就诞生于无法击败彼此对手之间的妥协的基础上"，④在某种意义上，可以说这些双边性制度安排是两国就跨国行政执法经过博弈、妥协而达成的合意性公法规则。合意性的双边程序规则对两国金融行政主体均有约束力，可以在最大限度地满足各自的国内程序法要求的基础上，避免双方程序的非理性对抗，有利于降低程序法上的"法律战争"风险。例如，美国公众公司会计监督委员会于 2021 年与比利时、法国监管

---

① 参见刘捷：《跨国行政执法：基于属地秩序的类型化分析》，《国际法研究》2022 年第 5 期，第 64—65 页。
② 《中国证监会新闻发言人就中美审计监管合作进展情况答记者问》，载中国证券监督管理委员会网站 2022 年 12 月 16 日，http://www.csrc.gov.cn/csrc/c100028/c6913408/content.shtml。
③ 参见廖诗评：《中国法域外适用法律体系视野下的行政执法》，《行政法学研究》2023 年第 2 期，第 61 页。
④ ［英］马丁·洛克林：《公法的基础》，张晓燕译，复旦大学出版社 2023 年版，第 685 页。

机构签订的合作协议均明确规定,鉴于比利时和法国的法律禁止本国会计师事务所直接向美国公众公司会计监督委员会提交审计工作底稿或其他资料,美方愿意通过比利时、法国的监管机构向美方提供相关信息。① 这就使得美国的证券行政域外管辖程序,既符合美国程序法上的要求,也符合所涉外国(比利时、法国)的程序法要求,形成具有双重合法性的双边性程序合作机制。

此外,双边性程序制度安排并非一劳永逸,还需要在执行过程中进行效果观察,根据现实需要进行调整优化。譬如,美国公众公司会计监督委员会与法国审计监管机构于 2013 年初次签订合作协议,并围绕是否通过法国监管当局向美方提供法国境内的审计工作底稿等核心程序的调整,于 2021 年 4 月签订新的合作协议。可见,双方围绕程序合作机制展开持续的协商交流,并对程序合作制度进行执行与调适,有助于增强互信度与合作度。

(三) 合理运用程序裁量权,避免金融法域外适用中的行政程序苛刻化

行政程序的苛刻化是从相对人对程序的体验与评价的角度来说的。行政相对人作为行政程序的重要参与主体,是程序成本的共同承担者,也是程序结果的最终承受者,还是程序形式与实质合法性的评价者。② 由此,行政程序的理性化内涵,既包括行政主体对程序的理性认知与理性运用,也包括行政相对人对程序的理性参与和理性评价。③ 在行政程序法适用的语境下,对程序合理性的审视主要集中于裁量性程序。金融行政主体应当契合域外管辖的复杂性,理性运用程序裁量权,合理降低境外相对人的程序合规负担,在裁量限度内保护其程序上的权利,以及程序所关联的实体利益。下面以金融信息跨境披露的程序裁量理性化为例。

---

① See *PCAOB Cooperative Arrangements with Non-U.S. Regulators*, Public Company Accounting Oversight Board, https://pcaobus.org/oversight/international/regulatorycooperation.
② 参见方世荣、谭冰霖:《优化行政程序的相对人维度》,《江淮论坛》2015 年第 1 期,第 130—132 页。
③ 参见关保英、侯佳丽:《行政程序理性研究》,《求是学刊》2023 年第 2 期,第 93 页。

首先，合理运用程序期限的裁量权。金融信息跨境披露一般会受到行为地程序法的约束。例如，金融信息跨境披露需要经属地行政主体的审批才能出境，相对人可能难以在较短的时间内履行跨境提供信息的程序义务。对此，内国金融行政主体应当在法定期限内为境外相对人留足合理的时间。为相对人留足合理期限是一项正当程序要求，其关系到相对人权利的享受与义务的履行，过短的期限就等于变相地剥夺当事人的合法权利或不当加重当事人义务负担。[①] 如果内国金融行政主体要求境外相对人在过短的时间内履行跨境信息的提供义务，不然要承担不利后果，这就是一种变相剥夺相对人权利、加重当事人义务的程序行为，不符合正当程序的要求，其合法性将受到质疑。

其次，合理运用程序方式选择的裁量权。程序规则具有时空对应性和事态对应性，立法者在程序设计中留给行政主体一定的程序方式裁量余地，是希望行政主体在具体的时空语境和事态情景中合理运用之，在避免程序机械化的同时防范程序的滥用。[②] 对于行政调查的程序合理性而言，当行政主体拥有选择不同调查方式的裁量权，其在具体场景的运用过程中应当优先选择成本较低、对相对人侵害程度较低的调查方式。[③] 在金融域外管辖的特殊时空与事态场景中，内国金融行政主体在跨境获取信息方面可能拥有程序裁量权，即既可以通过跨境合作机制获得相关资料，也可以要求境外相对人直接向其提供资料。如果相对人直接提供资料会违反行为地的程序法，或者相对人受到行为地程序法的限制，在直接提供资料上存在困难或会额外增加程序成本。此等情形之下，内国金融行政主体应当优先选择通过跨境合作的机制来获取该等资料。

最后，合理运用程序义务豁免的裁量权。根据法制安排，内国金融行政主体拥有对境外相对人跨境提供信息之程序义务的豁免权。如果该信息涉及行为地的国家秘密等原因，行为地行政主体依法不允许当事人跨境提供该信息，也不同意通过跨境合作机制提供该信息，则内国行政主体可运用

[①] 参见胡建淼：《行政法学》（第 5 版下册），法律出版社 2023 年版，第 917—918 页。
[②] 参见关保英：《行政程序滥用研究》，《现代法学》2015 年第 3 期，第 74 页。
[③] 参见宋华琳：《行政调查程序的法治建构》，《吉林大学社会科学学报》2019 年第 3 期，第 148 页。

豁免权豁免当事人的程序义务。例如,依据2002年《萨克斯法案》,美国公众公司会计监督委员会享有豁免外国会计师事务所提供审计工作底稿程序义务的权力。对于中概股中涉及中国能源、信息等领域安全的重要国企,经中国行政主管部门审查后确实无法向美方提供审计工作底稿的,为避免诸多重量级中概股退市,给中美双方的证券市场公共利益和投资者利益造成不利后果,美国公众公司会计监督委员会可以考虑豁免部分中概股跨境提供审计工作底稿的程序义务。且实际上,美国公众公司会计监督委员会对审计工作底稿的检查并非常态化、普遍化的"普查",而是一种"抽查",其所针对的是美国证券监管机构怀疑存在财务造假等审计问题的个案,这也为美方合理运用豁免裁量权提供了现实基础。

三、以多边合作实现在国际法秩序上的程序合法性

内国当局实施域外管辖行为,广泛影响着外国公民与公司的利益,却既不能从这些受影响的外国主体那里获得任何民主合法性,也不向他们负责,这种"缺乏民主代表性的规制"涉及公法的根本性问题。其合法化的路径包括:横向整合受域外管辖影响的国家的内在合法性资源,在充分考虑属地国利益和观点的基础上施行域外管辖活动;纵向整合国际组织中成员方的民主代表性资源,借助国际组织的机制实施域外管辖活动。① 该合法化路径即指向多边合作路径。

多边合作机制,使得具有分节性的金融域外管辖程序得以有序衔接,实现程序在国际法秩序上的合法化。为应对复杂行政过程的情势持续发展与变化的可能,德国行政法学理上发展出行政程序分节化和序列化的观念,通过程序的分节化、序列化让多阶段复杂程序明晰化、确定化,使得复杂性重新获得被概观了解的可能,提升行政决定的确定性和可理解性。② 在以主权国家为基础的全球架构中,金融域外管辖中的程序具有高度复杂性,其跨国运行具有天然的分节性。具体而言,内国金融主体在内国能实施的程序为

---

① See Stefano Battini, *Globalisation and Extraterritorial Regulation*, in Gordon Anthony et al., Values in Global Administrative Law, Hart Publishing, 2011, p.74-79.
② 参见赵宏:《行政法学的主观法体系》,中国法制出版社2021年版,第87—88页。

一节,内国金融行政主体与国际金融组织之间的程序合作为一节,在多边机制下内国金融行政主体与所涉外国的金融行政主体之间的程序合作为一节。"节"与"节"之间的程序衔接基础是多边合作机制,在多边合作机制的串联下,各阶段的程序共同构成相互关联的行政程序。在全球治理存在公民选举缺失的民主合法性问题的情况下,程序合法性是全球治理合法性的重要来源,因而全球行政法领域的聚集点在于与透明度、参与性、合理决策和确保全球治理合法性有关的程序规则、机制架构等,而不在于实体规则的具体内容。① 金融法域外适用中的行政程序经由多边合作机制,尊重国际层面和所涉外国层面的程序法机制,在合作协调中获得国际金融治理组织、所涉外国对于该行政程序束的认同、支持和参与,进而满足全球行政法下的程序正当要求。

其一,基于全球金融治理远景理想,依托超主权全球金融监管组织,推动金融域外管辖的程序在多边意义上全面衔接。根据哈贝马斯的法律商谈理论,现代民主法治国的合法性根基在于公民的交往自由,国际社会法律秩序的合法性根基则在于国际社会成员的交往自由。因为民主公民的身份"不是特殊主义地封闭的",它为一种世界公民地位准备条件,在这个意义上"国家公民身份和世界公民身份构成一个连续统","这个连续统现在至少已经显现出轮廓来了","世界公民不再是一种纯粹的幻想,即使我们离它还相距甚远"。② 金融的跨时空特性与国际社会成员交往自由的叠加,使得金融风险超出了主权国家范围。透过商谈性的超国家主义与风险规制行政的视镜,面对超出传统主权国家范围的风险规制,可以在商谈—建构的范式下建构合法权威的超国家体制风险规制组织。③ 由此,就远景理想目标而言,可以通过多边条约构建一个超越主权国家、具有权威性的全球金融监管组织,从根本上扭转现行全球金融监管的失序、无力状态,全面规制全球金融

---

① 参见[美]本尼迪克特·金斯伯里等:《全球行政法的产生(上)》,范云鹏译,《环球法律评论》2008年第5期,第124页。
② 参见[德]哈贝马斯:《在事实与规范之间:关于法律和民主法治国的商谈理论》,童世骏译,生活·读书·新知三联书店出版社2003年版,第180—680页。
③ 参见[英]伊丽莎白·费雪:《风险规制与行政宪政主义》,沈岿译,法律出版社2012年版,第41—236页。

风险。①

欧盟在区域性超国家金融监管方面进行了实践探索。后金融危机时代,欧盟强力改革金融监管格局,于2011年建立欧洲系统风险委员会(ESRB)、欧洲银行业监管局(EBA)、欧洲保险与职业年金监管局(EIOPA)、欧洲证券与市场监管局(ESMA)。自此,欧盟金融监管从成员国各自为政的去中心化体系转向由"一会三局"共同主导的集中化体系。欧盟层面的集中化金融监管实体,承担了在欧盟范围内的金融监管协调职责,很大程度上将超国家层面的金融监管合作与协调过程内化,强化了超国家层面金融监管程序的正当性、有效性。②

借鉴欧盟的经验,将全球金融市场视为一个整体,其受到全球金融监管组织的集中化监管,各成员国的域外管辖行政程序经由这一集中化监管组织进行程序"中转"而获得程序合法性。具体而言,首先由内国金融行政主体向全球金融监管组织提出域外管辖行政程序的协调请求,然后由全球金融监管组织协调所涉他国的金融行政主体对该域外管辖予以程序协助,最后反向进行程序"回路"操作,使得整个金融域外管辖行政程序成为一个"闭环",进而实现多边程序的合法化。

其二,基于全球金融治理近景发展,在参与全球金融治理体系建设中,促进金融行政域外管辖的多边程序衔接。国家对全球金融治理规则和组织体系建设的参与,不仅是实体规则上的参与,更是程序规则上的参与。就国际证监会组织而言,其在20世纪80年代成立之初最早通过的决议之一,即主要着眼于如何在多边程序上促进合作与信息交流,并要求各成员方指定一名负责处理信息共享的联系人。③ 国际证监会2002年制定的《多边备忘录》作为该组织最重要的成就之一,为成员方之间执法合作、信息共享提供

---

① 参见廖凡:《跨境金融监管合作:现状、问题和法制出路》,《政治与法律》2018年第12期,第8页。
② See Pablo Iglesias-Rodriguez, *Supervisory Cooperation in the Single Market for Financial Services: United in Diversity*, 3 Fordham International Law Journal 589 (2018), p. 616 – 621.
③ *A Resolution Concerning Mutual Assistance ("Rio Declaration")*, International Organization of Securities Commissions, https://www.iosco.org/library/resolutions/pdf/IOSCORES1.pdf.

了多边性程序框架和冲突解决程序。据统计,依据《多边备忘录》实现的跨境获取信息,从 2003 年的 8 条增加至 2022 年的 5567 条,已成为证券监管机构跨境开展调查的一项重要多边程序机制。① 《多边备忘录》虽然是一种多边性的软法规范,但是,一方面,其以筛选程序确定合格的签署方,并对尚不满足签署条件的成员发出法律修改建议报告,由该成员起草相应的法律交给本国立法机构,推动该国对相关法律作出必要修改,进而促使软法转变为国内硬法。另一方面,其设置合规性保障程序,对于不履行义务的签署方,由"监控小组"向国际证监会组织的特定委员会提出行动建议,这些行动建议包括对不合规行为进行公告、暂停乃至终止不合规签署方参与《多边备忘录》项下的相关活动等,由该委员会向不合规的签署方发出通知并给予其发表意见的机会之后,作出相应的最终行动决定,进而促进软法在执行上的硬法化。② 概言之,《多边备忘录》的硬法化,一是通过要求成员方修改国内法律以满足签署条件,可促使各国在跨境执法合作尤其是信息共享方面的程序一致化、协调化。二是通过签署方的合规性监督程序,可确保跨境执法合作的多边程序规则得到执行。由此,如果一国证券监管机构未签署《多边备忘录》,则缺乏实施证券行政域外管辖程序的多边规范依据,亦将失去程序一致化、协调化所带来的便利性,进而使得内国行政程序的跨境运行受到限制。

全球行政法和全球规制所带来的,主要是庞大的程序性、细节性和技术性的规则体系;中国欲加强在全球规制事务中的话语权和影响力,应当以制度化、程序化的方式,积极参与全球规制网络,不断加强多边合作,增进政府间规制交流。③ 中国证监会于 1995 年加入国际证监会组织,于 2007 年签署《多边备忘录》,但目前尚未签署国际证监会组织 2016 年发布的《加强版多边备忘录》。根据《加强版多边备忘录》,签署方之间可以请求分享审计工作

---

① *Multilateral Memorandum of Understanding Concerning Consultation and Cooperation and the Exchange of Information (MMoU)*, International Organization of Securities Commissions, https://www.iosco.org/v2/about/?subsection=mmou.
② See Janet Austin, *Insider Trading and Market Manipulation: Investigating and Prosecuting Across Borders*, Edward Elgar Publishing Limited, 2017, p.202 - 210.
③ 参见宋华琳:《全球规制与我国政府规制制度的改革》,《中国行政管理》2017 年第 4 期,第 9—10 页。

底稿、受监管人员持有的通信记录以及相关资金资产信息,可以请求另一管辖区的监管机构强制某人亲自到场作证,可以请求跨境冻结或扣押其他管辖区的资金等。这将为签署方实施金融行政域外管辖的程序提供更为细致有力的多边规范依据。《加强版多边备忘录》拓展了合作范围,有利于形成更为开放有效的多边监管合作机制,鉴于中国目前并不符合签署条件,可以通过立法和行政的渐进性改革,实施"两步走"方案逐步加入《加强版多边备忘录》。①

其三,区域合作机制中,促进金融域外管辖的多边程序衔接。由中国发起的"一带一路"倡议是近年来区域层面多边合作的一个典型,其主要聚焦于区域层面的国际经济治理合作。国际经济行政法的主要原则包括国家经济主权原则、国际经济合作原则、权利平等保护原则、正当程序原则等。② 其中,由于程序是行政行为的过程呈现,国家经济主权维护、国际经济合作、权利平等保护等方面的实体内容,需要通过跨境行政程序加以实现,同时正当的跨境行政程序有助于促进实体内容的合法实现。对于"一带一路"合作机制而言,应当在主权平等的基础上加强政策沟通与交流,确保各方互利共赢;应当以正当程序要求强化相关合作机制的正当性;应当坚持多边主义下的共商、共建、共享,强化合作机制的合法性基础。③ 在目前尚缺乏统领性的"一带一路"合作公约制度的情况下,中国如果借助"一带一路"多边合作机制实施金融域外管辖的跨境程序,应当符合正当程序的要求,促进行政程序在跨境运行中的合法化。首先,透明度方面,强调域外管辖中跨境行政程序在"一带一路"合作国家中的"可见度",包括跨境行政程序运行的过程以及结果的"可见度"。其次,参与性方面,注重通过程序机制让域外相对人,以及"一带一路"相关的域外公权力主体、利益相关方参与域外管辖的跨境行政程序。最后,平等性方面,通过正当程序机制提供程序性权利的保障规则,并保障在"一带一路"合作国家中平等地适用。同时,在金融主权平等的

---

① 参见刘凤元、邱妮:《证券市场跨境监管研究——以 EMMoU 为视角》,《金融监管研究》2019 年第 12 期,第 109—110 页。
② 参见朱淑娣主著:《国际经济行政法》,学林出版社 2008 年版,第 111—144 页。
③ 参见廖凡:《国家主权、正当程序与多边主义——全球行政法视角下的"一带一路"合作机制构建》,《经贸法律评论》2019 年第 6 期,第 32—35 页。

基础上协商跨境金融行政程序的合作机制,尊重"一带一路"合作国家各自的国内金融行政程序法制,通过合作互惠机制化解国家之间的金融行政程序法冲突的问题,在金融行政域外管辖中,强化跨境行政程序在区域多边意义上的国际合法性。

结语

以法治现代化理念推动金融法域外适用行政行为合法化

在法治现代化的理念框架下,以金融域外管辖的控权论促进该场景中的行政行为合法化。现代法治的内核是对国家公权力的控制。基于功能视角,对行政权进行公法控制,有助于促进行政权及其行政行为的合法化。其一,从公法的发展历史来看,公法具有促进权力的功能,其对权力的规范和控制本身会增强权力、提升权威;通过公法所构建的精密制度框架,终极目的并非仅仅在于约束公权力的行使,而是依托相关制度设计使得权威本身能够借助这些机制得以产生,形成权力与权利之间的良性互动关系。[1] 其二,从公法的现代性来看,对于积极的国家治理而言,公法并非仅是局限于在一般意义上对公权力的限制,其在控权的同时也发挥着引导和支持公权力行使的作用。[2] 其三,从现代公法的控权路径来看,现代法治注重对动态的行政行为进行规制,进而达至对行政权运行过程的规范和控制。[3] 由此,在法治现代化的视野下,金融法域外适用中的行政行为法治化,应当是一个经由公法的规范与控制而达至权力合法化的过程。公法既约束着金融域外管辖权的行使,又在控权的同时赋予金融行政主体施行域外管辖的合法权威。譬如,公法所施加的程序法治化约束,既有助于通过程序机制对金融

---

[1] 参见[英]马丁·洛克林:《公法的基础》,张晓燕译,复旦大学出版社2023年版,第8—13页。
[2] 参见潘伟杰:《从现代性与中国性论国家治理的中国观》,《复旦学报(社会科学版)》2020年第1期,第17页。
[3] 参见姜明安:《行政法》(第5版),法律出版社2022年版,第19页。

域外管辖权的运行过程进行合法性控制,让境外相对人和国际社会更易于尊重与接受内国的金融域外管辖行为;也有助于通过程序的法定化、明晰化,为内国金融行政主体施行相关域外管辖行为提供明确的步骤和方式,进而直接地为域外管辖权的运行提供合法性支持。

以法治现代化理念为指引,推动金融法域外适用中的行政行为迈向形式与实质相统一的合法化状态。全球现代化的发展态势之下,法治现代化作为一种世界性的历史进程,反映了各国政府以深刻的法治变革实现本国现代化目标的时代趋向,该变革过程呈现出"以形式法治为标准,以实质法治为目标,以构建良法善治为旨归"的世界法治文明共性。[1] 中国视域下的法治现代化也是形式法治与实质法治相统一的演进过程,既追求形式正义,又追求实质正义。[2] 经济全球化加快了各国法治现代化的进程,各国金融法域外适用制度是本国在经济全球化背景下推进法治现代化的制度产物。基于法治现代化的理念,金融法域外适用的行政行为这一新型公共行政活动,其合法化的实现是形式合法化与实质合法化的双重实现。形式合法化方面,实施金融行政域外管辖的主体,应当以具有域外效力的金融规制法为基础依据,不得突破法无授权不可为的形式法治基准线。在形式合法的基础上,金融行政域外管辖还应当进一步追求实质合法,即在实体内容上应当具有合理性,在程序上应当符合正当程序的要求。此外,金融行政域外管辖中的形式与实质合法性要求有其特殊的面向,即应当符合一般国际法和国际金融规制法的要求,尊重相关外国的金融主权,适当考虑相关外国的金融规制法,注重实体和程序在跨境规制意义上的形式与实质合法化。

在中国法治现代化进程中,推进金融法域外适用应当坚持自主性与反思性并举,不断提升金融域外管辖行为的合法化水平。中国法治现代化是一种自主性与反思性并举的法治演进过程,自主性表现为以中国自己的话语表达、以中国自己的方式和制度推进法治现代化,而不是停留在模仿他国话语的层面上;反思性表现为对西方国家的法治反思,以及不断对中国自己

---

[1] 参见李拥军:《法治现代化的"中国式"内涵及其具体面相》,《法学评论》2023年第5期,第45—53页。
[2] 参见江必新:《以中国式法治保障中国式现代化建设论略》,《法学论坛》2023年第4期,第9页。

的法治实践进行反思,在法治现代化过程中勇于实现自我革新。① 从现代国际社会的实践经验来看,大国或强国通过公法性的域外管辖活动可达到向海外扩展本国利益的目的,而无需像过去那样对外征服更多的土地,且相较而言,法治化的利益扩展手段在国际社会上所受到的压力和阻力相对更小一些。② 对于中国而言,2023年10月底召开的中央金融工作会议,首提"加快建设金融强国"。③ 中国金融法治的格局向域外延伸,是中国走向现代化金融强国的重要保证。中国在自主推进涉外金融法治建设工作,推动中国金融法域外适用的进程中,应当注意到,一国行政管辖"溢出"本国领土,会引起他国公法层面的关注与回应,因而有必要对行政域外管辖的实践效果与国际社会的回响保有反思的能力,对其他国家的金融行政域外管辖实践经验与教训保有反思能力,进而不断促进中国金融行政域外管辖的合法化。基于中国金融法域外适用的行政执法活动,不仅涉及中国在跨境金融领域中的海内外利益保护,还涉及中国在国际舞台上的法治形象。具有合法性的中国金融法域外适用行政行为,有利于减少中国在全球维度保护本国金融利益的阻力,有利于形塑中国在国际金融治理领域和国际社会中的法治声誉与法治形象,从而为中国金融行政域外管辖的执法活动获取更好的国际支持。④

中国法治现代化语境下,金融法域外适用中行政行为的合法性实现路径,可以从主体、权限、内容、程序四个维度具体展开。主体合法性维度,通过金融行政组织法规范的完善,为中央金融行政部门及其地方派出机构、金融行业自律组织作为域外管辖主体提供规范依据,进一步强化或明确相关组织作为域外管辖的合法主体地位,推动形成域外管辖的多元主体架构。权限合法性维度,以属事管辖为连接点,为金融域外管辖权突破属地和属人

---

① 参见李拥军:《法治现代化的"中国式"内涵及其具体面相》,《法学评论》2023年第5期,第54页。
② See Jeffrey A. Meyer, *Dual Illegality and Geoambiguous Law: New Rule for Extraterritorial Application of U. S. Law*, 1 Minnesota Law Review 110(2010), p.111.
③ 《联播+|首提建设金融强国 中央这样部署》,载央视网2023年11月1日,https://news.cctv.com/2023/11/01/ARTIk7DN2jjLiLPVTDSYZ4sd231101.shtml。
④ 参见何志鹏:《涉外法治的国家范式与全球范式》,《法商研究》2024年第2期,第37页。

限制提供合法性支持。同时,对模糊性较强的金融行政域外管辖权行使条件,作限缩性解释,强化域外管辖权及其行使条件的合法性。内容合法性维度,保障行政调查的内容与跨境金融市场规制的高度相关性,强化行政处罚内容的跨境协调性,强化行政和解协议内容的跨境合规性。程序合法性维度,在单边意义上促进行政程序法定化,为金融行政域外管辖的程序提供内国法秩序上的合法性依据;加强双边合作,尊重他国的金融行政程序法,合理运用域外管辖中的程序裁量权,强化域外管辖程序在跨国法秩序上的合法性;加强多边合作,经由多边合作机制,让分节性的金融行政域外管辖程序有序衔接,强化域外管辖程序在国际法秩序上的合法性。

概言之,本书立足于"一核双层三重四维"的合法性控制系统,以控权为核心逻辑,以实现形式与实质相统一的双层合法化状态为目标,以内国、外国、国际三重空间中规范金融域外管辖的法律体系为合法性约束依据,深入研究金融法域外适用中的行政行为在主体、权限、内容、程序四个维度上的合法性问题,探寻该类行政行为的合法性实现路径。

通过全面的论证之后,本书得出一个基本观点,即:金融法域外适用中的行政行为,应当受到系统化的合法性控制,进而推动金融行政域外管辖权法治化运行。从功能角度上看,通过对金融域外管辖行为进行系统化的合法性控制,有助于降低跨国冲突的风险,遏制金融领域的法律凌霸行为。

公法理论"必须直面现代生活的理性化"。[1] 中国治理实践的场域从国内治理向国际治理不断延伸,促进了行政法的制度功能调适和涉外行政法的发展,推动了行政法学命题的转换。[2] 本书立足于金融域外管辖的控权论这一理论范式,以行政法调控为主视角,对金融法域外适用中的行政行为合法性展开研究,构建该类行政行为合法性控制的"一核双层三重四维"系统理论。在一定意义上,这是对中国涉外法治建设中新现象、新命题的理论回应,是面向实践问题的一次理性化探索尝试。理论层面,本书对理论范式进行探索创新,提出金融域外管辖的控权论,构建该领域的行政行为合法性

---

[1] 参见[英]马丁·洛克林:《公法与政治理论》,郑戈译,商务印书馆2013年版,第190页。
[2] 参见石佑启:《基于中国治理实践的行政法学命题转换》,《中国社会科学》2023年第9期,第24—28页。

控制系统，并探寻行政法基本原理在涉外法治领域的适用程度，挖掘涉外行政法学的"生长点"，促进涉外法治领域的跨学科研究。现实层面，本书呼应中国涉外法治和金融强国建设进程中的现实问题，尝试为中国金融法域外适用制度的完善及其良好运行提供对策。同时，尝试为中国应对美国等个别国家过度扩张域外管辖权，遏制金融领域的法律霸权主义，维护中国金融市场对外开放中的利益，提供理论支持。

此外，在中国法治现代化和金融强国建设的双重战略背景之下，金融法域外适用制度是行政法治现代化、国际化，以及金融高水平对外开放的具体表现和重要结果，具有突出的国际性，因而在制度属性上隶属于国际经济行政法。[①] 由此，本研究亦是国际经济行政法学上的一次理性化探索，尝试推动国际经济行政法学在新的时代土壤中生长出新的"理论之花"。

---

① 参见朱淑娣主著：《国际经济行政法》，学林出版社2008年版，第63—69页。

附录

本书主要相关法规范及其简要特点

本书主要涉及中国、美国、加拿大三个国家的金融法域外适用方面的制度规范,这些法规范为论述的展开提供了丰富的依据。结合本书的研究框架,这些金融法域外适用方面的规范文本(包括法律修改过程中的文本及重要的权威性文本),在对域外管辖中的行政行为之主体、权限、内容和程序方面的规定存在不同的侧重点。

国别	制定机关 (或起草/编撰机构)	法规范(含修改过程中的文本及重要的权威性文本)名称及其时间	特点
中国	全国人大常委会	《证券法》(2019年)	主要就相应金融领域的域外管辖权限作出规定
	全国人大常委会	《期货和衍生品法》(2022年)	
	全国人大常委会	《反洗钱法》(2024年)	
	中国人民银行	《商业银行法》(2020年征求意见稿)	
	原中国银保监会	《银行业监督管理法》(2022年征求意见稿)	
	中国证监会	《境内企业境外发行证券和上市管理试行办法》(2023年)	主要就境内企业境外发行证券和上市事宜的域外管辖之主体、权限、内容和程序作出规定
	中国证监会、财政部、国家保密局、国家档案局	《关于加强境内企业境外发行证券和上市相关保密和档案管理工作的规定》(2023年)	主要就境内企业境外发行证券和上市中信息出境、跨境调查等事宜的域外管辖之主体、权限、内容和程序作出规定

续　表

国别	制定机关 (或起草/编撰机构)	法规范(含修改过程中的文本及重要的权威性文本)名称及其时间	特点
美国	美国国会	《萨班斯-奥克斯利法案》(2002年) Sarbanes-Oxley Act of 2002	主要就境外相关会计师事务所的域外管辖之主体、权限、内容和程序作出规定
美国	美国国会	《多德-弗兰克华尔街改革与消费者保护法》(2010年) Dodd-Frank Wall Street Reform and Consumer Protection Act	主要就相关金融领域的域外管辖之主体、权限、内容和程序作出规定
美国	美国国会	《外国公司问责法案》(2020年) Holding Foreign Companies Accountable Act	主要就跨境证券行政调查中的域外管辖之主体、权限、内容和程序作出规定
美国	美国法学会	《对外关系法重述(第四版)》(2018年) Restatement (Fourth) of Foreign Relations Law	主要就证券行政域外管辖之主体、权限和程序作出阐述
美国	美国司法部、证券交易委员会	《反海外腐败法信息指南(第二版)》(2020年) A Resource Guide to the U.S. Foreign Corrupt Practices Act, Second Edition	主要就反海外腐败相关的域外管辖之主体、权限、内容和程序作出规定
加拿大	安大略省议会	《安大略省证券法》(2009年) Ontario Securities Act	主要就证券行政域外管辖之主体、权限和程序作出规定
加拿大	努纳武特地区议会	《努纳武特地区证券法》(2008年) Nunavut Securities Act	主要就证券行政域外管辖之主体、权限和程序作出规定
加拿大	安大略省证券委员会	《安大略省证券委员会程序和表格规则》(2019年) Ontario Securities Commission Rules of Procedure and Forms	主要就证券行政域外管辖的程序作出规定
加拿大	加拿大投资业管理组织	《加拿大投资业管理组织条例》(2022年) IIROC Rules	主要就证券投资自治行政之域外管辖的主体、权限、内容和程序作出规定

参考文献

一、中文图书

(一) 行政法总论类中文图书

[1] 陈清秀:《行政罚法》,法律出版社 2016 年版。
[2] 陈敏:《行政法总论》(第 8 版),新学林出版社 2013 年版。
[3] 陈新民:《中国行政法学原理》,中国政法大学出版社 2002 年版。
[4] 高家伟主编:《行政行为合法性审查类型化研究》,中国政法大学出版社 2019 年版。
[5] 高秦伟:《行政法规范解释论》,中国人民大学出版社 2008 年版。
[6] 关保英主编:《行政程序法学》(上册),北京大学出版社 2021 年版。
[7] 韩春晖:《行政法治与国家形象》,中国法制出版社 2011 年版。
[8] 韩春晖:《行政法治与天下归心》,中国法制出版社 2017 年版。
[9] 何海波:《实质法治:寻求行政判决的合法性》(第 2 版),法律出版社 2020 年版。
[10] 胡建淼、江利红:《行政法学》(第 5 版),中国人民大学出版社 2022 年版。
[11] 胡建淼:《行政法学》(第 5 版上下册),法律出版社 2023 年版。
[12] 胡锦光编著:《行政法学概论》(第 3 版),中国人民大学出版社 2014 年版。
[13] 江必新、梁凤云:《行政诉讼法理论与实务》,法律出版社 2016 年版。
[14] 姜明安主编:《行政诉讼与行政执法的法律适用》,人民法院出版社 1995 年版。
[15] 姜明安主编:《行政法与行政诉讼法》(第 7 版),北京大学出版社 2019 年版。
[16] 姜明安:《行政法》(第 5 版),法律出版社 2022 年版。
[17] 姜明安:《行政程序法研究》,法律出版社 2022 年版。
[18] 李洪雷:《行政法释义学:行政法学理的更新》,中国人民大学出版社 2014 年版。
[19] 李惠宗:《行政法要义》(增订二版),五南图书出版有限公司 2002 年版。
[20] 李建良:《行政法基本十讲》,元照出版有限公司 2020 年版。
[21] 刘平:《行政执法原理与技巧》,上海人民出版社 2015 年版。
[22] 柳砚涛:《行政行为新理念》,山东人民出版社 2008 年版。
[23] 刘志刚:《中国行政法专题》,复旦大学出版社 2011 年版。
[24] 罗豪才、毕洪海编:《行政法的新视野》,商务印书馆 2011 年版。
[25] 罗豪才、湛中乐主编:《行政法学》(第 4 版),北京大学出版社 2016 年版。
[26] 莫于川主编:《行政法与行政诉讼法》(第 2 版),中国人民大学出版社 2015 年版。
[27] 马怀德主编:《行政法学精论》,中国检察出版社 2022 年版。

［28］马生安:《行政行为研究——宪政下的行政行为基本理论》,山东人民出版社 2008 年版。
［29］毛玮:《论行政合法性》,法律出版社 2009 年版。
［30］彭涛:《社会变革中的行政法问题研究》,法律出版社 2016 年版。
［31］皮纯协主编:《行政法与行政诉讼法教程》(第 3 版),中央广播电视大学出版社 2005 年版。
［32］尚海龙、伊士国:《行政行为专题研究》,知识产权出版社 2020 年版。
［33］沈福俊、邹荣主编:《行政法与行政诉讼法学》(第 3 版),北京大学出版社 2019 年版。
［34］沈岿:《行政法理论基础:传统与革新》,清华大学出版社 2022 年版。
［35］石佑启主编:《行政法与行政诉讼法》,高等教育出版社 2023 年版。
［36］孙笑侠:《法律对行政的控制——现代行政法的法理解释》,山东人民出版社 1999 年版。
［37］王景斌、蔡敏峰:《行政法原理》,北京大学出版社 2016 年版。
［38］王连昌、马怀德主编:《行政法学》,中国政法大学出版社 1997 年版。
［39］王名扬:《美国行政法》,中国法制出版社 2005 年版。
［40］王名扬:《英国行政法》,北京大学出版社 2007 年版。
［41］王名扬:《法国行政法》,北京大学出版社 2016 年版。
［42］王锡锌:《行政程序法理念与制度研究》,中国民主法制出版社 2007 年版。
［43］王旭:《行政法解释学研究:基本原理、实践技术与中国问题》,中国法制出版社 2010 年版。
［44］王学辉主编:《行政法与行政诉讼法学》(第 2 版),法律出版社 2015 年版。
［45］王周户等:《行政法》,法律出版社 2007 年版。
［46］翁岳生编:《行政法》,中国法制出版社 2009 年版。
［47］吴庚:《行政法之理论与实用》(增订八版),中国人民大学出版社 2005 年版。
［48］《行政法与行政诉讼法学》编写组:《行政法与行政诉讼法学》,高等教育出版社 2017 年版。
［49］熊文钊:《现代行政法原理》,法律出版社 2000 年版。
［50］薛刚凌主编:《行政主体的理论与实践:以公共行政改革为视角》,中国方正出版社 2009 年版。
［51］应松年主编:《行政法与行政诉讼法学》(第 2 版),法律出版社 2009 年版。
［52］应松年主编:《行政程序法》,法律出版社 2009 年版。
［53］应松年主编:《〈中华人民共和国行政诉讼法〉修改条文释义与点评》,人民法院出版社 2015 年版。
［54］应松年主编:《当代中国行政法》(1—6 卷),人民出版社 2018 年版。
［55］杨海坤、章志远:《中国行政法原论》,中国人民大学出版社 2007 年版。
［56］杨建顺:《行政规制与权利保障》,中国人民大学出版社 2007 年版。
［57］杨建顺主编:《行政法总论》(第 2 版),北京大学出版社 2016 年版。
［58］杨解君、肖泽晟:《行政法学》,法律出版社 2000 年版。
［59］杨解君:《行政法学》,中国方正出版社 2002 年版。
［60］杨小军:《行政机关作为职责与不作为行为法律研究》,国家行政学院出版社 2013

年版。
[61] 叶必丰、周佑勇:《行政规范研究》,法律出版社 2002 年版。
[62] 叶必丰主编:《行政法与行政诉讼法》(第 6 版),中国人民大学出版社 2022 年版。
[63] 叶必丰:《行政行为原理》,商务印书馆 2022 年版。
[64] 余凌云:《行政法讲义》(第 3 版),清华大学出版社 2019 年版。
[65] 赵宏:《行政法学的主观法体系》,中国法制出版社 2021 年版。
[66] 章剑生:《现代行政法基本理论》(第 2 版),法律出版社 2014 年版。
[67] 章剑生:《现代行政法专题》,清华大学出版社 2014 年版。
[68] 章剑生:《现代行政法总论》,法律出版社 2019 年版。
[69] 张路:《从金融危机审视华尔街改革与消费者保护法》,法律出版社 2011 年版。
[70] 张树义、罗智敏主编:《行政法学》(第 3 版),北京大学出版社 2021 年版。
[71] 张载宇:《行政法要论》,汉林出版社 1977 年版。
[72] 张兆成:《行政法律行为论纲》,人民出版社 2013 年版。
[73] 章志远:《行政法学总论》,北京大学出版社 2014 年版。
[74] 章志远:《行政法学总论》(第 2 版),北京大学出版社 2022 年版。
[75] 郑春燕:《现代行政中的裁量及其规制》,法律出版社 2015 年版。
[76] 周佑勇:《行政法原论》(第 3 版),北京大学出版社 2018 年版。
[77] 周佑勇:《行政法基本原则研究》,法律出版社 2019 年版。
[78] 朱维究:《行政行为的司法监督》,山西教育出版社 1997 年版。
[79] [德]奥托·迈耶:《德国行政法》,刘飞译,商务印书馆 2013 年版。
[80] [德]哈特穆特·毛雷尔:《行政法学总论》,高家伟译,法律出版社 2000 年版。
[81] [德]汉斯·J. 沃尔夫等:《行政法》(第一卷、第二卷),高家伟译,商务印书馆 2002 年版。
[82] [德]施密特·阿斯曼:《秩序理念下的行政法体系建构》,林明锵等译,北京大学出版社 2012 年版。
[83] [法]莫里斯·奥里乌:《行政法与公法精要》,龚觅等译,辽海出版社、春风文艺出版社 1999 年版。
[84] [法]让·里韦罗、让·瓦利纳:《法国行政法》,鲁仁译,商务印书馆 2008 年版。
[85] [韩]金东熙:《行政法 I》(第 9 版),赵峰译,中国人民大学出版社 2008 年版。
[86] [美]理查德·J. 皮尔斯:《行政法》(第 5 版),苏苗罕译,中国人民大学出版社 2016 年版。
[87] [美]肯尼思·F. 沃伦:《政治体制中的行政法》(第 3 版),王丛虎等译,中国人民大学出版社 2005 年版。
[88] [美]肯尼斯·卡尔普·戴维斯:《裁量正义——一项初步的研究》,毕洪海译,商务印书馆 2009 年版。
[89] [美]杰瑞·L. 马肖:《行政国的正当程序》,沈岿译,高等教育出版社 2005 年版。
[90] [美]伯纳德·施瓦茨:《行政法》,徐炳译,群众出版社 1986 年版。
[91] [美]理查德·B. 斯图尔特:《美国行政法的重构》,沈岿译,商务印书馆 2002 年版。
[92] [美]皮特·L. 施特劳斯:《美国的行政司法》,徐晨译,商务印书馆 2021 年版。
[93] [日]室井力主编:《日本现代行政法》,吴微译,中国政法大学出版社 1995 年版。

[94] [日]市桥克哉等：《日本现行行政法》，田林等译，法律出版社 2017 年版。
[95] [日]田村悦一：《自由裁量及其界限》，李哲范译，中国政法大学出版社 2016 年版。
[96] [日]盐野宏：《行政法》，杨建顺译，法律出版社 1999 年版。
[97] [日]中西又三：《日本行政法》，江利红译，北京大学出版社 2020 年版。
[98] [新西兰]迈克尔·塔格特编：《行政法的范围》，金自宁译，中国人民大学出版社 2006 年版。
[99] [意]罗西：《行政法原理》，李修琼译，法律出版社 2013 年版。
[100] [英]A. W. 布拉德利、K. D. 尤因：《宪法与行政法》（第 14 版下册），程洁译，商务印书馆 2008 年版。
[101] [英]卡罗尔·哈洛、理查德·罗林斯：《法律与行政》（下卷），杨伟东等译，商务印书馆 2004 年版。
[102] [英]威廉·韦德、克里斯托弗·福赛：《行政法》（第 10 版），骆梅英等译，中国人民大学出版社 2018 年版。

（二）行政法分论类中文图书

[103] 陈天本：《行政法对金融规制的调控》，中国人民公安大学出版社 2007 年版。
[104] 范颖慧等：《涉外行政法概论》，中山大学出版社 1993 年版。
[105] 凯君等：《中国金融行政法通论》，中国金融出版社 1997 年版。
[106] 林泰：《行政法国际化研究——论全球治理语境下国际行政法的产生》，人民出版社 2013 年版。
[107] 莫于川等：《柔性行政方式类型化与法治化研究》，法律出版社 2020 年版。
[108] 刘云甫、朱最新编著：《涉外行政法理论与实务》，华南理工大学出版社 2010 年版。
[109] 沈岿主编：《谁还在行使权力：准政府组织个案研究》，清华大学出版社 2003 年版。
[110] 王克稳：《经济行政法基本论》，北京大学出版社 2004 年版。
[111] 吴建依、石绍斌：《经济行政法》，浙江大学出版社 2011 年版。
[112] 殷守革：《行政和解法治论》，山西人民出版社 2020 年版。
[113] 应松年主编：《涉外行政法》，中国政法大学出版社 1993 年版。
[114] 杨解君、孟红主编：《特别行政法问题研究》，北京大学出版社 2005 年版。
[115] 张红：《证券行政法专论》，中国政法大学出版社 2017 年版。
[116] 张利民：《经济行政法的域外效力》，法律出版社 2008 年版。
[117] 朱淑娣主著：《国际经济行政法》，学林出版社 2008 年版。
[118] 朱淑娣、柯静：《道器兼具：全球化与金融信息披露行政规制研究》，时事出版社 2017 年版。
[119] [德]罗尔夫·施托贝尔：《经济宪法与经济行政法》，谢立斌译，商务印书馆 2008 年版。
[120] [美]丹尼尔·埃斯蒂：《超国家空间中的善治：全球行政法》，林泰译，法律出版社 2018 年版。
[121] [美]史蒂芬·布雷耶：《规制及其改革》，李洪雷等译，北京大学出版社 2008 年版。
[122] [美]朱迪·弗里曼：《合作治理与新行政法》，毕洪海、陈标冲译，商务印书馆 2010 年版。

[123] [英]迈克·费恩塔克:《规制中的公共利益》,戴昕译,中国人民大学出版社 2014 年版。
[124] [英]伊丽莎白·费雪:《风险规制与行政宪政主义》,沈岿译,法律出版社 2012 年版。
[125] [英]科林·斯科特:《规制、治理与法律:前沿问题研究》,安永康译,清华大学出版社 2018 年版。

(三) 金融规制及域外管辖类中文图书

[126] 卞耀武:《中华人民共和国证券法释义》,法律出版社 1999 年版。
[127] 陈楚钟:《跨境上市监管的国际合作与协调——监管冲突的全球治理》,经济科学出版社 2013 年版。
[128] 陈志武:《金融的逻辑》,国际文化出版公司 2009 年版。
[129] 高伟:《美国"长臂管辖"》,中国财政经济出版社 2021 年版。
[130] 郭锋等:《中华人民共和国证券法制度精义与条文评注》,中国法制出版社 2020 年版。
[131] 郭华春:《美国金融法规域外管辖:法理、制度与实践》,北京大学出版社 2021 年版。
[132] 韩龙:《金融法与国际金融法的前沿问题》,清华大学出版社 2018 年版。
[133] 洪艳蓉:《金融监管治理:关于证券监管独立性的思考》,北京大学出版社 2017 年版。
[134] 黄江东、施蕾:《证券法治新图景:新〈证券法〉下的监管与处罚》,法律出版社 2022 年版。
[135] 季立刚主编:《中国金融法治前沿报告(2019—2020)》,法律出版社 2021 年版。
[136] 柯湘:《中国证券监管权的行使与制约研究》,知识产权出版社 2015 年版。
[137] 李国安主编:《全球金融治理困境及其破解》,北京大学出版社 2022 年版。
[138] 李国清:《美国证券法域外管辖权问题研究》,厦门大学出版社 2008 年版。
[139] 李有星等:《证券法理论与实践前沿问题研究:瑞幸咖啡案例研究系列讲座实录》,浙江大学出版社 2022 年版。
[140] 刘俊海:《现代证券法》,法律出版社 2011 年版。
[141] 刘远志:《跨境证券交易法律监管研究》,法律出版社 2019 年版。
[142] 彭兴庭:《金融法制的变迁与大国崛起》,法律出版社 2014 年版。
[143] 戚凯:《霸权羁缚:美国在国际经济领域的"长臂管辖"》,中国社会科学出版社 2021 年版。
[144] 沈朝晖:《证券法的权力分配》,北京大学出版社 2016 年版。
[145] 沈伟:《金融制裁和反制裁法理研究》,上海交通大学出版社 2022 年版。
[146] 王建雄:《法治视野下的国际金融治理现代化研究》,人民出版社 2021 年版。
[147] 徐以升、马鑫:《金融制裁:美国新型全球不对称权力》,中国经济出版社 2015 年版。
[148] 张鹏:《中国法域外适用的理论构造》,中国社会科学出版社 2022 年版。
[149] 中国证券监督管理委员会:《中国资本市场发展报告》,中国金融出版社 2008 年版。
[150] 周友苏主编:《证券法新论》,法律出版社 2020 年版。
[151] 朱大明、陈宇:《日本金融商品交易法要论》,法律出版社 2017 年版。

[152] 朱锦清:《证券法学》,北京大学出版社2019年版。
[153] [美]托马斯·李·哈森:《证券法》,张学安等译,中国政法大学出版社2003年版。
[154] [美]托马斯·F.卡吉尔:《金融部门、金融监管和中央银行政策》,韩汉君等译,上海社会科学院出版社2019年版。
[155] [美]乔安妮·凯勒曼:《21世纪金融监管》,张晓朴译,中信出版社2016年版。
[156] [美]乔治·尤盖斯:《全球金融监管:如何寻求金融稳定》,尹振涛译,经济管理出版社2019年版。
[157] [英]亚当·图兹:《崩盘:全球金融危机如何重塑世界》,伍秋玉译,上海三联书店2021年版。

(四)公法学、宪法学、国际法学、理论法学类中文图书

[158] 陈瑞华:《程序正义理论》(第2版),商务印书馆2022年版。
[159] 胡建淼主编:《法律适用学》,浙江大学出版社2010年版。
[160] 黄文艺:《全球结构与法律发展》,法律出版社2006年版。
[161] 姜明安:《宏观公法学导论》,法律出版社2021年版。
[162] 焦洪昌主编:《宪法学》(第6版),北京大学出版社2020年版。
[163] 梁西原著主编、曾令良修订主编:《国际法》(第3版),武汉大学出版社2011年版。
[164] 梁晓俭:《凯尔森法律效力论研究——基于法学方法论的视角》,山东人民出版社2005年版。
[165] 刘志刚:《法律规范的冲突解决规则》,复旦大学出版社2012年版。
[166] 全国人大常委会法制工作委员会国家法室:《中华人民共和国立法法释义》,法律出版社2015年版。
[167] 邵津主编:《国际法》(第5版),北京大学出版社2014年版。
[168] 沈岿:《公法变迁与合法性》,法律出版社2010年版。
[169] 王铁崖主编:《国际法》,法律出版社1995年版。
[170] 吴经熊:《法律哲学研究》,清华大学出版社2005年版。
[171] 熊继宁:《系统法学导论》,知识产权出版社2006年版。
[172] 曾令健、朱福勇主编:《法律适用学讲义》,法律出版社2020年版。
[173] 张根大:《法律效力论》,法律出版社1999年版。
[174] 周叶中:《宪法》,高等教育出版社2020年版。
[175] 周永坤:《法理学:全球视野》(第3版),法律出版社2010年版。
[176] [奥]汉斯·凯尔森:《法与国家的一般理论》,沈宗灵译,商务印书馆2017年版。
[177] [德]K·茨威格特、H·克茨:《比较法总论》,潘汉典等译,法律出版社2003年版。
[178] [德]哈贝马斯:《在事实与规范之间:关于法律和民主法治国的商谈理论》,童世骏译,生活·读书·新知三联书店出版社2003年版。
[179] [德]N·霍恩:《法律科学与法哲学导论》,罗莉译,法律出版社2005年版。
[180] [德]乌茨·施利斯基:《经济公法》,喻文光译,法律出版社2006年版。
[181] [法]勒内·达维:《英国法与法国法:一种实质性比较》,潘华仿等译,清华大学出版社2002年版。
[182] [法]莱昂·狄骥:《公法的变迁》,郑戈译,商务印书馆2013年版。

[183] [法]让-马克·夸克:《合法性与政治》,佟心平、王远飞译,中央编译出版社 2008 年版。

[184] [美]詹姆斯·M. 布坎南:《宪法秩序的经济学与伦理学》,朱泱等译,商务印书馆 2008 年版。

[185] [美]本杰明·N. 卡多佐:《法律的成长》,李红勃、李璐怡译,北京大学出版社 2014 年版。

[186] [美]巴里·E. 卡特、艾伦·S. 韦纳:《国际法(下)》,冯洁菡译,商务印书馆 2015 年版。

[187] [美]罗纳德·M 莱文、杰弗瑞·S. 拉博斯:《行政程序法精要》(第 6 版),苏苗罕译,中国法制出版社 2022 年版。

[188] [美]凯斯·R. 孙斯坦:《法律推理与政治冲突》,金朝武等译,法律出版社 2004 年版。

[189] [英]伊恩·布朗利:《国际公法原理》,曾令良、余敏友等译,法律出版社 2003 年版。

[190] [英]丹宁勋爵:《法律的训诫》,杨百揆等译,法律出版社 1999 年版。

[191] [英]弗里德利希·冯·哈耶克:《自由秩序原理(上)》,邓正来译,三联书店 1997 年版。

[192] [英]保罗·P. 克雷格:《英国与美国的公法与民主》,毕洪海译,中国人民大学出版社 2008 年版。

[193] [英]马丁·洛克林:《公法与政治理论》,郑戈译,商务印书馆 2013 年版。

[194] [英]马丁·洛克林:《公法的基础》,张晓燕译,复旦大学出版社 2023 年版。

[195] [英]威廉·退宁:《全球化与法律理论》,钱向阳译,中国大百科全书出版社 2009 年版。

[196] [英]詹宁斯、瓦茨:《奥本海国际法》(第一卷第一分册),王铁崖等译,中国大百科全书出版社 1995 年版。

(五) 其他类中文图书

[197] [英]马克·尼奥克里尔斯:《管理市民社会——国家权力理论探讨》,陈小文译,商务印书馆 2008 年版。

[198] [美]拉瑞·劳丹:《进步及其问题》,刘新民译,华夏出版社 1999 年版。

[199] [美]道格拉斯·C. 诺斯:《制度、制度变迁与经济绩效》,杭行译,格致出版社 2008 年版。

二、中文期刊

[1] 蔡从燕:《公私关系的认识论重建与国际法发展》,《中国法学》2015 年第 1 期。

[2] 曹明:《我国证券域外管辖规则构建研究——以瑞幸咖啡财务造假事件为切入点》,《南方金融》2021 年第 2 期。

[3] 陈力:《经济全球化背景下美欧竞争法冲突及国际协调》,《国际贸易问题》2002 年第 5 期。

[4] 陈立虎:《涉外经济行政法论纲》,《金陵法律评论》2009 年秋季卷。

[5] 陈靓:《法律域外适用制度:生成与实施逻辑》,《中国法律评论》2024 年第 2 期。

[6] 陈曦笛:《证券交易域外管辖的二元结构——以"美国证券交易委员会诉斯科维尔案"为视角》,《中国政法大学学报》2021年第6期。

[7] 陈越峰:《中国行政法(释义)学的本土生成——以"行政行为"概念为中心的考察》,《清华法学》2015年第1期。

[8] 程合红:《统筹推进有中国特色的国际金融中心法治建设——国际金融中心建设法治保障机制比较研究》,《清华金融评论》2021年第9期。

[9] 程琥:《行政诉讼合法性审查原则新探》,《法律适用》2019年第19期。

[10] 成协中:《行政法平衡理论:功能、挑战与超越》,《清华法学》2015年第1期。

[11] 成协中:《行政行为概念生成的价值争论与路径选择》,《法制与社会发展》2020年第1期。

[12] 崔卓兰:《行政自制理论的再探讨》,《当代法学》2014年第1期。

[13] 邓建平、牟纹慧:《瑞幸事件与新〈证券法〉的域外管辖权》,《财会月刊》2020年第12期。

[14] 杜涛:《美国州和地方政府对外经济制裁及其美国联邦宪法和国际法的挑战》,《武大国际法评论》2010年第1期。

[15] 杜涛:《美国证券法域外管辖权:终结还是复活?——评美国联邦最高法院Morrison案及〈多德-弗兰克法〉第929P(b)条》,《国际经济法学刊》2012年第4期。

[16] 杜仪方等:《行政不作为的监督与救济研究》,《政府法制研究》2017年第9期。

[17] 段厚省、王泽:《我国跨国远程审判的域外效力探讨》,《法律适用》2021年第9期。

[18] 范黎波、张昕:《美国〈外国公司问责法案〉的影响及应对》,《开放导报》2021年第5期。

[19] 范子豪:《〈对外关系法〉"统筹"意涵的展开——以"分配功能"理论为视角》,《武大国际法评论》2023年第4期。

[20] 方世荣:《论坚持对外开放与健全涉外行政法》,《中国法学》1988年第4期。

[21] 方世荣、谭冰霖:《优化行政程序的相对人维度》,《江淮论坛》2015年第1期。

[22] 方世荣、白云锋:《行政执法和解的模式及其运用》,《法学研究》2019年第5期。

[23] 冯慧敏:《中概股审计底稿信息和数据跨境流动困局的形成与纾解》,《中国注册会计师》2022年第11期。

[24] 冯慧敏:《中美审计监管合作背景下中概股审计底稿档案跨境流动问题研究》,《档案管理》2023年第2期。

[25] 符望等:《金融法领域的域外管辖与适用研究——以证券法域外适用为例》,《复旦大学法律评论》2022年第2期。

[26] 高西庆、夏丹:《证监会在解释和发展证券法中的作用》,《证券市场导报》2006年第4期。

[27] 高振翔:《比较法视野下证券行政执法当事人承诺制度的关键问题研究》,《经贸法律评论》2022年第2期。

[28] 关保英:《行政程序滥用研究》,《现代法学》2015年第3期。

[29] 关保英:《论具体行政行为程序合法的内涵与价值》,《法律与政治》2015年第6期。

[30] 关保英、侯佳丽:《行政程序理性研究》,《求是学刊》2023年第2期。

[31] 桂祥:《我国金融监管纵向变迁与地方金融监管创新研究》,《西南金融》2017年

第 4 期。
[32] 郭金良:《我国〈证券法〉域外适用规则的解释论》,《现代法学》2021 年第 5 期。
[33] 郭瑞莹、刘运国:《两次中概股危机中跨境审计监管的对比分析》,《中国注册会计师》2023 年第 1 期。
[34] 郭玉军、王岩:《美国域外管辖权限制因素研究——以第三和第四版〈美国对外关系法重述〉为中心》,《国际法研究》2021 年第 6 期。
[35] 韩龙:《现代金融法品性的历史考察》,《江淮论坛》2010 年第 4 期。
[36] 何海波:《行政行为的合法要件——兼议行政行为司法审查根据的重构》,《中国法学》2009 年第 4 期。
[37] 何海波:《论行政行为"明显不当"》,《法学研究》2016 年第 3 期。
[38] 何志鹏:《涉外法治:开放发展的规范导向》,《政法论坛》2021 年第 5 期。
[39] 何志鹏:《涉外法治的国家范式与全球范式》,《法商研究》2024 年第 2 期。
[40] 何俣:《新〈证券法〉的域外效力概论》,《上海法学研究》2020 年第 22 卷。
[41] 刘瑛、黎萌:《美国单边金融制裁的国际法分析》,《国际经济评论》2020 年第 3 期。
[42] 胡滨:《从强化监管到放松管制的十年轮回——美国金融监管改革及其对中国的影响与启示》,《国际经济评论》2020 年第 5 期。
[43] 胡大路:《程序裁量视角下的证券执法当事人承诺制度——〈证券法〉第一百七十一条的规范分析》,《金融法苑》2022 年第 1 期。
[44] 黄进:《论〈对外关系法〉在中国涉外法治体系中的地位》,《国际法研究》2023 年第 4 期。
[45] 黄先雄:《论"行政法上权利义务内容"的识别及其对协议性质的影响》,《清华法学》2023 年第 3 期。
[46] 黄学贤:《行政调查及其程序原则》,《政治与法律》2015 年第 6 期。
[47] 黄学贤:《行政诉讼中的行政行为明显不当——合法性审查还是合理性审查以及如何审查》,《苏州大学学报》2023 年第 2 期。
[48] 霍政欣:《国内法的域外效力:美国机制、学理解构与中国路径》,《政法论坛》2020 年第 2 期。
[49] 霍政欣:《我国法域外适用体系之构建——以统筹推进国内法治和涉外法治为视域》,《中国法律评论》2022 年第 1 期。
[50] 季立刚:《跨国银行破产法律制度基本原则之探讨》,《政治与法律》2004 年第 5 期。
[51] 季立刚:《跨国银行破产域外效力的冲突与协调》,《上海金融》2006 年第 5 期。
[52] 金自宁:《论行政调查的法律控制》,《行政法学研究》2007 年第 2 期。
[53] 江必新:《行政行为效力判断之基准及规则》,《法学研究》2009 年第 5 期。
[54] 江必新:《以中国式法治保障中国式现代化建设论略》,《法学论坛》2023 年第 4 期。
[55] 江国华:《行政转型与行政法学的回应型变迁》,《中国社会科学》2016 年第 11 期。
[56] 姜立文、杨克慧:《中概股跨国监管的法律冲突与协调》,《南方金融》2020 年第 11 期。
[57] 姜明安:《全球化时代的"新行政法"》,《法学杂志》2009 年第 10 期。
[58] 姜明安:《论行政行为合法的标准与无效的标准》,《政府法制》2001 年第 11 期。
[59] 姜明安:《行政的"疆域"与行政法的功能》,《求是学刊》2002 年第 2 期。

[60] 姜明安:《改革、法治与国家治理现代化》,《中共中央党校学报》2014年第4期。
[61] "金融监管域外管辖权"课题组:《欧美金融监管域外管辖权扩张影响几何?》,《金融市场研究》2013年第1期。
[62] 冷静:《新〈证券法〉"域外管辖条款"适用的相关问题》,《地方立法研究》2021年第4期。
[63] 李东方:《论证券行政执法和解制度——兼评中国证监会〈行政和解试点实施办法〉》,《中国政法大学学报》2015年第3期。
[64] 李国平、周宏:《论金融资本主义全球化与金融主权》,《马克思主义研究》2015年第5期。
[65] 李洪雷:《营商环境优化的行政法治保障》,《重庆社会科学》2019年第2期。
[66] 李建伟:《总体国家安全观视域下金融安全法律规范体系的构建》,《法学》2022年第8期。
[67] 李晴:《论过罚相当的判断》,《行政法学研究》2021年第6期。
[68] 李堪:《金融监管域外管辖权问题研究及中国的对策分析》,《上海金融》2013年第6期。
[69] 李庆明:《论美国域外管辖:概念、实践及中国因应》,《国际法研究》2019年第3期。
[70] 李翔宇:《我国〈证券法〉域外适用的规范演进与实践进路》,《上海金融》2020年第10期。
[71] 李康等:《中概股美国证券交易委员会问询函浅析》,《中国注册会计师》2022年第2期。
[72] 李晟:《中美跨境审计监管僵局的形成、内在矛盾与可能的合作模式》,《河北经贸大学学报》2015年第1期。
[73] 李颖轶:《法国行政合同优益权重述》,《求是学刊》2015年第4期。
[74] 李拥军:《法治现代化的"中国式"内涵及其具体面相》,《法学评论》2023年第5期。
[75] 李有星、潘政:《瑞幸咖啡虚假陈述案法律适用探讨——以中美证券法比较为视角》,《法律适用》2020年第9期。
[76] 李有星、潘政:《论中概股危机下中美跨境审计监管合作》,《证券市场导报》2020年第10期。
[77] 廖凡:《跨境金融监管合作:现状、问题和法制出路》,《政治与法律》2018年第12期。
[78] 廖凡:《国家主权、正当程序与多边主义——全球行政法视角下的"一带一路"合作机制构建》,《经贸法律评论》2019年第6期。
[79] 廖凡:《全球金融治理的合法性困局及其应对》,《法学研究》2020年第5期。
[80] 廖凡、崔心童:《从境外上市保密新规看中美跨境审计监管破局》,《中国外汇》2022年第12期。
[81] 廖凡:《中概股跨境监管博弈:评析与思考》,《上海对外经贸大学学报》2023年第1期。
[82] 缪若冰:《中国证监会的制度环境及法律影响:组织社会学的分析》,《中外法学》2020年第1期。
[83] 廖诗评:《中国法域外适用法律体系:现状、问题与完善》,《中国法学》2019年第6期。
[84] 廖诗评:《中国法中的域外效力条款及其完善:基本理念与思路》,《中国法律评论》

2022 年第 1 期。

[85] 廖诗评:《中国法域外适用法律体系视野下的行政执法》,《行政法学研究》2023 年第 2 期。

[86] 廖诗评:《域外管辖论纲》,《武大国际法评论》2024 年第 2 期。

[87] 梁咏:《〈美国外国公司问责法〉实施细则对中概股的影响及对策》,《海外投资与出口信贷》2022 年第 3 期。

[88] 林莉红、任沫蓉:《平等原则在行政审判中的适用偏差与应对——基于对行政行为实质合法性审查的提倡》,《北京行政学院学报》2022 年第 1 期。

[89] 刘飞:《行政协议与单方行为的界分》,《中国法学》2023 年第 2 期。

[90] 刘凤元、邱铌:《证券市场跨境监管研究——以 EMMoU 为视角》,《金融监管研究》2019 年第 12 期。

[91] 刘宏光:《证券监管机构如何罚款?——基于行政裁量基准视角的研究》,《财经法学》2020 年第 4 期。

[92] 刘捷:《跨国行政执法:基于属地秩序的类型化分析》,《国际法研究》2022 年第 5 期。

[93] 刘连泰、孙悦:《改革开放以来中国行政法学的理论谱系》,《厦门大学学报》2021 年第 4 期。

[94] 刘权:《过罚相当原则的规范构造与适用》,《中国法学》2023 年第 2 期。

[95] 柳砚涛:《行政程序法治化路径研究》,《华南师范大学学报(社会科学版)》2009 年第 3 期。

[96] 卢超:《包容审慎监管的行政法理与中国实践》,《中外法学》2024 年第 1 期。

[97] 罗豪才、姜明安等:《行政法学研究现状与发展趋势》,《中国法学》1996 年第 1 期。

[98] 罗智敏:《行政法法典化背景下我国行政行为理论研究的挑战与应对》,《行政法学研究》2022 年第 2 期。

[99] 吕成龙:《证监会行政调查制度的解构与重述》,《证券市场导报》2018 年第 5 期。

[100] 吕成龙:《中国证监会内幕交易处罚的裁量之治》,《法学评论》2021 年第 5 期。

[101] 马更新等:《〈外国公司问责法案〉的美式"安全观"及中国应对方案》,《商业经济与管理》2020 年第 9 期。

[102] 马怀德:《行政程序法的价值及立法意义》,《政法论坛》2004 年第 5 期。

[103] 马怀德、李策:《关照时代命题的行政法学》,《湖南科技大学学报(社会科学版)》2022 年第 4 期。

[104] 马忠法、龚文娜:《法律域外适用的国际法依据及中国实践》,《武陵学刊》2020 年第 5 期。

[105] 马忠法:《百年变局下涉外法治中"涉外"的法理解读》,《政法论丛》2023 年第 1 期。

[106] 潘伟杰:《嬗变诉求与锐变依据:论全球化对当代中国立法制度的意义》,《复旦学报(社会科学版)》2013 年第 2 期。

[107] 潘伟杰:《从现代性与中国性论国家治理的中国观》,《复旦学报(社会科学版)》2020 年第 1 期。

[108] 彭俊英等:《新证券法背景下审计行政处罚自由裁量权问题研究》,《财会通讯》2022 年第 17 期。

[109] 彭岳:《美国证券法域外管辖的最新发展及其启示》,《现代法学》2011 年第 6 期。
[110] 彭岳:《美国金融监管法律域外管辖的扩张及其国际法限度》,《环球法律评论》2015 年第 6 期。
[111] 彭志杰:《破解中概股退市困局:论中美跨境审计监管合作机制构建》,《南方金融》2022 年第 10 期。
[112] 钱学峰:《世界证券市场的日益国际化与美国证券法的域外管辖权(中)》,《法学评论》1994 年第 4 期。
[113] 邱永红:《国际证券双边监管合作与协调研究》,《经济法论丛》2005 年第 11 期。
[114] 尚微、蔡宁伟:《美国巨额监管处罚的主体、对象、内容与趋势——基于 2007～2017 年处罚金额过亿美元的典型案例分析》,《西南金融》2018 年第 5 期。
[115] 沈建光等:《美国〈外国公司问责法案〉的影响和应对》,《国际金融》2020 年第 8 期。
[116] 石佳友:《我国证券法的域外效力研究》,《法律科学》2014 年第 5 期。
[117] 石佳友、刘连炻:《美国扩大美元交易域外管辖对中国的挑战及其应对》,《上海大学学报(社会科学版)》,2018 年第 4 期。
[118] 石佑启:《论行政法与公共行政关系的演进》,《中国法学》2003 年第 3 期。
[119] 石佑启:《基于中国治理实践的行政法学命题转换》,《中国社会科学》2023 年第 9 期。
[120] 宋华琳:《全球规制与我国政府规制制度的改革》,《中国行政管理》2017 年第 4 期。
[121] 宋华琳:《行政调查程序的法治建构》,《吉林大学社会科学学报》2019 年第 3 期。
[122] 宋杰:《进取型管辖权体系的功能及其构建》,《上海对外经贸大学学报》2020 年第 5 期。
[123] 宋杰:《主权形象视域下的法律域外适用体系构建问题》,《浙江工商大学学报》2023 年第 6 期。
[124] 宋晓:《域外管辖的体系构造:立法管辖与司法管辖之界分》,《法学研究》2021 年第 3 期。
[125] 孙海涛、周奇锜:《证券处罚的裁量困境与解决路径——兼论裁量基准的构建》,《南方金融》2022 年第 8 期。
[126] 孙南翔:《法律域外适用体系建设中的管辖权:演化规则与关联结构》,《法学》2024 年第 1 期。
[127] 孙笑侠:《我国宪法的涉外作用》,法学研究 1991 年第 3 期。
[128] 谭宗泽、付大峰:《从规范程序到程序规范:面向行政的行政程序及其展开》,《行政法学研究》2021 年第 1 期。
[129] 谭宗泽:《构建面向行政的行政法体系》,《法学评论》2023 年第 1 期。
[130] 王贵松:《行政法上不确定法律概念的具体化》,《政治与法律》2016 年第 1 期。
[131] 王贵松:《行政裁量基准的设定与适用》,《华东政法大学学报》2016 年第 3 期。
[132] 王贵松:《论行政法上的法律优位》,《法学评论》2019 年第 1 期。
[133] 王青斌:《行政裁量基准的法律属性及其效力分析》,《政治与法律》2023 年第 7 期。
[134] 王天华:《行政法上的不确定法律概念》,《中国法学》2016 年第 3 期。
[135] 王万华:《法治政府建设的程序主义进路》,《法学研究》2013 年第 4 期。
[136] 王锡锌:《行政程序理性原则论要》,《法商研究(中南政法学院学报)》2000 年

第 4 期。
[137] 王锡锌:《行政正当性需求的回归——中国新行政法概念的提出、逻辑与制度框架》,《清华法学》2009 年第 2 期。
[138] 王雪等:《全球视野下中概股发展历程与展望》,《清华金融评论》2022 年第 7 期。
[139] 王学辉:《超越程序控权:交往理性下的行政裁量程序》,《法商研究》2009 年第 3 期。
[140] 王洋:《我国证券法域外适用性改革研究》,《金融监管研究》2021 年第 6 期。
[141] 王志强:《中华法的政治机理——基于秦汉与古罗马时期的比较视角》,《中国社会科学》2021 年第 10 期。
[142] 吴坤龙:《跨境审计监管中美执法合作备忘录略析》,《财会月刊》2013 年第 11 期。
[143] 吴培琦:《何为"域外管辖":溯源、正名与理论调适》,《南大法学》2022 年第 1 期。
[144] 吴培琦:《破解迷象:国内法域外管辖的基本形态与衍生路径》,《苏州大学学报(法学版)》2022 年第 1 期。
[145] 伍巧芳:《〈2010 年华尔街改革和消费者保护法〉述评》,《法学》2010 年第 8 期。
[146] 肖永平:《"长臂管辖"的法理分析与对策研究》,《中国法学》2019 年第 6 期。
[147] 肖永平、焦小丁:《从司法视角看中国法域外适用体系的构建》,《中国应用法学》2020 年第 5 期。
[148] 肖宇:《证券行政和解金的确立与分配规则探析》,《暨南学报(哲学社会科学版)》2015 年第 6 期。
[149] 谢海霞、陈春晖:《跨境审计监管:后美国〈外国公司问责法〉时代的选择》,《中国注册会计师》2021 年第 12 期。
[150] 解志勇、石海波:《企业合规在行政执法和解中的导入研究》,《行政法学研究》2023 年第 5 期。
[151] 邢会强:《金融危机与法律变革》,《首都师范大学学报(社会科学版)》2010 年第 3 期。
[152] 熊文钊:《行政法理论基础的中心点与基石:保障公益、授权与控权》,《中外法学》1996 年第 5 期。
[153] 熊樟林:《应受行政处罚行为构成要件的个数——判断一事不二罚的根本途径》,《政治与法律》2012 年第 8 期。
[154] 熊樟林:《论裁量基准中的逸脱条款》,《法商研究》2019 年第 3 期。
[155] 熊勇先、毛畅:《论商事行政处罚和解及其制度构建》,《法学论坛》2021 年第 6 期。
[156] 徐崇利:《美国及其他西方国家经济立法域外适用的理论与实践评判》,《厦门大学法律评论》,2001 年第 1 期。
[157] 闫尔宝:《论作为行政诉讼法基础概念的"行政行为"》,《华东政法大学学报》2015 年第 2 期。
[158] 颜欣:《证券法中的罚款制度:中美比较研究》,《金融法苑》2016 年第 1 期。
[159] 严益州:《论行政合同上的情势变更:基于控权论立场》,《中外法学》2019 年第 6 期。
[160] 杨登峰:《行政程序法定原则的厘定与适用》,《现代法学》2021 年第 1 期。
[161] 杨峰:《我国证券法域外适用制度的构建》,《法商研究》2016 年第 1 期。

[162] 杨海坤、曾祥华:《行政过程的社会正当性——利益平衡》,《安徽大学法律评论》2005年第1期。
[163] 杨海坤:《经济危机的公法应对》,《法学》2009年第3期。
[164] 杨海坤、蔡翔:《行政行为概念的考证分析和重新建构》,《山东大学学报(哲学社会科学版)》2013年第1期。
[165] 杨松:《新金融监管体制下央地监管权关系再审思》,《法学评论》2022年第6期。
[166] 姚金菊:《全球化的公法之维》,《浙江学刊》2010年第6期。
[167] 叶必丰:《集体讨论制度从组织法到行为法的发展》,《法学》2022年第6期。
[168] 应松年、蔺耀昌:《中国入世与涉外行政法》,《江苏社会科学》2004年第6期。
[169] 应松年、冯健:《行政罚款制度的困境及其破解——以证券行政处罚为例》,《求索》2021年第1期。
[170] 于安:《全球行政法的进路——基于两篇经典文献的诠释》,《行政法学研究》2015年第6期。
[171] 余凌云:《论行政诉讼上的合理性审查》,《比较法研究》2022年第1期。
[172] 于萍:《新〈证券法〉下跨境证券监管制度的完善》,《证券法苑》2022年第3期。
[173] 张红:《证券行政执法和解问题剖析》,《行政管理改革》2015年第5期。
[174] 张力:《迈向新规制:助推的兴起与行政法面临的双重挑战》,《行政法学研究》2018年第3期。
[175] 张迈:《中国〈证券法〉的域外管辖标准及其适用条件》,《金融法苑》2020年第4期。
[176] 张崇胜:《新中概股危机:审计底稿、证券监管与国家主权》,《中国注册会计师》2022年第2期。
[177] 张淑芳:《具体行政行为内容合法研究》,《行政法学研究》2007年第1期。
[178] 张徐乐:《新中国政府对外商银行的监管与清理》,《中国经济史研究》2011年第3期。
[179] 张龑:《涉外法治的概念与体系》,《中国法学》2022年第2期。
[180] 张永亮:《金融科技视阈下金融基础设施域外适用的法治保障》,《法治研究》2021年第5期。
[181] 张政燕:《资本市场行政执法当事人承诺实施问题研究》,《证券市场导报》2023年第8期。
[182] 章志远:《迈向公私合作型行政法》,《法学研究》2019年第2期。
[183] 章志远:《监管新政与行政法学的理论回应》,《东方法学》2020年第5期。
[184] 张忠军:《美国证券法的域外适用及启示》,《外国法译评》1994年第1期。
[185] 赵宏:《欧洲整合背景下的德国行政程序变革》,《行政法学研究》2012年第3期。
[186] 赵骏:《〈对外关系法〉与中国对外关系法治的新进展》,《武大国际法评论》2023年第4期。
[187] 赵立行:《论中世纪商法的效力基础和范围》,《外国法制史研究》2011年第1期。
[188] 郑春燕:《转型政府与行政法治》,《浙江大学学报(人文社会科学版)》2021年第1期。
[189] 郑雅方:《论我国行政法上的成本收益分析原则:理论证成与适用展开》,《中国法学》2020年第2期。

[190] 周海源:《行政行为理论顺应新形势的改造路径》,《法学》2022 年第 11 期。

[191] 周俊:《走向"合规性监管"——改革开放 40 年来社会组织管理体制发展回顾与展望》,《行政论坛》2019 年第 4 期。

[192] 周佑勇《作为过程的行政调查——在一种新研究范式下的考察》,《法商研究》2006 年第 1 期。

[193] 周佑勇、解瑞卿:《行政和解的理论界定与适用限制》,《湖北社会科学》2009 年第 8 期。

[194] 周佑勇:《裁量基准的技术构造》,《中外法学》2014 年第 5 期。

[195] 朱冲:《从瑞幸案看我国证券案件"长臂管辖"为何知易行难》,《证券法苑》2020 年第 3 期。

[196] 朱芒:《中国行政法学的体系化困境及其突破方向》,《清华法学》2015 年第 1 期。

[197] 朱绵茂:《论美国金融监管法律的域外适用——从 SEC 起诉德勤上海谈起》,《浙江金融》2012 年第 8 期。

[198] 朱淑娣、孙秀丽:《论金融领域行政执法的国际合规性》,《首都师范大学学报(社会科学版)》2020 年第 2 期。

[199] [美]本尼迪克特·金斯伯里等:《全球行政法的产生(上)》,范云鹏译,《环球法律评论》2008 年第 5 期。

三、英文文献

[1] Anthony, G. et al., *Values in Global Administrative Law*, Hart Publishing, 2011.

[2] Arbel, Yonathan A., *Adminization: Gatekeeping Consumer Contract*, 1 Vanderbilt Law Review 121 (2018).

[3] Austin, J., *Insider Trading and Market Manipulation: Investigating and Prosecuting Across Borders*, Edward Elgar Publishing Limited, 2017.

[4] Baldwin, R. et al., *The Oxford Handbook of Regulation*, Oxford University Press, 2010.

[5] Banna, Mahir A., *The Long Arm of US Jurisdiction and International Law: Extraterritoriality against Sovereignty*, 60 Journal of Law, Policy and Globalization 59 (2017).

[6] Benoit, S. et al., *Where the Risks Lie: A Survey on Systemic Risk*, 21 Review of Finance 109 (2017).

[7] Beyea, G., *Transnational Securities Fraud and The Extraterritorial Application of U.S. Securities Laws: Challenges And Opportunities*, 1 Global Business Law Review 1 (2011).

[8] Bradley, Curtis A., *The Oxford Handbook of Comparative Foreign Relations Law*, Oxford University Press, 2019.

[9] Chang, Kun Y., *Extraterritorial Application of the Korean Capital Markets Act: Lessons from Securities Regulations in the United States*, 23 Asia Pacific Law Review 67 (2015).

[10] Choi, S. J., & Silberman, L. J., *Transnational Litigation and Global Securities*

Class-Action Lawsuits, 32 Wisconsin Law Review 465 (2009).

[11] Coffee, John C., *Competition Versus Consolidation: The Significance of Organizational Structure in Financial and Securities Regulation*, 2 The Business lawyer 447 (1995).

[12] Coffee, John C., *Extraterritorial Financial Regulation: Why E. T. Can't Come Home*, 6 Cornell Law Review 1259 (2014).

[13] Condon, Mary G. et al., *Securities Law in Canada*, Emond Montgomery Publications Limited, 2017.

[14] Coughlan, S. et al., *Law Beyond Borders: Extraterritorial Jurisdiction in an Age of Globalization*, Irwin Law Inc, 2014.

[15] Crawford, James, *Brownlie's Principles of Public International Law*, Oxford University Press, 2019.

[16] De Mestral, Armand, *The Extraterritorial Extension of Laws: How Much has Change*, 1 Arizona Journal of International and Comparative Law 43 (2014).

[17] Dodge, William S., *Understanding the Presumption against Extraterritoriality*, 1 Berkeley Journal of International Law 85 (1998).

[18] Dodge, William S., *The New Presumption Against Extraterritoriality*, 5 Harvard Law Review 1582 (2020).

[19] Dunlap, Charles J., *Lawfare Today: A Perspective*, 3 Yale Journal of International Affairs 146 (2008).

[20] Flood, Colleen M., Sossin Lorne, *Administrative Law in Context*, Emond Montgomery Publications Limited, 2022.

[21] Garcimartin Alférze, F. J., *Cross-Border Listed Companies*, 327 Recueil des Cours 9 (2007).

[22] Garrett, Brandon L., *Globalized Corporate Prosecution*, 8 Virginia Law Review 1775 (2011).

[23] Gerontas, Angelos S., *Deterritorialization in Administrative Law: Exploring Transnational Administrative Decisions*, 19 Columbia Journal of European Law 423 (2013).

[24] Gu Bin, Liu Tong, *Enforcing International Financial Regulatory Reforms*, 17 Journal of International Economic Law 139 (2014).

[25] Havasy, C. S., *Relational Fairness in the Administrative State*, 109 Virginia Law Review 749 (2023).

[26] Heckman, G. et al., *Administrative Law: Cases, Text, and Materials*, Emond Montgomery Publications Limited, 2022.

[27] Hogg, Peter W., *Constitutional Law of Canada*, Thomson Reuters, 2007.

[28] Huo, Z. & Yip, M., *Extraterritoriality of Chinese Law:Myths, Realities and the Future*, 3 The Chinese Journal of Comparative Law 328 (2021).

[29] Iglesias-Rodriguez, P., *Supervisory Cooperation in the Single Market for Financial Services: United in Diversity*, 3 Fordham International Law Journal 589 (2018).

[30] Ireland-Piper, D., *Accountability in Extraterritoriality*, Edward Elgar Publishing

Limited, 2017.
[31] Johnston, D. et al., *Canadian Securities Regulation*, LexisNexis Canada Inc., 2014.
[32] Klabbers, J., *International Law*, Cambridge University Press, 2013.
[33] Krisch, N., *Jurisdiction Unbound: (Extra) territorial Regulation as Global Governance*, 33 European Journal of International Law 481 (2022).
[34] Lee, Thomas H. & Estreicher, S., *In Defense of International Comity*, 93 Southern California Law Review 169 (2020).
[35] Levitin, Adam J., *The Politics of Financial Regulation and the Regulation of Financial Politics: A Review Essay*, 7 Harvard Law Review 1991 (2014).
[36] Loss, L. et al., *Fundamentals of Securities Regulation*, Wolters Kluwer Law & Business, 2011.
[37] Margolies, Daniel S. et al., *The Extraterritoriality of Law*, Routledge, 2019.
[38] Matthias L., *Legal Fragmentation, Extraterritoriality and Uncertainty in Global Financial Regulation*, 37 Oxford Journal of Legal Studies 406 (2017).
[39] McGinnis, J. O. & Yang X., *The Counter-Reformation of American Administrative Law*, 58 Wake Forest Law Review 387 (2023).
[40] McLachlan, C., *The Allocative Function of Foreign Relations Law*, 82 The British Yearbook of International Law 349 (2012).
[41] Mcnamara, S., *Morrison v. National Australia Bank and the Growth of the Global Securities Class Action under the Dutch WCAM*, 2 Buffalo Law Review 479 (2020).
[42] Meyer, Jeffrey A., *Dual Illegality and Geoambiguous Law: New Rule for Extraterritorial Application of U.S. Law*, 1 Minnesota Law Review 110 (2010).
[43] Olmstead, Cecil J., *Extra-Territorial Application of Laws and Responses Thereto*, ESC Publishing Limited, 1984.
[44] Parrish, Austen L., *Reclaiming International Law from Extraterritoriality*, 93 Minnesota Law Review 815 (2009).
[45] Parrish, Austen L., *Fading Extraterritoriality and Isolationism? Developments in the United States*, 24 Indiana Journal of Global Legal Studies 207 (2017).
[46] Phillip Jones, D., de Villars, A., *Principles of Administrative Law*, Thomson Reuters Canada Limited, 2014.
[47] Putnam, Tonya L., *Courts Without Borders: Law, Politics, and US Extraterritoriality*, Cambridge University Press, 2016.
[48] Ruys, T., & Ryngaert, C., *Secondary Sanctions: A Weapon out of Control? The International Legality of, and European Responses to, US Secondary Sanctions*, British Yearbook of International Law (2020).
[49] Shelton, Chase J., *Fraud Abroad: Proposing a Workable Model of Extraterritorial Securities Fraud Enforcement*, 5 Boston University Law Review 1957 (2020).
[50] Simowitz, Aaron D., *The Extraterritoriality Formalisms*, 51 Connecticut Law Review 375 (2019).

[51] Slawotsky, J., *The Long-Arm of U. S. Justice: Scoville's Restoration of 'Conduct and Effects' in Securities Enforcement and Implications for Chinese Corporations*, 2 Tsinghua Law Review 262 (2022).

[52] Veneziano, Alina., *Studying the Hegemony of the Extraterritoriality of U. S. Securities Laws: What It Means for Foreign Investors, Foreign Markets, and Efforts at Harmonization*, 17 The Georgetown journal of law & public policy 343 (2019).

四、中文报纸

[1] 漆彤:《加强国内法域外适用法律体系建设和法理研究》,《人民法院报》2021年2月22日第2版。

[2] 倪浩:《中方回应美通过"外国公司问责法"》,《环球时报》2021年3月26日第11版。

[3] 吴晓璐:《证监会:坚决反对将证券监管政治化 应加强双边监管》,《证券日报》2020年12月5日第A01版。

[4] 叶青:《培养涉外安全法治人才 服务涉外国家安全机制建设》,《法治日报》2024年7月24日第9版。

[5] 叶青:《贯彻总体国家安全观 培养涉外安全法治人才》,《光明日报》2024年5月11日第5版。

[6] 叶青:《以法治建设保障国家安全坚如磐石》,《光明日报》2022年7月18日第10版。

[7] 祝惠春:《自愿退市不意味着主动推进金融"脱钩"》,《经济日报》2022年8月15日第1版。

五、中文学位论文

[1] 陈竹华:《证券法域外管辖权的合理限度:以美国法为例的研究》,中国政法大学2006年博士学位论文。

[2] 高振翔:《证券行政执法和解制度研究》,中国社会科学院大学2022年博士学位论文。

[3] 侯娅玲:《美国证券法对外适用的法律冲突与协调研究——寻求人民币国际化中我国证券法对外适用之镜鉴》,中南财经政法大学2018年博士学位论文。

[4] 王洋:《我国证券法域外适用法律制度构建研究》,辽宁大学2022年博士学位论文。

[5] 吴培琦:《国内法域外管辖的属地基础研究》,华东政法大学2022年博士学位论文。

六、工具书

[1] 陈至立主编:《辞海》,上海辞书出版社2020年版。

[2] 汉语大字典编纂处编著:《现代汉语词典》,四川辞书出版社2018年版。

[3] Bryan A. Garner, *Black's Law Dictionary* (11th Edition), Thomson Reuters, 2019.

七、主要网站资源

[1] 中国证监会 http://www.csrc.gov.cn/

[2] 中国财政部 http://www.mof.gov.cn/

［3］中国国家金融监管总局 http://www.cbirc.gov.cn/
［4］中国新华网 http://www.news.cn/
［5］美国证券交易委员会 https://www.sec.gov/
［6］美国公众公司会计监督委员会 https://pcaobus.org/
［7］加拿大安大略省证券委员会 https://www.osc.ca/en
［8］加拿大投资业管理组织 https://www.ciro.ca/
［9］国际证监会组织 https://www.iosco.org/
［10］国际货币基金组织 https://www.imf.org/

图书在版编目(CIP)数据

金融法域外适用中的行政行为合法性/朱淑娣,谭艺渊著.--上海:复旦大学出版社,2025.4.--(国际经济行政法系列丛书).--ISBN 978-7-309-17894-4

Ⅰ.D922.284

中国国家版本馆 CIP 数据核字第 2025NW9478 号

金融法域外适用中的行政行为合法性
JINRONGFA YUWAI SHIYONG ZHONG DE XINGZHENG XINGWEI HEFAXING
朱淑娣　谭艺渊　著
责任编辑/张　鑫

复旦大学出版社有限公司出版发行
上海市国权路 579 号　邮编:200433
网址:fupnet@fudanpress.com　http://www.fudanpress.com
门市零售:86-21-65102580　团体订购:86-21-65104505
出版部电话:86-21-65642845
上海盛通时代印刷有限公司

开本 787 毫米×1092 毫米　1/16　印张 20.5　字数 315 千字
2025 年 4 月第 1 版
2025 年 4 月第 1 版第 1 次印刷

ISBN 978-7-309-17894-4/D·1213
定价:82.00 元

如有印装质量问题,请向复旦大学出版社有限公司出版部调换。
版权所有　侵权必究